모든 인간은 망상한다

Tout le monde délire

신경증과 정신병을 둘러싼 라캉 <세미나> 독해

마츠모토 타쿠야 지음 | 임창석 옮김

서커스

차례

모든 인간은
망상한다

저자 일러두기

라캉의 저작에 대한 인용은 그 대부분을 약호로 표시했다. 학위 논문『인격과의 관계에서 본 파라노이아성 정신병』은 'PP' 기호에 이어 Seuil 판 페이지를 나타내고, 『에크리』와 『또 다른 에크리』는 Seuil 판으로 각각 'E', 'AE'로 표기하고 숫자는 페이지를 나타낸다. 〈세미나〉의 경우는 S로 표기하고 뒤이어 권 수와 페이지 수를 표시했다. 〈세미나〉의 페이지 수는 자크 알랭 밀레르가 교정하고 감수한 Seuil 판 및 Editions de la Martinière 판의 원서 페이지를 표기했다. 미출간된 〈세미나〉에 관해서는 국제라캉협회Association lacanienne internationale 판의 페이지를 표시했는데, 그 경우에는 페이지 다음에 'A'를 부기했다. 마찬가지로, 프로이트의 저작은 Fischer 판 전집Gesammelte Werke의 경우는 'GW'로 표기하고, 숫자는 권수와 페이지를 가리킨다. 전집의 보유집補遺集인 Nachtragsband는 'GWNb'로 표기했다.

한국어판 저자 서문

졸저 『모든 인간은 망상한다』가 한국에서 출간된다는 소식을 듣고 매우 기쁘게 생각합니다. 정신분석이란 도대체 무엇일까요? 우선 정신분석의 창시자 지크문트 프로이트가 '치유는 부산물이다'라고 말한 것에서도 알 수 있듯이, 정신분석은 치료를 위한 것이 아니라는 것입니다. 라캉주의자든 아니든, 정신분석은 사람이 자신에 대해 진지하게 생각하고, 공상을 펼칠 수 있게 해주는 실천입니다. 즉, 정신분석은 사람이 자유로워지기 위한 실천인 것입니다. 따라서 다양한 영역에서 억압과 관리가 다시금 강화되고 있는 현대에 라캉과 정신분석에 대한 관심이 높아지는 것은 당연한 일이라고 생각합니다.

이 책은 '감별 진단'이라는 임상적 관점에서 라캉의 사상과 임상을 연대순으로 풀어낸 책입니다. 즉, 이 책은 마음이 아픈 사람을 '신경증'과 '정신병' 두 가지로 나누고, 각각에 대해 다른 치료적 접근을 하기 위한 기법을 그 출발점으로 삼고 있습니다. 그렇다면, 이 책은 오히려 사람을 의료나 복지 시스템 안에서 억압하고 관리하기 위한 이론을 담은 것일까요? 아니, 전혀 그렇지 않습니다.

애초에 정신과 의사로 출발한 라캉은 '신경증'과 '정신병'의 차이에 대해 늘 민감했습니다. 그것은 그가 활동하던 시대에 '정신병'이라는 개념의 급진적인 함의(물론 이 함의를 최대한 활용한 것이 들뢰즈와 가타리의 『안티 오이디푸스』입니다)를 축소하는 실천이 넘쳐났고, 라캉에게는 도저히 인정하기 어려운 '경계예境界例'라는 개념도 등장하고 있었기 때문입니다. 이런 상황에서 라캉은 '감별 진단'을 무기로 임상적 발판을 마련했습니다. 이후 그는 놀랍게도 자신의 감별 진단 이론을 상대화하는 방향으로 나아갔습니다. 그는 '신경증'이나 '정신병'과 같은 범주화보다 각각의 사람(이야기하는 존재)이 증상 속에서 어떻게 향락享樂하고 있는지에 주목하고, 자기 신체의 향락과 '잘 지내기savoir y faire' 위한 방법을 재창조하는 장치로서 정신분석을 재창조한 것입니다. 그렇게 재창조된 정신분석은 우리의 특이성singularité, 즉 다른 누구와도 닮지 않은 그만의 향락 방식, 즉 우리의 자유를 확보하기 위한 실천이라고 할 수 있을 겁니다. 일본의 정신과 의사 나카이 히사오의 말을 빌리자면, 그것은 소수자를 다수에 가깝게 만드는 것('비정상'인 사람을 사회에 '적응'시키는 것)이 아니라, 소수자가 소수자로 남아 있으면서도 창조적인 방식으로 살아갈 수 있도록 하는 실천입니다. 『모든 인간은 망상한다』라는 제목에는 그런 생각이 담겨 있습니다.

일본과 한국의 문화는 서양의 전형적인 오이디푸스적 문화와는 조금 다를지 모릅니다. 하지만 함께 유교의 영향을 받은 동아시아 지역의 국가로서, 우리도 국경을 넘어 현대 사회와 '잘 지내기savoir y faire'를 위한 방법을 라캉에게 찾을 수 있지 않을까 — 그 점을 크게 기대하고 있습니다.

2022. 4
마츠모토 타쿠야松本卓也

서론

1. 현대 사상의 쟁점으로서의 '신경증과 정신병의 감별 진단'

'모든 인간은 망상한다'라는 다소 도발적인 제목으로 라캉론을 쓰기 시작할 때부터 주변에서 들려오는 몇몇 우려의 목소리가 있었다. 어떤 사람은 '지금 와서 또다시 라캉이란 말인가?', 또 다른 사람은 '과거 구조주의의 4총사 중의 한 사람으로 이름을 날렸던 라캉이지만, 질 들뢰즈와 펠릭스 과타리(이하 들뢰즈=과타리)나 자크 데리다와 같은 포스트 구조주의 사상가들에 의해서 1970년대에 이미 극복된 것이 아닌가?'라고. 하지만 '구조주의에서 포스트구조주의로' 같은 손때 묻은 평론으로 라캉을 과거의 유물로 방치할 수는 없다고 생각한다. 그것은 라캉의 이론과 실천의 핵심점들과 라캉과 그 비판자들— 들뢰즈=과타리나 데리다 —의 대립의 요체가 지금까지 부당하다고 할 정도로 무시되었다고 필자는 생각하기 때문이다.

그렇다면 그 핵심점은 무엇일까? 그것은 '신경증과 정신병에 대한 감별 진단clinique différentielle/diagnostic différentielle'이다.

우선 기본적인 용어부터 확인해보자. '신경증neurosis/névrose'은 18세기 중반 스코틀랜드 의사인 윌리엄 컬렌William Cullen(1710-1790)이 처음 사용한 용어다. 이 용어는 생리학적으로 설명이 불가능한 다양한 신경계 질환을 지칭한다. 18세기 말에 이르러 계몽사상에 기반을 둔 프랑스의 정신과 의사, 필리프 피넬Philippe Pinel(1745-1826)이 신경증에서 '정신병aliénation mentale/psychose'을 떼내어 구별하게 되었다. 그가 정의하는 '정신병'은 환각이나 망상을 일으키는 오성悟性의 장애와 정신 기능의 쇠퇴를 포함한 심한 정신장애를 의미한다. 여기서부터 신경증과 정신병의 대립이 시작된다. 20세기에 이르면 카를 야스퍼스Karl Theodor Jaspers(1883-1969)가 정신의학을 방법론적으로 기초 지으며 신경증과 정신병의 대립이 좀 더 분명하게 부각된다. 신경증은 기술記述심리학으로 이해 가능하며 정상인의 심리와 연속적인 것으로 파악하는 한편, 정신병은 이해를 통해서는 파악할 수 없으며 정신 활동에서 감추어진 인과성內因을 통해서 나타나는 것으로 이해하게 된다. 동시에 임상의 현장에서 신경증(히스테리나 강박신경증)은 주로 외래外來진료로 정신 요법적으로 치유될 수 있지만, 정신병(파라노이아나 통합실조증,* 멜랑콜리, 우울증)은 정신병원의 입원이라는 환경 아래에서 관리되어야 한다는 다른 해결책을 제시한다. 따라

---

* 조현병에 상응하는 용어로 이 책에서는 이 용어를 사용한다. – 역자

서 신경증/정신병은 각각 경증/중증, 심인성/내인성, 외래 진료의 정신요법/입원 관리라는 이분법을 기본으로 해서 파악되었다. 그리하여 '신경증과 정신병에 대한 감별 진단'이라는 말에서 이 두 가지를 구별하지 않으면 안 된다는 것은, 임상적인 요청뿐 아니라, 질병론적 요청 혹은 정신보건 정책상의 요청에 부응해야 한다는 점을 의미하게 된다.

임상의 영역에서 신경증과 정신병이라는 두 가지로 구분해야 한다는 요청은 정신분석의 창시자인 지크문트 프로이트Sigmund Freud(1856-1939)로까지 이어진다. 프로이트는 신경증에서는 치료의 요체로 볼 수 있는 전이轉移가 형성되지만, 정신병에서는 전이가 형성되지 않는다고 생각했다. 그리하여 정신분석의 대상이 되는 증례에서 몇몇 예외를 제외하면, 대부분이 신경증 환자에 관한 것이다. 1950년대의 라캉 또한 이러한 프로이트의 원칙을 이어받고 있다. 라캉은 프로이트의 논의를 체계화하고 오이디푸스 콤플렉스의 도입이 신경증과 정신병을 나누는 경계라고 생각했다. 그래서 그는 신경증과 정신병 사이에는 연속성이 없으며, 양자의 심적 구조 자체가 완전히 다른 것이라고 주장했던 것이다.

그런데, 1970년대 프랑스에서 프로이트=라캉의 이러한 이론을 격렬하게 비판하는 사람들이 나타난다. 그 최선봉이 들뢰즈=과타리다. 그들이 1972년에 발표한 저작 『앙티 오이디푸스』는 그 제목이 암시하듯이 정신분석의 오이디푸스주의를 비판하지만, 실제로는 정신의학과 정신분석에서 신경증과 정신병에 대한 감별 진단을 주요한 표적으로 삼고 있다. 그들은 야스퍼스(그리고 라캉 역시)가 정신병의 메커니즘으로 상정한 '과정prozess/processus'이 특별히 신경증과 정신병에서만이 아니라, 모든 인간에게도 구비되어 있다고 생각했다. 그리하여 그들은 임상의 실체로서 신경증과 정신병을, 과정prozess이 오이디푸스적인 가족을 비롯한 여러 가지 문제점의 결과로서 생기는 좌절의 여러 형태에 불과한 것이라고 생각했다 (Deleuze & Guattari, 1972, 334-6). 따라서 그들이 '신경증과 정신병 사이에 본질적인 차이는 존재하지 않는다'고 말하는 이유가 여기에 있다. 그리하여 들뢰즈=과타리는 신경증과 정신병을 '욕망적 생산'으로서의 과정(=생산 과정)이라는 관점에서 이해하지 않으면 안 된다(Ibid., p. 150)고 주장한다.

들뢰즈=과타리에 의한 프로이트=라캉의 감별 진단론에 대한 비판은 1980년 『천 개의 고원』으로 이어진다. 그중에서도 제2장 「1914년─늑대는 한 마리인가 여러 마리인가」에서 프로이트의 감별 진단론을 정면으로 비판하고, 나아가 환골탈태시키려 하고 있다. 특히 강하게 비판하는 대목은 프로이트가 제시한 증례症例 '늑대남자'의 꿈에 대한 해석이다. 프로이트는, 늑대남자의 꿈에 등장하는 '나무에 있는 6마리인가 7마리의 늑대'를 곧바로 오이디푸스 상징으로만 환원해버리고, 복수적으로 존재하는 무리(다양체多樣體)인 늑대를 고려하지 않는다 (GW12, 54). 들뢰즈=과타리가 볼 때 이것은 프로이트가 늑대남자를 오이디푸스 콤플렉스에 따른 신경증으로밖에 생각하지 않았기 때문이다(Deleuze & Guattari, 1980, pp. 40-1).

데리다의 라캉 비판도 같다고 할 수 있다. 1950년대에 라캉은 신경증을 가족주의적=혈통주의적인 전달의 결과로 파악했다. 즉, 오이디푸스의 가계家系처럼 아버지의 죄가 세대를 이어서 가계로 이어지는 것이 신경증의 모델이 되었다고 생각한 것이다. 그리고, 이러한 전달을 떠받치고 있는 시니피앙이 바로 '아버지의 이름Le Nom-du-Père'이고, 신경증과 정신병의 차이는 이 '아버지의 이름'이라는 시니피앙이 도입되어 있는지 아닌지의 여부였다. 데리다는 신경증과 정신병이라는 감별 진단을 내세워 명시적으로 비판을 하지는 않았지만, 그의 라캉 비판— 온갖 사태를 아버지에게 귀착시키는 것은 불가능하지 않을까? 아버지의 파롤parole이 세대를 넘어서 전달된다는 것이 여기저기에서 실패=오기誤記에 노출되어 있는 게 아닐까? 라는 비판 —은 신경증의 심적 구조를 떠받치고 있는 '아버지의 이름'과 팔루스의 안정성에 대한 이의 제기임과 동시에, 라캉의 감별 진단이라는 강고한 원리를 탈구축하려는 시도였다고도 생각할 수 있다.

다만 라캉은 단순히 비판만 받은 것은 아니다. 1970년대 후반의 라캉은 들뢰즈=과타리나 데리다에 의한 비판을 전후로, 감별 진단 이후, 포스트 감별 진단이라고 명명할 수 있는 새로운 정신분석을 발명하면서 프로이트 정신분석을 갱신하려고 시도한다. 그 관점에서는 신경증과 정신병에 대한 감별 진단은 더 이상 가장 중요한 문제가 되지 않는다. 그리하여 들뢰즈=과타리가 말하는, 결여의 이데올로기에 의지하지 않는 '욕망적 생산'을, 욕동欲動, 또는 이 책의 뒤에서 주목하게 될 '자폐적 향락'이라고 파악하게 된다면, 양자 사이에 새로운 대화의 가능성이 열릴 것이다. 70년대 이후의 라캉 이론은 오히려 들뢰즈=과타리의 논의, 나아가 자크 데리다의 논의와 병행적인 것으로서 생각해야 할 것이다.

단언하자면, 신경증과 정신병에 대한 감별 진단이라는 임상적 문제를 이해하지 않고서는, 이른바 프랑스 현대 사상에서 라캉이 차지하는 위치를 이해하는 것도, 라캉을 향한 비판을 이해하는 것도 불가능하다. 본서가 사상의 영역에서 시도하려는 것은 이에 대한 논증이 될 것이다. 그 후에 필자는 최근 프랑스를 중심으로 확실한 형태를 드러내기 시작한 현대 라캉파의 입장에서 들뢰즈=과타리나 데리다의 라캉 비판을 재검토하고, 현대 사상에 있어서 라캉 이론을 새롭게 자리매김하려 시도할 것이다.

2. 사르트르에서 라캉으로 – 무의식의 주체란 무엇인가?

본서가 목표로 하는 논증을 위해서는 면밀한 준비가 필요하다. 시대를 조금 거슬러 올라가 라캉의 사상적 위상을 새롭게 확인해 보겠다.

라캉은 1950-60년대에 대두한 구조주의의 조류에 위치하는 특이한 정신분석가로, 미셸 푸코나 루이 알튀세르와 함께 사상계에 등장한다. 당시 알튀세르의 이론이 클로드 레비스트로스의 구조주의 방법을 이용하여 카를 마르크스를 읽는 것이었다면, 라캉의 이론은 구조주의적인 방법으로 프로이트를 읽은 것으로 생각되었다. 즉, 라캉의 이론은 구조론적인 정신분석이라고, 사상계에서는 대체로 그러한 이해 방식으로 초기 라캉이 수용되었다고 할 수 있다.

하지만 다음과 같은 점을 분명히 해두어야 한다. 라캉이 정신분석에 적용시킨 레비스트로스의 방법으로서는 라캉의 사유를 다 담아낼 수 없다. 그것은 라캉의 사상적 입장이 구조주의뿐만 아니라, 그에 앞서는 실존주의에서도 영향을 받았기 때문이다. 이것을 의외라고 생각할지 모르겠다. 프랑스에서 50-60년대에 폭발적인 영향을 발휘한 구조주의는 실존주의와 확실히 대립하고 있었기 때문이다.

장 폴 사르트르 Jean-Paul Sartre(1905-1980)로 대표되는 실존주의 사상은 개인이 어떻게 살아야 하며, 어떻게 사상에 참여하고 행동할 수 있는가라는 주체 sujet의 문제에 주력한다. 이와 반대로 구조주의는 개인이 '주체적으로 스스로의 인생을 선택한다'고 생각할 때, 이미 어떤 구조가 작동하고 있다는 것을, 즉 역사적으로 공유하는 사고와 행동의 패턴이 작동하고 있다는 것을 폭로한다. 즉 구조주의는 인간이 사회에 참여하고 역사를 주체적으로 만들어 나간다기보다는, 오히려 역사가 인간을 만들어 간다는 것을 중시한다. 이러한 점을 실존주의의 입장에서 본다면, 구조주의는 공시共時적인 구조만을 취급할 뿐이며, 구조를 통시通時적으로 변화시키는 주체를 고려하지 않기 때문에 불충분한 것으로 여겨지게 된다. 구조주의에 대한 사르트르의 비판(1966)은 바로 이 점을 지적하고 있다.

구조주의와 실존주의라는 두 사상 조류에 대한 라캉의 관계는 이중적이다. 라캉은 레비스트로스의 방법을 원용援用했다는 점에서도 알 수 있듯이, 분명히 구조주의에 친화적인 사고를 갖고 있다. 라캉은 인간에 선행하는 역사를 중시하고, 각 개인의 증상은 가계家系에서 전수된 상징적 배치에 의하여 결정된다고 생각했다. 혹은, 라캉이 빈번하게 거론하는 '시니피앙 signifiant'이라는 용어가 구조주의 언어학에서 차용되었다는 점도 간과할 수 없다.

이러한 구조주의에 대한 친화성에서, 라캉은 실존주의가 중시하는 주체를 '탈중심화'한 인간이라고 생각했다. 당연히 사르트르는 그러한 사상을 받아들일 수 없었다. 실제로 사르트르는 주체를 '탈중심화'한다고 생각하는 라캉의 사상이 필연적으로 '역사에 대한 불신'에 이르게 된다고 비판했던 것이다. 이러한 비판에 대하여 라캉은 다음과 같이 응답했다.

> **질문자:** 사르트르는 보다 정확한 비판을 당신에게 하고 있다. '라캉이 말하는 주체의 소멸 내지 "탈중심화"는 역사의 가치를 격하시키는 것으로 연결된다'고……
>
> **라캉:** 그럴 것이다. 사르트르 철학의 요체는 주체와 의식이 분리될 수 없이 결합된 것으로 본다. 하지만 프로이트에게는 이 두 가지가 분리되어 있다. 프로이트는 하의식下意識이나 전前의식을 문제시하지 않는다. 사르트르가 제기하는 이의는 나만을 향한 게 전혀 아니고, 프로이트를 향한 것이라고도 볼 수 있다. 사실 내가 아무리 말해도, 사르트르는 프로이트의 진정한 정신분석에는 결코 흥미를 가지려 하지 않았다.

두 사람의 대립은 명확하다. 사르트르에게 주체는 대자존재對自存在로서의 의식과 관련되어 있다. 따라서 그에게 중요한 것은 자신이 처해 있는 역사를 분명하게 직시하고, 그 상황 안에서 스스로의 주체성을 최대한 발휘하여 언제나 자기를 의식적으로 극복해나가는 것이다. 하지만 라캉은 주체를 의식으로 분리한다. 이것은 라캉이 말하는 주체가 언제나 '무의식의 주체sujet d'inconscience'이기 때문이다. 라캉이 주체를 '탈중심화'

한다고 말하지만 그것은 주체를 무시하는 것이 아니다. 그것은 무의식 안에 있는 주체를 파악하는 것을 의미한다.

무의식의 주체. 그건 대체 어떠한 주체를 말하는 것일까?

그것은, 예를 들면 '말실수'에서 드러나는 주체다. 사람들은 매일 알게 모르게 말실수를 한다. 일상생활에서 크게 신경 쓰지도 않고 금방 잊어버리기 일쑤다. 그것은 내가 의식적으로 (의도적으로) 발설한 말이 아니라서 중요하다고 생각하지 않기 때문이다. 하지만 일단 무의식을 다루는 정신분석의 현장에 발을 들여놓게 되면, 이러한 말실수가 갑자기 중요한 의미를 띠게 된다. 분석가는 분석 주체*가 말하는 언어에서 발견되는 사소한 말실수를, 분석 주체를 향하여 중요한 의미가 있는 듯이 반복할 것이다. 그때 분석 주체는 자신의 이야기 속에 포함되었던 말실수를 자신의 내부에 있는 이물질로서 발견하게 된다.

구체적인 예를 들어보자. 프로이트가 치료한 강박신경증의 증례로 '쥐남자'라는 인물이 있다. 그는 교제 중인 여성을 떠올리며 '신이 그녀를 보살펴주기를Que Dieu la préserve'이라고 기도하는 습관을 갖게 된다. 하지만 그의 머릿속에는 이 기도의 말이 '신이 그녀를 보살펴주지 말기를Que Dieu *ne* la préserve'이라는 저주의 말로 바뀌는 부정사(허사虛辭의 ne)가 몇 번이고

---

* 분석 주체anlaysant란 피분석자, 즉 일반적인 의미로 '정신분석가에게 분석을 받는 자'를 가리킨다. 라캉파에서 피분석자를 분석 주체라고 부르는 것은 정신분석을 단순히 '받는' 것이 아니라, 분석 공간에서 피분석자가 자기 스스로 주체적으로 작업을 수행하는 것을 중시하기 때문이다. 또한 분석 주체라는 말, 그 자체에는 '(무의식의) 주체'라는 의미는 포함되어 있지 않다는 점을 주의해야 한다.

떠오르고 만다. 그는 그 사실이 괴로워서, 기도의 말을 짧게 하거나, 빠르게 말하는 등 다양한 방어를 시도한다(GW7, 458). 라캉은 '허사인 ne'에서 '언표 행위의 주체sujet de l'énonciation' (E800)가 나타난 것이라고 설명하지만, 쥐남자의 이 에피소드는 분명히 무의식의 주체를 드러낸 것이라고 이해할 수 있다(Miller, 1985a: Cours du 22 mai 1985). 이러한 무의식의 분출에 직면한 분석 주체는 '이러한 말실수는 우연이다. 나는 그러한 의도를 가지고 말한 것이 아니다'라고 주장할지도 모른다. 하지만 '그것이야말로 무의식의 주체가 드러난 것'이라고 라캉은 답할 것이다. 주체는 의식의 상관물이 아니라, 오히려 무의식의 상관물이라는 것은 바로 이런 의미에서이다. 이것이 '정신분석은 주체의 문제를 멋지게 전복시킨다'(E794)고 한 라캉 테제의 의미이다.

당연히 정신분석이 생각하는 이와 같은 주체는, 결코 안정된 형태를 갖고 존재하지 않는다. 그것은 말실수나 말을 더듬는 것처럼, 말하는 가운데 균열로서만 나타날 수 있다. 그리고 나타났나 싶은 순간 사라져버리는, 마치 박동拍動하는 점과 같은 것이기도 한다(이런 의미에서 라캉의 주체 개념은 사르트르가 '무'이면서 지향성을 갖는 것으로 정의한 '의식'과 다시 한 번 통하는 면이 있다). 더 나아가자면 무의식의 주체는 실체로서 존재하는 것이 아니다. 인간의 마음을 하나의 양파에 비유하면, 겉껍질을 하나씩 벗겨나감으로써, 그 중심에 마지막으로 남는 중심 부분이 마음의 핵이라고 생각할 수도 있다. 이러한 생각은 자아심리학이 상정하는 구체球體로서의 자아의 모습에 대응한다고 할 수 있다. 하지만 라캉은 그렇게 생각하지 않는다. 오히려 주체는 중심에서 벗어난ex-centrique 곳에 있다고 생각한다(E11). 라캉은 정태적statistic이기 쉬운 구조주의에서 무의식의 주체가 나타날 수 있는 구조의 외부를 확보하고, 거기에 사르트르적인 주체의 역동성을 재도입하려 했다. 이런 의미에서 라캉의 이론은 레비스트로스의 구조주의에 프로이트의 주체의 전복이라는 뒤틀림을 부가하여, 사르트르의 주체 이론을 접속시킨 것이라고 생각할 수 있다.

요약하면, 라캉의 구조주의는 자크 알랭 밀레르Jacques-Alain Miller(1944-)*(1998a)가 말한 것처럼 '구조주의 그 자체가 아니라, 주체의 고찰을 동반한 구조주의다. 과거 아사다 아키라淺田彰(1983)가 적확하게 정리했듯이 '협의狹義의 구조주의가 구조를 언제나 이미 완결된 것으로 간주하고 그러한 폐쇄된 영역의 공시적 분석에 전념할 때, 라캉은 구조의 생성 과정을 추

---

* 자크 알랭 밀레르는 1944년생의 정신분석가로 라캉의 딸인 주디트의 남편이기도 하다. 고등사범학교에서 알튀세르에게 사사했고, 그의 권유로 라캉의 세미나에 참석해 라캉으로부터 그 재능을 인정받았다. 이후 라캉의 측근으로서 활약했고 라캉 사후에 프로이트 대의파École de la Cause freudienne의 중심인물이 되었다. 또한 그는 라캉 텍스트의 교정자로서의 역할도 맡았다. 1992년 세계정신분석협회Association mondiale de Psychanalyse를 설립하고 세계 각국 라캉파의 연대를 조직하고 있다(현재 이 단체는 프로이트가 설립한 국제정신분석협회 International Psychoanalytical Association에 필적하는 숫자의 정신분석가들이 가입한 단체가 되었다). 하지만 프랑스 국내에는 밀레르 등과는 다른 입장을 취하는 라캉파 단체도 여러 개 존재한다. 그중에서도 밀레르의 정신분석을 담당하고 2000년대까지 라캉 저작에 관한 출판권을 둘러싸고 밀레르와 법정 투쟁을 했던 샤를 멜망Charles Melman 은 국제라캉협회Association lacanienne international를 조직했다.

적하고, 구조와 아직은 구조에 포섭되지 않은 것과의 역동적인 상호 작용을 분석하려고 한' 것이다. 뒤에서 나오겠지만 라캉의 감별 진단은 이러한 주체에 의한 감별 진단이다. 앞에서 거론한 들뢰즈=과타리, 데리다의 라캉 비판은 이러한 전제에 기반한 것이다.

3. 임상에서 감별 진단과 주체의 문제

지금까지 사상의 영역에서 라캉의 지위를 아주 간략히 살펴보았다. 그런데 임상의 영역에서 라캉은 어떻게 수용되었을까. 간결하기 위해서 논의를 국내로 한정하겠다. 70년대까지 일본에서의 라캉 수용은 대부분 그의 학위 논문『인격과의 관계에서 본 파라노이아성 정신병』(1932)이 중심이었다. 왜냐하면, 그의 학위 논문은 일본 정신병리학계에서 주목을 모았던 '파라노이아 문제'를 취급하고 있어서, 정신분석의 언설에 익숙하지 않았던 일본의 입장에서도 비교적 받아들이기 수월했기 때문이다.

구조주의적인 라캉 이론의 도입이 가장 정력적으로 이루어졌던 시기는 80년대부터 90년대까지다. 당시 일본정신병리학회(구 정신병리간담회)의 기관지인 〈〈임상정신병리臨床精神病理〉〉지를 중심으로 몇몇 정신과 의사가 라캉론을 차례로 발표하고, 그러한 성과는 1988년『꿈과 구조』(신구 가즈시게新宮一成), 1990년『분열병과 구조』(고이데 히로유키小出浩之, 1995년『구조론적 정신병리학』(가토 사토시加藤敏),『신경증 개념의 현재-우리들은 프로이트를 위해서 백 년을 우회한 것일까』(스즈키 쿠니후미鈴木國文) 등의 단행본으로 정리되었다. 이러한 일련의 저작들은 각각 신경증(신구, 스즈키)과 정신병(고이데, 가토)에 대한 라캉의 이론을 일본 정신병리학의 문맥에 위치시켰다고 평가할 수 있다.* 하지만 일본의 임상 영역에서는 신경증과 정신병을 구분하는 원리, 즉 이 책의 주제인 신경증과 정신병의 감별 진단에 대하여 거의 논의하지 않았다. 당연한 일이지만, 임상의 영역에서는 사상의 영역과 다르게 감별 진단을 중요시한다. 나아가 밀레르에 의하면, 프로이트와 라캉의 임상은, 다름 아닌 신경증과 정신병의 감별 진단에 그 기초를 두고 있다고 증언한다.

라캉 박사는, 임상 실천의 장이나, 여든을 넘어 거의 세상을 뜨기 직전까지 2주 간격으로 계속되었던 파리정신병원의 임상 강의에서, 젊은 정신과 의사나 치료자들이 신경증인지 정신병자인지를 구별하지 못하고 도망치거나 자기방어를 위해, '경계예境界例' 개념을 들고나오는 것을 항상 안타깝게 생각했습니다. 그러한 경우에도 라캉은 어느 쪽인지 결정해야 한다고 말했습니다. 나도 그러한 라캉의 태도야말로 프로이트의 노선과 연결된다고 믿고 있습니다. 프로이트의 기본 방침은 정신병과 신경증의 구조적 준별峻別에 있었다고 생각합니다.(밀레르&기타야마, 1991, 강조는 인용자)

나중에 자세히 검토하겠지만, 정신분석 임상에서 감별 진단

---

* 라캉파는 신경증과 정신병의 하위분류를 규정한다. 신경증은 히스테리와 강박신경증, 그리고 공포증을, 정신병은 파라노이아와 스키조프레니, 그리고 우울증과 조증으로 나누어진다.

이 중요한 것은, 정신분석가를 찾아오는 분석 주체가 신경증인지 정신병인지를 구분함으로써, 분석을 시작하는 방식에서 분석가가 개입하는 방식에 이르기까지 모든 분석 방식이 다르기 때문이다. 만일 정신병적 구조를 갖는 분석 주체에 대하여 신경증 환자에 대한 방식으로 대응을 할 경우, 최악의 경우에는 상태를 악화시키거나 본격적인 정신병을 발병시킬 우려가 있을 것이다. 그리하여 자유연상을 이용하여 정신분석을 시작하기 전에 반드시, 분석 주체가 신경증과 정신병의 어느 쪽 구조를 갖고 있는지를 감별하지 않으면 안 되는 것이다. 라캉의 이론과 실천은 이러한 임상의 요청에 의해 시종일관했다고 하더라도 과언이 아니다.[*] 그렇다면 라캉을 이해하기 위해서는 그가 논문이나 세미나에서 항상 감별 진단을 문제로 삼았다는 것을 염두에 둘 필요가 있을 것이다.

그렇다면 라캉 및 라캉파의 감별 진단이란 어떤 것일까? 맨처음 확인해야 할 점은, 현대 정신의학이 사용하는 표준적인 감별 진단과 라캉파의 감별 진단이, 대조적이라고 해도 좋을 정도로 크게 차이가 난다는 사실이다. 밀레르(1998a)는 '정신의학의 진단은 객관성의 수준에서 작성되어 있어 기계적인 것이라고 할 수 있다. 반대로 분석의 영역에 있는 우리는 주체의 측에 서 있다'고 말한다. 다시 말해서 정신의학은 신체의학과

---

[*] 이 같은 감별 진단의 요청은 꼭 정신분석의 문제만이 아니다. 일반적인 정신의학의 임상(이를테면 임상심리사에 의한 심리상담)에서도 감별 진단은 중요하다. 특히 정신의학적 임상의 경우, 환자가 정신병에 속하는 병의 양상인지 아닌지에 따라서, 항정신병 약물의 사용에 대한 검토가 이루어지기 때문에 신중한 감별 진단이 요구된다.

동일하게 환자가 나타내는 증상을 객관적으로(객체로서) 파악하고, 그러한 여러 증상의 집합에서 '통합실조증'이나 '불안장애'라고 진단한다. 반대로 정신분석은 주체라는 관점에서 진단을 행한다. 라캉 이론이 주체를 중시하는 구조주의라는 점은 앞에서 확인했지만, 감별 진단에서도 똑같은 (무의식의) 주체가 문제가 되는 것이다.

그런데, 라캉과 정신분석의 감별 진단에서는 어떤 식으로 주체를 파악하는 것일까. 우선 라캉이 신체의학과 정신분석의 진찰을 비교하는 1966년 6월의 강의를 참조해 보자.

> 예를 들어 [흉부의 타진으로 얻을 수 있는] 탁음濁音이라는 징후=기호signe는 폐의 간변화(=폐가 간 조직처럼 외관이 변하는 것)가 일어났다는 것을 아는 것savoir을 가능하게 한다. 이러한 징후와, 분석 가능한 증상symptôme으로서 우리가 이해해야만 하는 의미에서의 증상의 차이는…… [분석 가능한] 증상 안에서는 지savoir에 관한 정보가 항상 존재한다는 것에 있다(S12, 335A, 강조는 인용자).

쉽게 말하면, 신체의학(및 현대 정신의학)은 환자에게서 관찰할 수 있는 어떤 변화를 징후로서, 즉 어떤 것을 나타내는 기호signe로서 파악한다. 따라서 흉부의 탁음은 폐 조직의 변화를 나타내며, 이것이 어떤 종류의 폐 질환을 시사해주는 지식知이 되는 것이다. 마찬가지로 현대 정신의학의 임상에서 표준적으로 채택하는 진단 기준인 『정신장애 진단과 통계 매뉴얼』(이하 DSM으로 표기)에서는, '울적한 기분(기분이 처지고,

우울함)'이라는 증후가 있다면, 그 환자는 '대大우울병성 장애 (우울병)'라는 진단을 내릴 수 있는 지식知을 나타낸다고 간주한다. 바꾸어 말하면 여기에서 '울적한 기분'이란 징후와 '우울증'이라는 진단은, 소쉬르가 제시한 기호에서 시니피앙signifiant 과 시니피에signifié처럼 견고하게 연결되어 있고, 주체가 고려될 여지는 전혀 없다.

반대로 라캉의 정신분석에서는 어떤 질환의 존재를 의심케 하는 징후가 있다 하더라도, 바로 그 질환에 대한 진단을 내릴 수 없다. 환각에는 '주체의 구조라는 점에서는, 어떤 진단학적 가치도 없다'(E71)고 라캉 자신이 말하고 있는 것처럼, 환각의 존재를 바로 정신병(혹은 통합실조증)이라는 진단으로 연결시킬 수는 없다. 증상이 어떤 구조 안에서 표현되고 있는지, 어떤식으로 주체가 드러나고 있는지를 분명하게 밝혀내지 않는 한, 라캉파에서는 진단을 내릴 수 없다. 결국 라캉파 정신분석에서, 분석 주체의 이야기 속에서 관찰되어야 하는 것은, 진단과 직접적으로 연결되는 지知가 아니라, 주체와 관계하는 지인 것이다.

그렇다면 라캉의 정신분석에서는 분석 주체의 이야기 중에서 어떤 점에 주목하고 진단을 내리는지를 다음과 같은 가공의 증례로 확인해 보겠다.

어떤 남성이 자신의 주변에서 일어나는 이상한 변화에 고통을 받고 정신분석가를 찾아와서 다음과 같이 말한다. '무슨 일이 일어났는지 도통 알 수가 없다. 하지만 분명히 무슨 일인가 일어났으며, 어찌 됐든 기분 나쁜 일임이 분명하다. 누군가가 나의 일을 방해하려고 무슨 일을 꾸미는 게 틀림없다. 이러한 사실을 다른 사람들에게 설명해도 누구도 믿어주지 않는다. 아무래도 나만을 노리고 있는 것 같다.'

만약 DSM에 숙련된 정신과 의사가 이 환자를 면접했다면, 이 환자가 말하는 '누군가가 나의 일을 방해하려고 무슨 일을 꾸미는 게 틀림없다'라는 호소를 받아들이고, '현실에서는 도저히 있을 것 같지 않은 일에 대한 확신'이라는 특징에 주목할 것이다. 그러고서 이러한 호소에 '피해망상'이라는 증상 명칭을 부여하고, 최종적으로는 이 증상을 '통합실조증'이나 '망상성 장애'라는 진단명에 결부시킬 것이다.

라캉파 정신분석의 입장에서도 이 환자에 대하여 아마도 거의 비슷한 진단이 내려질 것이다. '거의'라고 말하는 것은 정신의학의 '통합실조증'이라는 개념은 범위가 넓고, 라캉파에서 말하는 파라노이아에서 스키조프레니까지 포함하기 때문이다. 하지만 이러한 진단을 내리는 과정에서 결정적인 차이가 드러난다. 라캉파 정신분석은, 이 환자가 호소하는 내용보다는 오히려 이 호소에서 드러나는 지知와 주체의 양태에 주목한다. 무슨 말인가 하면, 이 환자는 자신의 주변에서 뭔가 이상한 변화가 일어났다는 것을 알고 있다. 하지만 이러한 변화가 뭔지를 모른다. 그리고 ― 이 점이 가장 중요한데 ― 이 변화가 무엇인지를 알고 있는 인물(흑막)이 어딘가에 있다는 것을 그는 알고 있다. 그리하여 이 환자가 감지하고 있는 세계의 변화는 임의의 누군가를 향하고 있는 것이 아니라, 그 자신만을 향하고 있다는 사실이다. 말하자면 그가 느끼고 있는 변화는, 다름 아닌 그의 주체를 향하고 있다. 결국, 지금은 확실한 형태를 드러내고 있지 않지만, 대타자l'Autre*라고 부를 수 있는 존재가 돌연 나타나서 환자를 수동적인 존재로 바꾸고, 그의 주체를 대상으로 삼아 향락하려 한다는 점을, 환자의 이야기에서 읽어 낼 수 있는 것이다. 지와 주체를 둘러싼 이러한 배치는 라캉이 말하는 파라노이아의 정의 ― 대타자 그 자체가 있는 장場에서 향락을 찾는 것 ―라고 해도 무방하다. 라캉파 정신분석은 신체의학이나 현대 정신의학이 중시하는 징후와 진단을 연결하는 지知가 아니라, 증상 안에서 나타나는 지와 주체의 관계에 주목하는 것이다.

마찬가지로 신경증의 증례에서도 지와 관련된 주체가 문제시된다. 프로이트가 기술한 '부정否定'의 문제를 예로 들어보자. 어떤 신경증의 분석 주체가 간밤에 꾼 꿈을 분석가에게 보고한다. 그것을 듣고 나서 분석가는 뭔가 의미심장하다는 듯이 깊은 한숨을 내쉴지도 모른다. 그러자 분석 주체는 분석가에게

---

* '대문자 타자'로 표기할 수도 있다. 라캉은 소문자 타자l'autre와 대문자 타자l'Autre를 구별한다. 소문자 타자는 사람이 일상생활에서 마주치는 타인이고, 자아와 동일한 수준에 있는 존재. 그래서 자아와 '소문자 타자' 사이에는 종종 질투나 공격성이라는 상상적인 관계가 맺어진다. 대문자 타자는 자아와 동일한 수준에 존재하지 않고, 주체와 관계하며 상징적인 관계를 갖게 되는 존재. 예를 들면 유아에 전능한 존재인 어머니처럼, 주체를 넘어서는 존재가 대타자다(S4, 169). 또한 분석가는 분석 주체에게 종종 대타자로서 나타난다(E680). 이것은 분석가가 분석 주체의 이야기의 암묵적인 수신처, 즉 '파롤의 장場'이 되기 때문이다. 그래서 대타자는 주체에 대하여 법을 만들고, 주체를 결정짓는 존재가 되는 것이다.

'선생님, 꿈에서 나타난 사람이 누구인지 저에게 물어보시려는 거지요? 제 어머니는 아니에요.'(GW14, 11) 하고 미리 선수를 쳐서 이야기한다. 프로이트에 따르면 이 '제 어머니는 아니에요'와 같은 부정은 언제나 긍정을 지시한다고 말한다. 결국 이 분석 주체는 실제 발언한 것과는 정반대로, '꿈에서 나온 인물이 자기 어머니다'라고 말한 셈이 된다. 물론 프로이트의 '부정'론이 '분석 주체가 부정하는 것은 전부 긍정으로서 받아들여야 한다'라는 난폭한 테제를 주장하는 것은 아닐 것이다. 꿈을 보고하는 분석 주체가 분석가의 답변을 앞질러서 즉 분석가가 말하려고 생각하는 사항(=지)을 전제하고서, '제 어머니는 아니에요'라고 발언하는, 일종의 실책 행위 속에 무의식의 주체가 나타난다는 것을 프로이트는 말하고 있는 것이다. 이 분석 주체는 '나의 무의식은 그 사람이 어머니였다는 것을 알고 있지(그렇지 않았다면 애초에 '어머니'라는 생각이 떠오르지 않았을 것이다)만, 나의 의식은 그것을 알지 못한다'고 하는 주체의 분열을 분석가를 향해 웅변하고 있는 셈이다.

현대 정신의학의 진단은 이와 같은 주체의 수준을 완전히 무시하고 있다. DSM은 각국에 흩어져 있던 병명을 통합하고, 통계를 통한 비교 연구가 유익하다는 점을 목적으로 만들어진 것이다. 하지만 DSM은 제3판 개정(1980)을 계기로, '무이론적atheorical'이라는 걸 표방하며, 정신분석(및 역동力動정신의학)에 의한 병인론病因論을 철저히 배격하고 있다. 그 목표를 달성하기 위해서 채용한 것이 특정 증상이 몇 개인지를 체크리스트에 따라 조사한 것으로 진단을 내리는 '조작적 진단'이라는 사고방식이다. 나아가 DSM을 기초로 『정신과 진단 면접 매뉴얼』(이하 SCID)에 따른 구조화 면접 수법을 개발하고 대다수 의료 기관이 사용하고 있다. SCID의 주안점인 구조화 면접에서 질문 사항이란, DSM 진단 기준에 따르는 항목으로 구성되어 있는 것은 물론이고, 이러저러한 질문을 던지는 순서로부터 그 진행 순서까지 결정되어 있다. 따라서 진행 순서에 따라서 문진을 하면, 면접자의 능력에 관계 없이 필연적으로 '정확한 진단'에 도달하게 된다. 이것이 구조화 면접의 기본적인 발상이다.

예를 들어 SCID에는 다음과 같은 질문 순서가 정해져 있다. '최근 1개월 동안, 하루 중 대부분을 우울하게 느끼거나 침체되어 있었다고 느끼며, 그것이 며칠간 지속된 적이 있습니까?' '언제나 즐거움을 주었던 것들이 더 이상 흥미나 즐거움을 주지 않는다고 생각한 적이 있습니까?' 구조화 면접을 추천하는 정신과 의사는 이와 같은 자잘한 질문 항목을 이어가게 되면, '이야기가 잘 진행되었다'는 인상을 환자에게 주기 때문에 구조화된 면접은 '정확한 진단'일 뿐만 아니라, '바람직한 의사-환자 관계'의 구축에도 도움이 된다고 주장한다. 이 말이 농담이었다면 얼마나 좋겠는가. '고객과의 좋은 관계'라는 접객 행위를 목적으로 신중하게 매뉴얼화된 맥도날드 방식이, 정신분석이 목표로 하는 것이라고 말하지 않기만을 바랄 뿐이다. 애초부터 구조화된 면접 방식에서는 정신분석적인 '부정'의 문제는 배제되어 있다. 극단적인 경우, 환자가 거짓말을 한다면 어떻게 되는 것일까. 그러한 거짓말에는 진단학적 가치가 없는 것일까. 이러한 질문은 구조화된 면접에서는 완전히 무시되어 있다. DSM에 기초한 구조화된 면접은 임상 진단이라는 행위를 위하여 준비된 질문, 그리고 그에 대한 답변으로 구성된 앙케트 조사에 불과한 것이 되는 셈이다.

어쩌면 정신병의 구조를 가진 환자라면, 구조화 면접의 질문 중에서 '최근 1개월 동안'이라고 한정하는 것은 왜일까라는 점에 구애될지도 모른다. 그들은 구조화 면접의 규칙에 따라 잇따라 반복되는 질문의 이면에, 의학의 체계라는 전체적인 '지知'의 지배를 감지하고 망상을 구축해 나가게 될지도 모른다. '최근 1개월'이라는 건조한 말이, 우연히도 딱 1개월 전부터 이상한 조짐을 자각한 정신병자에게 결정적인 충격을 줄 수도 있을 가능성을 조금도 상상하지 않는 단어 사용이, 대체 어떻게 환자에 대해 사용하는 말이 될 수 있다는 말인가?

정신 증상을 신체 증상과 동일한 수준에서 취급하는 구조화된 면접은 주체를 무시하는 면접이다. DSM-III이 신경증을 배제한다는 점이 자주 지적되지만, 그것은 질환의 카테고리로서의 '신경증'을 소멸시키는 것일 뿐만이 아니라, 신경증에서 가장 현저하게 나타나는 주체를 고려하지 않는다는 것을 의미한다. DSM-III이 제정된 이후 현대 정신의학은 객관화된 징후(소견) 이외의 것은 마치 존재하지 않는 것처럼 취급한다. 그리하여 그렇게 객관화된 징후는 주체의 분열이나 지知에 대한 주체의 모습을 도외시하는 결과를 초래한다. 종합해보면, 현대 정신의학의 기본적인 태도는 '보이는 것만 보려 한다'고 말할 수 있다. 그렇다, 현대 정신의학은 무의식(의 주체)에 대하여 '억압이라는 의미에서도 전혀 아무것도 알려고 하지 않는다.' 라캉이 이러한 '억압이라는 의미에서도……'라는 표현을 '배제Verwerfung'와 관련시켰듯이, 우리는 현대 정신의학에 대하여

'무의식의 배제'라는 진단을 내리지 않을 수 없다.

이상의 검토에서 분명해진 점은, 라캉과 정신분석의 진단은 현대 정신의학에 대항한다는 사실이다. 본서는 라캉과 정신분석에서 감별 진단론의 전개를 추적할 것이다. 이러한 검토에서 분석 주체의 이야기 속에 숨겨져 있는 의미를 어떻게 읽어내야 하는가, 혹은 의미의 제로 상태에 위치하는 말이 어떠한 중요성을 갖고 있는가라는 점에 대해서도 논하게 될 것이다. 이러한 관점은 임상 심리사가 면접을 수행하기 전에 사정assessment이 필요하듯이, 정신분석가가 어떤 분석 주체와 분석을 시작할 때는, 그리고 궁극적으로는 정신과 임상 안에서 진단 면접을 할 때도 반드시 필요해진다. 이 책이 임상의 영역에서 수행하려는 작업의 하나는 바로 그에 대한 논증이다.

4. 라캉의 생애와 감별 진단의 요청

본서에서는 라캉의 이론과 실천이 신경증과 정신병의 감별 진단에 그 기초를 두고 있다는 밀레르의 지적을 계승해, 라캉이 자신의 전 생애를 통해 '감별 진단'이라는 과제를 다뤘다는 가설을 취한다. 그리고 이 가설을 기반으로 하여 라캉 이론의 통사通史를 그려내려 시도할 것이다. 이를 위한 준비로서 라캉의 감별 진단론을 떠받치고 있는 여러 전제들과 라캉이 감별 진단론이 필요하다고 본 이유를 확인할 필요가 있다.

우선 라캉의 생애를 간략히 살펴보자.

자크-마리-에밀 라캉Jacques-Marie-Émile Lacan은 1901년 4월 13일 파리에서 태어났으며, 파리대학 의학부를 졸업하고 생-탄Sainte-Anne 병원의 앙리 클로드Henri Claude(1869-1945)와 파리 경시청 부속 정신장애자 특별의료원 원장인 가에탕 드 클레랑보Gaëtan de Clérambault(1872-1934) 아래에서 수련을 쌓고, 1932년 박사 논문인 『인격과의 관계에서 본 파라노이아성 정신병』을 제출해 의학박사 학위를 취득한다. 이 학위 논문은 '파라노이아'라고 불리고 있던 질환군의 질병론적 위상을 둘러싸고 벌어진 커다란 논쟁인 '파라노이아 문제'를 다루고 있다. 라캉은 독일, 프랑스, 이탈리아에서 나온 연구 성과를 종합하고, 거기에 프로이트의 갈등을 둘러싼 논의를 도입해서 파라노이아에 대한 논점을 제시한다. 같은 해 6월부터는 루돌프 레벤슈타인Rudolph Loewenstein(1898-1976)에게서 교육 분석을 받았고, 1938년 정신분석가로서 개업의가 된다.

1951년부터, 훗날 〈세미나〉라고 불리게 되는 1년 단위의 강의가 시작되고, 이는 라캉이 사망하기 전년도인 1980년까지 이어진다. 1963년에는 변동 시간 세션(단시간 세션)이라 불리는 분석 세션의 방식이 문제시되어 당시 소속되어 있던 프랑스정신분석협회Societé française de psychanalyse에서 제명된다. 1964년 라캉은 독자적인 학파로서 파리 프로이트학파Ecole Freudienne de Paris를 결성한다. 그해부터 알튀세르의 협력을 얻어 세미나는 고등사범학교로 장소를 옮겨서 이어지게 된다. 이렇듯 새로운 장소에서 이해자들을 얻게 된 라캉은 당시 유행하던 구조주의의 조류에 편승하여 철학이나 사상의 영역에서도 폭넓게 수용되기 시작한다. 1966년에는 그때까지의 주요 논문을 모은 『에크리Ecrits』가 간행되어 화제를 불러일으키게 된다. 67년에는 '파스passe'라고 불리는 독자적인 정신분석가 자격 제도를 제정하고, 1968년에는 파리 8대학에 정신분석 학부가 신설되어 제도적으로도 기반이 확고해진다. 이 학부의 교수진은 거의 라캉파가 차지하게 되었고 현재까지도 그런 흐름은 이어지고 있다. 만년에 '보로메오의 매듭'이라는 위상학topology 이론에 열중하지만 얼마 안 있어 난관에 봉착하고, 1980년 1월 15일 파리 프로이트학파를 해산한다. 그 후 학파의 주도권을 놓고 격렬한 암투가 벌어지게 되고, 1981년 1월 19일 밀레르와 그의 지지자들에 의해 '프로이트 대의파'가 창설된다. 라캉은 그런 과정을 지켜본 뒤, 같은 해 9월 9일 대장암으로 파리에서 사망한다.

이 약력에서도 볼 수 있듯이 라캉이 정신과 의사로서 활동한 기간은 얼마 되지 않으며, 그는 반생을 정신분석가로서 보냈다고 말할 수 있다. 하지만 놀라운 것은 그가 정신분석적(역동적)인 진단 카테고리를 사용하지 않고 고전적인 정신의학의 진단 카테고리를 평생 사용했다는 점이다. 실제로 1967년 생-탄 병원에서 정신과 의사를 대상으로 한 강연에서 라캉은 이런 말을 했다.

(고전적 정신의학 이래) 임상적 변혁은 전혀 일어나지 않았고, 조그만 기여도 없었다. 우리들은 19세기가 남겨준 귀중한 유산을 물려받았지만, 클레랑보가 남긴 최후의 보족補足을 제외하면 그 후에는 변화라고는 조금도 없었다.

즉, 라캉은 에밀 크레펠린이나 카를 야스퍼스 등에 의해서 체계화되고, 거기에 클레랑보에 의해 정신자동증이 추가된 고전적 정신의학(일본의 '정신병리학'에 해당)만을 가치 있는 것으로 인정하고, 그 이외 것은 정신의학, 특히 임상에 어떤 변혁도 가져오지 않았다고 단정적으로 말하고 있다.* 나아가 라캉은 1970년대 프랑스에서 고조되었던 반反정신의학에 대해서도 냉담한 태도를 취한다. 잘 알려졌듯이 반정신의학은 '진단'이라는 행위를 정신의학의 권력으로 단언한다. 당시 라캉 주변에는 모드 만노니Maud Mannoni(1923-1998)처럼 반정신의학의 입장에 선 사람도 있었다. 하지만 라캉은 반정신의학을 '(환자의 해방 운동이 아니라) 정신과 의사의 해방 운동'이라고 야유하고, 고전적 정신의학의 진단 범주를 단호하게 지속적으로 옹호했다.(밀레르, 1998a)

그런데 앞서 인용한 발언에서, 프로이트를 비롯하여 정신분석의 임상에 관해서 전혀 언급하지 않은 것은 왜일까? 잘 알려진 것처럼, 라캉은 '프로이트로의 회귀'를 주장한 인물이다. 하지만 그렇게 주장했음에도, 그는 프로이트의 임상을 '훌륭한 유산'으로 인정하지 않았다는 것일까? 그렇지 않다. 오히려 라캉은 프로이트의 임상조차도 고전적 정신의학 임상의 연장선상에 놓고 있다. 실제로 프로이트는 고전적 정신의학의 진단 카테고리 안에서 자신의 논의를 구성하고 있다. 적어도 정신병의 영역에서는 그것이 명확하다. 예를 들면 슈레버 증례를 다룬 프로이트의 논문에는 「자전적으로 기술된 파라노이아(망상성치매)의 어느 증례에 관한 정신분석적 고찰」이라는 제목이

---

* 유일한 예외는 히스테리다. '분석적 디스쿠르에 기초한 것은 히스테리라고 부르는 임상 유형에만 나타난다. 그 외의 임상 유형 전부는 (고전적인) 정신의학에서 유래한다.'(밀레르, 1998a)

붙어 있는데, 이 '망상성치매dementia paranoides'라는 용어는 바로 크레펠린의 용어다. 1922년에 발표된 이 논문은 크레펠린에 의한 질환 분류나 당시에 막 알려진 오이겐 블로일러Eugen Bleuler(1857-1939)의 '정신분열병' 개념을 거의 그대로 받아들여서 쓰인 것이다.

밀레르(1996a)도, 라캉파의 임상을 독일이나 프랑스의 고전적 정신의학을 계승하고 있으며, 그 진단 범주는 고적 정신의학과 거의 변하지 않은 것이라고 증언하고 있다. 실제로 1960-70년대의 라캉 제자들은 스승의 가르침을 이해하기 위해서, 크레펠린이나 클레랑보가 말하는 고전적 정신의학의 저작을 다시 보거나 프랑스어로 번역하는 데 힘을 쏟는다. 당시 라캉 밑에서 정신분석을 배우려는 사람들은 그 기초로서 고전적 정신의학의 텍스트를 배우는 일이 필수적이었기 때문이다. 라캉의 감별 진단은 단지 크레펠린이나 야스퍼스 이론을 그대로 차용한 것이 아니다. 오히려 라캉은 그들의 고전적인 이론을 프랑스식으로 변형시킨다. 본서에서는 특히 야스퍼스의 감별 진단론과 라캉 감별 진달론과의 관계를 검토하게 될 것이다.

다음으로, 라캉이 감별 진단론을 필요로 한 이유를 생각해 보자. 앞서 말한 것처럼, 그는 정신과 의사이면서 학위 논문의 주제는 파라노이아 문제였다. 그렇기 때문에 라캉은 당연히 고전적 정신의학의 감별 진단론을 잘 알고 있었을 것이다. 하지만 그가 감별 진단론이 필요하다고 생각한 것은 오히려 정신분석가가 된 이후의 일이다. 대체 어떻게 된 일일까? 그 이유를 알기 위해서는 라캉의 이론이 형성된 환경이나 조건에 대해 검토해 보아야 한다.

일반적으로 정신분석에서는 카우치(장의자)를 사용하여 분석이 이루어진다. 하지만 카우치 분석을 행하기 전에 반드시 대면하여 예비 면접이 이루어진다. 이 예비 면접 단계에서 내방 이유와 병력을 듣고, 분석에 대한 큰 방향이 잡힘과 동시에, 신경증인지 정신병인지를 가능하다면 감별할 필요가 있다. 그것은 정신병자 혹은 정신병 구조를 갖고 있지만, 아직은 발병하지 않은 사람(前정신병prépsychose의 환자)에 대해서는 보다 신중하게 정신분석이 이루어져야 하기 때문이다. 왜냐하면 앞서 말한 것처럼 정신병 구조를 가진 환자에게 부주의하게 정신분석을 행하게 된다면, 정신병을 오히려 발병顯在發症시킬 우려가 있다(S3, 285). 실제로 라캉은 논문 「정신병에 대하여 가능한 치료를 위한 전제적 문제에 대하여」에서 신경증과 정신병의 감별 진단의 중요성에 대하여 논하게 되는데, 이러한 '전제적 문제question préliminaire'가 분명히 '전제적 면접=예비 면접entretien préliminaire에서 다루어져야 할 문제'라는 점을 지적하고 있다.

80년대 이후, 특히 밀레르(1983b)의 제언으로 정신병자에 대한 분석도 적극적으로 이루어지게 되는데, 그럼에도 증례가 신경증인지 정신병인지에 따라서, 분석의 시작 방식에서 분석의 진행 방식에 이르기까지 모든 점에서 다르다. 따라서 분석을 받으려고 찾아오는 환자가 신경증 구조를 가졌는지 정신병 구조를 가졌는지를 예비 면접에서 검토하는 것이 임상에서 제1의 지침이 되는 것이다.

제1부

○

라캉의
이론적
변천 개관

들어가는 말

이 책의 주제는 '신경증과 정신병에 대한 감별 진단'이다. 그런데 '신경증과 정신병에 대한 감별 진단'이라는 표현은 언뜻 보기에는 간단한 것을 문제로 삼는다고 보일 수도 있다. 환각이나 망상이 있다면 정신병, 그렇지 않다면 신경증이라고 진단하면 되는 게 아닐까. 실제로 DSM으로 대표되는 조작적인 진단에서는 환각이나 망상의 유무가 '정신병성 장애'라는 큰 질환 그룹을 구분하는 주요한 진단 항목 중의 하나다.

하지만 감별 진단은 그렇게 단순한 것이 아니다. 예를 들어 프로이트와 요제프 브로이어의 『히스테리 연구』에 등장하는 증례에서, 그 대부분은 어떤 식으로든지 환각이나 망상을 드러내고 있다. 그렇다면, 그녀들은 히스테리(신경증)가 아니었을까. 현재의 방식으로 규정한다면, 그녀들은 모두가 통합실조증이라고 주장해야 할까.

이 책에서 우리는 라캉이 제시하는 신경증과 정신병의 감별 진단과 그 이론적 변천을 개관할 것이다. 그렇게 함으로써 신경증과 정신병의 감별 진단이 라캉의 이론과 실천이라는 전체상에서 중요한 문제점이었다는 사실과 환상이나 망상의 유무만으로는 어떤 것도 진단할 수 없다는 사실이 분명해질 것이다.

제1장
30년대의 라캉 –
망상의 무매개성과 쉬르레알리즘

먼저 신경증부터 살펴보자. 신경증에 대한 프로이트의 가장 중요한 발견은 '신경증의 증상에는 의미가 있다'는 사실이었다(GW11, 265). 프로이트의 생각으로는, 신경증의 증상이란 일상생활 속에서 기원을 갖는 갈등이 상징적인 작업을 매개로 하여 간접적으로 표현된다는 것을 의미한다. 예를 들어 『히스테리 연구』에 등장하는 체칠리에 M 부인의 증례는 회식자리에 '당당하게 등장하지rechte Auftreten' 못할지도 모른다는 불안이 상징적인 매개를 거쳐서 '오른쪽 다리의 통증'으로 변환되었다(GW1, 248). '오른쪽recht 다리가 디뎌지지Auftreten' 않는다는 것이다. 그래서, 그러한 매개를 거꾸로 더듬어 해독함으로써(해석), 증상은 이해 가능한 것이 되고 나아가 해소된다. 프로이트는 이러한 전제를 기반으로 신경증을 치료한다.

그렇다면 정신병은 어떨까. 프로이트는 '신경증에 약간의 주의를 더 기울이면 심층으로부터 캐낼 수 있는 것이 대부분이고, 정신병에서는 표면에 무엇인가가 나타나고 있어서 누구의 눈에도 분명하게 드러난다(GW14, 87)'고 쓰고 있다. 결국 신경증의 증상이 상징적인 작업에 의하여 매개된다면, 정신병의 증상은 그러한 매개가 없이 갈등이 눈에 보이는 형태로서 나타난다는 것이다.

라캉은 1932년 학위 논문 『인격과의 관계에서 본 파라노이아성 정신병』에서, 이미 프로이트가 논한 신경증의 증상과 정신병의 망상의 의미론적 차이에 주목한다. 라캉에 의하면, 정신병의 망상은 신경증 증상의 이른바 '음화negative'로서 나타난다. 즉 망상은 갈등이 상징작업에 의한 매개를 거치지 않고, 생생하게 있는 그대로 환자에게 나타나는 것이다. 바꿔 말하면, 환자의 일상생활에서 갈등으로 잠재하고 있는 소재가 상징적인 작업을 거치지 않고 무매개적으로 출현하는 것이 정신병의 망상이라는 것이다. 이것을 라캉은 '망상은 어떤 해석도 필요하지 않으며, 그 주제만으로도 정신분석은 신경증 환자에게 어렵지 않게 드러나는 그런 본능적이고 사회적인 콤플렉스를 표현한다'고 평가한다(라캉, 1933). 예를 들면 신경증 환자에게서 오이디푸스 콤플렉스를 발견하려면, 그들이 말하는 것을 듣고 그것을 기준으로 해석할 수밖에 없다. 그 반대로 정신병에서는 '어머니(아버지)가 성교로 유혹한다'라는 오이디푸스 콤플렉스 그 자체를 무매개적으로 언명하는 망상을 듣는 일이 있다.

라캉이 망상의 무매개적이고 문자적인 의미작용(혹은 의미작용의 부재)에 주목하게 된 배경에는, 동시대의 초현실주의자인 살바도르 달리Salvador Dalí(1904-1989)의 영향이 있다. 달리가 1930년 「침울한 당나귀」라는 제목의 에세이에서 제안한 '파라노이아적 기법'이란, '어떤 사물의 표상에 대한 형태적, 해부학적인 변형을 전혀 추가하지 않고, 완전히 다른 어떤 사물을 표상하는 것'이다(달리, 1930, 강조 인용자). 이것은 〈해부대 위에 놓인 미싱과 양산의 우연한 결합〉이라는 작품에서 표현되어 나타나는 것처럼, 어떤 표상이 본래의 문맥을 떠나 전혀 어울리지 않는 장소에 갑자기 출현함으로써 나타나는 터무니 없는 (비)의미가 생성되는 것을 말한다. 이것은 라캉이 생각했던 정신병의 망상과 매우 유사하다. 즉, 상징적인 가공 없이 잠재해 있던 표상이 있는 그대로 현실 세계에 무매개적으로 출현한다는 점에서, 초현실주의의 표현과 정신병의 망상은 동일한 의미작용(의 부재)을 형성한다. 30년대의 라캉은 신경증과 정신병의 감별 진단을 명확하게 논하지는 않지만, 이러한 매개성-무매개성의 대립은 그의 50년대 이후의 감별 진단으로 이어지게 된다.

제2장
50년대의 라캉 –
정신병 구조를 어떻게 파악할 것인가

1950년대에 라캉은 정신분석에 구조주의와 구조주의 언어학의 사고방식, 레비스트로스로부터 '구조'개념을, 페르디낭드 소쉬르로부터 '시니피앙'의 개념을, 로만 야콥슨에게서 '은유와 환유'의 개념을 도입했다. 이러한 점은 잘 알려져 있지만 그러한 개념의 도입이 정신분석의 임상에 어떤 결과를 가져왔는가라는 점에 관하여 국내에서는 지금까지 거의 논의되지 않았다고 생각한다. 그래서는 라캉과 구조주의의 관계를 이해했다고 할 수 없다. 왜냐하면 라캉에게 신경증과 정신병에 대한 선명한 감별 진단의 수법을 가져다준 것이 바로 구조와 시니피앙 그리고 은유와 환유의 도입이었기 때문이다.

그렇다면, 라캉이 구조주의의 여러 개념을 사용하면서 구축한 감별 진단론을 개관해보자.

밀레르는 라캉에 의하여 도입된 '구조'의 개념과 그에 따른 효과를 다음과 같이 설명한다.

정신의 구조라는 말은, 정신의 연속체라는 것이 존재하지 않는다는 것을 의미한다. 만약 정신에 연속체라는 것이 있다면, '어떤 환자는 조금은 정신병적이며, 때때로 신경증적이며 도착적이기도 하다'고 말할 수 있을 것이다. 이러한 관점은 미국이나 영국의 임상 현장에서도 확인된 사실이며, 신경증과 정신병의 차이를 모호하게 할 뿐이다. 이러한 집단에서는 정신병과 도착이 섞였다는 진단도 가능해진다. 나아가 '경계예境界例'라는 카테고리가 전체를 더욱 희미하게 만들어버린다.(밀레르, 1996a)

여기서 비판되고 있는 임상 현장이란, 모든 분석 주체가 정신병적인 핵을 가지고 있다고 생각하는 영미권(특히 클라인학파)의 정신분석을 의미할 것이다. 클라인학파에서는 모든 분석 주체가 스스로의 원초적인 대상 관계에서 망상 분열 포지션과 우울증 포지션을 가지고 있다고 생각한다. 그리고 이 두 가지 포지션은 파라노이아나 우울증이라는 상태의 기반이 되며, 분석의 현장에서 이러한 점들이 정신이 없을 정도로 나타나고 계속 변하게 된다고 말한다. 그리하여 클라인학파에서는 신경증의 분석 주체에서도 때로는 다양한 정도로 정신병적이 될 수 있다고 생각하는 것이다.

반대로 라캉은 인간은 신경증, 정신병, 도착이라는 세 가지 구조에서 어느 하나를 갖게 되고, 이러한 세 개의 구조 사이에서는 이행 영역이나 중간 형태가 존재하지 않는다고 생각했다. 이는 이 세 가지 구조가 각각 억압Verdrangung, 배제Verwerfung, 부인Verleugnung이라는 서로 구별되는 세 가지 부정否定의 메카니즘에 의해서 구성되어 있기 때문이다. 도착은 다른 두 가지와 비교해 볼 때, 임상적으로 문제가 되는 경우가 비교적 적어 여기서는 다루지 않는다. 그렇다면 신경증과 정신병 사이에는 일종의 배중률이 있다고 할 수 있다. 다시 말해서, 신경증이 아니라면 정신병이 되는 것이고, 정신병이 아니라면 신경증이 되는, 양자의 공존이나 중간(이른바 경계예) 같은 것은 없다고 생각할 수 있다.

그렇다면 신경증과 정신병이라는 구조는 어떻게 나누어지는 것일까. 라캉은 어떤 증상이라도 그것 단독으로는 신경증이나 정신병의 구조를 판별하는 근거는 될 수 없다고 말한다. 그가 구체적으로 제시하는 예는 동성애다(E546). 동성애는 도착적인 것으로 생각할 수도 있지만, 정신병이나 히스테리에서도 빈번히 나타난다(이것은 슈레버 증례나 도라 증례를 보면 바로 알 수 있다). 또한 환각이나 망상도 히스테리와 정신병 모두에서 나타나지만, 이것도 구조의 지표가 될 수 없다. 여기서 라캉이 끌어낸 것이 '아버지의 이름의 배제forclusion du Nom-du-Père'이다. '아버지의 이름'이란 상징계(인간의 상징 기능)를 제어하는 시니피앙을 의미한다. 어떤 환자에게 '아버지의 이름'이 존재한다면 그는 신경증이고, 배제되어 있다면(즉 원래 처음부터 없는 것처럼 되어 있다면) 그는 정신병이라고 라캉은 간주한다.

하지만 '아버지의 이름'이 배제되어 있다면, 당연히 거기에는 '아버지의 이름'이 존재하지 않는다. 그렇다면 '아버지의 이름'이 그곳에 '없을' 때에는 어떻게 '아버지의 이름'이 부재하고 있다는 것을 알 수 있을까? 이에 대한 탐구는 이 세계에 일각수가 존재하지 않는다는 것을 증명하려는 불가능한 시도와 비슷하다. 임상적으로 '아버지의 이름'이 배제되어 있다는 것

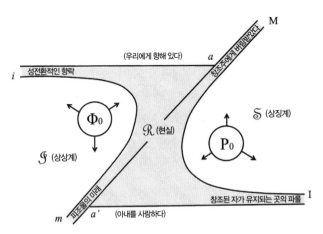

그림 1 셰마 I(슈레버의 셰마)

을 파악하는 것은 대단히 어려운 일이다. 라캉은 슈레버 증례에서 '아버지다être père'라는 원초적인 시니피앙이 결손되어 있다고 말하여, 배제 그 자체를 지적하고 있다. 그러나 이 지적은 슈레버 자신이 쓴 『어느 신경병자의 회상록Denkwürdigkeiten eines Nervenkranken』에서 제시된 풍부한 자료가 있었기 때문에 가능했다고 보아야 하며, 이러한 수준에서 이루어지는 '배제'를 추단推斷해내는 일은 일반적인 임상의 수행에서는 거의 불가능에 가깝다. 그렇다면 어떻게 해야 할까.

70-80년대의 라캉파가 진행한 정신병 연구는, 어떻게 임상적으로 '아버지 이름의 배제'를 파악할 수 있는가라는 문제로 집중된다. 큰 방향에서 본다면 두 가지로 나뉜다. (1) '아버지의 이름'의 배제의 증거가 되는 요소 현상(phénomnèe élémentaire=기초적 현상)의 유무에 의하여 정신병과 신경증을 감별하려는 경향, (2) 배제를 간접적으로 시사하는 지표인 팔루스

적 의미작용-signification phallique의 성립 유무에 의하여 신경증과 정신병을 감별하려는 경향이다. 또한 이 두 가지 지표는 셰마 I(E571)에 뚫려 있는 2개의 구멍, 즉 (1) P_0('아버지의 이름'의 부재의 효과), (2) Φ_0(팔루적인 의미작용의 부재)에 거의 대응한다(그림 1). 이 2개의 지표를 둘러싼 논의는 각각 '시니피앙'과 '은유'의 관점에서 신경증과 정신병을 감별해 주는 것이다. 이어서 이 두 가지 연구를 개관해보자.

1. 요소 현상의 유무에 의한 신경증과 정신병의 감별 진단

요소 현상 연구는 주로 프랑수아 소바냐François Sauvagnat가 수행했다. 그에 따르면, 요소 현상은 '아버지의 이름의 배제에 대한 증거'이다(Sauvagnat, 1991). 요소 현상과 구조 사이에는 '강한 일치'가 있기 때문에, 요소 현상을 찾아내는 것이 정신병 구조의 증거가 된다. 무슨 말일까.

라캉이 거론하는 것은 엽맥葉脈과 식물의 예다(S3, 28). 엽맥이란 관다발이라는 관에 의해서 형성된 기본적인 단위를 말한다. 그리고 식물 전체라는 복잡한 구조는 다양한 층위에서 이 기본적인 단위와 유사하게 구조화되어 있으며, 식물의 어떤 부분을 잘라서 보더라도 엽맥과 공통된 구조를 찾아볼 수 있다. 즉 옆맥과 식물 전체 사이에는 부분과 전체가 일치하는 프랙탈fractal적 관계가 있는 것이다. 마찬가지로 요소 현상은 망상(정신병 구조)에서 기본적인 단위이며, 요소 현상과 망상 사이에도 프랙탈적인 관계가 성립한다고 할 수 있다. 예를 들어 슈레버 증례에서 발병기에 발생한 '성교를 받아들이는 측인 여자가 되는 것도 원래는 상당히 멋진 일일 거야'라고 사고하는 돌발적인 침입은, '스스로를 여성화하여 신과 주치의인 플렉지히 교수에게 성적으로 남용되고', '신의 여자가 되어 세계를 구원한다'는 그의 최종적인 피해(과대)망상을 이미 배태하고 있다.* '망상을 부분적으로 생각하든 전체적으로 생각하든, 망상에서 작동하고 있는 것은 언제나 동일하게 구조화하는 힘'(S3, 28)인 것이다. 요소 현상은 망상을 만드는 원동력이며, 정신병의 구조 그 자체를 구조화하고 있다. 따라서 정신병을 파악하기 위해서는 그 구조 전체를 지배하는 최소의 기본 단위인 요소 현상을 발견하면 되는 것이다.

요소 현상의 주된 특징은 상징계에 속하는 시니피앙이 현실계에 나타나는 것에 있다.(S3, 23) 일반적으로 시니피앙은 다른 시니피앙과 연쇄되는 형태를 취하며 상징계에 존재한다. 시니피앙은 말이 그 자체만으로는 그 의미를 알 수 없는 것처럼, 두 개 이상의 시니피앙의 연쇄가 일어나지 않는다면 상징적인 의미를 가질 수 없는 것이다. 만약 이러한 연쇄가 중단되어 시니피앙이 각각 흩어져버리면, 이 시니피앙은 더 이상 상징계가 아니라 현실계에 존재하게 된다. 따라서 요소 현상이란 시니피앙이 다른 시니피앙과 연쇄가 일어나지 않고 '중단된 연쇄'(E535), '현실계의 시니피앙'(E583)으로서 단독으로 나타나는 현상이라고 할 수 있다.

---

* 이런 점에서 '성교를 받아들이는 쪽인 여자가 되는 것도 원래는 상당히 멋진 일일 게 틀림없어'라는 사고를 요소 현상으로 생각하는 입장과, 이것을 팡타즘Fantasme의 정신병적인 대리로 생각하는 입장이 있다.

그렇다면 실제의 임상에서 요소 현상은 어떤 식의 체험으로 나타나는 것일까. 여기에서는 '확신'과 '병적인 자기 관계 짓기'라는 두 가지 체험을 예로 들어 보겠다.

정신병에서 볼 수 있는 독특한 '확신' 체험은 분명히 요소 현상의 구조에 의하여 성립한다. 일반적으로 상징계에 속하는 시니피앙은 '있다' '없다'라는 이항대립의 가능성 안에 있으며, 대립항에 의해서 수정 가능성이 있다. 예를 들어 테이블 위에 있는 빵은 누군가가 먹으면 없어지는 것이 언제나 가능하며 그것이 보통이다. 반대로 현실계에서는 있는 곳은 과잉된 충만으로 넘쳐나고, 없는 곳에서는 절대적으로 결여되어 있다. 정신병에서는 상징계 수준에 있어야 할 시니피앙이 현실계의 수준에서 나타나는(이항대립의 가능성 위에 있어야 할 시니피앙이 대립항을 상실한 형태로 출현하는) 이상사태異常事態가 발생한다. 즉 거기에 없다는 것이 불가능한 형태로, 있는 것이 나타나는 것이다. 라캉은 이러한 사태를 '변증법=대화의 정지arrêt dans la dialectique'라고 부른다. 정신병에서 시니피앙은 변증법 이전의 '즉자'로서 현실계에 나타나기에, 그 정정訂正을 가능케 하는 대립항이 처음부터 존재하지 않는 것이다.

임상에서 자주 관찰되는 사례를 보면 이 점은 바로 알 수 있다. 음성(환청)의 존재를 호소하는 정신병자에 대하여, '음성이 현실에 존재하지 않는다'고 설득하는 것은 무의미하다. 애당초 여기에서는 '들리지 않는다'라는 가능성 자체가 없기 때문이다. 부재의 확신에 대해서도 같은 말을 할 수 있다. 멜랑콜리(정신병성의 우울 상태) 환자의 빈곤 망상에서는, '돈이 없다'는 호소를 확신을 가지고 말하고 있기 때문에, 그에게 예금 잔고를 보여주며 설득하는 것은 무의미하다. 애초에 '돈이 있다'는 가능성 자체가 상실되어 있기 때문이다. 정신병의 환각이나 망상에서 보이는 '확신' 체험이 보여주는 독자성은, 이러한 체험이 '확실한가, 그렇지 않은가'라는 차원에 있는 것이 아니고, '믿는다'라는 사태의 성립 가능성 자체의 차원에서 유래하는 것이다.

이런 확신이라는 체험을 임상에서 찾아보기 위해서, '주체의 메타 언어적 위치'에 주목하는 것이 중요하다고 밀레르는 말한다. 즉 자신의 발언에 대하여 주체 자신이 어떤 태도를 취하는지를 주목하는 것이다. 요소 현상으로서 확신은 주체가 아무리 부정하려고 해도 부정할 수 없는 것이며, 주체는 부정할 수 없는 것의 출현을 앞에 두고서, 단지 '난처함'에 처하는 정도이다. 이러한 의미에서 '배제forclusion라는 것은 부정할 수 없는 것을 끄집어내는 부정'이라고 할 수 있다.(밀레르, 1996a)

다음으로 요소 현상의 다른 형태인 '병적인 자기 관계 짓기 signification personnelle'*를 살펴보자. 정신병에서는 외부에서 일어나는 우연한 사건이 자기와 관련이 있다고 확신하는 체험이

---

* 'signification personelle'이란 독일 고전 정신의학에서 'krankhafre Eigenbeziehung'(Neisser, 1892)이라고 부른 정신병 현상(어떤 우연한 사건이 필연적이라고 생각하는 형태로 환자 개인에게 관계되는 현상)을 지시하는 불어 역어. 이 역어는 이미 1909년 세리외와 카프그라가 사용했으며, 'signification'에는 구조언어학에서 말하는 '의미작용'이라는 함의는 없다고 생각된다(Serieux & Capgras, 1909, 216)). 따라서 본서에서는 'krankhafre Eigenbeziehung'의 직역인 '병적인 자기 관계 짓기'를 'signification personelle'의 역어로 사용했다.

자주 발견된다(Sauvagnat, 1988). 그렇지만 외부의 사건을 자신과 관련시키는 일은 정신병자가 아니더라도 일상생활에서 경험할 수 있는 일이다. 예를 들어, 사람은 자기가 호의를 품은 사람의 일거수일투족에서 자신에게 무슨 신호를 보내고 있는 게 아닐까 생각하기도 한다. '하루에 세 번씩이나 나를 뒤돌아보며 쳐다보는 것은 나에게 호의를 갖고 있는 것이 아닐까?' 등으로. 하지만 이러한 일상의 체험은 모두 변증법적=대화적인 모드로 나타난다. 왜냐하면 이러한 관계 짓기가 있고 나면, 다음에는 바로 '그런가, 아니 착각일지도 모르지. 아니 분명히 그럴 거야, 하지만 착각이라면 난처한데……'라는 식의 동요성 의심이 이어지기 때문이다. 이러한 사고는 오히려 신경증의 특징이다.

반대로 정신병의 관계 짓기는 비변증법적=비대화적인 모드로 나타난다. 예를 들어 정신병자는 도로에 붉은 자동차가 우연히 지나가는 것을 '자동차다. 왠지 이상한데. 이런 시간에 붉은 자동차가 지나간다는 것은, 무슨 일이 일어난 모양이야'라고 생각한다(S3, 17). 따라서 정신병자는 외부의 우연한 사건을 자신에게 무엇인가 특별한 의미를 부여해주는 필연적인 사건으로 생각한다. 필자의 임상 경험에서 어떤 정신병자는 주변 사람들이 평범하게 나누는 대화 속에서 갑자기 위화감을 느끼고, '저건 내 이야기를 하고 있는 거야! 내 험담을 하고 있는 것이 분명해'라고 말했다. 쿠르트 슈나이더Kurt Schneider(1887-1967)(2007)가 소개하는 정신병자는 산책 중에 우연히 마주친 개를 보며, 바로 '저건 나를 향한 계시야Ça s'adresse à moi'라는 망상적인 확신을 이야기한다. 라캉은, 인간은 '그것이 그에 관해서 이야기한다Ça parle de lui' 즉 '그것이 그를 향하고 있다Ça s'adresse à lui'는 계기를 통해서 스스로를 파악한다고 말하지만(E835), 정신병은 이러한 주체에 대한 수수께끼 같은 지시의 현장을 아주 강렬한 형태로 엿보고 있는 것이다.(밀레르, 1983b)

2. 팔루스적 의미작용의 성립 유무에 따른 신경증과 정신병에 대한 감별 진단

라캉은 프로이트의 꿈 작업(낮의 기억으로 꿈을 만드는 상징적 작업)에서 압축Verdichung과 천이Verschiebung이라는 두 가지 메커니즘을 은유와 환유라는 언어학상의 대칭 개념으로 바꾸어 읽는다.(E511) 그에 의하면 은유는 새로운 의미작용을 만들어내지만, 환유는 의미작용을 출현시키지 않는다고 정의된다.(E515) 여기서 제시된 은유와 의미작용의 관계는 신경증과 정신병의 감별 진단에서 중요한 의미를 갖는다. 왜냐하면 앞에서 본 것처럼 신경증과 정신병을 나누는 것은 '아버지의 이름'의 존재이고, '아버지의 이름'은 어머니의 욕망에 대한 은유로서 개입하기 때문이다.

신경증에서는 '아버지의 이름'이 은유로서 도입되어 있다. 라캉은 이 은유를 '부성 은유métaphore parternelle'라고 부른다. 그래서 신경증에서는 '부성 은유에 의해서만 환기되는 의미작용'(E555)이 나타나게 된다. 이러한 의미작용을 라캉은 '팔루스적 의미작용signification phallique'이라고 부른다. 도표 2는「전제적 문제」라는 논문에서 제시된 부성 은유의 공식을 간략하게 보여준다.(E557)

$$\frac{\langle \text{아버지의 이름} \rangle}{\text{어머니의 욕망}} \cdot \frac{\text{어머니의 욕망}}{\text{상상적 팔루스}} \quad \rightarrow \quad \text{팔루스적 의미작용의 산출}$$

그림 2 부성 은유와 팔루스적 의미작용의 산출

위의 공식은 신경증 증상의 대부분이 성적인 의미작용을 갖는 이유를 보여주고 있다. 증상으로만 머무는 것이 아니라, 꿈, 기지機智, 착오 행위라는 현상은 은유에 의해 생성되는 의미작용을 감추고 있다. 앞서 본 것처럼 이것을 알려준 사람은 프로이트이다. 라캉은 이와 같은 무의식의 상징 표현에 의해서 생성되는 의미작용을 부성 은유에 의한 팔루스적인 의미작용으로 재파악한다.

그렇다면 신경증과 정신병에서 의미작용은 어떤 차이를 갖는 것일까. 신경증은 '아버지의 이름'이 도입되었기에 팔루스적인 의미작용이 생성된다. 정신병에서는 부성 은유가 도입되어 있지 않기에 팔루스적인 의미작용이 생성되지 않는다. 그러한 연유로 정신병이 발병할 때는, 여느 때 같으면 '아버지의 이름'을 매개로 해서 생길 수밖에 없는 의미작용이 생성되지 않고, 세계의 총체적인 모습이 하나의 커다란 무의미, 즉 '수수께끼'로서 나타난다.

정신병에서 나타나는 의미작용의 수수께끼 같은 양상을 세르주 르클레르Serge Leclaire(1958)가 제시한 우화적인 증례에서 확인해 볼 수 있다. 어떤 사람이 '순경hirondelle(문자적인 의미는 '제비'를 의미하지만, 때로 경찰관을 의미하는 속어로 사용된다)'에게 얻어맞고 며칠이 지나자, '새에게 공격받는' 피해망상을 보였다. 르클레르는 이 증례에서 '상징적인 질서에서 배제된 것, 다시 말해서 hirondelle이라는 시니피앙이 망상의 한복판에서 현실계에 재출현하고 있다'고 말한다. 배제된 'hirondelle'이라는 시니피앙은 'hirondelle'이라는 시니피앙 그 자체로서만 출현하여 그 외의 어떤 의미작용도 형성하지 않는 것이다. 다시 말해서 신경증의 증상에는 '제비'를 말함으로써, '순경'을 의미하려는 감추어진 의미작용, 즉 의미하려는=말하려는voulour dire 내용이 그 안에 있다. 반대로 정신병에서 시니피앙은 시니피앙 그 자체로서 현실계에 나타난다.[*] 이러한 시니피앙의 존재 방식(현실계 안의 시니피앙)이 정신병자에게 강한 당혹감을 가져다주는 것이다.

　팔루스적인 의미작용 성립의 유무라는 점에 주목하여 신경증과 정신병의 감별을 제안한 논자들 중의 한 사람으로 장-클로드 말레발Jean-Claude Maleval이 있다. 그는 1978년의 획기적인 논문에서 환각과 망상을 드러내는 히스테리, 즉 '히스테리 정신병'의 한 증례를 제시하고, 그 증례는 '아버지의 이름'의 배제에 의한 정신병이 아니라, 신경증이라는 점을 분명히 논증하고 있다(Maleval, 1981). 그 증례를 잠깐 살펴보겠다.

　[증례] 마리아는 뉴칼레도니아 태생으로 네 형제 중 막내였다.

---

[*] 말레발은 르클레르가 제시한 '배제'에 대한 설명이 충분하지 않다고 지적한다. 르클레르 증례에서 배제는 임의의 시니피앙(이 경우에는 'hirondelle')에 관하여 일어나는 일이다. 하지만 말레발에 따르면 르클레르가 이 논문을 발표한 1958년 당시, 라캉은 정신병에서 배제란 임의의 시니피앙에 대한 배제가 아니라, '아버지의 이름'이라는 특정 시니피앙의 배제라고 생각한다(Maleval, 2000, p.75).

그녀는 흑인 아버지와 혼혈 어머니 사이에서 태어났는데, 형제 중에서 피부가 가장 검었기 때문에 양친으로부터 그리 사랑받지 못했다. 마리아는 프랑스 문화를 배우려고 프랑스로 건너가 학업을 마치고 취직을 하지만, 얼마 되지 않아 그만둔다. 우울증과 집안 사정으로 1년 정도 정신병원에서 통원치료를 받았고, 다양한 집단치료 요법과 로저스Rogers파의 정신요법을 시도했지만 개선되지 않아 24세 되던 해에 정신분석을 받으려고 말레발을 찾아왔다.

그녀는 카우치에 누워 자신의 환각을 말하는 가운데, 분석가가 자신을 죽이지 않을까 무섭다, '나의 아버지는 하나의 이론théorie이었다'는 등의 기묘한 말을 했다. 그 후 10일 뒤 남성과의 성적인 교류를 계기로 해서, 마리아는 자신이 '세상에 사랑을 전하려는 미확인 비행물체'이며 또한 '바다의 오염을 정화하기 위해서 선택받은 사람'이라고 흥분해서 말했고 결국 정신병원에 입원하게 되었다.

말레발은 이 망상에는 정신병적인 '아버지의 이름'의 배제가 보이지 않으며, 신경증적인 은유에 의한 의미작용이 담겨 있다고 판단했다. 즉 여기서는 망상 그 자체가 '무엇인가를 의미하려=말하려 한다'는 것이다. 마리아의 망상은 쉽게 해석할 수 있다. 마리아는 자신의 피부색(오염)을 정화하고, 양친으로부터 사랑을 받고 싶은 것이다. 그리고 미확인 비행물체는 마리아에게 전능한 팔루스의 이미지가 투영된 대상이다. 결국 그녀는 혼혈아로서 태어났다는 사실, 백인이 아니라는 것을 아쉬워하고 있는 것이다. 또한 '나의 아버지는 하나의 이론'이라는 그녀의 발언은 이 남성에 대한 접근이 어려워지게 된 것에 대한 그녀의 고통을 은유적으로 표현(마치 '이론'처럼 견고하다)한 것이다.

말레발은 정신병에서 보이는 진짜 망상과, 신경증이나 기질성 질환에서 나타나는 망상 비슷한 것을 각각 '망상délire', '가성망상delirium'이라고 명명함으로써, 의미작용의 측면에서 양자를 명확히 구별한다. 망상에서는 주체가 소멸되고, 정신병자는 대타자에 의하여 희생된 위치에 놓인다. 반대로, 가성망상은 환자의 팡타즘(공상)이나 과거의 걱정거리와 연속되어 있는 것이다. 더 자세하게 말하자면, 신경증에서 가성망상은 상징계의 구멍 주위를 두르고 있던 불가능한 대상이 불안을 초래하는 팔루스적인 것으로 육화되어, 주체를 매혹하는 상상적인 산물로서 만들어진 것이다. 그것은 이른바 억압된 것의 회귀를 중심으로 팡타즘적 투사가 이루어진 것이며, 말하자면 낮에 꾸는 악몽과 같은 것이다.

DSM처럼, 망상을 '외적 현실에 대한 잘못된 확신'으로 정의하게 되면, 말레발이 말하는 망상과 가성망상의 차이는 결정적으로 무화되어 버린다. 이러한 구별 없이, 정신병을 치료했다고 말한들 무슨 의미가 있겠는가. 라캉은 다음과 같이 통렬한 말을 적고 있다. '정신분석가들은 정신병의 치유를 달성했다고 주장하지만, 그것은 모두 정신병이 문제가 아닌 증례에만 해당되는 것이다.'(E547) 이러한 인식을 바탕으로 말레발은 '통합실조증'이라고 진단된 과거의 다양한 증례들이 히스테리였을 가능성을 날카롭게 지적하고 있다.

신경증과 정신병을 혼동하게 되면 올바른 치료의 방향성에는 이를 수 없게 된다. 그것은 무엇보다도 신경증과 정신병에서 전이를 바라보는 주체의 위치가 다르기 때문이다.

일반적으로 신경증 환자는 자신이 처한 상태에 대한 어느 정도의 지savoir를 분석가가 가지고 있다고 상정하고, 그리하여 자신의 증상에서 어떤 '주체sujet'가 나타나 있다는 것을 상정한 뒤에 분석을 시작한다. 이것이야말로 라캉이 전이에 부여한 정의, '지知가 상정된 주체sujet supposé savoir'가 의미하는 바다. 하지만 정신병에서는 같은 전이라는 사태가 위기가 될 수 있다. 왜냐하면 정신병자에게, 자신에 대한 '지'를 분석가가 갖고 있다는 것, 즉 '자신의 생각이 모두 분석가에게 알려져 백일하에 드러난다'는 상황이나, 자신을 넘어선 존재(주체)가 자신 안에 우글거리고 있다는 사실보다 더 무서운 일은 없기 때문이다. 라캉은 정신병의 치료에 앞서서, 이러한 전제前提적인 문제를 고찰하는 것이 필요불가결하다고 생각한다. 치료를 할 때는 언제나 전이에 대하여 염두에 두어야 할 필요가 있지만, 전이를 문제로 삼기 위해서는, 분석 시작 전의 예비 면접에서는 가능한 한 신경증과 정신병의 감별이 이루어져야만 하는 것이다.(E538)

이와 더불어 신경증 환자에게 행하는 자유연상이나 해석 같은 분석 기법도 정신병자를 위기에 빠뜨릴 위험성이 있다는 것에 주의해야 한다. 정신병 발병 전의 환자에게 신경증 환자와 동일한 방식으로 자유연상을 요청하는 것은 오히려 그들을 발병으로 이끌 위험성을 내포한다. 왜냐하면 '말을 하는 것 prendre la parole', 즉 자신의 언어로 주체 정립적으로 말해야 한다는 요청에 대응할 수 없을 때 바로 발병이 일어나기 때문이다.(S3, 285) 필자의 경험에 의하면, 어떤 여성이 회사의 아침

조회에서 다른 사원들 앞에서 연설한 다음 날 아침부터 자신을 험담하는 내용이 담긴 환청을 경험했다. 그녀는 당시를 회상하며 '(아침조회에서) 생각한 대로 제대로 말을 할 수 없었다'고 했다. 이렇듯이 정신병 발병 전의 환자는 자기 자신의 말로 발언하려는 순간에, 이야기가 '제대로 되지 않는다'는 사태에 봉착하고 발병에 이르는 것이다. 해석에 대해서도 마찬가지다. 라캉에 의하면, 슈레버는 주치의인 프렉지히 교수가 진찰할 때 말했던, '(수면제의 투여로) 잠이 분명한 결실être bien fécond(=비정상적인 다산)을 가져다줄 것이다'라는 해석을 내포한 말을 통해서, 아버지가 된다는 것을 의미하는 임신, 다시 말해, 생식의 테마에 당면하게 되어 혼란에 빠지게 되었다고 말한다(S3, 347).

제3장
60년대 라캉 –
분리의 실패로서의 정신병

50년대 라캉은 정신병을 시니피앙이나 의미작용과 같은 구조론적 개념으로 파악했다. 물론 라캉은 그 시대부터 이미 시니피앙으로 환원될 수 없는 측면도 문제 삼았지만, 60년대에 들어서면서 이론 전체의 무게중심이 대상 a와 팡타즘, 향락으로 옮겨가면서 정신병에 관해서도 시니피앙으로 환원되지 않는 측면이 중요하게 다루어지게 된다. 즉, 정신병을 파악하기 위해서는 '시니피앙의 주체'와 '향락의 주체'의 양극단을 파악하는 것이 필요하게 된다(AE215).

80년대 초 밀레르가 수행한 작업은 이러한 60년대 라캉의 임상적 정립이라고 할 수 있다. 여기서 그 흐름을 확인해 보자. 밀레르는 80년 카라카스 회의에서의 강연 〈또 다른 라캉〉에서 '구조와 언어'를 중시하는 50년대의 구조주의적인 라캉에 대비하여 대상 a와 팡타즘을 중시하는 60년대의 라캉을 또 다른 라캉으로 부각시키며, '라캉의 영향이 시니피앙의 작용이라는 것의 일방적 평가로 받아들여질 경우, 분석 경험에 완전히 혼란을 가져온다'고 단언했다(Miller, 1984). 그리고 밀레르는 라캉의 죽음 직후부터 『라캉적 임상』(1982)이라는 제목의 연속 강의를 개설하고, 그 속에서 〈또 다른 라캉〉에서 제기된 관점을 이론적, 임상적으로 정식화하게 된다.

밀레르가 정식화하는 60년대 라캉의 정신병론에서 더 이상 '"아버지의 이름"의 배제'는 정신병의 유일한 중심 메커니즘이 아니다. 그것은 라캉이 논문 「무의식의 위치」에서 인간의 심적 메커니즘의 구조화를 '소외와 분리aliénation et séparation'라는 두 가지 계기로 파악하고 부성 은유를 '분리의 원리principle de la séparation'(E849)로 자리매김한 것에서 유래한다. 60년대 이론에서는 지금까지 '아버지의 이름'의 배제 이론으로 이해되어 온 정신병을 '분리의 실패', '팡타즘의 부재', '대상 a의 비추출non-extraction' 등의 관점에 의해, 말하자면 이면에서 조명하는 것이 가능해졌다(Miller, 1982. 4. 28).

자세히 살펴보자. 사람은 소외와 분리라는 두 가지 계기를 거쳐서야 비로소 신경증 환자로 구조화된다. 소외란 시니피앙의 구조(=대타자)의 도입으로 인간이 원초적 향락을 상실하고, 이 상실 속에서 주체가 모습을 드러내는 것을 말한다. 그 결과 인간은 원초적 쾌락에서 멀어져 쾌락원리(=시니피앙의 시스템)에 종속된다. 그러면 원래 있었다고 가정되는 원초적 쾌락은 쾌락원리가 받아들일 수 없을 정도로 과도한 쾌락, 쾌락원리의 안정된 시스템을 교란하는 치명적인 쾌락이 된다.

그러나 소외에서 도입된 타자는 일관된 대타자(A)가 아니라 그 자체로 하나의 결핍을 안고 있는 비일관적인 대타자(Ⱥ)이다. 그 대타자의 결핍을 채우기 위해 사람은 한때 잃어버린 원초적 향락을 부분적으로 대리하는 대상 a를 추출하여 대타자에게 내어놓는다. 이 과정을 분리라고 하는데, 이 분리를 통해 사람은 대타자에 내재하는 결함(Ⱥ)을 인정하면서도 그 결함을 대상 a로 가려서 보이지 않게 하는(Ⱥ+a=A) 이중의 태도를 양립시키는 범페티시즘적인 태도(자아분열)에 도달한다. 이렇게 대상 a를 매개로 하여 향락으로부터 적절한 거리를 유지할 수 있는 팡타즘(＄◇a)이 형성되는 것이다. 반대로 정신병에서는 분리가 성공하지 못하고 대상 a가 추출되지 않는다. 따라서 정신병에서는 향락으로부터 적절한 거리를 유지하기 위한 장벽 기능(◇)인 팡타즘이 작동하지 않아 치명적인 향락에 무매개적으로 노출되는 것이다.

이를 임상적 차원에서 살펴보자. 신경증에서 향락은 국소화되고 통제된다. 예를 들어, 신경증 환자는 어린 시절의 사건을 떠올리는 대신 신체 위에 증상을 표현하고, 증상 속에 은밀한 즐거움과 고통을 엮어 넣는다. 이때 작용하는 것이 팡타즘이다. 팡타즘은 신경증 환자를 원초적 쾌락으로부터 멀어지게 하는 동시에 대상 a의 회로를 통해 그 향락의 극히 일부분을 신경증 환자가 획득할 수 있게 해준다.

정신병자의 향락 방식은 이와는 다르다. 정신병에서는 우선 발병시 향락의 탈국소화délocalisation가 발생한다. 그러면 환상에 의해 제한되지 않은 치명적인 향락이 정신병자 주변의 세계 곳곳에서 꿈틀거리기 시작한다. 정신병자는 말하자면 죽음의 세계에 둘러싸여 있는 것이다. 이 향락의 범람은 극도의 불안과 당혹감과 함께 정신병자에게 일종의 황홀 체험을 가져다준다(정신의학에서 말하는 망상적 기분에 해당한다). 동시에 세상에는 대상 a가 넘쳐나기 시작한다. 예를 들어, 대상 a 중 하나인 '시선'이 나타나면서 무언가가 지켜보고 있다, TV 카메라로 감시당하고 있다는 경험, 즉 피주시감被注視感이 생긴다. 또는 또 다른 대상 a인 '목소리'가 발현되어 치명적인 향락의 목소리로 환자에게 말을 건넨다. 이 목소리는 환자에게 죄책감을 선고하기 때문에 정신병에서는 '죽어라!' '쓸모없는 놈!' 등의 환청이 발생하는 것이다.

이러한 고강도의 체험은 정신병자를 매료시키고, 관해寬解*에 도달한 후에도 때때로 '그때로 돌아가고 싶다'고 생각하게 만들 정도로 강력한 힘을 가진다. 그러나 불안정한 향락이 지배하는 상황에 안주할 수는 없다. 이 탈국소화된 향락에 대해 정신질환자는 다시 한 번 국소화localisation를 시도한다. 슈레버의 경우, 신이나 주치의 플렉지히 교수에게 향락이 국소화된다. 그들은 슈레버를 성적으로 향락하는 존재(망상적 타자)가 되는 것이다. 라캉은 이런 상황을 파라노이아는 '향락을 대타자 그 자체의 장에서 찾는다'(AE215)고 표현한다. 콜레트 솔레르Colette Soler(2008)는 라캉적 의미의 정신병적 망상에 대한 엄격한 정의를 '향락을 환자에게 수용 가능한 형태로 성형하기 위한 시니피앙화 과정'이라고 내린다. 마찬가지로 말레발(2011)은 정신병에서는 '탈국소화된 향락의 시니피앙화 시도'가 있다고 결론을 내린다. 이런 의미에서 프로이트가 말했듯이

---

* 병의 증상이 일시적 혹은 지속적으로 경감된 상태, 혹은 겉보기에 없어진 것처럼 보이는 상태.

망상 형성은 '회복의 시도'인 것이다(GW8, 308). 이러한 향락의 방식은 신경증에서 팡타즘에 의해 제한되는 향락의 방식이나 도착에서 대타자의 향락의 도구가 되는 방식과는 크게 다르다. 즉, 정신병에서는 그 병의 초기에는 향락이 탈국소화되지만, 이후 회복 과정 속에서 향락은 국소화되고 시니피앙화되어 간다는 병에 내재한 '망상의 논리logic du délire'가 인정되는 것이다(Maleval, 2011).

그렇다면 60년대 라캉 이론의 입장에서 신경증과 정신병의 감별 진단을 논하면 어떻게 될까? 50년대 이론은 시니피앙의 병리로 설명하기 쉬운 파라노이아(망상형 통합실조증)를 가장 예리하게 감별할 수 있었다. 60년대 이론은 파라노이아와 스키조프레니(주로 파과형破瓜型 통합실조증에 해당)를 향락의 회귀라는 관점에서 구분할 수 있게 한다. 즉, 양자는 모두 정신병이지만, 파라노이아에서는 '향락이 대타자 그 자체의 장에서 발견되는' 반면, 스키조프레니에서는 '향락이 신체로 회귀한다'는 차이가 있다고 생각하게 된다(Miller, 1982:1982. 4. 28 강의). 그러나 그뿐만이 아니다. 60년대의 이론은 시니피앙의 병리만으로는 파악할 수 없는 다른 정신질환을 향락이나 대상 *a*의 존재 방식에서 감별할 수 있게 해준다. 여기서는 섭식장애와 우울증을 살펴보자.

섭식장애는 정신의학에서 하나의 독립적인 진단 범주를 이루고 있다. 그러나 앞서 말했듯이 라캉파의 진단 범주는 신경증, 정신병, 도착의 세 가지밖에 존재하지 않는다. 따라서 섭식장애의 경우에도 그 환자가 신경증인지 정신병인지 감별해야 한다.

섭식장애를 전문으로 하는 이탈리아의 라캉주의자 마시모 레칼카티(2001)의 정리에 따르면, 신경증적 구조를 취하는 섭식장애는 무언가에 대한 욕구besoin의 차원이 아니라 무에 대한 욕망désir de rien의 차원에 있는 병리이다. 그것은 가족이나 사회와 같은 대타자 앞에서 욕망에 대한 욕망의 초월성을 주장하려는 시도로 나타난다. 가령 안티고네를 예로 들 수 있다. 오빠의 시신을 매장하는 것은 국가=대타자의 법에 반하는 것이었다. 매장 자체에 세속적인 의미가 있는 것은 아니지만, 안티고네가 처한 입장을 고려하면 매장에 집착하는 것은 그녀에게 어떤 욕구도 충족시켜주지 못하는 무익한 행위다. 하지만 그럼에도 안티고네는 매장에 대한 욕망을 절대 양보할 수 없는 것으로 계속 주장했고, 결국 자살했다. 신경증적 구조를 취하는 섭식장애는 이 안티고네의 시도와 같은 차원에 있다. 그것은 대타자에 대한 과감한 시위다. 이런 의미에서 섭식장애는 먹는 의욕이 떨어졌다는 의미의 '식욕부진증' 등이 아니라 엄격한 거부로서의 '거식증'이다. 이는 대타자의 전능성에 대항하여 대타자를 거세시키려는 '분리'의 한 방식이라고 할 수 있다.

반대로 정신병적 섭식장애를 특징짓는 것은 이러한 욕망의 병리가 아니라 향락과 대상 a이다. 레칼카티는 정신병적 섭식장애를 프로이트의 열반 원리와 연결시켜, 그녀들은 죽음에 이르기까지 자신을 무로 귀속시킴으로써 상상적 안정화를 꾀하고 있다고 본다. 또는 특히 상상을 초월하는 과식을 하는 정신병자에서는 음식과 관련된 대상 a로서 유방이 범람하는 모습을 볼 수 있을 것이다.

마찬가지로 우울증에 관해서도 대상 a와 팡타즘의 관점을 가짐으로써 신경증과 정신병을 구분할 수 있다. 피에르 스크랴빈(1997)에 따르면, 한편으로 신경증의 우울증은 주체가 모든 것에 대한 욕망을 잃고 대상에 대한 비급備給*을 철수하는 데서 비롯된다. 다른 한편으로 정신병의 경우 팡타즘 자체가 붕괴되어 대상 a와의 거리 유지가 불가능해진다. 따라서 멜랑콜리에서 주체는 대상의 무거운 그림자 아래로 가라앉아 대상의 폐물廢物이라는 지위에 이르게 된다. 조증에서 주체는 더 이상 대상에 의해 무게가 실리지 않고, 대상의 매개 없이 시니피앙의 순수하고 치명적인 법과 만나게 된다. 또한 신치아 크로살리 코르비Cinzia Crosali Corvi(2011)에 따르면, 신경증 구조를 취하는 우울증은 '욕망에 관해 양보하는 것'의 한 형태이며, 주체에 뚫린 심연을 직시하지 않으려는 태도, 즉 도덕적 소심함lâcheté morale(AE526)에 기인한다고 여겨지고, 정신병 구조를 취하는 우울증은 대상 a의 비-추출로 특징지어진다.

---

* cathexis. 심적 에너지가 마음속에 있는 어떤 이미지나, 외적인 대상, 신체의 일부 등으로 향해 흘러 들어가는 것을 가리킨다.

제4장

70년대의 라캉 –
감별 진단론의 상대화

　50년대의 라캉이 주로 시니피앙의 영역에서 신경증과 정신병의 감별 진단을 하고, 60년대 라캉이 주로 향락과 대상 a의 영역에서 그것을 했다면, 70년대 초반 라캉의 이론적 변천은 이 두 영역을 나누어 논하는 것을 멈추고 하나로 묶어 논한 것으로 요약할 수 있다.

　70년대의 라캉은 먼저 소외와 분리를 하나의 정식으로 정리할 수 있는 디스쿠르 이론을 구축했다. 이 이론에서 신경증 환자는 디스쿠르의 내부에 있는 자로, 정신병자는 디스쿠르의 외부에 있는 자로 위치 지워진다. 다음으로 라캉은 성별화性別化의 정식을 구축했다. 이 정식에서 신경증 환자는 팔루스 함수를 따르는 존재로, 정신병자는 팔루스 함수를 따르지 않는 예외의 위치를 육화시키는 존재로 논의된다.

　70년대 후반이 되면 라캉은 더 이상 신경증과 정신병의 감별 진단을 명시적으로 논하지 않는다. 그것은 그가 이 시기에

'증상의 일반이론'이라는 이론을 구축하여 신경증의 증상과 정신병의 망상을 같은 틀에서 논할 수 있게 되었기 때문이다. 이 이론은 이후 '생톰sinthome'이라는 개념의 생성과 정신분석의 재정의를 가능케 했다. 이러한 논의는 좀 더 설명이 필요하기 때문에, 자세한 내용은 제2부에서 설명하겠다.

여기서 70년대 후반 라캉의 위상학topologie 이론과 신경증과 정신병의 현대적 자리매김에 대해 조금 언급하고자 한다. 이 시기의 라캉은 인간의 정신 구조를 위상학의 관점에서 파악하고자 했다. 72년에 처음 도입된 보로메오의 매듭은 세 개의 고리로 이루어진 매듭인데, 그중 두 개가 서로 교차하지 않는 것이 특징이다. 73년에 이르러서는 지금까지 현실계, 상징계, 상상계로 불려온 영역이 보로메오 매듭의 세 개의 고리와 동일한 것으로 여겨졌다. 이어지는 『R.S.I.』와 『생톰』의 세미나는 R, S, I(각각 현실계, 상징계, 상상계를 지칭)라는 세 개의 고리가 분리되지 않도록 묶어주는 네 번째 고리와 증상의 관계를 논한다. 즉, 신경증 증상이나 정신병과 같은 다양한 병태는 R, S, I의 세 개의 고리가 잘 연결되지 않거나, 고리의 해체를 막기 위해 네 번째 고리(생톰)가 도입되는 것(보충)에서 비롯된다고 설명한다.

예전 같으면 이런 라캉의 논의는 주로 위상학을 좋아하는 일부 라캉주의자들에 의해 적극적으로 언급되는 정도에 그쳤다. 그러나 90년대 이후 이 모델은 라캉파의 핵심 관심사가 된다. 왜일까? 라캉이 『생톰』의 세미나에서 논한 제임스 조이스는 문학의 창조를 통해 정신병이 발현되지 않고 생애를 마칠 수 있었다. 따라서 사례로서의 조이스와 그에 관한 생톰의 이론이 정신병의 현재顯在 발병 예방과 '발병하지 않는 정신병 psychose non-déclenchée'의 구조를 밝힐 수 있는 가능성을 가지고 있다고 생각한 것이다.

이와 관련하여 밀레르가 98년에 제창한 '보통 정신병psychose ordinaire'이라는 새로운 심적 구조가 지난 15년간 현대 라캉파에서 큰 주목을 받았다(Miller, 1999a). 보통 정신병이라는 용어는 생소하지만, 이 용어는 정신병원에 장기 입원하는 것과 같은 '보통'의 정신병 사례를 가리키는 것이 아니라는 점에 먼저 주목해야 한다. 보통 정신병은 오히려 정신병이라는 사태가 평범하게 살고 있는 듯한 있는 증례를 가리키며, 발현되어 기괴한 망상 체계를 만들어내는 '비범한 정신병psychose extraordinaire'과 대비되는 개념이다.

비범한 정신병과 보통 정신병의 차이는 전자가 환각이나 망상에 의해 발병déclenchement하는 반면, 후자는 발병하는 대신 다양한 사회적 관계로부터 탈접속débranchement한다는 점에 있다. 밀레르(2009b)는 이 탈접속이라는 외부성에 대해 세 가지 예를 들었다. 첫 번째는 사회 속에 고정된 위치를 차지하지 않는 '사회로부터의 탈접속'이다. 두 번째는 신체가 자아와 연결되지 않고 어긋나는 '신체의 탈접속'이다(조이스의『젊은 예술가의 초상』에서 자아의 신체가 무너져 내리는 듯한 경험). 세 번째는 세계에 대한 독특한 공허감으로 나타나는 '주체의 탈접속'이다.

최근 프랑스에서는 공공기관에서 무료 정신분석을 제공하는 시도가 이루어지고 있는데, 그 기관을 찾는 상담자의 상당수가 이 '보통 정신병'의 구조를 가지고 있었다고 한다. 지금까지 라캉파에서 '정상인'은 일종의 '발병하지 않은 신경증', 즉 '정상신경증'으로 취급되어 왔다.[*] 그러나 이제 '보통 정신병'의 구조가 급속히 확대되고 있다고 한다면, 이는 시대의 큰 변화를 반영하고 있을 가능성을 생각해볼 뿐만 아니라, 지금까지 자명한 것으로 여겨졌던 신경증과 정신병 사이의 단절을 다시 생각해보게 한다. 실제로 라캉파에서는 지금까지 논의해 온 신경증과 정신병의 감별 진단을 그 근본부터 다시 묻는 듯한 논의도 있어 왔다.

그렇다면 현대 라캉파가 보통 정신병의 발명에 이르기까지의 경로를 거슬러 올라가 신경증과 정신병의 관계를 재조명해보자.

1. 늑대남자 증례의 재검토

신경증과 정신병의 관계를 재조명하게 된 계기는 프로이트의 늑대남자 증례를 다시 읽게 된 것이다. 애초에 프로이트는 늑대남자를 강박신경증으로 생각했음에도 불구하고, 라캉은 늑대남자에서 정신병의 특이한 메커니즘인 '배제'라는 개념을 끌어냈다. 또한 늑대남자는 프로이트의 분석 이후 정신병적 파라노이아와 같은 병상을 보인 것으로 알려져 있다(Brunswick, 1928). 또한 들뢰즈=과타리의 『천 개의 고원』에서도 늑대남자

---

[*] 이 같은 생각은 프로이트에서 유래한다. '신경증은 유동적인 이행 단계를 거쳐 이른바 정상 상태에 연결되고, 다른 한편에서는 정상이라고 인정되는 상태에서 신경증적인 경향의 징후가 증명되지 않는 일은 거의 없다고 생각한다.'(GW17, 109)

를 신경증으로 진단하고, 파라노이아성인 방식으로만 보려는 프로이트의 태도가 문제가 되었다는 점을 상기해 보자. 도대체 늑대남자는 신경증과 정신병 중 어느 쪽에 해당하는 것일까?

1987-88년 밀레르(2009c, 2010)의 전문연구과정(DEA) 강의의 주안점은 이 근본적인 질문을 재검토하는 데에 있었다. 밀레르는 신경증과 정신병의 단절이라는 이론적 전제를 일단 괄호 안에 넣고, 아버지의 이름의 은유(거세)의 성립/배제의 이항대립이 신경증/정신병의 이항대립과 정말로 대응하는지를 묻고 있다 ― '한편으로 늑대남자에게는 거세가 있다. 즉, 여성에 대한 동일시와 늑대에 대한 공포를 억압하고 있다. 그러나 다른 한편으로는 거세의 배제가 있고, 그 결과 여성에 대한 동일시가 유지되고 있다.' 늑대남자에서 늑대에 대한 공포와 여성에 대한 동일시가 공존하는 것은 바로 거세의 존재와 거세의 부재가 공존하는 양면성으로 볼 수 있다.

더 나아가 억압과 배제라는 두 개념 자체의 양면성에 대한 논의도 있다. 한편으로는 부정하면서 그것을 유지하는 부정(억압)과 모든 것을 지워버리는 부정(배제)이라는 양자를 구분하는 관점이 있다. 그러나 다른 한편으로는 대상의 측면에서 볼 때 억압이 '리비도의 대상 비급對象備給[=향락]에 향해 있는'(GW12, 146) 반면 배제는 시니피앙과 관련되어 있다는 점에서 억압과 배제를 배중률처럼 사용할 수 없다는 것이다.

2. 배제의 일반화

밀레르(1987a)는 87년 5월 23일 강의에서 '일반화 배제 forclusion généralisée'라는 개념을 언급하고 있다. 이는 라캉이

'대타자는 존재하지 않는다'고 말한 데서 유래한다. 신경증이나 정신병이라는 것의 구조가 무엇이든 간에 상징체계를 지탱하는 시니피앙은 존재하지 않는다. 따라서 신경증이든 정신병이든 '배제'라고 부를 수 있는 상징체계의 구멍이 있는 것이다. 이 결여를 밀레르는 일반화 배제라고 부른 것이다.

그렇게 되면, 사람은 심적 구조가 어떠하든 간에 구조적 배제로 인해 뚫린 결핍을 보충해야 한다. 그리고 이를 위해 개입하는 '아버지의 이름'은 더 이상 유일한 고유명사가 될 수 없고, 아버지의 이름으로 기능할 수 있는 복수의 술어述語 중 하나에 불과하다. 라캉이 '아버지의 이름le Nom-du-Père'을 복수화하여 '복수의 아버지의 이름les Noms-du-Père'으로 표기한 것은 '아버지의 이름'이 더 이상 단일한 것이 될 수 없고, 그 기능을 담당하는 다양한 '아버지의 이름'의 존재 방식이 요청된다는 바로 그 사실 때문이다.

3. 망상의 보편화

정신병의 구조적 조건인 배제가 일반화되면 정신병의 구조 자체도 일반화되는 것일까? 어떤 의미에서 답은 '예스'다. 실제로 라캉(1979)은 말년에 다음과 같이 말했다 '프로이트는 이렇게 생각했다. 모든 것은 꿈이라고. 그리고 (이런 표현을 쓸 수 있다면) 사람은 모두 미치광이라고 생각했다. 다시 말해, 인간은 모두 망상적인 존재다.' 라캉의 이 발언을 계기로 밀레르(1993a, 2008b)는 '모든 인간은 망상한다Tout le monde délire'를 키워드로 후기(대략 70년대 이후의) 라캉의 이론을 발전시키고 있다.

스크랴빈(2006)은 더 급진적인 이야기를 하고 있다. '"아버지의 이름"의 배제'는 구조적인 것이며, 모든 주체에게 공통적이다. 그렇다면 신경증의 구조를 규정한다고 여겨졌던 부성 은유는 더 이상 정신병자가 만들어내는 망상적 은유와 다를 바 없다. 부성 은유는 그것이 사회적으로 공유된다는 점 외에는 정상적이지 않다는 것이다. 즉, 신경증도 정신병도 각자의 방식으로 배제를 보충하고 있는 것이다(참고로 스크랴빈은 보통 정신병을 보전補填에 실패한 것으로 간주한다).

4. 신경증과 정신병의 새로운 자리매김

배제가 일반화되고 망상도 일반화되면 더 이상 신경증과 정신병 사이의 단절이 유지되지 않고 양자의 연속성이 인정될 수 있을까? 반드시 그렇지는 않다. 스크랴빈(1993)은 '매듭의 위상학에 의해 신경증과 정신병은 적어도 보완의 기능이라는 점에서 가까워진다'고 하면서도 '그러나 신경증과 정신병을 나누는 근본적인 점은 유지되고 있다'고 말한다.

말레발(2011) 역시 배제가 일반화되더라도 정신병에 한정된 '아버지의 이름' 배제라는 메커니즘은 일반화 배제와 독립적으로 존재한다고 본다. 그에 따르면 말년의 라캉은 예를 들어 77년 1월 1일 강의에서 '정신분석은 망상이다'(S24, 52A) 등으로 말하고 있지만, 이는 '망상'이라는 말을 '보증이 부재하는 디스쿠르'라는 확장된 의미로 사용했을 뿐 본래의 정신병의 망상과는 구분되는 것이라고 한다. 즉, 배제에는 모든 주체에 공통된 '일반화 배제'와 정신병에 특유한 '제한적 배제forclusion restreinte'의 두 가지가 있다. 그리고 이 두 가지 배제에 보통 망상délire ordinaire과 정 신병적 망상délire psychotique이 각 각 대응하고 있다. 밀레르가 '사람 은 누구나 망상한다'고 말하는 것 은 일반화 배제나 보통 망상이라 는 생각에서 발전한 것으로, 정신 병과는 무관한 것이라고 말레발 은 주장한다.

그림 3 클로버의 매듭(파라노이아)

　이러한 이해는 라캉의 위상학과도 어느 정도 상관관계가 있다. 라캉이 75년에 제출한 파라노이아에 대한 새로운 정의에 따르면, 파라노이아이란 R, S, I를 하나의 일관된 것으로 만드는 것이다(S23, 53). 이를 도식화한 것이 클로버의 매듭noeud de trèfle(S23, 86)이다. 이 도식에서 R, S, I는 각각의 고리로 독립되어 있지 않고, 서로 직접적으로 얽혀 있다. 이 매듭에는 보로메오 구조가 애초에 존재하지 않는다. 말레발(2000)은 이 보로메오 구조의 부재를 위상학의 관점에서 '아버지의 이름'의 배제, 즉 정신병의 기준이라고 본다.

　밀레르 역시 한 증례 검토회에서 신경증과 정신병 사이에는 역시 연속성이 없다고 단언하고 있다. 조금 길지만 인용해보자.

> **모렐:** 우리의 논의에는 또 다른 연속성이 있습니다. 그것은 바로 신경증에서 정신병으로 이어지는 연속성입니다.
> **밀레르:** 전혀 그렇지 않습니다. 오히려 정신병이라는 큰 장의 내부에서의 단계적 변화gradation가 문제입니다. 하지만…… 신

경중과 정신병 사이의 그라데이션이 포함되는지 여부를 스스로에게 물어보는 것은 분명히 가능합니다. 하지만 제 대답은 '노'입니다. [신경증과 정신병] 둘 다 누빔점point de capiton[*]이 있습니다. 즉, 한편[=신경증]에는 쿠션의 누빔점이 있는데, 그것은 '아버지의 이름'입니다. 다른 한편〔= 정신병〕에도 쿠션의 누빔점이 있는데, 그것은 '아버지의 이름'이 아닌 것입이다. 수학 용어를 써서 유사하게 표현한다면, 이것은 [신경증과 정신병의] 연속성이라기보다는 상응관계homologie입니다. 다만, 비 NP[=아버지의 이름]의 누빔capitonnage의 구조는 NP의 누빔보다 더 복잡하다는 것을 알 수 있습니다. 라캉은 이를 매듭으로 표현하려고 합니다. 그 결과, NP 누빔은 종종 비 NP 누빔의 한 가지 단순화, 한 가지 특수한 예처럼 보이기도 합니다. 이런 의미에서 매우 아이러니하게도 신경증을 정신병의 서브세트[=부분집합]라고 말할 수 있습니다. 이 때문에 라캉은 '사람은 누구나 망상한다'고 말하게 된 것입니다.(Miller, 1997, p. 256)

밀레르(1999c)는 이 논쟁에서 나타난 의견 대립을 임상에서

---

[*] point de capiton은 원래 침대 매트리스나 쿠션 내부의 충전재 덩어리가 한쪽으로 몰리지 않도록 꿰매 단추 모양처럼 보이는 것을 가리키는데, '기표와 기의가 서로 매듭지어지는 지점'을 비유한 것이라고 해석된다. 라캉 작품의 영어판에서는 '퀄팅 포인트quilting point' 또는 '앵커링 포인트anchoring point' 등의 역어가 사용되기도 하는데 오히려 번역으로 인한 혼란을 피하기 위해 프랑스어 원어 그대로 남겨두는 경우도 많다. - 역자

두 가지 관점으로 정리하고 있다. 첫 번째 관점은 신경증과 정신병은 불연속적이며, 신경증은 소위 정상인으로부터 연속적이라는 것이다. 두 번째 관점에서는 정신병과 정상인이 연속성을 가진다. 후자의 관점은 현대의 보통 정신병의 관점과 직접적으로 연결된다. 토마스 스볼로스Thomas Svolos(2008)는 '모든 인간은 망상한다[=인간은 모두 정신병이다]'는 임상과, 신경증과 정신병을 명확히 구분하는 임상은 양립할 수 있다고 말한다. 즉, 이 두 임상은 물리학의 뉴턴과 아인슈타인과 같은 관계로, '더 넓은 범위를 가진 생톰의 임상은 큰 유용성을 가지지만, 배제 임상도 어떤 조건 하에서는 유용하다'고 본다. 이러한 절충적 견해는 온건한 것이긴 하지만, 임상적으로 볼 때 어느 정도 납득이 가는 것도 사실이다. 왜냐하면 우리의 임상에는 슈레버도 있고, 조이스도 있기 때문이다. 이 절충적 견해의 의의에 대해서는 본서의 결론 부분에서 다시 한 번 다룰 것이다.

이상으로 라캉의 신경증과 정신병의 감별 진단론의 단계적 이론적 변천을 라캉파의 연구를 포함하여 간략히 개괄했다. 그 결과 이해된 것은 다음 세 가지이다.

(1) 라캉은 그 이론적 변천을 통해 끊임없이 감별 진단의 문제를 재고했다.

(2) 70년대에 들어서면서 감별 진단이라는 문제 자체가 상대화된다.

(3) 현대 라캉파에서는 감별 진단적 접근과 비감별 진단적 접근이 병존하고 있다.

우리는 이 책의 서문에서 라캉의 이론과 실천의 핵심이 신경증과 정신병의 감별 진단에 있다는 가설을 세웠다. 그 가설은 대체로 입증되고 있다.

2부에서는 프로이트에서 라캉에 이르는 감별 진단론의 변천을 좀 더 자세히 살펴본다. 그리고 3부에서는 서론에서 미리 언급한 문제, 즉 70년대 라캉의 감별 진단론의 상대화가 들뢰즈=과타리나 들뢰즈의 라캉 비판에 대한 라캉 자신의 반응으로 읽을 수 있다는 점을 검토해갈 것이다.

제2부

신경증과 정신병의 감별 진단에 대한 이론적 변천

1부에서는 프로이트-라캉의 신경증과 정신병의 감별 진단에 대한 대략적인 윤곽을 확인했다. 이제부터는 그 이론적 변천을 좀 더 자세히 살펴보겠다.

그런데, 라캉적인 입장에서 신경증과 정신병의 감별 진단을 생각할 때, 우리는 어쩔 수 없이 '오이디푸스 콤플렉스complex d'Œdipe'를 중심으로 생각할 수밖에 없다. 왜냐하면 라캉은 다음과 같이 말했기 때문이다.

오이디푸스를 경험하지 않은 신경증 같은 것은 존재하지 않는다…… 반면에 정신병의 경우에는 오이디푸스에서 무언가가 본질적으로 기능하지 못했거나 완성되지 못했다는 것이 크게 고려될 수 있다.(S3, 227)

신경증에서는 오이디푸스 콤플렉스가 작동하고, 정신병에

서는 오이디푸스 콤플렉스가 제대로 작동하지 않는다. 매우 간결한 도식화다. 이 도식화는 50년대 라캉만의 것이 아니다. 그는 1938년 『가족 콤플렉스』에서 이미 어머니와 자녀가 아버지를 배제한 양자 관계, 즉 '아버지'의 부재가 정신병의 원인 중 하나라고 생각했다(AE45). 이 생각은 50년대에 정신병에서의 '"아버지의 이름"의 배제'로 정식화된다. 또한 말년인 70년대 후반에 이르러서는 보로메오 매듭의 교차 오류가 정신병권圈의 병리와 연관되어 오이디푸스 콤플렉스는 보로메오 매듭의 해체를 막는 방법의 하나로 여겨지게 된다. 이처럼 오이디푸스 콤플렉스의 유무, 특히 그 핵심인 '아버지'의 도입의 성공/실패를 신경증/정신병의 진단과 연관 짓는 생각은 이론적 변천 속에서 그때그때 강조점이 바뀌면서 라캉 안에서 꽤 오랫동안 유지되어왔다고 볼 수 있다.

정신병의 구조적 조건으로서의 '오이디푸스 콤플렉스의 기능 부전'과 '"아버지의 이름"의 배제'. 이 개념들은 라캉에 의해 너무도 유명해졌다. 그리고 이것들은 라캉에 의한 '프로이트 회귀'의 성과라고 한다. 하지만 정말 그럴까? 프로이트의 텍스트를 자세히 읽어보면, 오이디푸스 콤플렉스의 유무와 신경증과 정신병의 감별 진단을 직접적으로 연결시키는 논의를 거기서 찾아보기는 사실 어렵다. 물론, 프로이트가 발명한 오이디푸스 콤플렉스라는 개념은 원래 '신경증의 중핵 콤플렉스 Kernkomplex'(GW7, 176)라는 용어를 대체하기 위해 등장한 것이긴 하다. 그러나 프로이트 자신은 오이디푸스 콤플렉스의 유무에 따라 신경증과 정신병을 적극적으로 감별하려 한 적은 한 번도 없었다. 또한 '배제Verwerfung'라는 술어에도 문제가 있다. 잘 알려진 바와 같이 라캉은 프로이트의 저서에서 '배제'라는 술어를 꺼내어 이 술어로 표현되는 메커니즘이 정신병의 구조적 조건이라고 했다. 그러나 한때 프로이트는 정신병에 특유한 메커니즘에, 라캉에게는 도착의 메커니즘에 해당하는 '부정Verleugnung'이라는 단어를 붙였다(GW14, 24). 이러한 사실들을 종합해 보면, 라캉의 프로이트 독해에는 선뜻 수긍하기 어려운 점이 있다고 말하지 않을 수 없다.

단적으로 말해서, '오이디푸스 콤플렉스의 기능 부전'이나 '"아버지의 이름"의 배제'를 정신병의 구조적 조건으로 삼는 라캉의 프로이트 독해는 일종의 기교다. 그러나 프로이트의 신경증과 정신병의 감별 진단론을 세밀하게 살펴보면, 이 기교가 프로이트 이론의 실로 우아한 체계화라는 것을 알 수 있다. 결론부터 말하자면, 라캉은 프로이트가 신경증과 정신병의 감별 진단에 대해 단편적으로 언급했던 것을 재해석하면서 이를 오이디푸스 콤플렉스의 도식과 배제의 이론으로 통합하고, 이후 이를 탈구조화했다.

제1장

프로이트의 신경증과
정신병의 감별 진단(1894-1938)

1. 방어의 종류에 의한 감별 진단(1894-1896)

먼저 프로이트의 신경증과 정신병의 감별 진단론을 읽어보자.

프로이트가 신경증과 정신병의 감별 진단에 대해 처음으로 논한 것은 1894년 「방어-신경정신증」에서다. 여기서 프로이트는 신경증과 정신병을 '방어Abwehr' 메커니즘의 종류의 차이에서 감별하려고 한다. 즉, 신경증에서의 방어와 정신병에서의 방어는 그 질이 다르다는 것이다.

그렇다면 방어란 무엇일까? 사람은 심적 생활 속에서 다양한 표상*을 받아들이고 이를 처리한다. 그러나 때로는 자신에게 받아들일 수 없는 표상, 즉 자아Ich[=나]에게 '양립할 수 없는 표상unverträgliche Vorstellung'이 자아에 도달할 때가 있다. 그 양립할 수 없는 표상은 매우 고통스러운 정동情動을 불러일으킨다. 이 곤경을 해결하려는 마음의 작용이 방어(억압)다.** 즉, 방어는 고통스러운 정동을 동반하는 양립할 수 없는 표상을 다양한 방식으로 처리하려는 시도이며, 그 처리 방식에 따라 다양한 종류의 방어가 존재하게 된다(GW1, 61-63).

신경증에서의 방어(전환과 전이)

신경증의 하위분류에는 히스테리와 강박신경증이 있다. 먼저 히스테리의 방어를 살펴보자. 히스테리 환자는 양립할 수 없는 표상에 대해 '표상의 흥분량 전체를 신체적인 것으로 전환하여 그 표상을 무해화'하려고 한다. 이것이 히스테리에 특유한 방어로서의 '전환Konversion'(GW1, 63)이다. 예를 들어 『히스테리 연구』에 등장하는 사례인 안나 O는 '유리잔에 담긴 물을 마실 수 없다'는 증상이 있었다. 이 증상은 그녀가 예전에 경험했던 '자신이 싫어하는 부인이 자신의 개에게 유리잔에 담긴 물을 마시게 한' 장면에서 비롯된 것이다. 이 장면이 양립할 수 없는 표상으로 경험되었기 때문에, 그 표상이 갖는 흥분

---

* 프로이트가 사용하는 '표상Vorstellung'이라는 개념은 독일 철학에서 일반적으로 사용하는 '마음속에 그려진 대상'이라는 의미의 표상이 아니라, 오히려 '대상의 측면에서 (심적장치에) 도래하고, "기억계記憶系"에 기재된 것'이다. 이 기억계는 도래한 표상을 단순히 모아둔 곳이 아니라, 표상을 연상의 종류별로 계열화하여 서로를 연결하는 장소다 (Laplanche & Pontalis, 2004). 이런 의미에서 프로이트가 말하는 '표상'은 라캉의 '시니피앙'의 선구적인 개념이라고 말할 수 있다. 세미나 『정신분석의 윤리』에서의 언급(S7, 57)도 참조하라.

** 1896년 이후에는 '방어' 대신에 '억압Verdrängung'이라는 용어를 사용한다.

은 전환의 메커니즘에 따라 신체적인 것으로 대체된다. '물을 마실 수 없다'는 신체적 차원의 증상은 이 대체의 결과로 나타나는 것이다(GWNb, 233).

신경증의 또 다른 하위분류인 강박신경증에서는 양립할 수 없는 표상(가령 표상 A)에서 고통스러운 정동情動이 분리되고, 그 정동은 전혀 다른 표상 B와 연결된다. 그러면, 고통스러운 정동이 새롭게 연결된 표상 B는 양립할 수 없는 표상 A 자체가 아니기 때문에, 고통스러운 정동을 동반하면서도 심적 삶 속에 자주 등장할 수 있게 된다(강박 표상). 강박신경증에서 흔히 관찰되는 이 방어는 '전치Transposition'라고 불린다(GW1, 68). 이 전치의 결과로 강박신경증에서는 '손을 씻어야 한다'와 같이 별것 아닌 것처럼 보이는 것들이 끊임없이 떠오르고, 그 표상은 환자에게 매우 고통스러운 것으로 경험된다.

정신병에서의 방어(배제)

그렇다면 정신병에서는 어떤 방어가 작용하는 것일까? 프로이트는 정신병에서는 전환이나 전이보다 훨씬 더 강력한 종류의 방어가 작용한다고 말한다. 그것은 '자아가 그 양립할 수 없는 표상을 그 정서와 함께 배제verwirft하고, 자아는 마치 그러한 표상이 자아 안에 한 번도 들어오지 않은 것처럼 행동하는' 방어이다(GW1, 72, 강조는 인용자). 즉, 양립할 수 없는 표상을 처음부터 없었던 것으로 만들어 버리는 것이다. 이것이 정신병, 더 정확하게는 '환각성 착란halluzinatorische Verworrenheit'을 특징짓는 방어다.

프로이트가 이 '배제'의 구체적 사례로 제시한 것은 다음과 같은 증례이다(GW1, 72-3). 한 남성에게 호감을 가진 젊은 여성이 두 사람은 서로 호감을 가지고 있다고 믿는다. 그러나 남성이 자신에게 호감을 갖고 있지 않다는 것을 알게 되고, 그녀는 실망한다. 그리고 그녀는 실망한 나머지 '남자가 자신에게 호감을 갖지 않는다'는 양립할 수 없는 표상을 배제한다. 그러나 '남자들이 자신에게 호감을 갖지 않는다'는 표상은 실제 현실과 밀접하게 연결되어 있기 때문에 이 표상을 배제하는 것은 현실을 외면하는 것과 마찬가지다. 그 결과 그녀는 환각 속에서 마치 자신이 남자와 상사병에 걸린 것처럼 환각 속에서 그의 목소리를 듣고 그와 행복한 생활을 하는 착각에 빠지게 된다. 그녀는 환각 속에서 '두 사람은 서로 사랑하는 사이'라는 표상(군#)으로 도피함으로써 '남성이 자신에게 호감을 갖지 않는다'는 양립할 수 없는 표상을 보지 않아도 되었던 것이다.

프로이트는 이 환각성 착란 사례에서 나타나는 환각의 내용이 병의 계기인 '남성이 자신에게 호감을 갖지 않는다'는 양립할 수 없는 표상을 부각시키고 있다는 점을 지적한다. 무슨 말일까. '남성이 자신에게 호의적이지 않다'는 표상 자체가 자아와 양립할 수 없는 것으로 배제되어 있기 때문에 그녀의 환각적 심적 생활 속에서는 나타나지 않는다. 그러나 환각성 착란 속에 나타나는 '두 사람은 서로 사랑한다'는 내용을 가진 환각적 표상군은 배제된 '남성이 자신에게 호감을 갖지 않는다'는 표상과 분명히 연관되어 있는 것이다.

여기서 주목해야 할 것은 신경증과 정신병 각각에서 양립할 수 없는 표상이 다루어지는 방식의 차이이다. 신경증의 경우, 전환과 전치라는 방어가 있든 없든, 양립할 수 없는 표상이 심적 생활에 존재하는 것이 적어도 허용된다. 다시 말해, 신경증에서는, 도래한 양립할 수 없는 표상이 심적 생활 속에 우회적으로나마 수용되는 것이다. 반대로 정신병의 경우, 양립할 수 없는 표상은 배제되어 심적 생활 속에 존재하지 않게 된다. 그리고 정신병에서는 배제된 표상 대신 그 표상과 밀접하게 연관된 표상군이 환각 속에서 활성화된다.

이 두 방어의 차이가 훗날 라캉이 정식화하는 억압과 배제의 차이를 분명히 선취하고 있음은 이제 분명해 보인다. 라캉은 정신병의 기본 메커니즘은 어떤 원초적 시니피앙(표상)을 인정Bejahung하는 것이 아니라, 그 시니피앙의 존재를 애초에 인정하지 않는 형태로 배제Verwerfung하는 것이라고 했다. 즉, 정신병에서는 원초적 시니피앙에 대해 '억압이라는 의미에서조차 아무것도 알려고 하지 않는' 태도가 취해진다는 것이다.

또한 증상의 내용에 있어서도 신경증과 정신병은 분명한 차이가 있다. 신경증 증상에서는, 예를 들어 증례 안나 O의 경우 '개에게 잔으로 물을 마시게 한다'는 양립할 수 없는 표상이 '물을 마시지 못한다'는 신체적 증상으로 전환되었는데, 이때 표상에 대한 어떤 심적 가공이 작용한 것이다. 반대로 정신병의 증상에는 그러한 심적 가공을 찾아볼 수 없다. 정신병에서는 병의 계기가 된 양립할 수 없는 표상 자체가 심적 생활에 나타나지 않고, 그 표상과 관련된 표상이 있는 그대로의 형태로 환각으로 나타나는 것이다.[*]

다음 절에서는 이러한 심적 가공의 유무와 신경증과 정신병의 감별 진단에 대해 좀 더 자세히 살펴보자.

2. 표상의 심적 가공 유무에 따른 감별 진단(1894-1905)

프로이트는 무의식에서 표상의 가공에 주목함으로써 신경증의 증상 형성 메커니즘을 밝혀냈다. 한 가지 예를 들어보자. 『히스테리 연구』에서 다룬 한 히스테리 환자는 아무런 기질적 원인이 없음에도 불구하고 서거나 걸을 수 없는 상태에 빠져 있었다(GW1, 217). 프로이트의 분석이 밝혀낸 것은 이 서거나 걸을 수 없는 증상이 '혼자 있는 것Alleinstehen'이라는 표상을 심리적으로 가공하여 형성된 것이라는 사실이었다. 집 안에서 '혼자 있는 것(외로움)'에 고통을 느끼고 있던 이 환자가 그 고통을 신체로 전환할 때, 이 'Alleinstehen'이라는 표상은 '혼자allein 서 있는stehen'이라는 표상으로 가공되어 있었다. 그래서 이 환자는 서 있을 수도, 걸을 수도 없게 된 것이다. 여기서 발생하는 일종의 말장난과 같은 표상의 가공 과정을 환자는 알지 못한다(의식적으로 인식하지 못한다). 즉, 신경증 환자는 자신도 모르는 사이에 (무의식적으로) 표상을 가공함으로써 증상을 만들어내고 있는 것이다. 그리고 신체에 나타난 이 표상의 가공을 해독하고 그것을 의식화(언어화)할 수 있으면 신경증

---

* 「방어-신경정신병 재론」에는 만성적 파라노이아 혹은 망상성치매(정신의학에서 말하는 슈레버 형의 통합실조증에 해당)에서의 억압(방어)이 검토된다. 프로이트는 만성 파라노이아에서도 전액법前額法[이마를 누르는 행위]으로 무의식의 표상을 분명히 할 수 있다고 주장한다. 다만 만성적 파라노이아의 경우 '무의식에서 유래하는 말을 (환자는) 대체로 자신의 음성을 통하여 마음속으로 듣거나, 환청으로 체험하게 된다'(GW1, 395)고 말한다. 여기에서도 환각의 내용은 심적 가공을 거치지 않은 무의식의 표상 그 자체로 나타나게 된다.

증상을 해소시킬 수 있다. 이것이 정신분석 기법의 하나인 '해석'이다.[*]

앞서 말했듯이 '방어'의 관점에서 보면 신경증 증상에는 표상의 심적 가공이 인정되는 반면, 정신병 증상에는 그러한 가공이 인정되지 않고 표상이 그대로 나타난다. 초기 프로이트는 이 점에서 신경증과 정신병의 차이를 발견할 수 있다고 여러 차례 주장했다. 예를 들어, 1900년 『꿈의 해석』에서 프로이트는 다음과 같이 말한다.

> 어린 시절에 우리의 성적 관심을 끌었던 상대는 꿈이나 히스테리나 강박신경증에서의 과거 재생에는 나타나지 않는다. 단지 파라노이아에서만 이런…… 사람들[=예전에 성적으로 관심을 가졌던 사람들]이 다시 나타나며, 그 모습은 보이지 않지만 환자는 그 현전現前을 열광적으로 믿는다.(GW2/3, 251)

즉, 꿈이나 신경증에서는 자신에게 성적으로 중요했던 인물이 가공된 형태로만 등장하는 반면, 정신병(파라노이아)에서는 그러한 인물이 가공 없이 그대로 나타나는 것이다. 그렇다면 이 차이의 구체적인 예를 프로이트의 증례에서 확인해 보자.

---

[*] 프로이트는 무의식에서 시니피앙의 가공을 신경증의 증상만이 아니라, 꿈, 실착 행위(말실수, 망각등), 위트라는, 일반적으로 우리들이 무의식이라고 생각하는 형성물을 발견한다. 라캉은 이것들을 일괄하여 '무의식의 형성물formations de l'inconscient'이라고 부른다.

(1) 꿈이나 신경증에서 인물의 가공의 구체적인 예로는 '나체가 되어 난처했던 꿈'을 들 수 있다(GW2/3, 247-53). 나체가 된 꿈은 옷을 입지 않은 자신의 모습을 다른 사람에게 보여서 부끄러움을 느끼는 전형적인 꿈이다.

프로이트에 따르면, 이 꿈에 등장하는 나체인 자신을 응시하는 '타인'은 반드시 '어딘가에 있는 많은 사람들'이라고 한다. 그러나 분석을 진행하다 보면 꿈에 등장하는 이 익명의 인물은 어린 시절 실제로 자신의 알몸을 볼 기회가 있었던 인물(부모나 형, 누나 등)의 대리인임이 판명된다. 꿈에 등장하는 '나의 알몸을 바라보는 익명의 인물'은 부모나 형제가 가공되어서 만들어진 인물상인 것이다.

(2) 정신병(파라노이아)에서 인물의 비-가공의 구체적인 예로는 프로이트가 초고 H에서 보고한 다음 사례를 들 수 있다.

한 여성(과 그녀의 언니, 오빠)이 살고 있는 집에 한 남성 노동자가 세입자로 있었다. 어느 날 밤, 그녀는 그 남자로부터 성적 유혹을 받는데, 그 남자는 그 뒤 곧바로 여행을 떠나고 만다. 몇 년 후 그녀는 '동네 여자들이 아직도 그녀를 그 남자[=남성 노동자]를 기다리는 미련한 여자로 동정하고 있다', '동네 여자들이 그녀에 대해 이 남자와 관련된 여러 가지 소문을 퍼뜨리고 있다'는 피해망상을 갖게 된다.

이 사례에 대한 프로이트의 해석은 다음과 같다. 이 여성은 남성의 성적 유혹에 성적 흥분을 느꼈고, 이때 그녀는 '나는 "나쁜 여자"라는 자기 비난을 형성했다'는 것이다.

그러나 이 비난은 자아에 양립할 수 없는 것이기 때문에 그녀의 심적 세계 안에만 머물러 있을 수 없는 것이었다. 그 결과 표상은 배제되어 외부 세계로 쫓겨나게 된다. 이 방어 메커니즘을 '투사Projektion[=내부의 것을 외부로 던지는 것]'라고 한다. 투사함으로써 그녀는 자기 비난에 시달리지 않게 된다. 그러나 투사의 결과로 '그녀는 나쁜 여자다'라는 비난은 외부 세계로부터(타자로부터) 그녀를 향하게 된다. 따라서 그녀는 '자신은 "나쁜 여자"다'라는 비난을 자기 비난이 아니라 타인이 자신을 향한 비난으로 듣지 않을 수 없게 되는 것이다.

중요한 것은 이런 것이다. 프로이트는 이 사례의 망상 속에서 비난의 '실질적 내용은 방해받지 않은 채로 유지되고 있다'고 지적한다. 즉, 이 여성에 대한 비난의 내용은 아무런 가공을 거치지 않고 망상 속에 그대로 등장하고 있다는 것이다. 그리고 이 여성이 '성적 관심을 쏟았던 상대'인 남성 노동자에 대해서도 인물의 가공이 일어나지 않았다(Freud, 1950).

1904년 『일상생활의 정신병리학』에서는 신경증과 정신병에서 나타나는 이러한 차이를 다음과 같이 정리하고 있다. 즉, 정상인이나 신경증 환자에서는 정신분석적 해석을 통해서만 드러나는 무의식적인 것들이 파라노이아에서는 의식으로 밀려들어온다(GW4, 285). 즉, 정신병에서는 신경증에서 무의식에 해당하는 것을 해석을 가하지 않고 그대로의 형태로 발견할 수 있는 것이다. 또한 프로이트는 훗날 「스스로 말하기」에서도

'신경증의 경우에는 [정신분석에 의해] 상당히 힘들게 심층에서 파헤쳐야 하는 것의 대부분이 정신병에서는 겉으로 드러나서 누구의 눈에도 명백하다'(GW14, 87)고 지적하고 있다.[*]

이러한 프로이트의 생각은 신경증에는 무의식이 숨겨져 있는 반면, 정신병에서는 '은폐되지 않고 무의식을 작동시키고 있다jouer à ciel ouvert l'inconscient'(S3, 71)라는 라캉의 생각의 원천이 되고 있다. 라캉의 말은 다음과 같다.

> 정신병자는 말하자면 무의식의 순교자라고 할 수 있습니다. 순교자라는 말에 증인이라는 의미를 담아 그렇게 말해도 좋을 것입니다. 여기서 문제가 되는 것은 명백한 증언témoignage ouvert입니다. 신경증 환자도 무의식의 존재를 증언하는 사람이라고 할 수 있지만, 그들은 가려진 증언temoin couvert을 하고 있기 때문에 그것을 해독해야 하는 것입니다.(S3, 149, 강조는 인용자)

신경증에서의 방어는 해독(정신분석적 해석)을 필요로 하는 증상을 만들어낸다. 반대로 정신병의 특수한 방어는 해독을 필요로 하지 않는 증상, 즉 무의식과의 관계가 누구의 눈에도 명백한 증상을 만들어낸다.

---

* 최종적으로 『정신분석 개설』에서는 다음과 같이 정식화되어 있다. '분석적 치료에서 우리들의 노력의 결과로서 얻는 것은 자연발생적으로 일어나는 것이며, 일반적으로 무의식의 내용은 전의식으로 변하고, 이어서 의식적인 것이 된다. 실제로 이러한 점은 정신병에서 대규모로 생기고 있다.'(GW17, 83)

3. 메타심리학 시기의 감별 진단(1915년)

자아에 도래한 양립할 수 없는 표상은 방어된다. 그리고 그 방어 방식의 차이가 신경증과 정신병 각각의 증상 차이를 결정짓는다. 프로이트는 1915년에 연이어 발표한 '메타심리학'이라 불리는 여러 논문에서 이 생각을 통일된 관점에서 체계화하려고 시도했다.

먼저 「욕동과 욕동 운명」이라는 논문에서는 그동안 정의 없이 사용되던 '표상'의 위상이 명확하게 정의된다. 확인해 보자. 인간에게 일어나는 현상을 크게 육체적인 것과 정신적인 것으로 나눈다면, (데카르트의 송과선松科腺처럼) 어딘가에서 그 두 개가 연결되어야 한다. 프로이트에게 있어서 그 둘을 연결하는 개념, 즉 '심적인 것과 육체적인 것의 경계 개념'이 '욕동Trieb'이다(GW10, 214). 무슨 뜻일까. 욕동은 신체 내부에서 끊임없이 발생하는 건조함이나 굶주림과 같은 자극을 원천으로 한다. 이 욕동 자극이 심적 장치 안으로 들어가기 위해서는 욕동을 어떤 식으로든 심적인 것으로 대표(변환)해야 한다. 그러므로 욕동은 심적인 것과 육체적인 것 모두에 관여하는 것이다. 그리고 욕동 자극을 심적인 것으로 변환할 때 '표상Vorstellung'과 '정동Affekt'이라는 두 가지 대표 방식이 도입된다. 즉, 신체적인 것을 정신적인 것으로 연결시키는 방법에는 표상과 정동이라는 두 가지 대표 방법이 있는 것이다. 따라서 한편으로 표상은 '욕동을 대표하는 표상'(GW10, 264)이며, 욕동을 표상에 의해 대표하는 것으로 간주된다. 다른 한편으로 욕동이 가진 에너지량을 대표하는 것은 '정동량Affektbetrag'(혹은 단순히 '정동')이라고 불린다(GW10, 255).

이어지는 논문 「억압」에서 논의되는 것은 이전에는 '방어'라고 불리다가 이후 점차 '억압'이라고 불리게 된 메커니즘이다. 억압은 욕동 대표로서의 표상이 '의식의 계系로 관계 맺는 것을 방해하는' 메커니즘이다(GW10, 251). 표상을 의식 속에 나타나지 못하게 하는 것이다. 그러나 의식 속에 나타나지 않는다고 해서 표상이 완전히 사라지는 것은 아니다. '욕동 대표로서의 표상은 무의식 속에 존속'한다(GW10, 251). 다만 그 억압된 표상은 그대로의 형태로 무의식 속에 계속 존재하는 것이 아니라 '증상 형성이라는 수단을 통해' 끊임없이 의식에 도달하려는 경향을 가진다(GW10, 252). 즉 억압은 표상을 의식 속에 나타나지 않게 하는 데는 일단 성공하지만, 결국 그 표상은 스스로 '대체물 형성Ersatzbildung'을 만들어 의식으로 회귀하는 것이다(이를 '억압된 것의 회귀'라고 부른다)(GW10, 256).

그 표상의 가공, 즉 증상 형성에는 다음과 같은 종류가 있다.

(1) 공포증(불안 히스테리)의 경우에는, 아버지를 향한 욕동의 꿈틀거림이 억압에 이용된다.[*] 그 결과, 그 욕동을 대표하는 표상으로서의 '아버지'의 표상이 억압된다. 다른 한편으로 욕동을 대표하는 정서는 불안으로 전이된 상태로 존속한다. 그리고 이 불안에 해당되는 동물의 표상(예를

---

[*] 프로이트는 억압의 대상이 되는 것은 욕동을 대표하는 표상뿐이라고 주장한다(GW10, 276). 결국 정동은 억압되지 않게 된다. 다만 프로이트는 욕동 그 자체에 대해서도 억압이라는 말을 사용한다. 이런 '욕동의 억압'이라는 용어에 대해서 본서에서는 '억압된 것'과 구별하여 '억압에 처해졌다'고 표현할 것이다.

들어, 말)이 아버지의 표상을 대체하는 것으로 의식 속에 나타난다(이 표상 대체의 메커니즘을 '천이Verschiebung'*라고 한다)(GW10, 257-8). 그 결과 크고 강력한 존재로서의 '말馬'을 두려워하는 공포증이 성립하는 것이다.

(2) 강박신경증의 경우에는, 사랑하는 사람을 향한 적대적 충동Impuls이 억압되어 정동이 지워진 결과 양심의 작동이 강화된다. 그러나 이 억압은 병의 경과에 따라 유지가 어려워지고, 억누를 수 없는 정동은 사회에 대한 불안감이나 자기 비난으로 나타나게 된다. 다른 한편으로 표상은 '천이'에 의해 중요하지 않은 하찮은 표상으로 대체된다. 강박신경증 환자는 이 중요하지 않은 표상을 지속적으로 의식에 올려놓음으로써 병적인 표상을 억압한 채로 유지하는 데 성공한다(GW10, 259-60). 예를 들어, 강박신경증에서 전형적으로 나타나는 빈번한 세척 강박(손 씻는 행위를 자주 반복하는 것)은 환자 스스로도 무의미하다고 느끼는 경우가 대부분이다. 세척 강박은 '손 씻기'라는 무

---

* 라캉은 이러한 '천이遷移'를 '환유'로서 재해석하고, 이 개념으로 공포증의 대상이 연상을 통해서 계속적으로 다른 대상으로 '천이'하고 있는 것을 설명한다(S4, 317). 예를 들면 증례 한스는 부재하는 현실적인 아버지 대신에 무엇인가를 대입할 필요가 있으며, 그래서 말을 대상으로 하는 공포증을 만들어내는 것이다(S4, 221). 하지만 이러한 공포증의 대상은 결코 안정적인 것이 될 수 없고, 한스는 말이 자신을 물지 않을까 하고 무서워할 때도 있지만, 말이 넘어져 버리지 않을까라는 두려움을 느낄 때도 있다. 또한 마차를 무서워한다거나, 짐 실은 마차, 짐을 싣지 않은 마차 등을 무서워하기도 한다. 이처럼 불안의 대상이 계속적으로 환치=천이되는 것이 공포증의 특징이다.

의미한 표상을 끊임없이 의식함으로써 병인病因적 표상을 직시하는 것을 회피하려는 행위인 것이다.

(3) 전환 히스테리의 경우에는, 어떤 욕동이 억압과 함께하게 되면 그 욕동을 대표하는 표상과 대체할 수 있는 신체 부위가 선택되고, 그 부위의 한 표상이 모든 리비도 비급備給을 담당한다(이 대체 메커니즘을 '응축Verdichtung'이라고 한다). 그 대신 전환 히스테리에서 정동은 완벽히 억압된다. 샤르코가 '히스테리 환자의 놀라운 무관심belle indifférence'이라고 이름 붙인 특성, 즉 히스테리 환자가 신체에 화려한 전환 증상을 보이면서도, 자신의 증상에 전혀 개의치 않고, 그것에 고통받는 모습을 보이지 않는다는 특성은 이 정동의 소거에 기인한다고 볼 수 있다(GW 10, 258-9).

이처럼 각종 신경증의 증상은 억압된 표상에 대해 전이나 응축과 같은 대체물 형성의 메커니즘이 작동하고, 거기에 정동이 얽혀서 형성되는 것이다.

그렇다면 정신병의 증상은 어떻게 이해할 수 있을까? 논문 「억압」에서는 정신병의 증상 형성에 대해서는 전혀 논의되지 않았다. 프로이트가 정신병의 증상 형성을 메타심리학의 관점에서 논하는 것은 이어지는 논문 「무의식」에서다.

그럼 논문 「무의식」을 살펴보자. 이 논문의 결론 부분에서 프로이트는 신경증(전이신경증)의 억압과 정신병의 억압이 다르다는 점을 지적한다(GW10, 301). 왜냐하면 앞 절에서 확인했듯이 신경증에서는 표상이 무의식적으로 가공되는 반면, 정신병에서는 무의식적인 표상이 그대로 의식적인 것으로 표출되기 때문이다(GW10, 295). 프로이트는 '양말을 신을 수 없다'는 증상을 호소하는 두 환자(한 명은 강박신경증, 다른 한 명은 정신병의 하위분류인 스키조프레니)에 대해 논하면서 신경증과 정신병의 증상 형성의 차이를 메타심리학의 관점에서 설명하고 있다(GW10, 299). 아래에서 이 두 사례의 비교를 간단히 살펴보자.

(1) **강박신경증 사례**: '양말을 신을 수 없다'는 증상을 보였던 한 환자는 분석을 통해 '많은 저항을 극복한 후' 다음과 같은 설명에 도달했다 — 양말을 신거나 벗는 행위는 수음에 해당하기 때문에 그는 양말을 신을 수 없었다는 것이다.

(2) **스키조프레니의 사례**: 똑같이 '양말을 신을 수 없다'는 증상을 보인 한 환자는 '아무런 저항도 없이' 자신의 증상을 다음과 같이 설명했다 — 양말을 신을 수 없는 이유는 '양말 그물망에 구멍이 있기 때문'이라고 말했다. 양말을 신을 수 없는 이유는 '양말의 구멍 하나하나가 여성의 성적 개구부開口部를 상징하는 것이기 때문'이라고 설명했다.

이 두 증례에는 두 가지 차이점이 있다. 첫 번째 차이점은 강박신경증 환자는 '많은 저항을 극복한 후에야' 증상에 대한 설명에 도달한 반면, 스키조프레니 환자의 경우는 '아무런 저항 없이' 바로 증상에 대한 설명이 이루어졌다는 점이다. 이는 정신병에서는 무의식적인 표상이 의식적인 것으로 표출되기 때문이다.

두 번째 차이점은 증상 형성에서 표상이 다루어지는 방식에 있다. 강박신경증의 경우 발은 남성의 성기를 상징하고, 스키조프레니의 경우 양말의 그물망은 여성의 성기를 상징한다. 이 점에서는 둘 사이에 차이가 없다. 그러나 상징에 의해 한편으로는 발과 남성 성기를, 다른 한편으로는 양말 그물망과 여성 성기를 연결시키는 것은 각각 다른 논리에 의해 움직인다. 강박신경증 환자에게 발은 이미 발이면서 그 이상의 의미를 내포한 것이 되었고, 그 의미의 과잉으로 인해 그는 양말을 신을 수 없게 되었다고 볼 수 있다. 반면 스키조프레니 환자에서는 양말의 망과 여성기 모두 '구멍'이라는, 즉 '구멍은 구멍이다(그러므로 같은 것이다)'라는 냉소적인 명제만으로 증상이 형성되어 있다. 즉, 강박신경증 환자에게는 사물로서의 형태학적 유사성에 의해 발과 남성 생식기가 동일시되는 반면, 스키조프레니 환자에게는 양말 그물망의 '구멍'과 여성 생식기의 '구멍'이라는 단어의 동일성만으로 그물망이 여성 생식기와 동일시되는 것이다(GW10, 299).

여기서 프로이트가 발견하고 있는 것은 ― 비록 프로이트 자신이 그렇게 명명하지 않았더라도 ― 신경증의 증상 형성에 작용하는 '은유metaphore'의 기능이 아닐까? 앞서 언급한 강박신경증 사례에서 그가 양말을 신을 때 사용하는 '발'은 '남성 성기'의 은유가 되어 있다. 나중에 확인하겠지만, 라캉은 은유란 한 시니피앙을 다른 시니피앙으로 대체함으로써 새로운 의미작용을 만들어내는 조작이라고 생각했다. 이 정의에 따르면, 이 사례에서는 '남성의 성기'를 '발'로 대체하고 있다고 할 수 있다. 이 은유에 의해 '발'은 '남성기'를 사용하여 행해지는 일(=자위)에 대한 의미작용을 내포하게 된다. 그가 양말을 신을 수 없었던 것은 바로 그 의미작용 때문이었다. 강박신경증 환자인 그의 고뇌는 은유가 만들어내는 의미작용에 기인한다고 볼 수 있는 것이다. 반대로 스키조프레니 환자의 사례에서는 그런 은유가 발생하지 않았다. 단순히 양말의 그물망은 '구멍'이고, 여성의 성기도 '구멍'이라는 단순한 문자 그대로의 일치로 인해 양말을 신는 것을 힘들어하는 것이다.

4. 나르시시즘에 의한 감별 진단(1911–1915)

지금까지 살펴본 프로이트의 논의는 표상에 주목하여 신경증과 정신병의 감별 진단을 하는 것이었다. 그렇다면 신경증과 정신병의 차이는 표상을 다루는 방식만으로 결정되는 것일까? 그렇지 않다. 표상을 둘러싼 논의와 병행하여, 프로이트는 표상 이외의 관점에서도 신경증과 정신병의 차이를 논하고자 했다. 예를 들어 표상과 함께 욕망을 대표한다고 할 수 있는 '정동'의 운명에서도 각종 병태를 구분할 수 있을 것이다(실제로 프로이트는 이를 시도하고 있다). 다만, 프로이트가 표상 이외의 관점에서 신경증과 정신병의 감별 진단을 집중적으로 논하는 것은 '나르시시즘' 개념을 적극적으로 활용하고 있는 1910년대 초반의 여러 논고에서이다. 본 절에서는 그 논의를 따라가 보겠다.

나르시시즘의 도입

프로이트는 인간의 성애가 (1) 자체성애Autoerotismus, (2) 나르시시즘Narzissmus, (3) 대상애Objektliebe의 순서로 발전한다고 생각했다(GW10, 296-7).

(1) 자체성애는 인간의 첫 번째 성애 단계이다(GW10, 142). 이 단계에서는 아직 통일된 신체상(자아)이 형성되지 않아, 사람은 자신의 몸의 여러 부분을 성애의 대상으로 삼고, 그 여러 부분을 통해 욕망을 충족시킨다. 예를 들어, 익숙한 엄마의 목소리를 들으며 젖꼭지를 빨면서 자신의 욕구를 충족시키는 유아는 자신의 입술 좌우에 자신의 귀가 있다는 것을 알지 못하며, 그 두 가지 만족을 연관 짓지도 못한다.

(2) 다음으로 신체의 통일된 상이 만들어지면 사람은 자신의 신체상 자체를 성애의 대상으로 삼을 수 있게 된다(GW8, 296-7). 프로이트는 이 단계를 수면에 비친 자신의 모습에 반한 나르시시스에 비유하여, 이를 나르시시즘이라고 불렀다.

(3) 마지막으로 자신의 신체상이 아닌 사람이나 사물과 같은 외부 세계의 대상이 성애의 대상이 된다. 이 성애가 대상애라고 불린다.

이 일련의 발전은 성적 에너지인 리비도Libido가 비급되는 방식에서도 파악할 수 있다. 자체성애 단계에서는 리비도를 자신의 신체 부위에 비급한다. 다음으로 나르시시즘 단계에서는 리비도가 자아(자신의 신체상)에 비급된다(이때의 리비도는 '자아 리비도Ichlibido'라고 불린다). 마지막으로 대상애의 단계에 이르면 리비도는 외부 세계의 사람이나 사물과 같은 대상에 비급된다(이때의 리비도는 '대상 리비도Objektlibido'라고 불린다).

그런데, 프로이트가 인간의 성애 발달의 한 단계인 나르시시즘에 대한 고찰을 심화시킨 것은 정신병의 관찰에서 비롯되었다. 왜냐하면 (특히 발병 후) 정신병에서는 나르시시즘으로의 퇴행Regression*으로 이해해야 할 현상이 자주 나타나기 때문이다. 그러한 현상의 대표적인 예로는 정신병의 병 초기에 나타나는 세계 몰락 체험이나 만성기에 나타나는 과대망상을 들 수 있다.

(1) **세계 몰락 체험:** 세계 몰락 체험은 정신병의 급성기急性期에 자주 나타나는 체험으로, 세상이 일상의 의미를 잃고 금방이라도 세상의 종말이 올 것 같은 불안한 체험을 말한다. 이 체험은 외부 세계에 대한 리비도 비급의 철수의 결과로 이해할 수 있다. 우리가 일상에서 체험하는 외부 세계는 외부 세계의 대상(사람이나 사물)에 우리가 리비도를 비급함으로써 외부 세계로서 성립된다. 그러나 정신병에서는 외부 세계의 대상에 대한 리비도 비급이 사라지고, 결국 외부 세계 자체가 붕괴된다. 예를 들어 슈레버는 현실계에 존재하는 인간 모두가 의미와 중요성을 상실하

---

* 「자서전적으로 기술된 파라노이아의 한 사례에 대한 정신분석적 고찰」에서는 외부 세계로부터 리비도를 철회하고 나르시시즘으로 되돌아가는 것을 '퇴행'이라고 부른다(GW8, 310). 정신병에서는 '경상 단계 stade du miroir'로의 국소론적 퇴행이 일어난다는 라캉의 생각은 여기에서 유래한다.

고 '순간적으로 조립된 인간들', 즉 종이로 만든 소품 같은 존재로 전락해 버렸다고 말한다(GW8, 307). 세계 몰락 체험은 이러한 외적 세계의 붕괴 현상의 극치라고 할 수 있다(GW8, 308).

(2) **과대망상**: 정신병에서는 자아에 대한 평가가 비정상적으로 높아지는 과대망상 상태에 이를 수 있다. 정신병에서 나타나는 이러한 현상은 대상 리비도가 감소하고 반대로 자아 리비도가 증가한 상태, 즉 나르시시즘으로 퇴행하고 있기 때문에 발생하는 것으로 생각된다(GW10, 139-140).[*] 반대로 신경증에서는 대상 리비도가 포기되지 않으며, 이 점에서 신경증과 정신병의 감별점을 찾을 수 있다.

전이성 신경증과 나르시시즘적 신경증

나르시시즘은 전이Übertragung이라는 측면에서도 신경증과 정신병의 감별 진단과 관련이 있다. 전이는 어린 시절 보호자(예를 들어 부모)에게 향했던 성애적 관계를 정신분석 작업에서 분석가에게로 향하는 것을 말한다(GW10, 129-130). 이 시기의 프로이트는 전이를 축으로 정신분석 치료가 가능하다고 생각했다. 따라서 어머니나 분석가에게 대상애를 향할 수 없다

---

[*] 나르시시즘과 대상애의 단계에서는 각각 자아 리비도와 대상 리비도가 작동하는데, 이 두 리비도는 원래 하나의 동일한 에너지이기 때문에 '한쪽의 소비가 늘어날수록 다른 쪽은 그만큼 가난해진다'(GW10, 141)는 일종의 리비도 보존의 법칙이 적용된다고 여겨진다.

면 정신분석 치료 자체가 성립되지 않게 된다.

나아가 프로이트는 이전까지 정신신경증Psychoneurose이라고 불렸던 질병군을 전이 능력의 유무에 따라 '전이신경증Übertragungsneurose'과 '나르시스적 신경증Narcissistic Neurose'의 두 가지로 분류했다. 전자의 전이성 신경증은 불안 히스테리(공포증), 전환 히스테리, 강박신경증을 포함하며, 이 책에서 말하는 신경증에 해당한다. 후자의 나르시시즘적 신경증은 파라노이아, 스키조프레니, 우울증을 포함하며, 이 책에서 말하는 정신병에 해당한다.

전자의 전이성 신경증에서는 리비도가 외부 세계(사람이나 사물)로 향하고 있어 대상애가 가능하기 때문에 정신분석적 치료가 가능하다. 후자의 나르시시즘적 신경증에서는 대상으로 향하던 리비도가 자아(자아의 신체상)로 퇴행하고 있다. 나르시시즘적 신경증 환자의 성애적 관심은 외부 세계(사람이나 사물)에서 벗어나 있기 때문에 분석가가 아무리 애를 써도 그들을 전이로 이끌 수 없으며, 따라서 그들을 치료하는 것은 불가능하다고 여겨진다(GW10, 139). 즉, 정신병에서는 성애가 나르시시즘 단계에 있기 때문에 대상애가 불가능하고, 따라서 전이도 불가능하다는 것이다. 프로이트는 이러한 특징을 신경증과의 감별 진단에 활용할 수 있다고 생각했다.

라캉 역시 예비 면접에서 분석 주체가 신경증과 정신병 중 어떤 구조를 가지고 있는지 파악하기 위해서는 전이가 중요하다고 생각했다. 즉, 예비 면접에서 전이가 나타나는 분석 주체는 신경증이고, 전이의 징후가 나타나지 않는 분석 주체는 정신병이라고 생각한 것이다. 라캉은 이를 '[신경증의] 정신분석의 시작에 있는 것은 전이'(AE248)라고 말했다.

그러나 프로이트와 라캉이 생각하는 전이는 각각 조금 다르다. 프로이트가 생각하는 전이는 분석 주체가 분석가에게 대상애를 향하는 것이었다면, 라캉이 생각하는 전이는 분석가와의 관계 속에서 '전이의 시니피앙signifiant du transfert'(AE248)이 출현하는 것이다. 무슨 뜻일까.

분석을 시작하기 전에 환자는 어떤 증상을 앓고 있으며, 그 증상에 어떤 의미가 있을 것이라고 생각한다. 즉, 그는 자신의 증상을 그 증상이 갖는 '어떤 의미 x'와 직접적으로 연결하고 있다. 이 시점에서 그의 증상은 시니피앙이 아니라 기호signe로 존재한다고 할 수 있다. 왜냐하면 라캉이 66년 12월 6일에 처음으로 밝힌 정의에 따르면, 시니피앙이 '다른 시니피앙에 대해 주체를 대리 표상하는 것'인 반면, 기호는 '누군가에 대해 무언가를 대리 표상하는 것'이기 때문이다(S9, 60A). 그러나 그가 정신분석가를 찾아가 예비 면담이 시작되면서 증상의 양상은 달라진다. 왜냐하면 예비 면담에서 분석가는 그의 증상이 갖는 '어떤 의미 x'를 알고 있는 인물로 등장하기 때문이다. 그러면 그의 증상은 그에게 어떤 의미를 나타내는 것이 아니라, 무의식의 지를 위임받은 어떤 시니피앙에 대해 분석 주체를 대리 표상하는 것으로 변화한다. 즉, 예비 면접에 의해 그의 증상은 기호에서 시니피앙으로 변화하는 것이다(물론 예비 면접에 들어가기 전부터 분석가에 대한 전이=지知의 상정이 발생했을 경우, 환자의 증상은 초기부터 시니피앙으로서의 성격을 갖게 된다)(Ciaccia, 1985). 이때 나타나는 새로운 시니피앙이 '전이의 시니피앙'(AE248)이다.* 실제로 정신분석이나 정신요법의 현장에서 분석 주체(환자)와의 사이에 전이라고 할 수 있는 성애적 관계가 형성되는 순간, 그 분석 주체는 반드시 팔루스적 의미작용을 내포한 은유적 시니피앙을 말하게 된다(立木, 2007). 정신의학 임상에서는 이러한 전이의 시니피앙의 출현은 종종 무시되지만, 정신분석에서는 이 출현에 의해 비로소 지가 상정된 주체로서의 전이의 성립이 밝혀지고, 그로 인해 그 분석 주체가 신경증의 구조를 갖는 것을 확정할 수 있는 것이다.

리비도의 외부 세계로의 재—국소화로서 정신병의 과정

이제 정신병의 발병과 그 이후의 전개를 나르시시즘의 관점에서 살펴보자.

프로이트는 정신병자는 리비도의 흐름을 나르시시즘 단계에 '고착Fixierung'시키고 있으며, 그것이 정신병의 소인素因이 되고 있다고 본다(GW8, 303-4). 그러나 그것은 정신병자가 타인과 미성숙한 성애적 관계만을 맺을 수 있다는 뜻이 아니라, 오히려 정신병자는 발달 과정 속에서 리비도를 '승화'시킨다는 것이다(GW8, 298). 즉, 정신병자는 나르시시즘에 집착하면서도 병에 걸리기 전에도 대상애와 유사한 유사 안정 상태를 형성하고 있다고 볼 수 있다. 그러나 이 안정 상태는 퇴행에 의해 붕괴된다. 퇴행은 정신병자의 리비도를 그의 고착점인 나르시시즘으로 되돌려 놓는다. 정신병의 발병은 여기에 위치한다.

---

* 이 전이의 시니피앙은 한 시니피앙을 다른 시니피앙이 대체하는 은유적 구조를 가지고 있기 때문에 어떤 팔루스적 의미작용을 형성하고 있다고 볼 수 있다.

발병을 통해 정신병자는 자신의 고착점인 나르시시즘(혹은 그 이전 단계)으로 퇴행한다. 파라노이아, 스키조프레니, 멜랑콜리와 같은 정신병의 하위분류 각각의 차이는 각각의 고착점의 차이와 나르시시즘 상태에서 벗어나 잃어버린 외부 세계를 되찾으려는 '회복 시도'의 모드의 차이로 파악할 수 있다(GW10, 153). 아래에서 이 세 가지 질환의 고착점과 회복 시도의 차이를 정리해 보자.

(1) 파라노이아의 고착점은 나르시시즘에 있다. 프로이트는 파라노이아 발병의 계기로 '여성에 대한 환멸에 근거한 지류支流의 강대화'와 '남성과의 사회적 관계에서의 불행에 근거한 직접적인 퇴행적 우울' 등을 꼽았다(GW8, 298). 이러한 발병의 계기가 어떤 공통된 구조를 가지고 있는지는 밝혀지지 않았지만, 일단 파라노이아에서는 여성/남성이라는 성별과 관련된 중대한 문제가 발병의 계기가 된다고 생각된다.

이러한 계기에 의해 리비도는 대상에서 철수되고, 철수된 리비도의 전량이 자아에 비급된다(GW8, 307). 자아에 대한 리비도의 철수는 나르시시즘으로의 퇴행을 불러일으키고, 궁극적으로 세계 몰락의 체험까지 이르게 된다.

또한 퇴행을 통해 도달한 나르시시즘은 자신을 성애의 대상으로 삼는 것이었다. 이 성애적 경향은 파라노이아 환자를 자신과 동성의 인물을 성애의 대상으로 선택하는 무의식적 동성애로 향하게 한다. 즉, 나르시시즘은 동성애로 발전하는 것이다. 그러나 파라노이아 환자는 이 동성애적 성향을 자신의 성애 성향으로 인정할 수 없다. 따라서 '나는 그를 사랑한다'는 동성애적 욕망의 명제에 대한 방어가 이루어지게 된다. 예를 들어, '나는 그를 사랑한다'는 동성애적 욕망의 명제는 방어의 결과로 '나는 그를 사랑하지 않는다, 나는 그를 미워한다'는 명제로 전환된다. 나아가 이 명제가 외부 세계의 '그'를 향해 투사되어 주체와 객체가 뒤바뀌면 '그가 나를 미워한다'는 명제로 변환된다. 여기에 박해 망상이 성립한다(GW8, 299). 이 투사라는 주객전도의 메커니즘에 의해 붕괴된 외부 세계는 박해사로서의 '그'를 중심으로 망상적인 방식으로 회복된다. 파라노이아 환자는 자기 안에 억압된 동성애적 욕망을 외부 세계에 투사함으로써 붕괴된 외부 세계를 재구축하고 있는 것이다.

(2) 프로이트는 스키조프레니의 발병 계기에 대해 자세히 설명하지 않았다. 분명한 것은 파라노이아에 비해 스키조프레니의 고착점은 나르시시즘보다 더 일찍, 자체성애 그 자체에 가까운 위치에 있다는 것이다. 따라서 스키조프레니의 퇴행은 나르시시즘에 머물지 않고 대상애를 완전히 폐기하고 유아기적 성애 단계로 돌아가는 데까지 이른다 (GW8, 314).

따라서 스키조프레니에서 동성애적 욕망은 작동하지 않으며, 이 욕망을 외부 세계에 투사하는 데서 비롯된 망상도 눈에 띄지 않게 된다. 그러나 스키조프레니도 파라노이아와 마찬가지로 세계 몰락(대상애의 포기)으로 인해 잃어버린 외부 세계를 회복하려는 시도라는 점에서는 공통점이 있다. 그러나 스키조프레니에서는 그 회복에 있어 투사 메커니즘은 가지고 있지 않고, 과거의 대상을 직접적으로 되찾으려는 환각성 메커니즘을 가지고 있다는 점에서 파라노이아와 차이가 있다(GW8, 313-4).

환각성 메커니즘에 의한 외부 세계의 회복의 결과, 스키조프레니 환자들에게 외부 세계는 현실과 거의 일치하지 않는 것이 되어버린다. 이렇게 스키조프레니 환자는 현실 지시력을 잃게 되고, 결국 치매 상태에까지 이르게 된다. 그러나 파라노이아와 스키조프레니는 완전히 다른 질환이 아니며, 각각의 병상은 서로 섞일 수 있다. 따라서 파라노이아의 경우에도 스키조프레니와 같은 치매 상태에 도달할 수 있다고 여겨진다(GW8, 314).

(3) 멜랑콜리 환자는 병에 걸리기 전에 특정 인물을 대상 선택해 그 인물에게 리비도를 비급備給하고 있다. 멜랑콜리 발병의 계기가 되는 것은 대상을 상실하거나 대상에게 실망함으로써 대상과의 리비도적 관계가 흔들리는 체험이다(예를 들어, 사랑했던 대상과의 사별 등이 대표적이다) (GW10, 435).

이를 계기로 대상에 대한 리비도적 비급이 철회되고, 해방된 리비도는 자아로 돌아간다. 여기까지는 파라노이아이나 스키조프레니와 동일하다. 하지만 멜랑콜리에서는 이 과도한 자아 리비도가 처리되는 방식이 다르다. 이 리비도는 잃어버린 옛 대상을 되찾으려 하지만, 멜랑콜리에서는 나르시시즘 중에서도 특히 '구순적 리비도 단계'로의 퇴행이 일어나기 때문에, 리비도는 대상을 재건하기 위해서가 아니라 자아를 대상과 동일시하기 위해 유지된다(GW10, 436). 멜랑콜리 환자는 자신이 한때 사랑했던 잃어버린 대상, 즉 버림받은 대상에 자아를 동일시하는 것이다(GW10, 435). 버림받은 대상을 받아들인 자아는 버림받은 대상과 마찬가지로 빈곤해진다. 그리고 멜랑콜리 환자는 이 빈곤해진 자아에 대한 자기 해석으로 '자신은 가난하고, 죄 많고, 금방이라도 죽을 것 같은 존재'라고 생각하게 된다. 이것이 우울증의 미소微小 망상 성립 메커니즘이다(GW10, 431). 또한 멜랑콜리 환자는 잃어버린 대상에 대해 비난하지만, 이미 그 대상은 자아 속에 편입되어 있고, 대상에 대한 비난은 자기 비난(자책)으로 나타나게 된다(GW10, 434).

또한 우울은 경과 중에 조증躁症으로 이행할 수 있다. 조증에서는 멜랑콜리와는 반대로 자아가 상실된 대상에서 자유로워지고, 따라서 자아는 새로운 대상에 리비도를 비급할 수 있다고 본다(GW10, 442).

나르시시즘에 대한 프로이트의 논의를 라캉은 어떻게 계승하고 있을까? 라캉은 정신병자의 발병 전 상태, 즉 정신병의 구조를 가지고 있지만 아직 발병하지 않은 전 정신병 환자의 상태는 동성 인물을 모방하는 것과 같다고 했다. 예를 들어 남성 전前정신병자의 경우, 그들은 '남성성'이라는 것을 얻지 못하는 대신 친구인 남성을 모방함으로써 '남자다운' 인물로 살아간다고 여겨진다(S3, 231). 이는 나르시시즘(혹은 자기애)에 집착하여 대상애의 단계에 이르지 못하더라도 나르시시즘의 리비도를 승화시킴으로써 유사 안정 상태를 형성할 수 있다는 프로이트의 통찰을 계승한 것으로 생각된다.

또한 정신병 발병 시에는 향락의 탈국소화délocalisation가 일어난다는 라캉파 논자(Maleval, 2011)의 지적은 이 유사 안정 상태가 붕괴되어, 지금까지 외부 세계에 비급(국소화)되어 있던 리비도가 외부 세계로부터 철수하는 상황을 가리킨다고 생각된다. 또한 라캉파에서는 정신병의 발병 후 경과를 탈국소화된 향락을 다시 국소화하는 과정으로 보는데, 이는 정신병을 외부 세계를 회복하려는 시도로 파악했던 프로이트의 논의와 일맥상통하는 것으로 볼 수 있다.

동성애인가, 아버지 콤플렉스인가?

앞 항에서 살펴본 바와 같이, 프로이트는 파라노이아를 무의식적인 동성애에서 발생하는 것으로 이해했다. 파라노이아의 소인素因인 나르시시즘에 대한 집착은 자신과 같은 성별의 인물을 사랑하는 것으로 이어지기 때문이다. 그러나 프로이트는 파라노이아와 동성애를 즉각적으로 연결하지 않았다. 실제로 프로이트는 파라노이아 환자 슈레버의 병리를 지배하고 있는 것은 '아버지 콤플렉스Vaterkomplex'라고 말하며 슈레버와 '부성父性'의 문제를 검토의 장에 올려놓으려 한다(GW8, 295). 왜냐하면 슈레버의 생활사와 병력 여기저기서 부성과 관련된 실패를 볼 수 있기 때문이다. 실제로 프로이트는 다음과 같이 말한다.

슈레버 자신이 알기 쉬운 형태로 이 [현실 생활에서의] 결핍

Entbehrung을 공언하고 있다. 전체적으로 보면 행복하다고 볼 수 있는 그의 결혼 생활은 자식을 낳지 못한 채로 지나갔다. 특히 중요하게 여겨야 할 것은 아버지와 형을 잃은 그를 위로해줄 아들, 충분히 만족시키지 못한 동성애적 애정을 쏟을 수 있는 아들을 얻지 못했다는 것이다. 그의 가문은 끊어질 위기에 처해 있었고, 게다가 그는 자신의 혈통과 가문에 대한 자부심을 가지고 있었던 것으로 보인다.(GW8, 293, 강조는 인용자)

여기서 프로이트는 슈레버의 발병 상황을 그의 가문의 위기와 연관 짓고 있다. 슈레버 가문은 학자, 대학교수, 법조인을 배출한 유서 깊은 가문이다. 아버지가 사망하고 형이 자살해 가문의 유일한 남자가 된 슈레버는 가문을 이어가야 할 입장이었다. 즉, 그는 슈레버 가문의 아버지로 정해져 있었던 것이다. 그러나 그의 아내는 여러 차례 유산을 반복했고, 아이를 낳고 아버지가 되는 것은 그에게 불가능한 일이었다. 그리고 드레스덴 항소법원 민사부장이라는 중요한 직책으로 승진하여 직업적 의미의 아버지적 인물이 되려고 할 때 그는 병이 재발했다. 이러한 생활사와 발병 상황 속에서 프로이트는 슈레버의 부성의 위기와 발병의 밀접한 관계를 감지하고 있는 것이다. 여기까지의 프로이트의 서술은 정신병에서 부성 기능의 어려움이 있다는 이후 라캉의 논의와 크게 다르지 않다. 실제로 밀레르는 다음과 같이 말한다.

정신병에서 아버지의 기능을 강조한 것은 프로이트의 공로다. 그 사실은 그가 정신병의 인과성에서 동성애적 환상성을 대대적으로 선전함으로써 은폐되고 있지만, 그럼에도 불구하고 프로이트는 그가 아버지 콤플렉스complex paternel이라고 부르는 것을 사례 슈 레버 분석의 중심에 두고 있다.(Miller, 1979, p. 128)

프로이트는 슈레버가 주치의 플렉지히 교수에게 품은 동성 애적 욕망 공상이 슈레버가 형제나 아버지에 대해 품고 있던 그리움이 전이된 것임을 이미 알고 있었다(GW10, 282). 즉, 프로이트는 슈레버의 발병에 일차적인 역할을 한 것은 아버 지 콤플렉스이며, 동성애는 이차적인 것에 불과하다고 생각했 던 것이다. 그럼에도 불구하고 프로이트는 파라노이아의 특이 성을 밝히기 위해서는 동성애적 욕망 공상 자체를 문제 삼아 야 한다며 아버지 콤플렉스에 대한 탐구를 중도에 포기한다 (GW8, 295). 그 결과 부성에 대한 콤플렉스가 아니라 동성 인 물에 대한 욕망 환상이 파라노이아의 핵심으로 자리 잡게 되 고, 거기서 파라노이아의 일반적 이론이 구축된다(GW8, 299). 그러면 위의 인용에서 볼 수 있듯이 가부장제 하에서 절대적 이고 비대칭적인 권력을 가진 자로서의 '아버지'는 폐기되고, 환자 본인과 동성 인물이라는 상대적 존재로서의 아버지가 클 로즈업된다. 그리고 프로이트는 이 이해를 끝까지 바꾸려 하지 않았다. 그리하여 부성의 위기라는 논점, 그리고 오이디푸스 콤플렉스의 기능 부전不全이라는 논점은 프로이트의 정신병론 에서 사라져 버린다.

이 이야기에는 더 많은 이야기가 이어진다. 파라노이아의 핵심이 아버지 콤플렉스가 아니라 동성애에 있다면, 당연히 여 성 파라노이아 환자의 경우 여성에 대한 콤플렉스가 그 병리의 핵심을 차지해야 한다. 실제로 프로이트는 1915년 여성 파라노이아 환자에 대한 사례 보고 「정신분석 이론에 맞지 않는 파라노이아의 한 사례 보고」를 발표한다. 프로이트는 이 여성 환자의 박해 망상의 상대가 남성(이성)이고 동성이 아닌 것을 '정신분석 이론에 맞지 않는다'고 평했다. 그래서 프로이트는 이 여성 환자의 박해 망상의 상대에 대한 분석을 진행했고, 결국 박해 망상의 상대가 사실은 여성(동성)이며, 그 여성이 현재 망상의 대상인 남성으로 대체됨으로써 이 환자의 박해 망상이 성립하고 있다는 결론을 내렸다(GW10, 244). 프로이트는 여성 파라노이아 환자의 경우 여성에 대한 동성애를 기반으로 여성으로부터 박해받는 망상을 형성한다는 생각을 견지하고 있는 것이다. 여기서도 역시 프로이트는 파라노이아의 핵심을 상대적인 '동성애'로 보고 있으며, 오이디푸스 콤플렉스에서 절대적인 존재로서의 '아버지'를 고려하지 않고 있다. 그것은 이 시기의 프로이트가 성애에서 남녀 간의 대칭성을 상정하고 있었기 때문일 것이다.

그러나 성애의 남녀 대칭이라는 생각은 적어도 1920년에는 프로이트 자신에 의해 포기되었다는 점을 간과해서는 안 된다. 한때 프로이트는 남자아이가 오이디푸스의 이야기에 따라 어머니(이성)를 사랑하고 아버지(동성)와 동일시함으로써 발달을 완성하는 반면, 여자아이는 이와는 정반대로 아버지(이성)를 성애의 대상으로 삼고 어머니(동성)와 동일시한다고 생각했다. 이렇게 남녀의 성애 발달에 대칭성을 상정하고 남자아이의 오이디푸스 콤플렉스에서 아버지와 어머니를 똑같이 대입한다면, 여아의 성애 발달은 융(1913)이 도입한 엘렉트라 콤플렉스로 설명할 수 있을 것이다. 실제로 프로이트는 증례 도라를 경험할 당시 여아는 남아와 대칭적인 역오이디푸스 상황에 놓여 있으며, 어머니를 라이벌로 삼고 아버지를 성애의 대상으로 삼는다는 생각에 만족하고 있었다(GW5, 216-7). 즉, 프로이트는 엘렉트라 콤플렉스를 인정하고 있었던 것이다. 그러나 그는 1920년 논문 「여성 동성애의 한 사례의 심성적 원인에 대하여」에서 여아의 경우에도 처음 성애적 관계를 맺는 것은 어머니와의 관계임을 인정하고, '나는 엘렉트라 콤플렉스라는 용어를 도입하는 데서 어떤 진보나 장점을 발견하지 못했고, 이를 권장하고 싶지 않다'는 견해를 표명한다(GW12, 281). 또한 1931년 「여성에 대하여」에서는 오이디푸스 콤플렉스 이론이 적용되는 것은 남자아이의 경우에만 해당되며, 남녀의 발달의 유사성을 강조하는 '엘렉트라 콤플렉스라는 명칭을 거부하는 것이 옳다'고 말하게 된다(GW14, 521). 이렇게 해서 프로이트는 성애 발달에 있어서 남녀 대칭이라는 생각을 포기하기에 이르렀다.

따라서 이후 프로이트의 이론적 전개를 고려한다면, 1911년 프로이트가 파라노이아의 핵심으로 삼은 동성애를 남녀의 오이디푸스 콤플렉스의 비대칭성이라는 논점으로 파악할 필요가 있을 것이다. 즉, 파라노이아에서 동성애는 동성에 대한 콤플렉스가 아니라 절대적 존재로서의 '아버지'에 대한 콤플렉스로 읽혀야 한다는 것이다.

라캉이 『정신병』에서 취한 독해 전략은 바로 남녀의 오이디푸스 콤플렉스의 비대칭성의 선상에 위치한다. 라캉은 프로이트가 말한 오이디푸스 콤플렉스의 비대칭성에 주목하고(S3,

197-8), '[슈레버의] 갈등에서 문제가 되는 중심적 요소는 남성적 대상이다'(S3, 352)라고 단언한다. 즉, 정신병의 핵심적인 문제는 자신과 같은 성별이라는 의미의 상대적 타자가 아니라 절대적 타자로서의 '아버지'라고 생각하는 것이다. 또한 라캉은 동성애는 파라노이아의 원인이 아니라 오히려 결과라고 주장한다(E544). 동성애, 즉 슈레버의 여성화는 정신병의 구조적 조건인 '아버지'와의 관계(부재)로 인해 발생하는 증상 과정의 일부로 재조명되는 것이다. 이 논의는 아버지 콤플렉스가 전이된 결과로 슈레버의 동성애적 욕망 공상이 형성되었다는 프로이트의 첫 번째 통찰을 본래의 형태로 다시 다룬 것이라 할 수 있다.

현실 상실과 공상 세계에서 본 감별 진단(1924)

프로이트는 1924년에 연달아 발표한 「신경증과 정신병」, 「신경증과 정신병의 현실 상실」이라는 두 논문에서 신경증과 정신병을 각각이 외부 세계(현실)와 맺는 관계의 차이에 따라 구분하고 있다.

먼저 논문 「신경증과 정신병」에서는 신경증과 정신병의 차이를 갈등과의 관계에서 정식화한다. 그에 따르면 '신경증은 자아와 에스Es와의 갈등의 결과로 유발되지만, 정신병은 자아와 외부 세계 사이의 갈등에서 유발된다.'(GW13, 387) 즉,

　(1) 신경증은 에스로부터 오는 욕망의 요구에 자아가 견딜 수
　　　없게 되었을 때, 자아가 에스를 침묵시키려 하는 데서 생
　　　긴다.

(2) 정신병은 에스에 의해 자아가 패배했을 때 자아가 외부
세계로부터 떨어져 나가는 것에서 발생한다.

이렇게 생각하면 신경증/정신병은 각각 자아가 에스와 양립
할 수 없는 상태(갈등)에 이르렀을 때, 에스/외적 세계를 퇴출
시킴으로써 발생하는 병리라고 정리할 수 있다. 그리고 프로
이트는 신경증에서 이 갈등의 처리를 '억압'에 해당하는 것으
로 보았다. 그렇다면 정신병에서의 갈등 처리는 무엇이라고 불
러야 할까? 프로이트는 '억압과 유사한 이 [정신병의] 메커니
즘이 어떤 것인지 생각해 볼 필요가 있다'(GW13, 391)는 말로
이 「신경증과 정신병」 논문을 끝맺는다. 즉, 프로이트는 정신
병이 억압과는 다른 메커니즘에 의해 결정된다는 것을 인식하
고 있으며, 그 메커니즘의 해명을 앞으로의 검토 과제로 제시
하고 있는 것이다. 그 메커니즘은 훗날 '부인Verleugnung'이라는
이름으로 불리게 된다.

이어지는 논문 「신경증과 정신병에서의 현실 상실」에서는,
정신병에서 자아와 외부 세계 사이의 괴리가 '현실 상실Real-
itätsverlust'로 불리게 된다. 그러나 현실 상실이 나타나는 것은
정신병만이 아니라고 프로이트는 말한다. 신경증에서도 어떤
식으로든 현실에 대한 관계가 방해받아 현실 상실이 존재한다
는 것이다(GW13, 363). 그렇다면 신경증과 정신병의 현실 상
실에는 어떤 차이가 있을까? 프로이트는 양자의 현실 상실을
다음과 같이 구분하고 있다.

(1) 정신병에서의 현실 상실은 현실을 부인verleugen하는 것

이다(GW13, 365). 이 부정의 결과로 (발병 후) 정신병에서는 현실로부터의 이탈이 일어나고, 외부 세계는 포기된다. 그래서 정신병자는 '공상 세계Phantasiewelt'를 만들어내고, 그 공상 세계로 현실을 대체ersetzen하려고 한다(GW13, 365). 그 공상 세계는 '현실에 대해 지금까지 맺어진 관계가 정신적으로 침전된 것, 즉 기억-흔적, 표상, 판단을 바탕으로' 만들어지며, 그로 인해 '현실의 변형이 이루어진다.'(GW13, 366) 이렇게 함으로써 현실 상실의 상태에 있던 정신병자는 새롭게 또 다른 현실을 구성할 수 있는 것이다. 이렇게 해서 정신병의 공상 세계는 과거 존재했던 외부 세계를 대체하게 된다. 이러한 메커니즘을 프로이트는 '현실 대체Realitätsersatz'라고 부른다.(GW13, 367-8)

(2) 신경증에서의 현실 상실은 '현실 생활로부터의 도피' (GW13, 363)이다. 그것은 정신병의 현실 상실처럼 단순히 현실을 부정하는 것이 아니다(GW13, 365). 신경증 환자는 현실의 외적 세계 외에 거기서 격리된 공상 세계를 가지고 있으며, 그 공상 세계 안에서 외적 세계에서 살아가기 위해 발생하는 다양한 요구를 직시하지 않고도 견딜 수 있다(GW13, 367). 이 공상 세계로의 도피가 신경증에서 현실 상실에 해당한다. 신경증 환자는 공상 세계로부터 욕망의 소재를 제공받고, 그 안에서 공상적 만족에 빠질 수 있다. 그러나 공상 세계는 외부 세계와 전혀 관계가 없는 것은 아니다. 오히려 공상 세계는 '즐겨 현실……의 어떤 부분에 의탁하고, 그 부분에 특별한 의미와…… 우리가 상징적이라고 부르는 숨겨진 의미를 부여한다.'

(GW13, 367-8, 강조는 인용자)

요약하자면. 신경증과 정신병은 외부 세계와 공상 세계에 대하여 관여하는 방식이 다르다. 한편으로 신경증 환자는 외부 세계와 관계하면서 때로 공상 세계로 도피할 수 있다. 그리고 이 공상 세계는 외부 세계에 의존하면서 존재하며 신경증의 욕망을 지탱하고 있다. 다른 한편으로 정신병자는 외부 세계를 부정하고 공상 세계로 외부 세계를 대체한다. 현실과 동떨어진 망상이 종종 그들에게 '현실'이 되는 것은 그 때문이다.

라캉은 이 프로이트의 논의를 거의 그대로 계승하고 있다. 프로이트가 말하는 외부 세계는 라캉의 '현실의 영역champ de la réalité'에 해당하고, 공상의 세계는 라캉의 '팡타즘fantasme'에 해당한다. 라캉은 '현실의 영역은 환상의 스크린에 의해 차단됨으로써만 기능한다'(E553)고 말한다. 이는 신경증 환자에서 현실의 영역과 팡타즘이 중첩되어 있는 것(프로이트가 말하는 '의탁')을 말하고 있다고 볼 수 있다. 또한 팡타즘은 '소멸해 가는 자신의 욕망의 수준에서 주체가 스스로를 지탱하기 위한 수단'(E637)이며, 신경증 주체는 팡타즘이라는 틀 안에서만 자신의 욕망을 유지할 수 있다고 여긴다.

반대로 정신병에서는 현실의 영역이 작동하지 않는다. 왜냐하면 '현실의 영역은 그 틀을 부여하는 대상 a의 추출ex-traction[=신경증의 필요조건]에 의해서만 유지된다'(E554)고 라캉이 말했지만, 정신병에서는 대상 a가 추출되지 않고, 현실의 영역이 유지되지 않기 때문이다. 그 대신 정신병에서는 환상과 유사한 것(라캉파 논자들은 이를 '준-팡타즘', 혹은 '팡타즘의 대리'라고 부른다)을 독자적으로 발전시켜 새로운 현실을 구성한다 즉, 정신병에서는 망상 형성에 의해 현실 대체가 이루어지는 것이다.

대략 1960년대까지 라캉은 프로이트가 현실 상실과 공상 세계라는 관점에서 정식화한 신경증과 정신병의 감별 진단을 유지했다. 그러나 좀 더 큰 틀에서 보면 신경증과 정신병 모두 현실 상실이 똑같이 존재하며, 양자는 모두 공상 세계(팡타즘)에 의해 심리상태를 안정화시킨다고 볼 수도 있다. 그렇다면 좀 더 급진적인 질문을 던질 수 있다. 신경증 환자의 공상 세계와 정신병 환자의 공상 세계를 비교했을 때 후자가 망상적이고 전자가 정상에 가깝다고 말할 수 있는 근거가 존재할 수 있을까? 현실 상실과 공상 세계의 양상에 따른 감별 진단론은 어떤 의미에서 신경증과 정신병의 감별 진단을 상대화할 수도 있게 하는 것이다. 이 논점은 이후 라캉파에서 '모든 인간은 망상한다'라는 키워드로 논의된다.

6. 말년의 프로이트에서 감별 진단의 쇠퇴(1925-1938)

앞서 확인했듯이 '부인'은 1924년의 현실 상실을 둘러싼 논의 속에서 정신병의 현실 상실을 특징짓는 메커니즘을 나타내는 용어로 도입되었다. 이 단계에서의 '부인'은 현실을 더 이상 되돌릴 수 없을 정도로 붕괴시켜버리는 상당히 강한 의미를 가지고 있었다.

그러나 이듬해인 1925년 이후 '부인'은 그 의미와 강조점이 변화되어 간다. 프로이트는 25년 논문 「해부학적 성차의 약간의 정신적 귀결」과 27년 논문 「페티시즘」에서 아이가 여성에게 페니스가 없다는 것을 인식하면서도 그 사실을 인정하지 않는 것을 예로 들며 이를 '부인'이라고 부르게 된다. 즉, '부인'은 어떤 충격적인 광경을 지각했을 때, 지각 자체가 사라지지 않고 남아 있음에도 불구하고 그 지각을 인정하지 않는(부정하는) 메커니즘을 가리키는 술어가 된 것이다(GW14, 313). 그리고 이 '부인'이라는 용어는 정신병을 설명하기 위해서가 아니라 신경증을 설명하기 위해 쓰이게 된다. 예를 들어, 어떤 인물이 아버지의 죽음을 경험한 경우, 그의 심적 태도는 두 가지로 나뉜다. 그는 한편으로는 '현실에 따른 태도'를 취해 아버지의 죽음을 온전히 받아들이지만, 다른 한편으로는 '욕망에 따른 태도'를 취해 아버지의 죽음을 인정하지 않으려 한다. 이러한 심적 태도의 분열(=부인)이 강박신경증의 토대가 된다고 프로이트는 말한다. 그렇다면 정신병에서는 어떨까. 정신병에 걸린 환자들도 아버지의 죽음을 인정하지 않으려는 사례가 관찰된다. 다만 이 경우 아버지의 죽음이라는 사실에 대한 '현실에 부합하는 태도'가 완전히 결여되어 있고, 그에게 아버지의 죽음은 어떤 의미에서도 인정되지 않는 것이 특징이라고 프로이트는 말한다. 즉, 정신병에는 심적 태도의 분열(=부인)이 나타나지 않는다고 보는 것이다(GW14, 316).

1938년에 집필된 유고 「정신분석 개론」에 이르면 부인은 '자아분열Ichspaltung'로 다시 불린다. 또한 이 유고에서 자아분열(부인)은 신경증과 정신병 모두에서 인정된다고 생각하게 된다. 자아분열(부인)에 의해 심적 태도는 '현실을 고려하는 정상적인 태도'와 '욕망의 영향으로 자아를 현실과 분리하는 태도'의 두 가지로 나뉘는데, 이 두 가지 태도 중 어느 쪽이 더 강한가에 따라 병상이 망상적인 방향으로 기울어질지 아니면 정상적인 방향으로 기울어질지가 결정된다고 프로이트는 말하고 있다.(GW17, 133) 이렇게 해서 한때 정신병을 특징짓는 메커니즘이었던 부인(자아분열)은 신경증이나 페티시즘을 포함한 모든 병리를 가진 인간에게 나타나는 것이 되어 신경증과 정신병의 감별 진단에서 의미를 잃게 된다.

여기에 이르기까지의 프로이트의 신경증과 정신병의 감별 진단론 전체를 '배제'와 '부인'에 주목하여 되돌아보자. 먼저 그는 1894년 '배제Verwerfung'이라는 방어의 존재를 정신병의 표지로 삼는 것에서 탐구를 시작하여 표상의 심적 가공 유무에 따른 감별 진단론을 만들어냈다. 1910년대 들어 그의 이론적 관심이 나르시시즘으로 옮겨가면서 정신병은 나르시시즘으로의 퇴행과 그에 따른 외부 세계의 붕괴로 이해되기 시작했다. 1924년에 이르러 이 논의는 정신병에 특유한 '부인Verleugnung'에 의해 발생하는 현실 상실을 둘러싼 논의로 발전했다. 그러나 말기에 이르러 '부인'은 더 이상 감별 진단의 표지로서 쓸모없는 것이 되고 만다. 말기 프로이트의 논의는 70년대 라캉의 이론처럼 신경증과 정신병의 감별 진단론을 해체해버린 것이다.

라캉은 정신병에 특유한 메커니즘을 '부인'이라고 부르지 않았다. 그것은 아마도 그 단어가 페티시즘에도, 신경증에도, 정신병에도 타당하기 때문에 신경증과 정신병의 감별 진단에 부적절한 용어 선택으로 보였기 때문일 것이다. 오히려 라캉은 1894년 프로이트가 가지고 있던 '배제'를, 즉 정신병에 특유한 메커니즘으로서의 '배제'를 중요시하는 입장을 취했다. 라캉의

정신병론이 시작되는 것은 이 지점에서부터다.[*]

7. 정리 – 프로이트 안에 있는 라캉

마지막으로 신경증과 정신병의 감별 진단을 둘러싼 프로이트와 라캉의 관계를 정리해 보자.

(1) 신경증 환자는 양립할 수 없는 표상을 받아들인 후 그 표상을 가공하지만, 정신병자는 양립할 수 없는 표상을 받아들이지 않고 배제한다: 이 논점은 라캉에 의해 억압과 배제의 차이로 계승되었다.

(2) 신경증에서 무의식은 독해(해석)를 필요로 하지만, 정신병에서는 무의식이 의식적인 것으로 나타난다: 라캉은 이를 '정신병에서는 무의식이 백일하에 노출된다'고 표현했다.

(3) 신경증의 증상은 은유에 의해 구성되지만, 정신병의 증상은 은유가 결여된 냉소적 명제로 구성된다: 라캉은 (부성) 은유에 의한 새로운 의미작용의 출현을 신경증의 지표로 생각했다.

(4) 신경증에서는 리비도가 외부 세계에 비급되기 때문에 전이가 성립할 수 있지만, 정신병에서는 나르시시즘으로의 퇴행이 일어나기 때문에 전이가 성립하지 않는다: 라캉은 전이를 분석가에 대한 대상애의 발산이 아니라 '전이의 시니피앙'의 출현으로 보고 이를 신경증의 지표로 삼았다.

---

[*] 말년의 프로이트가 논한 자아 분열은 라캉이 생각한 심적 시스템의 신경증적인 구조화에서 욕망이 발생한 곳에 위치한다고 볼 수 있다.

또한 라캉과 라캉파는 프로이트가 말한 정신병의 '나르시
시즘으로의 퇴행'을 각색하여 '향락의 탈국소화'라고 불
렀다.

(5) 정신병의 중핵으로 작용하는 것은 동성애가 아니라 아버
지 콤플렉스다: 라캉은 이를 오이디푸스 콤플렉스의 기능
부전, 그리고 '아버지의 이름'의 배제로 계승했다.

(6) 신경증과 정신병 모두 현실 상실이 있지만, 신경증에서
는 공상 세계 속에서 대상과의 관계가 유지된다. 정신병
에서는 공상 세계(망상)를 만들어 현실 상실을 극복한다:
라캉은 신경증에서는 팡타즘이 작동하지만 정신병에서는
팡타즘이 작동하지 않으며, 정신병자는 망상 형성을 통해
팡타즘의 대리(망상적 은유)를 만들어낸다고 생각했다.

(7) 최종적으로 프로이트는 부인과 자아분열을 모든 정신 구
조에서 볼 수 있는 메커니즘으로 일반화한다: 마찬가지로
70년대 라캉도 신경증과 정신병의 감별 진단론을 해체하
고 양자를 동일한 틀로 파악하게 된다.

다음 장부터는 라캉의 신경증과 정신병의 감별 진단론을 살
펴볼 것이다. 본 장에서 다룬 다양한 프로이트의 논의가 라캉
의 이론적 변천 속에서 체계적으로 정리되고, 이후 그 체계가
해체되는 모습을 보게 될 것이다. 결론을 미리 말하자면, 신경
증과 정신병의 감별 진단을 둘러싼 라캉의 이론적 변천은 프
로이트의 텍스트 속에 흩어져 있던 감별 진단론을 오이디푸스
콤플렉스와 '아버지의 이름'이라는 개념으로 체계화하고, 이후
이를 상대화하는 과정이었다고 할 수 있다.

제2장
『인격과의 관계에서 본 파라노이아성 정신병』의 감별 진단(1932)

라캉은 1927년부터 32년까지 생탄 병원, 경시청 부속 특별 의료원, 앙리 루셀 병원 등에서 근무하며 32년에 학위 논문 『인격과의 관계에서 본 파라노이아성 정신병』을 제출했다. 이 학위 논문은 그 제2부에서 검토되는 '에메 증례'로 유명해졌으며, 에메에게 발견되는 상상적=경상鏡像적 병리가 종종 논의되어 왔다. 그러나 에메의 이야기나 거기서 발견되는 상상적 병리에 지나치게 주목하는 것은 이 논문을 이해하는 데 장애가 될 수 있다고 우리는 생각한다. 그 이유는 무엇일까? 이 논문은 19세기 말부터 20세기 초까지 정신의학계의 압도적으로 중요한 화제였던 '파라노이아 문제Paranoiafrage'*에 프로이트의 이론을 도입하여 일침을 가하려는 것이며, 거기에는 프로이트의 증상 형성 이론이 원용되어 있다. 따라서 앞 장에서 확인한 바와 같이 증상 형성에 작용하는 상징적 심적 가공(의 부재)과 '아버지'의 문제가 이 학위 논문에서도 다루어지고 있다고 생각되기 때문이다.

결론을 미리 말하자면, 라캉은 이 논문에서 신경증과 정신병 각각의 증상 형성에 있어서 시니피앙(표상)이 처리되는 방식의 차이를 이미 논한 바 있다. 본 장에서는 먼저 그 논의를 텍스트를 따라 추출한다. 그런 다음 에메의 망상 형성에 나타나는 정신병적 특징을 다시 한 번 확인할 것이다. 그 작업 속에서 라캉의 '아버지' 문제의 태동이 떠오를 것이다.

1. 망상에 있어서의 '의미상의 명료성'

라캉은 에메 증례를 야스퍼스로 대표되는 '과정'의 입장(『인격과의 관계에서 본 파라노이아성 정신병』제2부 2장)과 에른스트 크레치머로 대표되는 '인격의 발전'의 입장(동 3장)에서 검토한 뒤, 프로이트의 입장에서의 검토(동 4장)를 시작한다. 여기서 라캉은 정신병에서의 망상이 꿈에 의해 만들어지는 상징적 표현과는 다른 의미작용을 가지고 있음을 지적하고 있다.

> 망상에 특징적인 첫 번째 성질은 그 의미상의 명료성clarté significative이다. 그러나 우리는 다음과 같은 점을 지적했다. 이 명료성이 논리[=연역]와는 전혀 다른 성격을 가지고 있다는 것, 그리고 이 명료성이 환자의 의식에 의해 무시méconnaître된 정동적 제

---

* 파라노이아 문제란 원발성原發性의 지적 장애인 '파라노이아'를 독립한 질병 단위로 보는가, 혹은 크레펠린이 말하는 조발성치매(통합실조증)나 우울증에 속하는 것으로 보는가라는 문제를 규정하려는 질병 분류학적인 논쟁을 가리킨다.

경향의 표현으로서 망상 주체가 갖는 의미와 연결되어 있고, 그것과 완전히 합동合同이라는 것이다. 이 망상의 일차적 성격, 즉 망상의 의미작용signification의 명증성은 주목할 만하다. 그 명증성은 꿈이 갖는 상징적 모호성과는 전혀 다른 것으로, '망상에서 무의식은 의식 속에서 직접적으로 표현된다'는 것이다.(PP, 293/309, 강조는 인용자)

꿈은 어떤 갈등을 상징적으로 표현한 것이다. 예를 들어 '이가 빠지는 꿈'이 종종 거세를 상징적으로 표현하는 것처럼, 꿈의 현재顯在 내용은 갈등(잠재적 내용)을 상징적으로 가공하여 만들어진다. 따라서 꿈의 표면적 내용은 위장된 모호한 것이 된다. 그렇기 때문에 꿈에 대해 정신분석적 해석을 하고 그 가공을 거꾸로 거슬러 올라가면 무의식적 잠재 내용을 밝혀낼 수 있는 것이다. 이런 의미에서 해석이란 상징적 가공이라는 매개체를 풀고 원래의 갈등을 직접적으로 드러내게 하는 것이라고 할 수 있다. 그렇다면 정신병에서 갈등은 어떻게 나타날까? 라캉은 정신병의 망상에서는 무의식적 갈등이 의식 속에서 처음부터 직접적이고 무매개적으로 제시되며, 그 의미는 해석을 필요로 하지 않는 명료한 것이라고 주장한다.

신경증의 증상과 정신병의 증상을 대비시켜도 마찬가지다.

신경증 증상에 대한 해석은 종종 상당히 복잡하고 원론적인 상징성symbolisme으로 나타난다…… [반대로] 정신병의 증상은 그 증상의 의미적 명료성이 완벽하기 때문에 정신병의 해석에 있어서는 상징적 연관성 없이도 간단히 처리할 수 있다.(PP, 319-320)

즉, 신경증의 증상은 상징적 가공에 의해 만들어진 표현이지만, 정신병의 증상은 상징적 가공이 결여된 적나라한 표현인 것이다. 이 논의가 전장에서 확인한 심적 가공의 유무에 따른 신경증과 정신병의 감별 진단론을 계승하고 있음은 분명하다. 라캉은 여기에서 다음과 같은 결론을 도출한다.

> 망상의 체계화된 내용은…… 어떤 '추론적' 활동도 나타내지 않는다…… 망상의 내용은 환자의 하나 혹은 몇 가지 삶의 갈등을 무매개적으로(즉, 의식적 논리적 연역 없이)…… 표현하고 있다.(PP, 346)

신경증의 증상은 갈등을 상징적 가공의 형태로 차례로 연역하여 위장하는 것이다. 그것은 말하자면 매개체média를 끼워넣은 우회적인 표현이다. 반면, 정신병의 망상은 삶의 갈등을 무매개적im-médiatement으로 제시하고 있다. 이 두 증상 형성의 차이는 그림 4와 같이 도식화할 수 있다.*

라캉은 학위 논문에서 정신병에서 나타나는 의미의 비정상적인 모습을 논하고 있는데, 이러한 의미의 비정상적인 모습에 대한 관심은 정신의학에서도 공유되고 있다. 1922년 야스퍼스는 정신병의 진단에서 '모든 반성에 앞서 무매개적으로 체험되는 현상'의 존재를 중시했다(Jaspers, 1922, 강조는 인용자).

---

* 라캉은 이런 갈등이 양친이나 형제(자매)와의 사이에서 콤플렉스로 연결되는 것을 놓치지 않는다(PP, 271/289). 나중에 여기에서 '아버지'를 둘러싼 논의가 발전해나가게 된다.

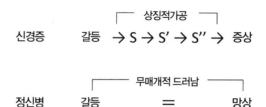

그림 4 신경증과 정신병에서 증상 형성의 차이

1948년, 쿠르트 슈나이더는 이 야스퍼스의 논의를 이어받아 정신병(통합실조증)에서 증상은 그 이전의 심적 경험과의 연관성을 갖지 않는다고 지적했다(Schneider, 2007). 즉, 정신병의 증상은 어떤 과거의 심적 경험에서 연역적으로 발생한 것이 아니기 때문에 이해(비정상적인 경험의 발생을 추적하여 그것을 어떤 심적 경험으로 환원하는 것)할 수 없다는 것이다. 슈나이더는 이 특징을 '의미 연속성의 단절'이라고 부르며 이를 정신병의 지표로 삼았다. 이러한 논의와 라캉의 정신병론의 관계는 뒤에서 검토한다.

2. 증례 에메의 갈등과 망상의 관계

이제 증례 에메의 갈등과 망상의 관계를 살펴보자. 에메의 본명은 마그리트 앙주이며, 그녀가 쓴 소설의 여주인공의 이름을 따서 에메Aimée로 명명되었다. 망상적인 성향의 어머니와 강한 유대감을 가지고 있던 에메는 어린 시절부터 행동이 느리고 공상에 빠지는 버릇을 보였다고 한다. 에메는 18세부터 철도회사에서 사무직으로 성실하게 일했고, 그 회사 직원과 결혼했다. 하지만 결혼 8개월 후, 에메의 언니가 에메 부부의 집에 살게 되면서 에메의 생활은 조금씩 변하기 시작한다. 언니가 에메에게 권위적인 태도를 취하며 엄한 충고를 반복하기 시작한 것이다. 아마 28세 무렵에 처음 발병한 것으로 추정되는데, 이때부터 '주변 사람들이 나를 미행하고 있다'는 망상이 시작되었다. 30세 때 에메에게 아이(훗날 정신분석학자가 되는 디디에 앙주)가 태어나자 언니는 그 아이를 자기 자식처럼 사랑하는 데 열중했고, 아이의 교육 방침에도 큰 목소리를 냈다. 그러자 에메의 망상은 점차 '내 아이가 표적이 되고 있다'는 내용이 주를 이루었다. 이 망상을 걱정한 가족들에 의해 에메는 요양원에 입원하게 된다. 32세 무렵의 일이다. 6개월간의 입원 후, 자신이 미행당하고 있다는 망상에서 발전해 '나에게는 더 높은 차원의 운명을 감당해야 한다'고 느낀 에메는 돌연 파리로 전근을 희망한다. 그렇게 에메는 남편과 누나, 아들을 남겨두고 파리에서 혼자 살게 된다.

파리 생활 속에서 에메의 망상은 구체적인 인물을 향해 차례로 향했고, 점차 체계화되어 갔다. 어느 날, 일터에서 '왜 내 아들이 표적이 되는가'를 고민하던 에메는 우연히 동료들이 배우 위게트 뒤플로에 대해 이야기하는 것을 듣고 '자신을 노리는 것은 뒤플로'라고 생각한다(망상적 해석). 그리고 38세 때, 에메는 '듀플로가 자신(에메)의 아들을 겁주고 있다', '듀플로와 친분이 있는 작가가 자신(에메)의 스캔들을 퍼뜨리고 있다'는 망상에 근거해 듀플로에게 칼을 휘두른다. 이 상해 사건으로 에메는 체포되어 구금된다. 그러나 놀랍게도 구금된 지 불과 20일 만에 에메의 망상은 치유된다. 이후 에메는 생탄 병원에 수용되어 라캉의 진찰을 받게 된다.

라캉의 에메의 망상에 대한 이해는 다음과 같다. 에메는 '자신의 아이를 노리고 있다'는 망상을 전개하고 있지만, 실제로 에메의 아이를 내 아이로 삼고 에메의 양육권을 침해한 것은 그녀의 언니였다. 그러나 에메의 망상 속에 언니는 등장하지 않는다. 즉, 에메는 '언니에게 아이를 빼앗기고 있다'는 실제 생활 속 갈등을 무시하고 있다.* 이를 라캉은 다음과 같이 해석한다.

> 에메의 모든 망상은 하나의 증오가 계속해서 원심적으로 전이되는 것으로 이해할 수 있는데, 그 증오의 직접적인 대상〔즉, 언니〕을 에메는 무시하려고 한다.(PP, 282)

에메의 모든 망상은 언니에 대한 갈등을 무시한 결과로 전개되고 있는 것이다. 무시된 갈등은 에메의 망상의 원형proto-type이 된다. 그리고 이 원형이 그 중심에 있는 언니를 피하기 위해 뒤플로를 비롯한 다양한 인물로 (사진처럼) 복사되어 가는 것으로 에메의 망상은 구동되고 있다(PP, 253). 즉, 이 갈등의 원형에 잘 들어맞는 인물이 에메 앞에 나타날 때마다 에메는 그 인물을 자신의 망상의 대상(자신을 박해하는 인물)으로 만들어 버리는 것이다.** 이렇게 해서 에메의 삶의 갈등이 망상 속에 직접적, 비매개적으로 나타나게 된다.

---

* 이러한 '무시méconnaîssance'의 메커니즘은 프로이트가 말하는 배제에 해당한다.

3. 정신병의 특이한 원인으로서의 '인격의 발달 정지'와 그 치유적 해결

그렇다면 에메의 정신병은 어떤 원인에 의해 발생한 것일까? 여기서 주목해야 할 것은 에메처럼 삶의 갈등을 무시하는 것이 정신병의 특이한 원인이 되는 것은 아니라는 점이다. 라캉은 학위 논문에서 정신병의 원인을 세 가지(유인誘因, 작용인, 특이한 원인)로 구분한다.

(1) **유인**occasionnelle***: 이것은 중독이나 내분비적 장애와 같이 정신병의 발병을 유발할 수 있는 기질적 장애다. 단, 이 유인誘因은 발병의 계기가 될 뿐, 망상이나 내용과 형식을 결정하지는 않는다.

(2) **작용인**cause efficiente: 에메의 갈등과 같이 망상의 내용을

** 라캉은 에메의 갈등의 원형을 정동과 표상이라는 두 가지 측면에서 명확히 제시한다(PP, 253/271). 정동의 측면에서 에메의 갈등의 원형은 그녀의 언니처럼 에메에게 도덕적인 굴욕감을 주는 인물이다. 다른 한편, 표상의 측면에서 원형은 뒤플로와 같은 여배우처럼 자유와 사회적 권력을 갖는 인물, 즉 에메가 꿈꾸는 이상적인 여성들이다. 에메는 이 두 가지 측면을 겸비한 인물을 망상의 대상으로 선택한다. 그래서 에메는 그러한 인물에게 상상적으로 동일화를 한다(그런 인물이 되려 한다). 하지만 이러한 동일화 대상의 인물은 에메에게 도덕적 굴욕감을 주고, 에메를 박해하는 인물이기도 하다. 그래서 에메는 갈등의 원인을 골똘하게 생각한 결과, 망상의 대상이 된 인물을 '자신이 손에 넣지 못한 모든 것을 갖고 있는 증오할 박해자'로 생각하게 되는 것이다(때때로 강조되는 에메의 상상적=경상적인 병리가 여기에서 유래한다).

*** '기회 원인'을 의미하는 철학 용어이기도 하다. 프로이트는 이 용어를 1896년 논문 「히스테리의 유전과 병인」에서 도입했다(GW1, 415).

결정하는 원인을 라캉은 작용인이라고 부른다. 그러나 이 것 역시 정신병의 특이한 원인은 아니다. 에메처럼 가족 과의 갈등이 있는 것은 당연히 신경증과 정신병 모두에 해당할 수 있기 때문이다.

(3) **특이한 원인**cause spécifique: 라캉은 유아기 가정 상황의 이 상과 관련된 성격의 발달 정지arrêt evolutif를 정신병의 특 이한 원인으로 본다(PP, 349). 이는 프로이트가 정신병의 소인이라고 불렀던 나르시시즘에 대한 집착의 라캉적 변 용이라고 볼 수 있다. 에메의 경우, 자매 콤플렉스complex fraternel[=형제/동포 콤플렉스]에 대한 정동적 고착이 그녀 의 정신병의 특이한 원인이다.

그렇다면 정신병의 특이한 원인으로 여겨지는 이 집착은 정 신병과 어떤 관계가 있을까? 라캉은 에메가 집착했던 자매 콤 플렉스의 시기가 초자아의 최초 발생 시기와 일치한다는 점에 주목한다(PP, 259). 다시 말해, 에메에게는 초자아가 도래하지 않았다는 것이다. 에메의 인격이 자매 콤플렉스 단계에서 발 달을 멈췄다는 것은 초자아의 기능인 도덕적 처벌이 에메에게 는 작동하지 않는다는 것을 의미한다. 그 결과 에메의 망상 속 에 등장하는 박해자는 에메에게 결여된 초자아의 구체적인 이 미지로 나타나게 된다(PP, 263). 그렇다면 망상이 지배하는 상 해 사건에서 에메는 자신이 결여된 초자아 그 자체를 칼로 찔 렀다고 할 수 있다. 그리고 초자아라는 망상의 대상(뒤플로)을 찌른 결과, 에메는 '법'에 의해 유죄 판결을 받게 된다. 이렇게 해서 에메에게 처음으로 도덕적 처벌이 다가오고, 그녀의 정신병은 치유에 이르게 된다. 이에 대해 라캉은 다음과 같이 말한다.

> 에메는…… 그녀의 희생자[=뒤플로] 안에 있는 그녀의 외재화된 이상을 공격했다. 그러나 에메가 공격한 대상은 단지 상징적 가치만을 가지고 있었고, 그녀의 태도는 전혀 진정되지 않았다. 그렇지만 [여배우에 대한 공격과] 같은 일격이 법 앞에서 그녀를 유죄로 만든다. 에메는 이 일격으로 자신을 공격한 것이다. 그리고 그녀가 그 사실을 깨달았을 때, 그녀는 욕망이 성취되는 만족을 경험했다. 즉, 망상은 불필요하게 되어 사라져 버린 것이다.(PP, 253)

에메는 그녀가 유죄를 선고하는 '법'의 도래로 정신병을 치유한다. 주지하다시피 라캉은 이 특징에 주목하여 에메라는 증례를 '자기 처벌 파라노이아paranoïa d'auto-punition'라는 독자적으로 고안한 가설적 질병 단위에 속하게 했다.

그러나 여기서 주목해야 할 것은 자기 처벌 파라노이아의 이론적, 임상적 위치가 아니다. 우리가 주목해야 할 것은 에메와 같은 정신병에 있어서는 특이한 원인으로서 인격의 발달 정지가 존재하고, 그 때문에 '법'이 도래하지 않았다는 1932년 라캉의 구상 속에는 50년대에 전개되는 논의— 정신병에서의 법을 구성하는 것으로서의 '아버지'의 부재 —가 이미 드러나 있다는 것이다. 좀 더 단정적으로 말하자면, 라캉은 증례 에메를 경험하면서 '법'의 도래로 정신병이 치유될 가능성을 알게되었고, 거기서부터 소급적으로 정신병에는 '법'이 부재한다는 것을 이해한 것이다. 이렇게 해서 라캉은 점차 '아버지'의 부

재, '아버지의 이름'의 배제라는 개념에 다가서게 된다.[*]

---

* 학위 논문 이후에 파라노이아에 관한 여러 편의 논문을 쓴 라캉은 1938년 백과사전에 게재될 긴 기사인 「가족 콤플렉스」를 집필한다. 라 캉은 이 기사에서 '어머니와 형제만으로 한정된 가족집단은 정신병이 되기 쉬우며, 대부분의 2인조 망상 증례는 여기에 원인이 있다'(AE45) 고 주장한다. 이러한 '아버지'가 부재한다는 상황은 에메의 경우나 파 팽 자매 증례에도 드러나 있다.

제3장
『정신병』에서 신경증과 정신병의
감별 진단(1945-1946)

    1951년, 라캉은 후에 '세미나'라고 불리게 되는 연중 강의를 자택에서 시작한다. 그 후 53년부터 63년까지 10년간에 걸쳐 그 강의는 생탄 병원에서 이루어지게 된다. 그곳에서 라캉은 많은 정신과 레지던트들과 철학자들을 대상으로 프로이트에 대한 치밀한 독해의 시도를 선보였다. 우리는 현재 밀레르가 편찬한 『세미나』라는 단행본으로 그 대략적인 전모를 알 수 있다.*

    『세미나』에서 라캉은 신경증과 정신병의 감별 진단을 어떻게 논하고 있을까? 먼저 53-54년 세미나 제1권 『프로이트의

---

* 1938-53년 라캉은 많은 논문을 발표하고, 그중에서 정신병에 대한 논의를 포함한 논고를 여러 곳에서 볼 수 있다. 하지만 본서의 주제인 신경증과 정신병의 감별 진단론에 관한 것은 거의 없기에 제외했다. 또한 로마 강연에 대해서는 별도로 검토할 것이다.

기법론』에서는 프로이트의 현실 상실 논의를 원용하여 신경증과 정신병의 감별 진단의 필요성을 언급하고 있지만, 이는 프로이트의 서술에 특별히 새로운 것을 덧붙이는 것은 아니다 (S1, 134). 이어지는 54-55년 세미나 제2권 『프로이트 이론과 정신분석 기법에서의 자아』에서는 강박신경증과 파라노이아의 관계, 늑대남자의 증례, 꿈과 광기의 관계 등이 다루어지지만, 모두 단편적인 언급에 그친다.

라캉이 본격적으로 신경증과 정신병의 감별 진단을 논하는 것은 55-56년 세미나 3권 『정신병』이다. 우선 이 세미나 중에서 감별 진단의 중요성과 그 대략적인 방향을 보여주는 다음 구절을 인용해 보자.

> 지난 금요일에 이곳에서 한 여성 환자를 진료했다. 그 환자는 주변 사람들을 괴롭히며 다툼을 유발하는 행동을 하고 있었다. 요컨대 나는 정신병인지 아닌지를 진단하기 위해 부름을 받은 것이다. 왜냐하면 그 환자는 언뜻 보기에 강박신경증 환자처럼 보였기 때문이다. 한 가지 결정적인 이유로 나는 정신병 진단을 내리지 않았다. 그것은 올해 우리의 연구 대상인 장애, 즉 랑그의 질서에서의 장애가 하나도 발견되지 않았기 때문이다. 정신병 진단을 내리기 위해서는 이 장애가 있다는 것이 전제되어야 한다.(S3, 106, 강조는 인용자)

이 발언을 통해 당시 라캉은 이미 감별 진단의 대가로서 생탄 병원 증례 검토회에서 높은 신뢰를 받고 있었음을 알 수 있다. 그리고 라캉의 감별 진단에 결정적인 역할을 했던 것은 랑가주(언어) 장애의 유무였다는 것도 알 수 있다. 신경증에서는 랑가주의 장애가 나타나지 않는 반면, 정신병에서는 랑가주의 장애가 나타난다는 것이다. 이 발상은 이미 프로이트 안에 배태된 것이지만, 라캉은 그것을 당시 융성하던 구조주의 언어학에서 빌린 술어를 가지고 정식화하려고 한 것이다.

1. '정신병'에서의 두 가지 패러다임

신경증과 정신병의 감별 진단을 구조주의 언어학으로 정식화하는 것. 이 시도의 결과로 라캉은 정신병에 특유한 구조적 조건으로서 '"아버지의 이름"의 배제'를 발견하게 된다. 그러나『정신병』을 자세히 읽어보면 그러한 이해는 라캉의 이론적 변천의 복잡성을 상당히 단순화시키고 있음을 알 수 있다. 결론부터 말하자면,『정신병』에서는 1955년 11월부터 1956년 7월까지 약 6개월의 강의 기간 사이에 하나의 패러다임 전환이 일어나고 있다. 따라서 우리는『정신병』을 구성하는 두 가지 패러다임을 나누어 라캉의 논의를 추적할 필요가 있다. 그 두 가지란 (1) 정신병을 '의미작용signification'을 중심으로 이해하는 것과 (2) 정신병을 '시니피앙signifiant'을 중심으로 이해하는 것이다. 또한 이러한 패러다임의 전환에 따라 라캉의 정신병론의 핵심 개념인 '배제Verwerfung/forclusion'의 정의가 변화하고 있다는 점도 주목할 필요가 있다. 지금까지 라캉의 정신병론 이해에 나타난 여러 가지 혼란은 이 두 가지 패러다임의 전환, 즉 라캉 대 라캉이 등한시되어 왔기 때문에 발생했다고 우리는 생각한다.

우선 이 두 패러다임의 각각을 대표하는 라캉의 발언을 비교해 보자.

(1) 한편으로 라캉은 1956년 1월 11일에 다음과 같이 말하고 있다. '정신병적 현상이란…… 어떤 엄청난 의미작용 signification énorme이 현실 속에 출현하는 것이다.'(S3, 99) 증례 슈레버에서 '성교를 받아들이는 쪽인 여자가 되어 보는 것도 원래는 꽤 멋진 일임에 틀림없다'는 생각이 갑자기 머릿속에 떠오른 것처럼, 정신병의 발병 때에는 환자 본인의 의식과는 아무런 연관성이 없는 수수께끼 같은 의미작용이 출현한다. 라캉은 이 망상적 의미작용은 배제된 거세 위협이 다시 나타난 결과라고 생각한다(S3, 100).

(2) 다른 한편, 같은 해 4월 18일 라캉은 다음과 같이 말하고 있다 '정신병은 단순히 의미작용의 수준에서 일어나는 사태…… 만으로 일어나는 것이 아니라, 주체와 시니피앙의 관계의 수준에 위치하는 것에 본질적으로 유래하고 있다.' (S3, 225) 즉, 정신병의 본질을 파악하기 위해서는 의미작용뿐만 아니라 시니피앙을 문제 삼아야 한다는 것이다. 그리고 라캉은 정신병에서는 주체가 어떤 결핍된 시니피앙에 결코 접근할 수 없음을 지적하고(S3, 219), 그 접근 불가능성을 배제forclusion라고 부른다(S3, 361). 즉, 이 두 번째 패러다임에서는 첫 번째 패러다임과 달리 배제된 시니피앙이 재출현하는 것은 아니라는 것이다.

『정신병』의 각 회차 강의에서 '시니피앙'과 '의미작용'의 출현 횟수를 그림 5에 표시했다. 얼핏 봐도 알 수 있듯이 9회 강

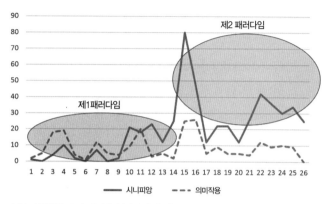

그림 5 『정신병』의 각 강의에서 '시니피앙'과 '의미작용'의 출현 회수

의까지는 '시니피앙'보다 '의미작용'이 많이 사용되고 56년 2월 15일(제15회 강의)을 경계로 '시니피앙'의 사용이 급격하게 증가하고 있다. 내용면에서도 15회 강의를 경계로 이 두 개의 패러다임은 완만하게(다만 중복을 포함하면서) 변화하고 있다. 따라서 이하에서는 『정신병』의 신경증과 정신병의 감별 진단론을 제1, 제2의 패러다임으로 나누어 논하기로 한다.

2. '의미작용'에 의한 감별 진단 — 제1의 배제

억압과 배제(제1의 배제)

라캉은 『정신병』의 첫 강의부터 억압과 배제를 구별하고, 이 두 가지를 각각 신경증과 정신병의 주요 메커니즘으로서 자리 매김하고 있다(S3, 22). 그렇다면 억압과 배제는 어떻게 다른 것일까? 다음 구절을 보자.

억압의 형刑에 처해진 것은 회귀한다. 왜냐하면 억압과 억눌린

것의 회귀는 같은 상황의 반대편에 불과하기 때문이다. 억압된 것
은…… 증상이나 다른 많은 현상들 속에서 완전히 분절화된 형태
로 표현된다. 반대로 '배제Verwerfung'의 형벌을 받은 것은 전혀 다
른 운명을 맞이하게 된다.(S3, 21)

여기서 도대체 무엇이 억압되거나 배제된다고 말하고 있는
것일까? 라캉에 따르면 그것은 '거세의 위협'(S3, 21)이다.* 즉,
신경증에서는 거세 위협이 억압되는 것이다. 그리고 억압된
거세 위협은 증상 형성 과정을 통해 가공(분절화)되어 또 다
른 것으로 표현된다(억압된 것이 신체 위에 표현된다면 그것은
히스테리의 전환 증상이 될 것이다). 이것이 '억압된 것의 회귀'
이다. 반대로 정신병에서는 거세 위협이 제거되고, 제거된 것
은 신경증의 증상 형성 과정과는 다른 방식으로 나타나게 된
다. 따라서 억압된 것/제거된 것의 발현 방식의 차이에 따라
신경증/정신병을 구분할 수 있는 것이다. 이 논의는 앞서 확인
한 프로이트의 증상 형성에 있어서의 심적 가공 논의와 라캉
의 학위 논문에서 신경증과 정신병의 증상 형성의 차이 논의
의 연장선상에 있다.

라캉은 억압과 배제의 차이를 계산기의 비유로 설명한다.
그것은 다음과 같은 비유이다. 어떤 계산기가 있고, 그 계산기
에 숫자를 입력하면 계산된 결과가 나온다. 그러나 그 계산기
의 처리 속도를 고려하지 않고 억지로 숫자를 입력하면, 계산

---

* 뒤에서 서술하겠지만, 이러한 거세의 위협은 시니피앙(특히 '아버지의
이름'이라는 시니피앙)과 같은 것이 아니다.

기는 그 숫자를 빼먹고 숫자는 계산기 외부로 그대로 떨어진다(S3, 21).

가령 '1'이라는 숫자를 입력하면 'y=2x+3'이라는 방정식에 따라 '5'라는 결과를 출력하는 간단한 계산기를 생각해보자. 'y=2x+3'이라는 방정식에 의해 '1'을 '5'로 변환하는 이 연산(가공) 과정 전체가 '억압'에 해당하고, 그 연산의 결과로 출력되는 '5'가 '억압된 것의 회귀'에 해당한다. 라캉은 억압과 억압된 것의 회귀가 같은 사태의 이면이라고 말하는데, 'y=2x+3'이라는 정식에 의한 연산 과정은 '1'을 '5'로 변환함으로써 '1'을 의식에 오르지 않게 하는 것(=억압)에는 성공하지만, 연산의 결과인 '5'를 원래의 '1'로 역연산하는 것은 연산 결과를 읽을 줄 아는 사람(분석가)에게는 쉬운 일이다. 왜냐하면 억압은 결국 억압되어야 할 것을 드러내고 있기 때문이다. 달리 말하면 주체는 억압된 것을 숨기는 것이 아니라 억압된 것의 회귀라는 수단을 가지고 '자신이 말할 수 없는 것[=억압된 것]을 자신의 존재의 모든 모공毛孔으로[=온몸으로par tous les poles] 외치고 있다.'(E386)

그렇다면 이 계산기에 '1'이라는 숫자를 억지로 입력하려고 하면 어떻게 될까? 이때 입력되어야 할 '1'이라는 숫자는 입력되지 않고 그대로 계산기의 외부로 빠져나가 버린다. 이때 이 '1'이라는 숫자는 'y=2x+3'이라는 연산 처리를 받을 수 없다. 만약 계산기 내부를 상징계, 계산기 외부를 현실계로 본다면, 연산을 거쳐 가공된 숫자 '5'는 상징계에 존재하는 반면, 연산 처리가 안 된 숫자 '1'은 현실계에 존재하게 되는 것이다.*

이 계산기 비유를 통해 라캉이 말하고자 하는 바는 다음과

| | | ┌─ 연산 처리 있음 ─┐ | | |
| 억압 | 거세의 위협 → | f(x) | → | 억압된 것의 회귀(증상) |

| | | ┌─ 연산 처리 없음 ─┐ | |
| 배제 | 거세의 위협 | = | 현실계에 재출현(환각) |

그림 6 억압과 배제의 차이

같다. 억압은 거세 위협에 대한 일종의 연산 처리다. 이 연산 처리의 결과로 거세 위협은 의식에 떠오르지 않게 되고, 대신 거세 위협이 상징적으로 가공된 것(즉, 거세 위협이 아닌 것)이 의식에 떠오르게 된다. 이것이 신경증의 증상 형성이다. 반대로 배제의 경우, 거세 위협은 연산 처리를 받을 수 없다. 그 결과, 거세 위협은 정신병이 발병할 때 그대로의 형태로 현실계에 출현하게 된다. 이것이 '주체에 의해 거부refuse된 것이 현실계로 재출현'한 결과로서의 정신병의 환각이다(S3, 22). 이러한 의미에서 억압과 배제의 차이는 그림 6과 같이 도식화할 수 있을 것이다.

신경증에서의 증상 형성(억압된 것의 회귀)과 정신병에서의 증상 형성(현실계로의 재출현)을 좀 더 자세히 살펴보자.

(1) 신경증에서의 억압과 '억압된 것의 회귀': 신경증의 경우,

---

* 여기서 라캉은 배제된 것과의 관계에서 생기는 정신병 현상에 대하여 '(다시) 나타난다(re) apparaître', '재출현한다(re)surgir, '다시 모습을 보여준다reparaître', '스스로를 드러낸다se manifester'라는 표현을 사용하여 '배제된 것의 회귀retour'라는 표현을 주의 깊게 피하고 있다.

억압은 유아기 아동이 거세 위협을 경험하면서 시작된다. 이 유아기 경험은 그에 상응하는 어떤 시니피앙으로 대표되며, 그 시니피앙은 '잠세潛勢적 시니피앙signifiant en puissance 혹은 잠재적 시니피앙signifiant virtuel'으로 무의식 속에 저장된다(S3, p.140). 즉, 신경증에서는 거세 위협을 대표하는 시니피앙이 무의식 속에 존재한다는 것이 '시인Bejahung'되는 것이다. 그러나 그 잠세적인 시니피앙이 무의식 속에 잠재되어 있는 것만으로는 증상이 형성되지 않는다. 앞서 말한 계산기의 비유로 말하자면, 증상 형성을 위해서는 어떤 연산이 필요하기 때문이다.

증상을 형성하는 연산은 유아기 경험이 아니라 오히려 사춘기 이후의 우연한 경험에 의해 발생한다(S3, 136). 예를 들어, 나중에 다룰 아이즐러의 남성 히스테리 환자는 유아 때 할머니에게 엄지손가락을 밟힌 적이 있다. 그 결과 이 경험(거세 위협)은 냉소주의로 표상되어 무의식에 잠재하게 되지만, 증상이 형성되는 것은 그 시점이 아니라 훨씬 후의 일이다. 그가 히스테리 증상을 형성한 것은 근무 중 우연히 다친 골절의 검사를 위해 엑스레이를 찍을 때였다(S3, 191). 그것은 엎드려서 감광판을 몸에 대고 감광판을 누르는 엑스레이 검사 경험이, 기어 다니는 상태에서 할머니에게 엄지손가락을 밟히는 유아기 경험과 유사했기 때문에 엑스레이 검사가 트라우마적 경험으로 작용했던 것이다. 이렇게 유아기 경험이 성인이 된 후 우연한 경험과 사후적으로 연결되는(연산되는) 과정에서 형성된 증상이 유아기 경험인 거세 위협과 관련된 의미작용을 발산하게 된다.

(2) 정신병에서의 배제와 '배제된 것의 현실계로의 재출현': 정신병의 경우, 주체는 유아기에 경험한 거세 위협에 대해 '"억압이라는 의미에서"조차도 아무것도 알려고 하지 않는다'(S3, 21). 즉, 주체는 그 거세 위협을 억압의 형태로 '시인'하는 것이 아니라 '배제Verwerfung'하고 있는 것이다 (S3, 95). 그러면 거세 위협은 무의식 속에 존재하지 않게 된다. 이는 앞서 언급한 계산기의 비유로 말하자면, 계산기에 입력되어야 할 숫자 '1'이 빠져나가 계산기에 입력되지 않는 것에 해당한다.

정신병 발병시에는 이 상징화되지 않은 것, 인정되지 않은 것이 의미작용의 형태로 현실계 안으로 재출현한다.[*] 이때 재출현하는 '배제된 것'은 신경증의 증상 형성과 같은 연산 처리를 거치지 않는다. 따라서 주체는 이 배제된 것에 대해 어떤 다른 의미작용을 부여할 수 없다. 그렇기 때문에 정신병적 현상은 주체에게 의미를 알 수 없는 불가해한 현상으로 경험되는 것이다. 예를 들어 증례 슈레버의 경우, '성관계를 받아들이는 쪽인 여자가 되어 보는 것도 원래는 꽤나 멋진 일임에 틀림없다'는 생각이 갑자기 의식에 나타났다. 이것은 바로 '거세의 위협(=여자가 되는 것의 위협)'의 의미작용이 현실계에 재출현하는 현

---

[*] '상징화되지 않은 것이 현실계에 재출현할 때 도대체 어떤 일이 벌어지는 걸까…… 출현한 것이 의미작용이라는 영역에서 나타나는 점은 확실하다.'(S3, 100, 강조 인용자)

상이라고 할 수 있다. 이러한 현상을 라캉은 '어떤 엄청난 의미작용-signification énorme이 현실 속에 출현하는 것'(S3, 99)이라고 표현하고 있다.

이러한 설명에서 알 수 있듯이 신경증과 정신병의 차이, 나아가 억압과 배제의 차이는 거세 위협의 처리 방식의 차이(인정과 배제)에 있다. 그리고 그 처리 방식의 차이가 증상의 의미작용의 차이로, 억압과 배제의 차이로 임상적으로 나타나는 것이다.

라캉은 이미 『자아』의 세미나에서 다음과 같이 말했다. '[신경증의] 증상이라는 것은 그 자체가 철저한 의미작용이다.'(S2, 368) 신경증의 증상은 어린 시절의 경험을 이후의 트라우마적 사건과 연결(연산 처리)함으로써 발생한다. 따라서 어떤 신경증 증상의 의미작용은 항상 다른 의미작용으로 회귀될 수 있다(S3, 42).

반대로 정신병의 증상에 나타나는 의미작용은 슈레버가 말하는 '신경 부속물'이나 '임시로 급조된 남자'라는 수수께끼 같은 말(조어造語)처럼, 그 의미가 불분명하면서도 뭔가 중대한 것을 의미하는 듯한 인상을 준다. 이러한 의미작용은 '본질적으로 그 자체[=의미작용] 이외의 어떤 것에도 회부되지 않는 의미작용'이며, '그 자체로 말할 수 없는 무언가를 의미하고 있다.'(S3, 43) 이 의미작용은 주체의 상징화 체계에 한 번도 진입한 적이 없는 것이기 때문에 주체는 그 의미작용을 어떤 알려진 의미작용과도 연결시킬 수 없다(S3, 99). 정신병에서 출현하는 의미작용이 주체에게 일종의 '수수께끼'로서 경험되는 것은 그 때문이다.

고이데 히로유키(1997)는 정신병의 이러한 수수께끼 같은 경험을 '읽을 수 없는 외국어'와의 만남에 비유하고 있다. 읽을 수 없는 외국어를 만났을 때, 사람은 그 의미작용을 이해할 수 없다. 만약 사전이 있다면 그 단어의 의미작용을 자신의 모국어에서 알려진 의미작용으로 회귀시킬 수 있을 것이다. 그러나 사전을 찾을 수 있는 단서조차 주어지지 않는 경우(그 외국어가 어떤 언어인지 모르는 경우를 가정해 보자), 사람은 당황할 수밖에 없다. 실제로 정신병에서 수수께끼 같은 의미작용은 정신병자에게 다음과 같이 경험된다.

여기 세상이 그에게 어떤 의미작용을 하기 시작하는 주체가 있다…… 그는 얼마 전부터 몇 가지 현상에 사로잡혀 있었다. 그는 거리에서 무언가 일어나고 있다는 것을 알아차렸다. 하지만 무슨 일이 일어나고 있는 것일까…… 많은 경우, 그 상황이 그에게 유리한 것인지, 아니면 불리한 것인지조차도 그는 알지 못한다는 것을 알 수 있다.(S3, 30)

정신병 발병 초기의 환자는 '무슨 일이 일어났는지 모르겠다. 하지만 확실히 무언가 일어나고 있고, 어쨌든 오싹하다'고 종종 말한다. 이때 그가 말하는 것은 세상 속에 어떤 수수께끼 같은 의미작용이 있다는 것이다. 그리고 그는 그것이 어떤 의미작용인지는 모르지만, 그 의미작용이 중요한 것임을 충분히 이해하고 있다(S3, 30). 나아가 그는 그 의미작용이 자신과 (주체에게) 관계하는 것임을 분명하게 확신하고 있다(S3, 100). 이러한 현상은 라캉파에서는 일반적으로 '당혹감perplexité'이라 불리는데, 정신병리학에서 말하는 의미 망상(망상적 기분)이나 망상 지각에 거의 상응하는 것이라고 볼 수 있다. 예를 들어, 슈나이더(2007)가 소개한 정신병 사례에는 '개가 앞발을 들고 있는 것을 보고 자신이 명백한 계시에 관여하고 있다고 확신했다'는 망상 지각을 볼 수 있다. 이 망상 지각에서는 자신이 어떤 계시에 관여하고 있다고 망상적으로 확신하고 있지만, 그 계시의 구체적인 내용은 아직 명확하지 않고, 그 의미의 내용도 극히 희박하다. 그러나, 그럼에도 이 수수께끼 같은 계시는 무서운 힘으로 환자를 끌어당겨 놓지 않는다는 점에서 당혹스러움(및 망상 지각)의 특징이 있다.*

그렇다면 이 당혹감은 정신병 환자에게 어떤 반응을 불러일으키는 것일까? 다음 설명을 살펴보자.

주체는 결국 이 [수수께끼 같은] 요소를 가공하게 되지만, 분명한 것은 이 요소는 적어도 한동안은 '알 수 없다'는 특징을 그대로 두고 반복된다는 것이다. 이 요소에 대해 어떤 대답도 주어지지 않으며, 이 요소를 대화 속에 통합하려는 어떠한 시도도 이루어지

---

* 이러한 현상은, 『정신병』의 제1패러다임에서는 의미작용의 병리로서 취급되지만, 후에 「전제적 문제」 논문에서 재검토를 한 후에 시니피앙의 병리로서 재파악하게 된다. 예를 들면 밀레르(2004)는 이 같은 현상을 다음과 같이 표현한다. '정신병자는 수수께끼 (같은)시니피앙significant énigme을 체험한다. "이것은 무엇인가를 의미한다. 왜 그런지는 모르지만 이것은 나와 관계가 있는 것만은 분명하다." 그리고 어떤 기회에 이것이 결정화되기 시작한다.'

지 않는다. 이런 현상은 어떠한 변증법적 구성으로 이어지지 않는다.(S3, 31)

당혹감은 의미를 알 수 없는 현상으로 주체 앞에 여러 번 나타난다. 그리고 한동안 그는 이 현상을 가공할 수도, 통합할 수도 없는 상태에 놓이게 된다. 그것은 이 현상의 핵심에 있는 수수께끼 같은 의미작용은 상징화 체계에 한 번도 진입한 적이 없는 의미작용이므로 다른 의미작용으로 회귀시킬 수 없기 때문이다. 따라서 그는 이 현상을 아무리 부정하려 해도 부정할 수 없고, 그것을 믿을 수밖에 없게 된다(S3, 100). 이를 라캉은 정신병적 현상은 '변증법적 구성'에 이르지 못한다, 혹은 정신병적 현상에는 '변증법의 정지arrêt dans la dialectique'(S3, 32)가 있다고 표현하고 있다. 즉, 주체가 당혹이라는 정신병적 현상을 믿게 되어 그것을 수정할 수 없는 것은 그 수정을 가능하게 하는 대립항(변증법의 '정'에 대한 '반')이 처음부터 결여되어 있기 때문이다. '배제forclusion는 부정할 수 없는 것을 끌어내는 부정이다'라고 말할 수 있는 것은 이런 의미에서다(Miller, 1996a).

요약하자면, 한편으로 신경증 증상이 갖는 의미작용은 항상 다른 의미작용으로 회귀될 수 있다. 그것은 그 증상을 상징계의 수준에서 다룰 수 있다는 것이다. 신경증 증상에 대해 해석이라는 상징적 행위가 유효할 수 있는 것은 그 때문이다. 다른 한편으로 정신병의 증상이 갖는 수수께끼 같은 의미작용은 다른 의미작용으로 환원될 수 없는 것으로서, 말하자면 상징계 안에서 고립되어 현실계로 떨어지게 된다.* 그 결과, 정신병의 수수께끼 같은 의미작용은 분석가나 정신과 의사는 물론 환자 자신에게도 상징계의 수준에서 처리할 수 없는 것이다. 그 결과 이 수수께끼 같은 의미작용은 상상계로 향하게 되고, 그곳에서 처리하게 된다. 이를 라캉은 다음과 같이 표현하고 있다.

상징화되지 않은 무언가가 외부 세계에 나타날 때, 주체는 모든 것을 빼앗기고 그 사건에 대해 '부정Verneinung'을 하는 것이 불가능해진다고 하는 것만이 일어난다. 이때 일어나는 일은 신경증의 상징적 타협에서는 전혀 인정할 수 없는 성격의 일이며, 그것은 바로 상상계의 수준에서 연쇄반응을 통해 다른 영역으로 표현된다. 주체는…… 새롭게 출현한 것과 자기 자신 사이에 어떤 상징적 중재를 만들 수 없기 때문에 다른 중재의 방법을 취하게 된다…… 그것은 상징적 중개를…… 상상적 증식prolifération imaginaire에 의해 대리하는 방식이다.(S3, 100-1)

신경증/정신병의 차이는 억압된 것의 (상징계로의) 회귀/배제된 것의 (현실계로의) 재출현이라는 메커니즘의 차이에서 비

---

* 라캉은 어떤 의미작용이 다른 의미작용에 회부되지 않는 상태와, 어떤 의미작용이 '현실계 안에 출현한다'라는 상태를 거의 같은 것으로 취급한다(S3, 102). 결국 일반적인 의미작용은 상징적인 네트워크 안에서 스스로에게 편안한 장소를 갖게 되지만, 정신병에서는 수수께끼 같은 의미작용이 그런 네트워크에서 절단되어 '홀로tout seul' 존재한다. 이러한 후자의 형태를 라캉은 '현실계에 존재한다'고 표현하고 있다고 추측할 수 있다. 이런 생각은 나중에 '절단된 연쇄', '현실계에서의 시니피앙'이라는 생각으로 발전된다.

롯된다. 다만, 정신병에서 배제된 것의 재출현은 상징계 내에서 처리할 수 없기 때문에 상상계에서의 연쇄반응을 일으킨다.** 예를 들어, 발병 당시 슈레버를 덮친 '성교를 받아들이는 쪽인 여자가 되어보는 것도 원래 꽤 멋진 일이 틀림없다'는 생각(수수께끼 같은 의미작용)이 상상계 안에서 연쇄반응을 일으킨 결과가 그의 망상의 완성기에 나타나는 '신의 여자가 되어 세계질서를 구한다'는 과대망상이다(S3, 75).

'질문의 구조'에서 본 감별 진단

의미작용에 의한 신경증과 정신병의 감별 진단에 대해 라캉은 두 가지 사례를 들어 설명하고 있다. 그 두 사례 모두 '아이를 낳는 것(아이를 만드는 것procréation)'이라는 주제, 혹은 '나는 아이를 낳을 수 있는가?(나는 남자인가 여자인가?/여자라는 것은 무엇인가?)*** ' 라는 질문과 관련된 의미작용이 문제가 되

** 나중에 라캉은 『무의식의 형성물』에서, 정신병에서 보이는 상징계에서 연쇄반응은 '"아버지의 이름"이라는 시니피앙의 결여를 보충하지 않으면 안 된다'는 요청을 중심으로 전개된다고 주장한다(S5, 147). 여기에서 하나의 패러다임의 전환을 확인할 수 있다. 즉 『정신병』에서 연쇄반응은 배제된 거세의 위협에 대한 재출현으로 유발된 것이었던 것 (제1의 배제 패러다임)임에 반하여, 『무의식의 형성물』에서는 오히려 배제된 '아버지의 이름'이 재출현하지 않고 결여된 채로 유발된 것이다. 우리들은 이 후자를 나중에 제2의 배제 패러다임이라고 부를 것이다.

*** 라캉은 히스테리에서는 '성별에 관한 사실성'이, 강박신경증에서는 '실존에 관한 사실성'이 문제가 된다고 주장한다(E451). 세르주 르클레르는 이러한 논의를 받아들여 신경증의 의문을 둘로 나누어 히스테리는 '내가 남자인가 여자인가?/여자란 무엇인가?'라는 성별에 관한 문제로, 강박신경증에서는 '나는 살았는가, 죽었는가?'라는 실존의 문제로 기초 지어진다고 봤다(Leclaire, 2003).

고 있는데, 한쪽의 신경증 사례와 다른 쪽의 정신병 사례에서는 그 의미작용의 양상이 크게 달라진다.

먼저 신경증 증례로 거론되는 것은 헝가리의 분석가 미하엘 요제프 아이즐러(1921)가 기술한 남성 히스테리 증례다.* 이 환자는 헝가리에서 노면전차 운전사였는데 어느 날 주행 중인 차량에서 땅에 떨어져 왼쪽 옆구리에 충격을 받아 의식을 잃게 된다. 그는 병원으로 이송된 후 의식을 되찾고 여러 차례 엑스레이 검사를 받았으나 피부 찰과상 외에는 별다른 이상이 없었다. 3주간의 입원 후 그는 직장에 복귀했지만, 이때부터 갈비뼈 주변에 주기적으로 복통을 느끼기 시작했다. 그 복통의 간격이 점점 짧아지면서 규칙적인 발작으로 변해갔다. 그의 표현에 따르면, 그 통증은 '딱딱한 물체가 출현하려는 것 같은' 느낌이었다(Eisler, 1921, p. 253, 강조는 인용자). 그는 여러 병원을 찾아갔지만 복통의 원인을 찾지 못했다. 어느 날 복통 발작 중 의식을 잃어 신경과 진료를 받았지만, 역시 이상은 발견되지 않았다. 그래서 그는 '외상성 히스테리'라는 진단을 받고 정신분석가에게 보내졌다.

분석 결과 다음과 같은 사실이 밝혀졌다. 그가 생후 9개월쯤 걸음마를 시작했을 때, 할머니가 그의 엄지손가락을 실수로 밟은 적이 있었다. 이 사건은 그에게 처음으로 거세 위협으로 체험된 것이었다(Ibid., p. 261). 그리고 이 남성 환자의 신경증 발병의 계기가 된 것은 차량에서 떨어진 사고가 아니라 엑스레

---

* 라캉은 이 분석가를 착오로 '요제프 하슬러'라고 불렀다.

이 검사였던 것으로 밝혀졌다. 유아기 거세 위협이 성인기 엑스레이 검사와 연결되어 신경증 발병의 계기가 될 수 있었던 것은 앞서 언급했듯이 엎드려서 감광판을 몸에 대고 감광판을 누르는 엑스레이 검사 사건이, 기어 다니는 상태에서 할머니에게 엄지손가락을 밟힌 유아 거세 위협의 경험과 유사했기 때문일 것이다.

좀 더 자세히 분석해보니, 그는 그 엑스레이 촬영 당시 '의사 앞에서 옷을 벗는 것에 불안 섞인 기대'를 느꼈다는 것을 알 수 있었다. 그 '불안 섞인 기대'란 그가 엎드려서 검사대에 누워 있을 때 '의사가 그의 허리[=음부]에 갑자기 기구를 집어넣을지도 모른다'는 것이었다(Ibid., p. 263). 즉, 그는 이 증상 형성 가운데 후배위에서의 (항문) 성교에 대한 팡타즘(공상)을 가지고 있었던 것이다. 정신분석 중에도 이 증상 형성과의 연관성을 암시하는 제스처가 나타났다. 그는 분석 중 갑자기 소파에서 일어나 어색하게 몸을 돌려 엎드린 채 다리를 늘어뜨리는 유혹적인 제스처를 취했다. 이것은 분명히 일련의 증상 형성과 관련된 동성애적 수동성의 신호이다.

그의 신경증 증상은 모두 '임신'이라는 팡타즘과 연결되어 있었다(S3, 191). 예를 들어, 그의 복통의 주기성은 진통을 교묘하게 표현한 것이었다. 또한 옆구리의 복통이 '딱딱한 물체가 출현하려는 것처럼' 그에게 느껴진 것은 그 물체가 태아라는 것을 그의 무의식이 알고 있기 때문이다. 더 나아가 그의 복통이 옆구리 갈비뼈에서 시작된 것은 신이 아담의 갈비뼈를 취해 그 갈비뼈로 이브를 만들었다는 창세기 신화와 관련이 있다(Eisler, 1921, p. 265). 혹은 차량에서 떨어지는 것은 낳는 것과도 관련이 있을 것이다. '임신'을 둘러싼 이러한 일련의 의미작용은 아이를 갖지 못하는 것에 대한 그의 고민과 관련이 있었다(Ibid., p. 263). 말하자면 그는 증상 속에서 아담처럼 자신의 갈비뼈로 혼자서 아이를 만들려고 했던 것이다. 즉, 이 환자는 '나는 아이를 만들 수 있는가(나는 남자인가, 여자인가?)'라는 질문을 다양한 상징으로 표현하고 있었던 것이다(S3, 191).

그렇다면 정신병에서 '아이를 만드는 것'이라는 주제는 어떻게 나타날까? 정신병의 사례로 꼽을 수 있는 것은 슈레버의 사례이다. 슈레버는 아이즐러 증례의 남성 환자와 마찬가지로 아이를 갖지 못하는 것을 고민하고 있었다. 그렇다면 슈레버 증례와 아이즐러 증례의 차이점은 무엇일까? 슈레버에게 다가온 '성교를 받아들이는 쪽인 여자가 되어 보는 것도 원래는 꽤 멋진 일임에 틀림없다'는 관념은 아이즐러의 남성 환자가 상징적으로 표현하고 있는 여성적 태도의 성교를 직접적으로, 즉 적나라하게 드러내는 형태로 제시한다. 즉, 양자는 모두 '나는 아이를 만들 수 있는가?(나는 남자인가 여자인가?)'라는 질문을 안고 있지만, 슈레버는 그 질문을 '있는 그대로의 상태로 보여주고 있다'(S3, 217)는 것이다. 그리고 슈레버의 여성화는 결국 그의 상상계 속에서 '신의 여자가 되어 세계 질서를 구원한다'는 과대망상으로 전개된다. 말하자면 아이즐러 증례의 신경증이 '상징적 임신'이라면 슈레버의 정신병은 라캉적 의미의 '상상적 임신'인 것이다.[*]

참고로 이 '질문의 구조'라는 관점이 감별 진단에 도움이 되었던 나 자신의 체험을 하나 소개하겠다. 환자는 17세 무렵부터 불면증과 환각이 나타나 정신과를 찾은 여성이었다. 그녀는 통합실조증(정신병) 진단을 받고 항정신병 약물 치료를 받고 있었다. 하지만 부작용이 나타나면서 약물 치료를 계속할 수 없게 되었다. 그녀는 19세 때 필자를 처음 방문했는데, 그때 '눈을 보고 이야기하면 상대방이 무슨 생각을 하는지 알 수 있다', '상대방이 내 생각을 알면 무섭다'는 등 자아 경계의 취약성을 연상시키는 체험(사고 전파傳播)을 호소했다. 또 환각에 대해 묻자 '뒤에 사람이 아닌 물건이나 사람이 보이는 느낌이 든다'며 '목매달려 있는 귀신. 하얀 원피스를 입은 새까만 사람'이라고 덧붙였다(실체적 의식성). 또 아르바이트를 하는 도중 '그쪽이 아니라 이쪽이 낫지 않느냐', '그쪽이라면 발판을 가져오는 게 낫지 않느냐' 등 자신의 행동에 '끼어드는' 환청도 있다고 말했다(행위 언표성 환청). 이것들은 모두 통합실조증(정신병)을 가리키는 증상이다. 그러나 그녀에게는 '쓴 일기나 보낸 메일에 기억에 없는 내용이 있다'는 등 해리성 장애(신경증)를 연상케 하는 체험도 보였다. 그래서 필자는 진단을 일단 보류하고 인터뷰를 계속하기로 했다.

몇 차례의 인터뷰에서 필자와의 전이 관계가 형성되자 그녀는 '남자답게 옷을 입는 편이 편안하다', '가슴을 가리는 셔츠를 입으면 편안하다', '남성의 시선으로 여성을 바라보고 있다. 나는 양성애자인가?' 등의 말을 점차 늘어놓기 시작했다. 이는

---

* 라캉파의 입장에서는 일반적으로 사용하는 '상상임신'이란 용어를 탐탁해하지 않는다. 이것은 신경증에서 보이는 상징적 임신인지, 정신병에서 보이는 상상적 임신인지를 감별할 필요가 있기 때문이다.

'나는 남자인가 여자인가?/ 여자라는 것은 무엇인가?'라는 신경증(히스테리)의 질문을 은유적으로 표현한 것으로 생각되었다. 또한 어머니가 임신한 지 몇 달 뒤부터 그녀는 복부의 불편함을 호소하며 '뱃속이 움직인다'고 말하기 시작했다. 이 증상은 산모가 출산을 마친 후 사라졌다. 앞선 아이즐러의 사례와 마찬가지로 이 증상은 '나는 아이를 낳을 수 있을까?'라는 질문을 상징적으로(은유적으로) 표현한 것임이 분명하다. 따라서 이 사례는 신경증인 것이다. 실제로 이 증례의 환자는 심리 면담을 통해 항정신병 약물을 투여하지 않고도 상태의 안정화를 꾀할 수 있었다.

'정신병'의 첫 번째 패러다임 정리

지금까지 확인한 『정신병』의 제1패러다임에 따른 정신병에 대한 이해는 다음 두 가지로 요약할 수 있다.

(1) 정신병에서는 거세의 위협이 배제되고, 배제된 것은 의미작용으로 현실계에 재출현한다. 그리고 주체는 그 재출현에 당혹스러워한다.

(2) 정신병자는 재출현한 수수께끼 같은 의미작용을 상징적으로 매개하는 것(다른 의미작용으로 회부되는 것)을 할 수 없다. 따라서 그 의미작용은 상상적 증식을 통해 처리된다. 이것이 망상 형성에 해당한다.

앞서 확인했듯이 이런 의미의 '배제'에서는 배제된 것이 다시 나타난다. 반대로 다음 절에서 살펴볼 것처럼 두 번째 패러다임의 배제에서는 배제된 것은 재출현하지도 않고 회귀하지도 않는다. 또한 첫 번째 패러다임에서의 배제는 라캉이 나중에 정식화하는 '"아버지의 이름"의 배제'와는 다른 것이다. 왜냐하면 거기서 배제되는 것은 거세의 위협이지 '아버지의 이름'(이라는 시니피앙)이 아니기 때문이다.

또한 정신병에서 '아버지'의 병리라는 관점도 제1패러다임에서는 드러나지 않는다. 물론 정신병자에게는 오이디푸스 콤플렉스의 삼항관계가 없고 이항관계(상상계) 속에서 모든 것이 진전된다는 것이 밝혀지긴 했지만, 정신병에서의 '아버지' 그 자체에 대한 논의는 다음 두 번째 패러다임을 기다려야 한다.

3. '시니피앙'에 의한 감별 진단 — 제2의 배제

접근 불가능한 시니피앙(제2의 배제)

'정신병'의 제2의 패러다임은 56년 2월 15일에 시작된다. 이날 강의의 마지막에 라캉은 '상징계의 결손이나 구멍'(S3, 177)이라는 표현을 쓰면서 새로운 정신병의 이해를 말하고 있다. 다음과 같다.

> [어떤 주체에게] 확신의 뒤집기인 당혹감이 나타난다. 이 당혹감에 의해 금지된 영역에 접근하는 전조가 나타나는데, 그 영역에 접근하는 것 자체가 정신병의 입구entrée dans la psychose인 것이다. / 사람은 어떻게 정신병의 입구에 도달하는 것일까? 어떻게 주체는…… 무엇으로도 말할 수 없는 영역의 내부에서, 나머지 모든 영역, 즉 말할 수 있는 모든 영역으로, 말할 수 있는 모든 것의 영역으로, 부르는 무언가가 되도록 인도되는 것일까?(S3, 178, 강조는 인용자)

여기서 라캉은 수수께끼 같은 의미작용의 출현인 '당혹감'을 정신병의 발병과의 관계에서 새롭게 자리매김하고 있다. 정신병의 발병시에는 어떤 '금지된 영역', '무엇으로도 말할 수 없는 영역'이 주체에게 다가오며, 당혹감은 그 영역의 접근의 전조라는 것이다. 즉, 여기서 라캉은 정신병에서 말할 수 없는 시니피앙, 시니피앙의 결손을 문제 삼고 있다.

이 '금지된 영역'이라는 구멍의 접근은 어떤 말로도 그 구멍을 언어화할 수 없기 때문에 그 구멍의 주위(경계)에서의 활발한 반응을 낳는다. 구체적으로는 그 구멍의 존재를 암시하는 말(시니피앙)이 머릿속에서 난무하는 정신자동증이나 무의미한 단어가 연이어 들려오는 환청이 발생하게 된다. 라캉은 이를 '경계 현상phénomènes de frange'이라고 부른다(S3, 178).

왜 이런 현상이 발생하는 것일까? 보통 신경증 환자에서 시니피앙은 서로 연결되어 하나의 네트워크를 형성하고 있다. 그러나 정신병자에게는 중심에 있어야 할 시니피앙이 결여되어 있기 때문에(=상징계에 구멍이 뚫려 있다), 그 시니피앙과 연쇄되어야 할 주위(테두리)의 시니피앙이 연쇄를 벗어나서 떨어져 나가게 된다(S3, 229). 이를 도식화하면 그림 7과 같다.

이 테두리 현상에서 중요한 점은 구멍 주위(테두리)의 시니피앙이 흩어져 그 시니피앙이 정신자동증이나 환청이라는 형태로 주체를 공격하는 반면, 중심이 결여된 구멍 자체는 시니피앙으로서는 전혀 ―배제된 것의 '회귀'나 '재출현'으로서조차도― 나타나지 않는다는 것이다. 라캉은 이를 다음과 같이 말하고 있다.

신경증:

중심의 시니피앙에 대해, 그 주위(테두리)의
시니피앙이 연쇄되어 있다

정신병:

중심의 시니피앙이 결여되어 있어서, 그 주위
(테두리)의 시니피앙이 흩어져 있다

그림 7 시니피앙 연쇄와 테두리 현상

시니피앙의 이러한 해체가 어떠한 시니피앙에 대한 결여, 소실,
부재에 의해서 구성되도록 요청하는 점点의 주변에서 일어난다는
것은, 어떤 시기에 이르면 그러한 시니피앙이 시니피앙으로써 불
리워지기 때문이다…… / 이러한 시니피앙을 'X'라고 가정해 보자.
그렇게 되면 이 'X'에 접근하는 모든 시니피앙이 되살아나게 된
다…… 하지만 완전히 그것과 딱 맞아 떨어지는 'X'는 거기에 나타
나지 않는다.(S3, 319-20, 강조 인용자. 설명을 용이하게 하기 위해
서 원문의 '(me) suivras'를 'X'로 바꾸었다)

정신병의 발병은 이 결여된 시니피앙 X가 어떤 형태로든 부
름을 받음으로써 시작된다. 이 부름은 주체가 이 시니피앙 X에
접근할 것을 요청한다. 그러나 시니피앙 X는 상징계 안에 결
여되어 있기 때문에 주체는 그 부름에 응답할 수 없다. 그 결과
시니피앙 X의 주위(테두리)에 있는 여러 시니피앙의 해체가

드러나고, 그 해체된 시니피앙이 산산조각이 나서 주체를 공격하는 것이다. 라캉은 이러한 현상, 즉 '어떤 시니피앙 자체에 환자가 접근함에도 불구하고 그 접근이 불가능하다'는 현상이 정신병에서 빈번하게 나타나는 것에 주목하고, 이 현상에 대해 '배제forclusion/verwerfung'라는 용어를 제안했다(S3, 361). 이 — 결코 현실계로 회귀하거나 재출현하지 않는 — 배제가 바로 『정신병』의 두 번째 패러다임에서의 배제이다.

그렇다면 이 패러다임에서의 배제는 무엇을 배제하는 것일까? 상징계의 중심에서 배제되는 결핍된 시니피앙이란 도대체 무엇일까? 이 점에 대해 라캉은 슈레버의 『어느 신경병자의 회고록』에 슈레버의 아버지가 단 한 번만 인용되어 있다는 점에 주목한다. 그 유일한 인용도 성교시 최적의 자세를 알아보기 위해 아버지 모리츠 슈레버의 저서 『의학적 실내 체조 안내서』를 조사한다는 참으로 기이한 내용인데, 라캉은 여기서 슈레버의 부성 기능의 부재를 보고 있다(S3, 320). 그리고 라캉은 '슈레버 의장에게는 어떻게 보아도 "아버지이다"라는 이 기본적인 시니피앙이 결여되어 있다'(S3, 330)고 결론을 내린다. 즉, 이 패러다임에서 배제된 것은 '아버지이다'라는 시니피앙인 것이다. 여기서 후에 '"아버지의 이름"의 배제'라고 불리게 되는 정신병의 구조적 조건이 처음으로 개념화되었다고 볼 수 있다.

그렇다면 정신병에서 '아버지이다'라는 시니피앙의 배제는 정신병자에게 어떤 영향을 미치는 것일까? 라캉은 인간의 심적 삶을 도로에 비유하여 정신병의 발병과 그 이후의 경과를 설명한다. 그 비유에 따르면, '아버지'라는 가부장적 시니피

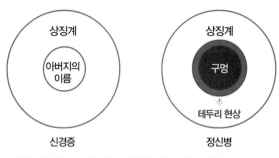

그림 8 신경증에서의 '아버지의 이름'과 정신병에서의 테두리 현상

앙은 인생의 중요한 국면에서 자주 언급되는 '간선도로grand-route'와 같은 것이다. 결혼해서 남편이 되는 것, 아이를 갖는 것은 '아버지이기 때문에 가족에 대해, 아이에 대해 책임을 져야 한다……'는 가부장적 시니피앙을 참조하지 않고서는 불가능하기 때문이다. 그러나 슈레버와 같은 정신병자에서는 이 간선도로가 되는 시니피앙이 배제되어 작동하지 않는다. 그 결과 슈레버는 부성을 담당하라는 부름을 받았을 때 이 '아버지이다'이라는 간선도로를 이용할 수 없게 된다. 정신병이 발병하는 것은 바로 이 시점이다. 그리고 그는 간선도로 대신 그 주위(테두리)에 펼쳐진 '작은 길petits chemins'을 헤매면서 망상적인 방식으로 부성을 실현할 수밖에 없게 된다. '신의 여자가 되어 세계를 재창조한다'는 슈레버의 망상은 그가 상상의 길을 통해 부성을 어떻게든 실현하려는 바로 그 방황의 궤적이다(S3, 329-30).

이제 우리는 라캉이 '테두리 현상'이라고 불렀던 정신병의 다양한 증상을 결정짓는 메커니즘을 좀 더 엄밀하게 파악할 수 있게 되었다. '아버지의 이름'의 시니피앙('아버지이다'라는 시니피앙)이 결여된 정신병자는 그 시니피앙을 행사하라는 요청을 받을 때, 그 시니피앙을 대신해 구멍을 가지고 응답할 수밖에 없다. 이때 구멍의 주위(테두리)의 여러 시니피앙이 구멍 자체를 암시하는 형태로 한꺼번에 주체를 공격한다. 이것이 바로 테두리 현상이다.

필자의 체험 증례 하나를 예로 들어보겠다. 한 정신병 환자는 발병 당시의 체험을 회상하며, 당시에는 '결혼한다는 것이 어떤 의미인지 분명히 알았다'고 말했다. 이 사례처럼 정신병 발병시에는 배제된 '아버지의 이름'의 구멍을 암시하는 가부장제적인 시니피앙— 즉 '아버지의 이름'의 시니피앙 자체가 아니라 그 주변에 있는 일련의 시니피앙 —이 등장한다. 이 시니피앙은 시니피앙 연쇄가 풀린 '단 하나의 시니피앙signifiant tout seul'으로서 주체에게 강요된다. 따라서 주체는 이 시니피앙이 만들어내는 의미작용을 다른 의미작용으로 회귀시키지 못하고 그 수수께끼 같은 의미작용에 휘둘리게 된다. 이것이 제1패러다임에서 논의된 정신병의 '수수께끼 같은 의미작용'의 본질이다.[*]

병 전의 모습과 발병 계기로 본 감별 진단 – '마치 ~ 같은 인격'과 '발언하는 것'

이 제2의 패러다임에서는 신경증과 정신병을 어떻게 감별

---

[*] 이러한 논점(정신병에서 시니피앙과 의미작용의 관계)은 나중에 재검토될 것이다.

할 수 있을까? 라캉은 두 번째 패러다임에 대한 논술에서 정신병의 구조를 지닌 인물은 발병 이전에는 '마치 ~ 같은'이라는 인격을 획득하여 일상생활을 하고 있지만, 자신의 말로 주체적으로 '발언하는 것'을 요구받는 것을 계기로 정신병이 발병한다고 언급하고 있다. 이 두 가지 특징('그러한 성격'과 '발언하는 것')으로 정신병을 신경증과 구별할 수 있다는 것이다. 말하자면, 첫 번째 패러다임의 감별 진단이 신경증과 정신병 각각의 발병 후 증상에 주목하여 이루어지는 감별 진단인 반면, 두 번째 패러다임의 감별 진단은 발병 전이나 발병 시 주체의 모습에 주목하여 이루어지는 감별 진단인 것이다.

먼저 '마치 ~ 같은 인격as if personality'부터 살펴보자. 이는 1934년 헬렌 도이치(1965)가 제시한 개념이다. 라캉은 이 개념을 참조하면서 정신병의 구조를 가진 주체의 발병 전 모습을 설명하고 있다. 그렇다면 '마치 ~ 같은 인격'이란 도대체 무엇일까? 그것은 외부 세계와 자아에 대한 정동적 관계가 빈곤하거나 존재하지 않는 성격이다. 이런 성격을 가진 사람은 그대로는 현실계에 잘 적응할 수 없다. 그래서 그들은 타인(종종 동성 친구나 형제자매)의 행동과 발언을 모방함으로써 겉으로 보기에 좋은 적응을 이루는 데 성공한다. 이처럼 현실계에 대한 진정한 관계가 결여되어 있음에도 불구하고 겉으로는 완전한 관계를 맺고 있는 것처럼 행동하는 인격체를 '마치 ~ 같은 인격'이라고 한다. 도이치는 이 인격을 망상이 드러나기 전의 정신병자(통합실조증 환자)의 특징이라고 생각했다. 즉, '마치 ~ 같은 인격'은 정신병의 구조를 가지고 있지만 아직 발병하지 않은 환자(이를 전 정신병 환자, 전 정신병자라고 부른다)의 특징을 말하는 것이다.

라캉은 도이치의 '마치 ~ 같은 인격'에 대한 논의를 시니피앙과의 관계에서 재조명한다. 앞서 말했듯이 정신병자에게는 인간의 심적 생활의 핵심을 담당하는 '아버지'라는 시니피앙('아버지의 이름')이 결여되어 있다. 따라서 그 결여의 주위(테두리)의 시니피앙, 나아가 시니피앙 전체가 한순간에 붕괴될 위험이 있다. 따라서 전 정신병자는 '남자이기 때문에 해야만 하는 것이 무엇인가라는 감정을 주는 인물에 대한 일련의 순응주의적 동일시를 통해 이것[='아버지이다'라는 시니피앙의 결손]을 메워야만 한다'(S3, 231)는 것이다. 즉, '마치 ~ 같은 인격'이란 주체가 남성 혹은 여성으로서 적절한 동일화를 할 때 필요한 '아버지의 이름'의 대상代償, 즉 오이디푸스 콤플렉스 부재에 대한 상상적 대가인 것이다(S3, 218). 라캉은 전 정신병자의 이러한 대가를 '상상적 지팡이béquille imaginaire'(S3, 231)라고 부른다. 정신병의 발병은 이 상상의 지팡이가 제대로 작동하지 않게 되었을 때 발생한다고 본다.

필자가 체험한 증례에서 '마치 ~ 같은 인격'의 파탄으로 정신병이 발병한 한 사례를 제시해 보겠다. 초등학교 시절부터 '친구나 언니와 항상 친한 2인 1조를 만드는' 생활을 해온 한 여성의 사례이다. 어린 시절부터 학창 시절까지 그녀는 일상생활의 모든 면에서 언니가 시키는 대로 행동했다. 하지만 그녀가 14세 때 언니는 진학을 위해 상경하게 되고, 둘은 헤어지게 된다. 그때 그녀는 '내가 어디에 서 있는지를 몰랐다'고 한다. 16세 때에도 그녀는 반에서 특히 친한 동성 친구하고만 긴밀한 관계를 맺고 있었다. 그 관계는 '그 아이의 생각을 따라가야만 하는' 관계였다고 한다. 그리고 학년이 바뀌어 그 친구와 반이 달라진 후 그녀는 정신질환을 앓게 된다. 어느 날, 수업 중 교사가 문제를 풀라고 지목한 그녀는 그 문제를 풀지 못하고 혼란스러워한다. 그때부터 그녀는 교실에서 책상에 앉아 있는 것만으로도 머리가 복잡해지고, 생각의 흐름이 끊어지고 맥락 없는 말을 하게 된다. 이 에피소드가 발생했을 때 그녀는 가까운 의사를 찾아가 항정신병 약물을 복용하기 시작했다. 하지만 약물치료로 상태가 호전된 이후에도 그녀의 생활은 비슷한 패턴을 반복했다. 사무직으로 취업한 곳에서도 '일대일로 대화할 수 있는 관계의 선배'와 긴밀한 관계를 맺지만, 그 선배가 퇴사하고 혼자서 일을 해야 하는 순간 그녀는 간단한 일조차도 할 수 없게 된다.

이 에피소드가 재발되었을 때 그녀는 외래 환자로 필자를 처음 방문했다. 진료시 그녀는 독백처럼 '난, 끝났어요'를 반복했다. 왜 끝났냐고 물었더니 그녀는 '내가 설 자리가 없어졌기 때문'이라고 답했다. 더 묻자 그녀는 '나는 사람들에게 맞춰서 비어 있는 것 같다'고 했다. 이런 내용을 말하는 어조는 비정상적일 정도로 평온하고, 억양이 거의 없는 말투가 특징적이었다. 항정신병약 투여로 다시 상태가 안정되자 그녀는 아주 평범한 젊은 여성으로 변했고, 재발 당시와는 전혀 다른 사람처럼 말투도 아주 평범하게 바뀌었다.

이 사례에서 정신병의 발병과 재발을 결정지은 것은 그녀에게 '상상의 지팡이'였던 언니, 친구, 선배라는 질서로부터의 이별과 그에 따른 혼자만의 출발(홀로서기)이다. 그녀 스스로 말했듯이, 그녀는 원래 '사람에 맞춰서 텅 비어 있다'고 표현할 수 있는 성격을 가지고 있다. 그래서 그녀는 이 텅 빈 구멍(='아버지의 이름'의 결손)을 상상의 지팡이가 되는 인물의 언행을 '따라가는 것'으로 메우려 한다. 그렇게 함으로써 그녀는 비로소 상징계 안에서 '자신의 위치'를 정할 수 있게 되는 것이다. 그러나 상상적 지팡이의 도움 없이 혼자서 '자신의 위치'를 정해야 할 필요가 생겼을 때, 그녀의 시니피앙 전체는 한순간에 무너져 버린다.

그런데 그녀에게 발생하는 이별과 이탈 자체는 신경증과 정신병의 구조를 취하든 아니든 우리 모두가 경험하는 것이기도 하다. 특히 우리의 청소년기는 사회 질서나 주변 상황으로부터 구속을 받는 동시에 그러한 구속에서 벗어나 아무것도 의지할 것이 없는 곳에서 자유로운 주체로서 스스로의 행동을 결정해야 하는 이중적 고뇌의 중첩에 놓여 있다. 그러나 신경증 환자라면 그때 '아버지이다'라는 시니피앙을 가지고 결정을 내릴 수 있는 반면, 그 시니피앙이 결여된 전前정신병자는 사회적 관계와 질서에 대한 구속에서 주체적인 의사 결정을 통해 벗어나는 데 결정적으로 실패한다.

정신병의 발병 원인이 이와 같다는 것은 일본 정신병리학에서도 여러 차례 지적된 바 있다. 예를 들어, 인간학적 입장에서 내인성 정신병의 발병에 직접적으로 선행하는 심적 요인을 고찰한 가사하라 요미시笠原嘉(1984)는 사람의 정신병 발병의 계기가 되는 것은 기성 질서에서 벗어나 혼자서 '출발'하려다가 좌절하는 것이라고 했다. 라캉 역시 가사하라처럼 정신병의 발병과 관련해 출발의 계기를 중요시했다. 예를 들어 '결혼 상대자의 아버지를 만났을 때', '아이가 태어날 때' 등의 계기로 정신병이 발병한다고 라캉은 말했다. 그러나, 다음 사항을 강조하지 않으면 안 된다. 라캉은 이러한 출발의 계기를 단순히 하나의 인생 사건life event으로 이해하는 것이 아니라 주체의 '말하기parole'에서 예외적인 사건으로 파악하고 있다. 다음 구절을 보자.

정신병의 입구에 있는 동인動因의 핵심에 있는 것은…… 그것은, 인간에게 부과되는 것 중 가장 곤란한 것…… 즉 '발언하는 것prendre la parole'이라고 불리는 것이다. 즉, 자신의 이야기를 하는 것인데, 이는 이웃의 이야기에 '예, 그렇지요'라고 말하는[=동조하는] 것과는 정반대이다…… 임상이 보여주는 것…… 정신병이 발병하는 것은 바로 이 [발언하는] 순간이다.(S3, 285)

즉, 타인의 말을 빌리지 않고 자신의 말로 주체적으로 발언하는 것이 정신병적 구조를 가진 전 정신병자에게는 발병의 순간=계기가 된다는 것이다. 안타깝게도 이 '발언하는 것'이라는 단어는 기존 번역에서는 '파롤을 포착한다'로 번역되어 있다. 그렇지 않다. 이미 형성되어 있는 기존의 서사를 '포착'하는 계기가 아니라, 아무것도 의지할 것이 없는 곳에서(ex nihilo에서) 자신의 서사를 만들어내는 계기야말로 문제라고 라캉은 말한다. 이러한 계기는 역시 진학, 취업, 결혼 등 상황적 요인으로서의 '출발의 계기'가 전형적이라고 할 수 있다. 그러나 라캉의 입장에서는 그러한 '상황으로서의 출발'이 문제가 아니라, 그 상황이 불러일으키는 '자신의 언어로 이야기하는 것의 갑작스러운 요청'이 문제라고 말해야 한다. 즉, 정신병은 '이야기의 출발'의 좌절로 인해 발병하는 것이다.

정신병이 발병하는 것은 자신의 말로 누구의 도움 없이 발언하는 상황에서 '아버지이다'라는 시니피앙에로의 요청에 주체가 직면해, 그 시니피앙의 결손이 드러나는 시점이다. 그러나 『정신병』의 단계에서는 아직 억압과 배제, 질문의 구조, 의미작용, '아버지이다'라는 시니피앙이라는 각각의 논점이 오이디푸스 콤플렉스와 어떻게 관련되어 있는지를 충분히 보여주지 못한다. 그래서 라캉은 『정신병』의 논의를 체계화하기 위해 오이디푸스 콤플렉스 자체를 구조론적으로 재구성하게 된다. 다음 장에서는 그 논의를 확인하게 될 것이다.

4. 「프로이트의 '부정'에 관한 장 이폴리트의 주석에 대한 답변」 (1951)에 나타난 제3의 배제와 그 운명

지금까지 우리는 라캉이 『정신병』에서 사용한 '배제Verwerfung/rejet/forclsuion'라는 술어가 적어도 두 가지 다른 의미를 가지고 있다는 것을 제시했다. 그에 따르면, 첫 번째 배제에서는 거세 위협이 배제된 결과 그 거세 위협이 의미작용으로 현실계에 재출현하는 반면, 두 번째 배제에서 배제되는 '아버지이다'라는 시니피앙('아버지의 이름')은 그 자체로는 결코 회귀도 재출현도 하지 않는 것이었다.

그러나 이 시기 라캉이 품고 있는 '배제'가 모두 이 두 가지 의미로 회수되는 것은 아니다. 세미나 제1권 『프로이트의 기법론』에서 구두로 언급되고 『정신병』과 같은 시기에 다시 쓰여진 논문 「프로이트의 '부정'에 관한 장 이폴리트의 주석에 대한 답변」에는 이 두 가지 배제와 조금 다른 의미의 '배제'라는 단어가 사용되고 있다. 일단 그것을 '제3의 배제'라고 부르기로 하자.

논문 「프로이트의 '부정'에 관한 장 이폴리트의 주석에 대한 답변」의 논의 맥락은 다음과 같다. 54년 2월 10일, 라캉은 헤겔을 전공한 철학자 장 이폴리트에게 프로이트의 논문 「부정Die Verneinung」에 대한 주석을 의뢰한다. 이폴리트는 이 논문 제목의 프랑스어 번역은 단순한 '부정négation'이 아니라 '전언철회前言撤回적 부정dénégation'이어야 한다고 말한다(E879). 왜냐하면 프로이트는 이 두 가지 부정을 구분한 후 후자의 전언철회적 부정을 논하고 있는 것으로 보이기 때문이다. 그렇다면 두 부정은 어떻게 다른가?

전언철회적 부정은 분석가가 '당신[=분석 주체]의 꿈에 나타난 이 사람은 누구입니까?'라는 가정적 질문에 대해 분석 주체가 '당신은 꿈에 나온 이 사람이 누구냐고 물으셨군요. 제 어머니는 아닙니다'(GW14, 11)라고 대답할 때 행하는 부정이다. 이러한 부정은 '이 사람은 누구입니까?'라는 가정적 질문에 대해 분석 주체의 무의식이 '내 어머니'라는 표상을 가지고 대답했다는 것을 증명하고 있다(그렇지 않다면 '내 어머니가 아닙니다'라는 대답이 떠오르지 않을 것이기 때문이다). 그러나 분석 주체는 자신의 머릿속에 떠오른 '내 어머니'라는 대답을 인정할 수 없다. 그래서 그는 그 대답을 철회하는 듯이 '내 어머니가 아닙니다'라고 말하며 그 대답을 부정하는 것이다. 프로이트는 이러한 (후퇴적) 부정은 억압의 해제Aufhebung이지만, 억압된 것을 승인하는 것은 아니라고 말한다(GW14, 12). 즉, 전언철회적 부정은 '그렇지 않은 양태로 있는 것을 제시하는 것

présenter son être sur le mode de ne l'être pas'(E881), 즉 어떤 표상을 부정하면서 긍정하는 변증법적 부정과 같다고 말한다. 이것이 프로이트의 논문 「부정」에 대한 이폴리트의 독해의 골자다.

그런데 이러한 전언철회적 부정이 가능하기 위해서는 그 전제로서 주체가 자신의 무의식 속에 그 표상과 관련된 사물을 포섭하고 있는 것이 필요하다. 이 포섭을 라캉은 프로이트의 용어를 빌려 '긍정Bejahung'이라고 부른다. 그러나 주체는 모든 사물을 포섭하는 것은 아니다. 주체는 어떤 사물을 받아들이지 않고 배출하는 경우가 있다. 이 배출을 '배제Verwerfung'라고 한다(E387). 이 긍정과 배제의 메커니즘의 차이를 라캉은 다음과 같이 설명한다.

상징계의 빛에 이르지 못한 것은 현실계 속에 나타난다. 왜냐하면 주체의 내부로의 포섭Einbeziehung ins Ich과 주체의 외부로의 배출Ausstossung aus dem Ich을 이렇게 이해해야 하기 때문이다. 후자[배출]는 상징화의 외부에 존속하는 것의 영토인 한에서 현실계를 구성하는 것이다.(E388)

이 구절에서 말하는 '섭취'와 '배출' 두 가지를 각각 풀어서 써보겠다. 먼저, 어떤 사물이 주체 안에 포섭된(=긍정된) 경우, 그 사물의 표상은 상징적인 것으로서의 지위를 획득할 수 있다. 그 표상은 억압된 상태로 무의식 속에 존재하지만, 때때로 주체의 의식으로 회귀한다. 그리고 주체는 '내 어머니가 아니에요'라고 대답한 분석 주체처럼 그 회귀해 온 표상에 대해 전언철회적 부정을 할 수 있다.

그렇다면 어떤 사물이 주체 외부로 배출되는(=배제되는) 경우에는 어떤 일이 벌어질까? 배출된 사물은 상징화되지 않고, 오히려 상징화의 외부에 있는 것으로서 현실계를 구성하게 된다. 그리고 이 현실계는 때로 재출현하여 주체를 공격하기도 한다. '배제retranchée*된 거세가…… 불규칙적으로 현실계에 나타난다'(E388)는 것이다. 예를 들어, 프로이트의 사례 늑대남자는 다섯 살 때 새끼손가락이 절단되는 환각을 경험하고 말할 수 없는 경악에 휩싸였다고 보고하고 있다(GW12, 117-8). 라캉은 이 환각에서 '현실계가 출현émerger하고 있다'고 말한다(E389). 이 환각을 경험한 주체는 출현한 현실계의 사물(절단된 새끼손가락)에 대해 전언철회적 부정을 할 수 없다. 왜냐하면 전언철회적 부정을 하기 위해서는 사전에 그 사물을 포섭하고 상징화해 놓아야 하기 때문이다. 훗날 라캉이 정식화하듯이, 그 장소에 결여된 것(부재라고 판단되는 것)이 가능한 것은 상징계에 속하는 것뿐이며, 현실계에 속하는 것은 항상 그 장소에 존재할 수밖에 없다, 즉 그 장소에 존재하지 않는다는 것을 할 수 없는 것이다(S4, 38). 따라서 환각은 '그런 건 있을 수 없다'고 아무리 스스로에게 말해도, 그 실재를 부정할 수 없게 되는 것이다.

라캉은 이것을 도서관의 비유로 설명한다. 도서관 안에 한 권의 책이 없다는 것은 그 책이 '있어야 할 자리에 빠져 있다'

---

* 여기서 '배제'로 번역한 retrancher, retranchement라는 말은 라캉 자신이 이 논문에서 프로이트의 '배제Verwerfung'에 대한 번역어로 사용한 것이다(E386).

는 뜻이다(S4, 38). 예를 들어, 그 책의 부재는 대출판貸出板(그 책이 대출 중=부재임을 알리는 판)의 형태로 상징적으로 드러날 수 있다. 이는 이폴리트가 말한 '그렇지 않은 양태[=대출판이라는 존재]로서 있는 것[=부재의 책]을 제시하는 것'(E881)이라는 전언철회적 부정의 기능 바로 그것이다. 이러한 존재와 부재의 변증법이 작동할 수 있는 것은 책이 상징계에 존재하기 때문이다. 만약 현실계에 책이 존재한다면 그것은 결코 부재할 수 없는 책, 원리적으로 대출 불가능한 책이 될 것이다.*

바로 알 수 있듯이, 여기서도 드러나는 배출(배제) 및 배제된 것(현실계)의 재출현이라는 논리는 우리가 '제1의 배제'라고 불렀던 것과 매우 유사하다. 그러나 여기서도 놓치고 있는 배제(우리가 '제3의 배제'라고 부르는 것)는 다음과 같은 두 가지 점에서 제1의 배제와 다르다.

(1) 제1의 배제에서 현실계에 재출현하는 것은, 그 재출현 때에 의미작용이라는 형식을 취했다. 제3의 배제는 이와 다르다. 제3의 배제에서 배제된 것의 재출현(환각)은 라캉이

---

* 밀레르(1980)에 의하면, 라캉의 현실계는 사르트르의 '즉자en-soi' 개념에서 영향을 받은 거라고 주장한다. 즉자란 '그것이 있는 곳에 있는 그대로 것celui qui est ce qu'il est'이라는 존재의 유형이며, 그 존재는 부정의 계기가 결여되어 있으며, 권리상 부재일 수 없다. 다른 한편, 즉자를 무화=부정한 곳에서 나타나는 대자對自는 '그것이 있지 않은 곳에 있는 것이고, 그것이 있는 곳에는 있지 않는다celui qui est ce qu'il n'est pas et qui n'est pas ce qu'il est'라는 변증법적 존재의 형태를 말하는 것이다(Sartre, 1943. p. 665).

'현실계가 혼자서만 말하는cause tout seul', '현실계가 출현émerger한다'(E389)는 말로 설명하듯이, 오히려 배제된 것 자체가 재출현하는 듯한 현상으로 나타난다.

(2) 제1의 배제에서 배제된 것의 재출현은 신경증과 정신병의 감별 진단의 결정적 요인이었다. 배제된 것의 현실계로의 재출현은 정신병 사례에서만 볼 수 있는 구조 특이적인 현상이기 때문이다. 반대로 제3의 배제에서 배제된 것의 재출현은 놀랍게도 신경증 사례에서도 동일하게 나타나는 구조 비특이적 현상이다.

두 번째 점(제3의 배제의 구조 비특이성)에 대해서는 좀 더 자세히 설명할 필요가 있을 것이다. 논문 「프로이트의 '부정'에 대한 장 이폴리트의 주석에 대한 답변」에서 라캉은 자신이 주장하는 (제3의) 배제가 관찰되는 두 가지 임상 사례를 들고 있다. 그중 하나는 이미 언급한 늑대남자의 손가락 환각이다. 그러나 늑대남자가 신경증과 정신병 중 어느 쪽에 속하는지에 대해서는 많은 논의가 있어, 그를 정신병의 모델이라고 단정 짓기는 어렵다. 또한 라캉이 다루는 (제3의) 배제의 또 다른 예는 정신분석학자 에른스트 크리스Ernst Kris(1900~1957)(1951)가 발표한 강박신경증 증례 '생뇌를 먹는 남자'에 나타나는 액팅아웃acting out이다. 그렇다면 제3의 배제에서 배제된 것의 재출현은 신경증과 정신병 모두에서 일어날 수 있다고 보아야 할 것이다.

확실히 하기 위해서, 크리스의 증례와 그에 대한 라캉의 언급을 확인해 놓겠다. 크리스 증례의 환자는 30대 초반의 젊은 남성 과학자였다. 그는 학교에 적을 두고 있었지만, 연구 성과가 저조하여 더 높은 직책을 얻지 못하고 있었다. 이렇게 연구가 잘 진행되지 않는 것이 그의 증상이었다. 어느 날, 연구 성과가 구체화될 즈음, 그는 문득 생각이 나서 도서관을 찾았다가 한 학술 논문을 발견한다. 그리고 그는 그 학술 논문 속에서 자신이 생각했던 것과 같은 생각이 전개되고 있음을 발견한다. 그는 분석가에게 '그래서 자신의 새로운 연구 성과는 "표절"이다'라고 보고했다. 보통의 과학자라면 실망해야 할 장면임에도 불구하고, 그 보고를 하는 환자는 매우 만족스러워하는 모습이었다. 그래서 크리스는 이 환자의 논문이 표절에 해당하는지 확인했지만, 실제로는 표절에 해당할 만한 부분이 전혀 보이지 않았다. 이 환자는 실제로는 표절을 하지 않았던 것이다.

크리스는 이 환자의 표절에 대한 욕망을 그의 아버지와 할아버지와의 관계에서 해석한다. 이 환자의 할아버지grandfather는 성공한 과학자였지만, 그의 아버지는 학문적으로 실패한 사람이었다. 그래서 환자는 '위대한-아버지grand-father', 즉 '할아버지처럼 성공한 아버지'를 욕망하고, 학문적으로 도용할 만한 가치가 있는 타인이 존재한다는 것을 욕망하고 있었다는 해석이 환자에게 통고된다. 이 해석이 끝난 뒤, 환자는 아주 오랜 시간 동안 침묵했다. 침묵 후, 환자는 갑자기 다음과 같이 말했다. '매일 점심시간에, 내가 여기[=크리스 분석실]를 떠난 뒤, 점심식사 전, 그리고 내 사무실로 돌아가기 전에 나는 X거리(작지만 매력적인 식당이 몇 군데 있는 것으로 알려진 거리)를 걷는데, 거기서 여러 가게의 창문에 걸려 있는 메뉴판을 본다. 그중 한 레스토랑에 들어가면 내가 가장 좋아하는 요리인 생뇌

가 있다.'

라캉은 크리스의 '위대한(성공한)-아버지'라는 해석이 예리한 지적임을 인정한다(E397). 크리스의 해석은 일단 '맞다'는 것이다. 그러나 이 해석이 불러일으킨 반응인 '생뇌를 먹는다'는 액팅아웃은 오히려 '성급하게 상징화를 할 때, 즉 상징적 영역의 내부가 아닌 현실réalité의 질서 속에서 어떤 사물에 접근할 때 발생하는 망상형 환각 현상에 해당하는 것'(S3, 93)이라고 라캉은 비판한다. 즉, 크리스는 충분한 준비 없이 환자의 증상을 상징화=해석해 버렸기 때문에 정신병의 환각에서 볼 수 있는 사물의 재출현을 유발했다는 것이다. 라캉은 이 현상을 다음과 같이 이해한다.

그 [생뇌를 먹는다는] 행위acte 자체를 어떻게 이해할 수 있을까? 만약 거기에 원초적으로 '배제retranchée'된 구순적 관계의 출현émergence을 바로 보지 않는다면?(E398, 강조는 인용자)

라캉은 정신병적 환각이 배제된 거세 위협의 출현인 것처럼, 강박신경증 사례의 액팅아웃도 배제된 구순적 관계의 출현으로 보아야 한다고 말한다. 정신병의 환각에서 현실계가 출현하는 것처럼, 신경증 환자의 액팅아웃에서도 현실계가 출현하는 것이다. 그렇다면 제3의 배제와 배제된 것의 재출현을 기준으로 신경증과 정신병의 감별 진단을 하는 것은 어려워진다.

여기서 우리는 라캉이 이 논문에서 배제Verwerfung의 메커니즘으로 위치시킨 '배출Ausstossung'이 애초의 정의부터 '상징화의 외부에 존재하는 것의 영역인 한에서 현실계를 구성하는 것'(E388, 강조는 인용자)이었음을 상기해야 한다. 제3의 배제는 현실계를 구성한다. 이 기술은 문자 그대로 읽어야 한다. 즉, 여기서 라캉은 '상징화할 수 없는 것을 외부로 배출하는 메커니즘에 의해 비로소 현실계라는 영역이 구성된다'고 말하고 있는 것이다. 그렇다면 여기서도 생략된 (제3의) 배제는 병리적인 과정이 아니라 오히려 정상적인 정신 체계의 구조화 과정으로 보아야 할 것이다.

'배제' 개념을 통사적으로 고찰한 말레발은 우리가 '제3의 배제'라고 부르는 이 배제를 '구성하는 배제forclusion structuran-te'라고 부르며, 정신병에 특유한 구조적 조건으로서의 '병적인 배제forclusion pathologique'(제2의 배제='아버지의 이름'의 배제)와 구별해야 한다는 결론을 내리고 있다(Maleval, 2000, p. 154).[*] 나아가 여기서 검토하고 있는 전자의 배제, 즉 구성하는 배제는 정신병이든 아니든 모든 주체의 구성에 있어서 요청되는 원억압原抑壓이라고까지 말레발은 말한다. 실제로 프로이트의 '원억압Urverdrängung'이라는 개념은 욕망을 표상에 의해 대리하려고 할 때 그 표상 대리가 의식에서 거부되는 것을 의미했다. 그리고 이 원억압된 표상 대리물은 '불변의 상태로 존속'하며 이후 억압의 핵으로 기능하게 된다(GW10, 250). 요약하면, 프로이트는 의식에서 거부된 것이 의식의 외부에서 존속하는 것을 '원억압'이라 불렀고, 라캉은 상징화에서 거부된 것이

---

[*] 엄밀하게 말하면 말레발은 '제1의 배제'와 '제2의 배제'를 구별하지 않는다. 그는 이 양자를 모두 '구성하는 배제'에 위치시키며 그것을 '병적인 배제'와 구별하고 있다.

	배제된 것	배제의 결과	나중의 이론에서의 위상
제1의 배제	거세의 위협 (유아기의 체험)	의미작용으로서 현실계에 재출현한다	〈아버지의 이름〉의 배제의 결과 끊어진 연쇄, 단독의 시니피앙
제2의 배제	〈아버지의 이름〉	그 자체는 회귀도 재출현도 하지 않고, 테두리 현상을 생기게 한다	〈아버지의 이름〉의 배제
제3의 배제 = 원억압	상징화 불가능한 것	현실계를 구성하고, 환각이나 액팅아웃에서 출현한다	〈물 物〉의 분리 신경증/정신병에서 대상 a의 현현 성관계의 배제(일반화 배제)

표 1 1955-56년에 사용된 세 가지 '배제'

상징계 외부에서 현실계를 구성하는 것을 '[제3의] 배제'라고 불렀다. 따라서 라캉이 이 텍스트에서 말하는 '배제'는 실은 프로이트의 '원억압'과 다르지 않다.

　뒤에서 살펴보겠지만, 60년대의 라캉 이론은 상징화에서 흘러내리는 외부로서 존속하는 영역을 현실계로 정의하고, 거기에 상징화의 잔여물로서 대상 a를 위치시키게 된다(S10, 189). 이를 고려한다면, 제3의 배제 논의는 이후의 대상 a에 관한 논의를 위한 조력자라고 볼 수 있다(Maleval, 2000, p. 50). 실제로 라캉은 67년 3월 8일 '생뇌를 먹는 남자'라는 크리스의 증례를 재론할 때, 이 환자의 액팅아웃에는 '구순적인 대상 a'가 제시되어 있다고 언급하고 있다(S14, 260A). 즉, 제3의 배제에서 배제된 것의 재출현은 라캉이 나중에 말하는 '대상 a의 현현' 바로 그것이다.[*]

신경증과 정신병 모두에서 상징화의 잔재로서 대상 a가 출현한다면, 이 둘을 감별할 수 없는 것일까? 아니, 그래도 감별 진단은 가능하다. 그러나 이 논점에 대한 집중적인 논의는 60년대 이후의 신경증과 정신병의 감별 진단론을 기다려야 한다. 일단 우리는 지금까지 확인한 세 가지 배제를 표 1에 정리해 두는 것으로 본 장의 논의를 마무리하고자 한다.

4장과 이어지는 5장에서는 라캉이 오이디푸스 콤플렉스를 구조론적으로 재해석하여 두 번째 배제('아버지의 이름'의 배제)를 완성하는 과정을 살펴볼 것이다. 제3의 배제가 대상 a의 이론으로 다시 한 번 재조명되는 시기의 이론은 60년대 라캉을 다루는 제7장에서 다룬다.

---

* 무카이 마사아키(2012)는 우리가 '제3의 배제'라고 부르는 배제와 관련되어 배제된 것의 출현을 '폐기된 "物물"의 회귀'라고 명명한다. 이런 '폐기'는 Ausstossung의 역어이며, 주체가 어떠한 사물을 원초적으로 배출하는 기능을 가리킨다. 무카이가 말하는 '폐기된 "사물"의 회귀'도 정신병에 특이적인 것이 아니라, 기분 나쁜 것Unheimliche, 망상 기분, 애니미즘, 자폐증, 예술 작품등 다양한 모습으로 '물'이 출현하는 사태를 지시하는 것이다.

제4장
오이디푸스 콤플렉스의
구조론화(1956-1958)

　라캉은 세미나 3권『정신병』에서 오이디푸스 콤플렉스를 하나의 '시니피앙의 도입'(S3, 214)으로 이해할 수 있다고 했다. 특히 '아버지이다'라는 시니피앙(='아버지의 이름')은 오이디푸스 콤플렉스의 핵심을 이루는 시니피앙이며, 이 시니피앙이 결손된 것이 정신병의 구조적 조건이라고 라캉은 생각했다. 라캉은 프로이트가 명확하게 말하지 못했던 것, 즉 정신병에서 오이디푸스 콤플렉스의 '아버지'가 제대로 기능하지 못한다는 것을 명확히 한 것이다.

　다음으로 라캉이 몰두한 과제는 구조언어학에서 차용한 시니피앙의 개념을 사용해 오이디푸스 콤플렉스 자체를 구조론적으로 재해석하는 것이었다. 실제로 라캉은『정신병』에 이어 56-57년의 세미나 제4권『대상 관계』, 57-58년의 제5권『무의식의 형성물』, 그리고 57년의 논문「무의식에서의 문자의 심급審級」, 58년의 강연「팔루스의 의미작용」에서 그 작업을 진행하게 된다.

그런데, 오이디푸스 콤플렉스의 구조론화 작업에서 라캉에게는 극복해야 할 논적이 있었다. 그것은 영국의 정신분석학자이자 대상 관계론의 주역인 멜라니 클라인Melanie Klein(1882-1960)이다. 자세히 살펴보겠다. 오이디푸스 콤플렉스를 둘러싼 프로이트의 논의가 문제 삼았던 것은 대략 3-5세 아동의 심성이었다. 왜냐하면 프로이트가 진행하던 성인 대상의 정신분석에서 가장 초기 기억으로 떠올릴 수 있는 한계에 위치했던 것이 바로 3-5세 유아기의 여러 가지 사건들이었기 때문이다. 반면 클라인은 아동의 놀이를 상징적으로 해석하는 기법적 혁신을 통해 프로이트가 분석의 대상으로 삼을 수 없었던 아동을 분석의 대상으로 삼을 수 있게 했다. 그녀는 그 기법으로 오이디푸스 콤플렉스 이전, 언어 습득 이전의 아동 심성에 대한 이론화를 통해 0세 아동의 심성인 '전前 오이디푸스기'를 발견할 수 있었다. 이러한 사정으로 당시 정신분석계에서는 프로이트보다 원초적인 제반 관계를 분석할 수 있는 클라인의 이론에 우위성을 인정하는 경향이 있었다.* 오이디푸스 콤플렉스에서 '아버지'라는 시니피앙의 존재/부재로 신경증/정신병의 감별 진단의 기초를 마련하려 했던 라캉에게 클라인의

---

* 라캉도 대상 관계론이 정신분석의 역사적 발전에서 이론상이나 실천상에서 중심적 위치가 부여된다는 점을 인정한다(S4, 11). 하지만 라캉은 대상의 관계보다도 대상의 결여, 즉 프로이트가 중시한 언제나 재발견되는 '잃어버렸던 대상'에 주의를 촉구한다(S4, 15). '정신분석의 대상은 인간이 아니다. 그것은 인간이 결여하고 있는 것 ―이라고 하더라도 절대적인 결여는 아니지만 ― 즉 대상의 결여'인 것이다(AE211).

이론을 어떻게 비판적으로 수용할 것인가가 중요한 문제가 된 것은 바로 이 때문이다.

이 장에서는 먼저 라캉이 클라인에 대해 어떻게 반응했는지 확인하고, 거기서부터 오이디푸스 콤플렉스를 어떻게 구조론화해 나갔는지 순서대로 살펴보도록 하자.

1. 망상 분열 포지션과 우울 포지션

클라인의 전 오이디푸스기에 대한 연구의 집대성이라 할 수 있는 논문, 「유아의 정서 생활에 관한 두세 가지 이론적 결론」(1952)을 살펴보자. 클라인은 이 논문에서 0세 유아의 심성으로서의 전 오이디푸스기를 '망상 분열 포지션paranoid-schizoid position'와 '우울 포지션depressive position'의 두 가지로 구분하고 있다.

망상 분열 포지션은 생후 3-4개월에 나타나는 공상적인 단계이다. 이 단계에서 유아의 주된 관심은 엄마의 유방에 쏠려 있다. 클라인은 이 유방을 '부분 대상'이라고 부른다. 왜냐하면 이 단계에서는 이후 우울 포지션에서 볼 수 있듯이 유아가 어머니를 하나의 '전체 대상'으로 인식하지 못하고, 유방이라는 어머니의 신체 일부에만 리비도가 비급되기 때문이다. 그렇다면 영아와 유방의 관계는 어떤 것일까? 유아는 수유를 통해 채워지는 욕구 충족과 수유가 잘 되지 않는 욕구 불만을 반복적으로 체험한다. 이 반복으로 인해 유아의 심적 생활에 '좋은 유방'과 '나쁜 유방'의 구분이 도입된다. '좋은 유방'은 유아의 욕구를 충족시켜준다는 긍정적인 가치를 지닌 사랑스러운 대상이다. 반면 '나쁜 유방'은 유아의 욕구를 불만족스럽게 만든다는 부정적 가치를 지닌 혐오스러운 대상이다. 유아는 좋은 유방에 대해서는 배고픔의 해소와 쾌감을 얻을 수 있지만, 나쁜 유방에 대해서는 절멸의 불안과 박해적인 불안을 느끼게 된다. 그 결과 유아는 환상 속에서 나쁜 유방을 깨물고 먹어치우려고 한다. 즉, 망상 분열 포지션은 유아가 박해적 불안을 느끼고, 구순적 리비도 충동과 파괴 충동을 어머니의 유방으로 향하는 단계이다.

그러다가 생후 4-6개월이 되면 유아는 유방에 대한 애증과 증오의 대립을 점차 통합하기 시작하며, 동시에 '어머니는 하나의 전체적 인간'이라는 생각을 처음으로 갖게 된다. 이것이 우울 포지션의 시작이다. 억압적 위치에서 발생하는 자아의 통합을 통해 유아는 지금까지 깨물려고 했던 나쁜 유방이 사실은 좋은 유방과 같은 것이며, 나아가 그 유방이 엄마의 신체의 일부라는 것을 알게 된다. 여기에서 '사랑하는 대상에 상처를 주었다'는 죄책감과 우울한 불안감이 생긴다. 이렇게 유방이라는 어머니의 신체 부위에 대한 유아의 관계에서 점차 한 인간으로서의 어머니와의 관계가 생겨나는 것이다.

망상 분열 포지션에서 우울 포지션으로의 전환은 부분 대상(유방)에서 전체 대상(어머니)으로의 전환에 해당한다. 망상 분열 포지션에서 유방이라는 부분 대상에 대한 좋은/나쁜, 애정/증오의 대립은 우울 위치에서 어머니라는 하나의 전체 대상 위에 통합되어 양가적인 것이 된다. 여기서 좋은/나쁜, 애정/혐오의 이항대립을 편의상 플러스/마이너스 기호로 표현해 보자. 그러면 망상 분열 포지션에서 우울 포지션으로의 전환은 그림 9와 같이 도식화할 수 있다.

망상 분열 포지션	우울 포지션
좋은 유방 ← 분열 → 나쁜 유방 (+)　　　　　　　　(−)	어머니 (전체 대상) (+) / (−)

그림 9 망상 분열 포지션과 우울 포지션

2. 프뤼스트라시옹

라캉은 『대상 관계』에서 앞서 언급한 클라인의 논의를 참조하면서 '아동의 원시적 관계'를 구조론적으로 자리매김하려 한다(S4, 66). 즉, 그는 정신분석이 이론과 실천에서 다룰 수 있는 초기 아동의 대상 관계를 상징계, 상상계, 현실계라는 틀을 가지고 해명하려고 한다. 우선 라캉이 클라인의 부분 대상과 전체 대상의 구분을 재해석하고 있는 구절을 살펴보자.

멜라니 클라인도 [부분적 대상으로서의] 유방과 전체적 대상으로서의 어머니를 구분했다. 그녀는 한편으로는 다양한 부분적 대상을, 다른 한편으로는⋯⋯ 전체적 대상으로서 어머니를 설정하고 이 두 가지를 명확하게 구분했다⋯⋯ 그러나 여기서 언급되지 않은 것은 이 두 대상이 같은 성질이 아니라는 것이다. 사실 어머니는 동작 주체로서 자식의 부름에 의해 설립되는 것이고, 어머니는 이미 처음부터 있을 수도 있고 없을 수도 있는 존재로서, 플러스/마이너스 가능성에 의해 표상된 대상으로서, 플러스/마이너스 가능성을 내재화시킨 대상으로서 존재하고 있는 것이다⋯⋯ 다시 말해, 이 두 가지 사이에는 근원적 차이가 있다. 한편으로는 근본적으로 다른 어떤 것, 즉 어머니의 사랑을 목표로 하는 사랑의 상징으로서의 선물이 있고, 다른 한편으로는 무엇이든 간에 아이의 욕구

충족을 위해 오는 대상이 있는 것이다. (S4, 125 강조는 인용자)

　클라인의 생각으로는 망상 분열 포지션에서 부분 대상(유방)에 대한 선/악, 애정/증오의 대립은 나중에 우울 포지션에서 전체 대상에 대한 양가성으로 통합되는 것이었다. 그러나 라캉은 그러한 통합을 인정하지 않는다. 왜냐하면 유방은 현실적 대상이고 어머니는 상징적 대상이기 때문이다. 이 두 대상은 각각 존재론적 지위가 다르기 때문에 전자가 후자에 통합될 수 없는 것이다. 나중에 확인하겠지만, 이 두 대상의 수준 차이=균열이 나중에 인간의 욕망을 낳게 된다.

　여기서는 아이의 심적 삶을 묘사함으로써 현실적 유방과 상징적 어머니의 차이를 밝혀두겠다. 한편으로 어머니의 보살핌을 받는 아이는 유방이라는 부분적 대상과 관계를 맺고, 그 대상을 통해 자신의 욕구를 충족시킨다. 그러나 이 유방은 긍정과 부정의 양극으로 나뉜다. 자기 앞에 현전하여 쾌감을 제공하는 좋은 유방과 그 자리에 부재하거나 현전하더라도 쾌감을 제공하지 않는 나쁜 유방은 아이에게 결코 같은 것으로 인식되지 않는다. 다른 한편으로 아이는 엄마라는 전체 대상과도 관계를 맺고 있다. 어머니는 아이가 알지 못하는 규칙=법(예를 들어, 수면-각성 리듬이나 집안일로 인한 수유 중단, 남편의 부름 등)에 따라 아이 앞에 현전하기도 하고 부재하기도 하는 대상으로서 아이의 심적 삶 속에 나타난다. 다시 말해, 유방이라는 대상은 긍정과 부정의 양극단에 놓인 현실적 대상으로 존재하는 반면, 어머니라는 대상은 긍정과 부정의 가능성을 모두 가진 상징적 대상으로 아이의 심적 생활에 등장하고 있는 것이다.

이 상징적 어머니라는 개념은 프로이트가 「쾌락원리의 저편」에서 서술한 에른스트 소년의 실타래 놀이를 바탕으로 만들어진 것이다. 확인해 보자. 프로이트는 한 살 반 아이의 실타래 놀이를 관찰했다. 이 아이는 나무 실타래를 던지기도 하고, 끌어당기기도 하며 놀았다. 프로이트의 관찰에 따르면 이 아이는 실타래를 침대 밑으로 던져 넣었다가 보이지 않게 되면 '오오오'라고 소리를 내고, 실타래를 끌어내어 보이게 되면 '다'라고 발성했다. 프로이트는 이 두 발성이 각각 '부재Fort'와 '현전Da'에 대응하는 것을 발견하고, 이 현전(Da)과 부재(Fort)의 대립이 이 아이의 어머니의 현전과 부재를 상징화한다고 생각했다(GW13, 12-3).

라캉은 이 실타래 놀이를 다음과 같이 해석한다. 아이가 실타래를 끌고 나와 '있다'고 발성하는 것은 부재하는 실타래에 대해 현전하라고 호소하는appel 것이다. 그것은 그 자리에 부재하는 어머니를 자기 앞에 현전시키라고 호소하는 것이기도 하다(S4, 67). 그렇다면 여기서 아이의 심적 삶 속에 나타난 어머니는 플러스와 마이너스('있음'과 '없음')의 두 가지 가능성을 가진 상징적 어머니라고 할 수 있다. 왜냐하면 부재하는 어머니에게 현전하라고 부르는 행위는 그 전제로서 어머니를 현전과 부재의 두 가지 가능성을 모두 가진 상징적 대상으로 파악하는 것을 필요로 하기 때문이다. 그리고 어머니에 대한 부름(어머니가 자기 앞에 현전해 줄 것을 요청하는 것)은 어머니가 자신을 사랑하고 있다는 상징적 증거를 요구하는 것과 동일시된다. 아이의 심적 삶에서 어머니의 이러한 모습은 긍정과 부정의 양극으로 나뉘어 존재하는 현실적 대상(유방)의 모습과는 크게 다르다.

클라인은, 아이는 망상 분열 위치에서 우울 포지션로 이행하며, 이때 부분적 대상으로서의 유방에 대한 관계가 전체적 대상으로서의 어머니에 대한 관계로 통합된다고 생각했다. 그러나 라캉은 오히려 아이는 현실적 대상(부분 대상)인 유방과 상징적 대상(전체 대상)인 어머니라는 두 대상과 동시에 관계를 맺고 있다고 본다. 라캉은 이러한 유방과 어머니를 둘러싼 상황을 '프뤼스트라시옹frustration'이라 명명하고, 이를 '상징적 어머니를 동작 주체로 하는 현실적 대상의 상상적 상실'이라고 정의하고 있다(S4, 269). 여기서 이 극도로 압축된 정의의 의미를 분절화해 보자.

(1) '현실적 대상objet réel'은 부분적 대상으로서의 유방에 해당하며, 아이의 욕구를 현실적으로(혹은 생리학적으로) 충족시켜주는 것이다(S4, 125).

(2) 이 유방이라는 대상을 얻지 못하거나, 얻더라도 충분히 만족스러운 수유에 이르지 못할 경우, 아이는 그것을 상상적인 (애정) 관계에서 '상상적 상실dam imaginaire'로 인식하게 된다(S4, 37).

(3) 어머니는 이 수유라는 행위의 '동작 주체agent'이다. 이 어머니는 아이 앞에 현전하기도 하고 부재하기도 하는 대상이다. 즉, 아이는 어머니를 현전과 부재의 두 가지 가능성을 모두 가진 '상징적 어머니mère symbolique'로 파악하는 것이다(S4, 67). 이 상징적 어머니는 아이가 처음으로

경험하는 대타자이기도 하다. 왜냐하면 아이에게는, 어머니의 현전과 부재로 인해 자신의 생사가 좌우되고, 아이의 모든 호소는 전능한 어머니를 대상으로 이루어지기 때문이다(S4, 169).

(4) 현실적 유방과 상징적 어머니는 각각 다른 차원(현실계와 상징계)에 있을 뿐만 아니라 각각 다른 기능을 수행한다. 즉, 현실적 유방은 아이의 욕구를 충족시키는 반면, 상징적 어머니의 현전은 어머니가 아이를 사랑하고 있다는 증거로 기능한다(S4, 125).

프뤼스트라시옹은 (현전과 부재 가능성을 지닌) 양가적=상징적 대상으로서의 어머니가 이미 등장하고 있다는 점에서 클라인의 우울 포지션에 해당한다고 할 수 있다. 그렇다면 망상 분열 포지션은 어떻게 될까? 라캉에 따르면, 클라인이 망상 분열 포지션라는 것을 생각할 수 있었던 것은 그녀가 '꿈을 꾸고 있었기'(S4, 185) 때문이라고 한다. 클라인파는 망상 분열 포지션에서는 어머니의 신체라는 거대한 용기 안에 원초적인 공상적 온갖 대상들이 모두 모여 있다고 생각하는데, 이러한 생각은 '상상적 온갖 대상에 대한 시정詩情의 모든 것을 어머니의 신체인 유방에 소급적으로 투사함으로써 가능하다.'(S4, 185-186) 즉, 망상적 분열 포지션은 현실적 대상인 유방에 대한 아이의 관계를 상상적으로 읽어낸 일종의 픽션에 불과하다는 것이 라캉의 생각이다.

라캉은 자신의 이론에서 유일하게 전 오이디푸스기에 해당하는 것으로 프뤼스트라시옹을 위치지었다(S4, 61). 그러나 그렇다고 해서 그 역시 전 오이디푸스기를 중시했다는 것은 아니다. 그는 전 오이디푸스기나 대상 관계를 중시하는 경향에 대해 일관되게 비판적인 태도를 취했다. 그것은 전 오이디푸스기를 중요시하는 논자들이 종종 그 시기를 아이와 대상(유방이나 어머니)이라는 밀착된 이항 사이의 상상적 관계로만 파악하는 경우가 많기 때문이다. 반대로 라캉은 아이의 생애 초기에 나타나는 프뤼스트라시옹의 단계에서도 아이의 심적 세계는 아이-상징적인 어머니-현실적인 유방이라는 삼항 관계로 구성되어 있다고 보았다. 프뤼스트라시옹에는 상상계뿐만 아니라 이미 상징계와 현실계가 등장하고 있는 것이다.

3. 욕망의 변증법

프뤼스트라시옹에서 현실적 대상(유방)과 상징적 대상(어머니)은 각각 다른 수준에 있다. 이 두 수준의 어긋남=균열은 인간의 욕망을 구성하는 원리이기도 하다. 라캉은 프뤼스트라시옹 단계의 모자 관계는 변증법적이라고 지적한다(S4, 70). 이 '프뤼스트라시옹의 변증법'은 훗날 라캉이 '욕망의 변증법dialectique du désir'(E693; E822)으로 명명하는 사태의 토대가 된다.

그렇다면 프뤼스트라시옹에서 욕망이 발생하게 되는 경로를 확인해보자. 이를 위해서는 욕구besoin, 요구demande, 욕망désir이라는 세 가지 개념을 구분하여 논의할 필요가 있다.

욕구는 상당 부분 생물학적인 것으로, 생존과 자기 유지를 위해 필요한 것이다. 예를 들어, 생존을 유지하기 위해 필요한 현실적인 유방에 대해 아이가 갖는 첫 번째 관계는 욕구다. 그러나 어떤 욕구도 말로만 표현할 수 있는 것은 아니다. 현실적

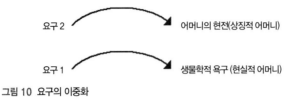

요구 2 → 어머니의 현전(상징적 어머니)

요구 1 → 생물학적 욕구 (현실적 어머니)

그림 10 요구의 이중화

인 유방을 얻기 위해서는 상징적인 어머니를 향해 어머니의 현전을 불러내야 한다. 그러므로 욕구는 인간이 말함으로써, 즉 인간이 시니피앙을 사용함으로써 전정剪定, émonder(E629)되고 우회déviation(E690)를 겪게 된다.

이렇게 욕망이 시니피앙의 형식을 취한 결과로 나오는 것을 요구라고 부른다(E690). '욕망의 만족을 바라는 요구는 전부, 언어가 피할 수 없는 분절화'(S5, 426)를 거쳐야 하는 것이다. 이 요구는 상징적인 어머니의 현전을 요구하는 호명인 동시에 현실적인 유방을 요구하는 호명이기도 하다. 따라서 시니피앙화된 요구는 생물학적 욕구를 충족시키려는 요구(요구1)와 욕구를 충족시켜 줄 수 있는 특권을 가진 어머니의 현전을 간청하는 사랑의 요구(요구2)로 이중화되어 있다고 볼 수 있다. 여기에는 프뤼스트라시옹의 이중화(아이가 어머니라는 상징적 대상과 유방이라는 현실적 대상의 양자와 관계를 맺는 것)와 같은 사태를 볼 수 있다. 이 이중성이 욕망의 그래프(후술)를 가로지르는 두 개의 선에 해당한다(그림 10).

이 두 개의 선은 욕망이 시니피앙으로 분절화됨으로써 성립하는 '욕망 만족의 요구로서의 요구의 선'(요구1)과 '사랑의 요구의 선'(요구2)이다(S5, 427; S5, 440). 그러나 이 이중성은 두 개의 독립적인 사태를 나타내는 것이 아니라 '각각에서 발생하는 일의 진행은 끊임없이 겹쳐져 있다.'(S5, 427) 따라서 어떤 특정한 욕망의 만족을 목표로 했던 요구(요구1)의 특수성 particicularité은 어머니의 현현을 바라는 사랑의 요구(요구2)라는 무조건적인 것 l'inconditionné으로 변환됨으로써 지양=소거 aufhebt되어 버린다고 라캉은 말한다(E691). 이 난해한 표현은 무엇을 의미하는 것일까? 설명해보자. 아이의 현실적 대상에 대한 욕구는 '특정한 이것을 원한다'는 특수성을 가지고 있다. 욕구는 유방을 비롯한 다양한 성적 대상에 대한 것일 수 있다. 그러나 이 욕구는 요구로 전환됨으로써 어머니의 현전을 간청하는 '당신만 있으면 무엇이든 좋다'는 단선적이고 무조건적인 요구로 '질이 떨어진다 sich erniedrigt.'(E691) 라캉은 이를 특수성에서 무조건성으로의 이행으로 표현하고 있는 것이다.

프뤼스트라시옹에서 아이는 현실적 대상(유방)에 의해 욕구를 만족시키고, 상징적 대상(어머니)의 현전에 의해 사랑의 요구를 충족시킨다. 전자는 욕구의 만족을 찾는 요구(요구1)에 해당하고, 후자는 무조건적인 사랑의 요구(요구2)에 해당할 것이다. 그러나 전자의 욕망이 가지고 있던 특수성은 후자로 전환됨으로써 지양=소거되어 버린다. 이렇게 욕구와 요구 사이에는 하나의 불협화음이 발생하게 된다. 즉 '성적 관계에서의 욕구'에 관한 요구(요구1)와 '사랑의 요구'(요구2) 사이에는 하나의 균열 béance이 존재하는 것이다(E691). 그리고 이 균열이 욕망을 발생시킨다. 라캉이 '욕망은 만족을 추구하는 욕 appétit[=요구1]도 아니고, 사랑의 요구[=요구2]도 아니며, 후자에서 전자를 뺄셈하는 데서 비롯된 차이, 즉 그 둘의 분할 Spaltung

그 자체이다'(E691)라고 말
하는 것은 이런 의미에서
다.

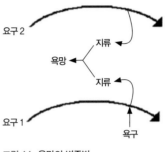

그림 11 욕망의 변증법

　그렇다면 그 욕망désir 은
어떻게 구성되는가? 욕망
의 그래프에서 욕망(d)은
요구의 두 선 사이의 영역
에 위치한다. 이는 욕망이
두 요구 사이의 차이(뺄셈), 즉 두 선 사이의 차이로 구성되기
때문이다. 좀 더 자세히 설명해 보자(그림 11).

(1) 욕망의 영역에는 욕망(요구1)에서 유입되는 지류rejeton
가 있다(E690). 욕망은 원래 '특정한 이것'(예컨대, 유방)
을 바라는 것이었다. 즉, 아이는 임의의 대상에서는 결코
만족을 얻을 수 없었고, 특수성을 가진 대상에 의해 만족
을 얻었다. 그리고 요구가 요구로 전환됨으로써 요구의
대상이 가진 특수성은 지양=소거되어 버린 것이다. 그러
나 이 요구의 대상이 가진 특수성=구체성은 사라지는 것
이 아니라, 요구의 두 선 사이에 있는 욕망의 영역으로 유
입된다. 다시 말해, 욕망은 '다양한 요구로부터 그 소재
matière를 빌려오는' 것이다. 이렇게 탄생한 욕망의 대상은
페티시스트가 비정상적인 집착을 보이는 대상으로서의
신발이 생물학적 욕망의 대상으로서 아무런 도움이 되지
않는 것처럼 '어떤 대상에 대한 욕망과 균형을 이루지 못
하는'(S5, 382) 성격을 지닌다.

(2) 라캉은 어머니의 현전을 요구하는 요구 2의 선에서도 욕망의 영역으로 유입되는 지류가 있다고 말한다. 욕망은 요구 1의 피안[위쪽]뿐만 아니라 '요구[2]의 차안[아래쪽]에도 뚫려 있는'(E629) 것이다. 이 지류는 요구 2에서 문제가 되었던 어머니의 현전과 부재를 무효화하는 것이다. 어머니의 현전을 요구하는 요구는 그 요구를 어머니가 긍정하지 않는 한 어머니를 현전시킬 수 없다. 그러나 욕망의 차원에서는 아이의 욕망에 대해 어머니가 긍정하든 부정하든 전혀 관계가 없다. 욕망은 어머니의 현전을 바라는 사랑의 요구와 무관하게 표명될 수 있다. 다시 말해, 욕망은 현전과 부재를 반복하는 어머니라는 대타자의 수준을 폐기하는 것이다(S5, 382).

욕망은 이 두 가지 요구의 지류가 합류하는 지점에서 탄생한다.* 간결하게 말하자면, 욕망이란 어떤 대상을 (1) '반드시 이것이 아니면 안 된다'는 태도로, 또한 (2) '어머니가 이것을 요구하든 말든 상관없다'는 태도로 바라는 것이다. 욕망이 가진 이 두 가지 특징을 합친 것을 라캉은 욕망의 '절대적 조

---

* 요구의 이중화로 이중의 의미작용이 발생하여 하나의 균열, 수수께끼가 생긴다. 이 수수께끼가 '욕망의 원인cause de désir'으로 기능한다고 라캉은 주장한다(E691). 여기서 말하는 '욕망의 원인'이라는 용어는 이어지는 라캉 이론에서 '대상 *a*'로서 명명되어 특수한 대상을 가리킨다고 생각할 수 있다. 다만 이 단계에서 라캉은 팔루스와 대상 *a*를 구별하고 있지 않으며, 아직은 이론화에는 도달하지 않았다.(밀레르, 1994: 1994. 5. 18 강의)

건condition absolue'이라고 부른다(S5, 382; E691).*

'욕망의 변증법'이라 불리는 이 일련의 흐름은 욕망의 그래프(그림 12)의 일부를 이루고 있다.

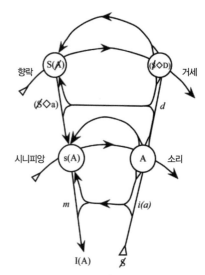

그림 12 욕망의 그래프

4. 치료 지침으로서의 '라캉의 금욕 원칙'

이상과 같이 욕망은 욕구-요구-욕망의 3단계를 통해 발생한다(이를 욕망의 변증법이라고 한다). 이 3단계의 구분은 인간이 무언가를 원할 때 갖는 특수성-무조건성-절대적 조건이라는 세 가지 모드의 구별로 파악할 수 있다. 그러

---

* 나중에 라캉은 세미나 10권 『불안』과, 이와 비슷한 내용을 담은 논문 「주체의 전복」에서, 욕망의 그래프에서 요구와 욕망에 대한 이해를 새롭게 하고 있다. 이에 의하면 요구의 무조건성에서 문제가 되는 것은, 어머니의 현전을 아이가 원하는 것이 아니라, 오히려 어머니가 언제나 아이의 앞에 현전하는 것(결여의 가능성이 없는 것)이며(S10, 67), 욕망의 절대적 조건성은 이러한 전능의 어머니에게서 분리하기 위한 하나의 수단으로 간주된다(E814). 욕망의 조건이 갖는 '절대적absolu'이라는 형용사가 '[대타자로부터의]이탈détachement이라는 것도 의미한다'(E814)라고 말하는 것은, 라틴어 'absolu'의 어원이 '-에서 자유롭게 되다ab-solvere'이기 때문이다.(밀레르, 1994, 1994. 5. 23 강의)

나 이 구별은 단순한 사변이 아니라 라캉에게는 정신분석 임상에서 빼놓을 수 없는 치료 지침direction de la cure의 일부였다는 점을 간과해서는 안 된다.

애초에 프로이트가 정신분석 임상에서 항상 문제 삼았던 것은 욕망Wunsch/désir이었다. 그가 분석치료에서 욕망의 의미를 발견한 것은 특히 전이성 연애의 문제에서였다. 그는 분석을 하면서 여성 분석 주체로부터 남성 분석가에게 애정의 요구가 향하는 것을 자주 경험했다. 이른바 전이성 애정이다. 프로이트는 그 애정의 요구가 분석 주체의 저항을 강화시킨다는 것을 잘 알고 있었다. 그러므로 그는 분석치료는 금욕Abstinenz를 원칙으로 삼아야 한다고 말한다(GW10, 313). 이 원칙은 프로이트의 '금욕 원칙'으로 알려져 있다. 그러나 이 원칙은 환자와 연애 관계에 빠져서는 안 된다는 상식적인 사항을 말하는 것은 아니다. 프로이트의 말을 빌리자면, 금욕 원칙은 오히려 '환자의 욕망과 동경을 분석 작업과 병상病狀 변화를 이끄는 힘으로 유지시키는 것, 그리고 이러한 욕망과 동경을 임시방편적인 대용품으로 달래지 않도록 주의하는 것'이다(GW10, 313, 강조는 인용자). 즉, 프로이트의 금욕 원칙은 분석가를 향한 분석 주체의 애정의 요구를 만족시키지 않고 유지함으로써 욕망의 공간을 열어주고, 분석 주체로 하여금 자신의 병적 변화를 지향하게 하기 위한 기법이었다.

라캉 역시 정신분석 임상에서 욕망을 중시했다. 그는 위에서 언급한 요구의 두 선 사이의 거리를 유지하는 것이 분석의 독특한 조작이며, 이 조작을 통해 욕망의 영역을 여는 것이 가능하다고 말한다(S5, 429). 이를 위해서는 '요구를 요구로 승인하지 않는' '금욕적 혹은 절제주의적 조작opération abstinente ou abstentionniste'이 필요하다(S5, 429). 간단히 말해, 분석가는 분석 주체의 요구에 응답해서는 안 되는 것이다.

이러한 조작을 통해 분석은 어떻게 진행될까? 정신분석을 위해 분석가에게 오는 사람들은 '자신을 치료해 달라, 자신을 알고 싶다, 정신분석을 가르쳐 달라, 자신을 분석가로서 인정해 달라' 등의 요구를 가지고 온다(E617). 그러나 분석가는 이러한 요구를 요구로 인정해서는 안 된다. 이런 요구는 '기다릴 수 있다.'(E617) 즉, 분석을 받으러 온 주체에게 더 절박한 급선무는 다른 곳에 있을 것이다. 소박한 형태로 표현된 분석 주체의 요구는 결국 '자신을 인정해 달라'는 애정의 요구로 변환되어 그 특수성이 지양=소거된 것이다. 따라서 분석가는 이 요구를 그대로 승인하지 않고, 이를 유도함으로써 애정의 요구(요구2)와 욕구의 만족을 위한 요구(요구1)를 철저히 분리시켜야 한다. 즉, 분석 주체를 근원적인 프뤼스트라시옹의 상태로 인도하는 것이다. 이로써 두 요구 사이에 있는 욕망의 영역이 활성화되고, 분석 주체의 역사를 근원적으로 규정하는 시니피앙의 문제가 부상하면서 분석이 진전된다. 즉, 분석가는 '[분석] 주체의 프뤼스트라시옹이 고정되어 있는 시니피앙의 재현을 목표로 하고 있는'(E618) 것이다. 그러기 위해서는 분석에서 차례로 나타나는 요구를 요구로 인정하지 않고, 요구를— 훗날의 표현을 빌리자면 —'제로의 요구demande de zéro'(S10, 66)까지 고갈시킴으로써 거기서 나타나는 주체의 거세와의 관계를 문제 삼을 수 있는 지점까지 나아가야 한다.

반대로 요구의 이중선을 혼동하는 형태의 개입, 즉 분석 주체의 애정에 대한 요구와 욕구 만족을 바라는 요구를 혼동하는 형태의 개입이 이루어진다면, 그 조작은 암시나 최면과 같은 것으로 전락할 위험이 있다(S5, 428; E635). 이 위험의 대표적인 예는 해석에서 암시적 효과를 이용하는 기법이다. '전이는 암시가 기능하기 때문'이며, '해석이 잘 작동하기 위해 전이를 사용하는 것은 정당하다'고 생각하는 분석가도 있다(S5, 428). 그러나 라캉은 이런 분석가들은 자신의 해석을 환자가 쉽게 받아들이게 하기 위해 암시의 기능을 이용하고 있다고 비판하고 있다.

최면과 암시(전액법 前額法)에서 손을 뗌으로써 탄생한 정신분석은 암시가 되어서는 안 된다. 따라서 라캉이 생각하는 분석적 해석은 암시와는 전혀 다른 것이다. '의미를 가지고, 이해할 수 있는 성격을 가지고, 설득력 있는' 듯한 해석은 라캉이 생각하는 해석이 아니다(S5, 444-445). 해석이란 분석 주체에게 그의 삶과 사건에 대해 자세히 분석한 명료한 의미를 부여하는 것도 아니고, 그의 증상에 고정된 의미를 부여하여 안심시키는 것도 결코 아니다. 라캉이 생각하는 해석은 '설명에 의한 안심'이 아니라 '충격에 의한 동요'를 지향한다. 이러한 해석에 대한 이해는 이후 라캉 이론의 발전 속에서도 유지되고 있다. 64년 세미나 제11권『정신분석의 네 가지 기본 개념』에서, 해석은 오이디푸스가 델포이에서 얻은 '신탁' 같은 것, 즉 주체를 근본적으로 규정하는 수수께끼 같은 '무의미의 시니피앙(S_1)'을 주체에게 분석해내게 하는 것이라고 규정된다(S11). 70-71년 세미나 제18권『눈비음이 아닌 것 같은 디스쿠르에 관하여』에서 해석은 신탁의 효과를 이용하여 진리의 '사슬을

푸는=휘몰아치게 하는déchaîner'(S18) 것으로 간주된다. 델포이의 신탁을 받은 오이디푸스처럼 주체는 그 수수께끼 같은 말에 의해 동요되는 것이다.

분석 주체의 요구를 요구로 승인하지 않고, 분석 주체의 이야기에 대해 명료한 해석을 주지 않고, 분석 주체 스스로 무의미한 시니피앙을 침전시키는 것을 목표로 하는 라캉의 기법은 일반적인 '정신분석'의 이미지와는 거리가 멀다. 이러한 금욕적인 기법을 통틀어 우리는 '라캉의 금욕 원칙'이라고 부르고자 한다.

5. 대상 결여의 세 가지 형태

우리는 지금까지 '상징적 어머니를 작동 주체로 하는 현실적 대상의 상상적 상실'인 프뤼스트라시옹의 욕망의 변증법과 그로부터 도출되는 욕망의 변증법과 라캉의 금욕적 원리에 대해 논의했다. 그런데 프뤼스트라시옹은 라캉이 대상 결여의 세 가지 형태로 부른 것 중 하나였다. 다음으로, 프뤼스트라시옹 이외의 대상 결여의 형태인 '박탈privation'과 '거세castration'(S4, 269)에 대해 간단히 언급해 보겠다(표2).

박탈

박탈은 '상상적 아버지를 동작 주체로 하는 상징적 대상의 현실적 구멍'으로 정의된다. 이 정의를 이해하기 위해서는 박탈의 개념이 거세 콤플렉스와 페니스 선망을 설명하기 위해 만들어졌다는 점에 주목해야 한다. 예를 들어, 자신이 페니스가 없다는 것을 알게 된 여자아이는 자신에게 페니스를 안 달

동작주	대상결여	대상
현실적 아버지	거세 상징적 부채	상상적 팔루스
상징적 어머니	프뤼스트라시옹 상상적 손실	현실적 유방
상상적 아버지	박탈 현실적 구멍	상징적 팔루스

표 2 대상 결핍의 세 가지 형태

고 낳아준 어머니를 미워하고, 언젠가 아버지로부터 페니스의 상징적 대리로서의 아이를 갖게 되기를 희망하게 된다. 이를 프로이트는 페니스 선망Penisneid라고 불렀다. 라캉은 이를 여성의 페니스 박탈과 그 결과로 파악한다.

페니스의 박탈, 즉 페니스를 가지고 있지 않다는 것을 발견하는 것은 사실 그리 쉬운 일이 아니다. 현실(계) 속에서 지각할 수 있는 사실은 단순히 여성의 음부에 말 그대로 아무것도 없다는 것(='무언가가 부재한다'는 사실조차도 존재하지 않는다는 것)이기 때문이다. '페니스가 부재한다'고 말할 수 있기 위해서는 그곳에 페니스가 현전할 가능성이 미리 상정되어 있어야 한다. 즉, '주체가 이 박탈을 감각할 수 있기 위해서는 우선 주체가 현실계를 상징화하지 않으면 안 된다.'(S4, 56) 앞서 말했듯이 현실적 대상은 항상 있어야 할 곳에 있고, 결여의 가능성을 갖지 않는다. 대상을 상징화함으로써 비로소 페니스가 '있어야 할 곳에 결여되어 있다'(S4, 38)고 말할 수 있는 것이다.

박탈의 정의는 이러한 전제에서 이해할 수 있다. 먼저 '현실적인 구멍trou réel'은 여성의 음부에 말 그대로 아무것도 없는 것(='무언가가 없다'는 사실조차 없는 것)을 나타낸다. 그 구멍을 발견할 때 아이는 페니스의 박탈을 상징적으로 파악한다. 거기서 박탈된 대상은 있어야 할 곳에 없는 팔루스이며, 그 팔루스는 '상징적 팔루스phallus symbolique'라고 불린다(S4, 218). 박탈의 대상이 상징적 팔루스라는 것은 팔루스는 그것이 부재할 때에도 '부재'라는 방식으로 '현전'하고 있다는 것이다. 여기서 여성의 팔루스를 둘러싼 지극히 역설적인 상황이 발생한다. 그것은 여성은 상징적 팔루스를 가지고 있지 않지만, 그럼에도 여성은 부재(가지지 않음)라는 자격으로 팔루스를 분유하고 있다는 것이다(S4, 153). 따라서 여성이 팔루스의 상징적 대리로서 아이를 낳거나, 혹은 남성이 여성 너머에서 상징적 팔루스를 발견하는 것이 가능해진다.

　또한, 박탈의 동작 주체가 '상상적 아버지père imaginaire'라고 하는 것은 상징적 팔루스를 박탈하는 아버지가 팔루스를 박탈하는 priver(빼앗다/금지하다)라는 말로 표현되는 것처럼 위협하는 아버지로 상상되기 때문이다. 오이디푸스 콤플렉스에는 어머니를 둘러싸고 자식(아들)이 아버지와 쌍수雙數적=결투적duelle으로 다투는 상상적 측면이 있는데, 여기서 자식에 대한 어머니의 박탈자로 등장하는 아버지가 상상적 아버지이다. 이 아버지는 상상계의 평면 위에서 아이의 공격성 발산의 대상이 되는 한편, 이상화나 동일화의 대상이 되기도 한다(S4, 220).

거세

거세는 '현실적 아버지를 동작 주체로 하는 상상적 대상의 상징적 부채'로 정의된다. 이 정의를 이해하기 위해서는 거세가 아이에게 어떻게 효과를 발휘하는지 생각해 볼 필요가 있다. 유아기 아이들에게는 자위행위가 빈번하게 나타난다. 이 자위행위에 대해 부모는 '언제까지고 그런 짓[=자위]을 하면 의사를 불러서 잘라버릴 거야' 등의 발언을 하거나 실제 강제적으로 자위행위를 못하게 하기도 한다. 그러나 그런 식으로 자위를 금지하는 것만으로는 거세는 효과를 발휘하지 못한다 (S5, 348). 거세는 박탈, 즉 어머니라는 여성의 페니스의 부재 (현실적인 구멍)를 발견함으로써 비로소 그 논리를 전개할 수 있게 되는 것이다(E686).

거세의 논리는 다음과 같이 전개된다. 팔루스가 부재할 수 있다는 것(박탈)을 발견한 아이는 자신의 심적 세계 속에서 팔루스를 둘러싼 다양한 공상적 추론을 한다. 거세에서 문제가 되는 팔루스가 '상상적 팔루스phallus imaginaire'로 불리는 것은 아이가 팔루스의 존재와 소유를 둘러싼 상상적 상호작용을 추론하고 있기 때문이다. 예를 들어, 페니스의 부재 가능성을 알게 된 남자아이는 자신도 거세되어 팔루스를 잃게 될지도 모른다고 추론한다(S5, 172-3). 여기에서 거세의 위협이 발생한다. 또한 어머니에게 팔루스가 없다는 것을 알게 된 아이는 어머니가 팔루스가 없다는 것을 추론한다(-φ). 그리고 아이는 만약 자신이 어머니에게 결여된 팔루스였다면 팔루스를 욕망하는 어머니는 항상 자기 앞에 현전해야 한다고 추론한다. 그러나 현실에서 어머니는 부재할 때가 있다. 그것은 아이가 어머니의 팔루스가 될 수 없다는 것과 등가等價이다. 그리고 아이는 어머니가 부재하는 것은 자신이 아닌 다른 누군가, 어머니에게 팔루스를 줄 수 있는 인물이 어딘가에 존재하고, 그 인물에 의해 어머니는 욕망을 충족시키고 있기 때문이라고 추론하게 된다(S4, 190).

이러한 추론에 의해 등장하는, 어머니에게 팔루스를 줄 수 있는 인물이야말로 거세의 동작 주체로서의 현실적 아버지père réel다. 이 현실적 아버지는 가족 내 아버지의 모습이나 성격(아버지가 아이에게 다정한지 엄격한지, 아이에게 위협을 주는지 주지 않는지 등)과는 전혀 관계가 없다. 설령 아버지가 없는 가정에서 양육을 받았더라도 현실적 아버지에 의한 거세는 충분히 효과를 발휘할 수 있다(S5, 169). 왜냐하면 현실적 아버지는 상상적 아버지를 둘러싸고 아이가 마음속 세계에서 추론한 결과 나온 회답에 불과하기 때문이다. 현실적 아버지는 구체적인 아버지의 모습과는 독립적인 하나의 논리적 기능으로 파악할 수 있는 것이다.

이러한 일련의 추론의 결과로, 거세는 '상징적 부채dette sym-bolique'를 만들어낸다.* 그 부채는 남성의 경우 자신이 상상 속의 팔루스를 가지고 있지 않다는 것, 즉 거세의 위협이며, 여아의 경우 자신이 가지고 있다고 믿었던 페니스를 실제로 가지고 있지 않다는 것을 깨닫는 것, 즉 페니스 선망이다. 후대의 라캉의 비유를 빌리자면, 상징적 부채는 '그것을 가지고 있을 때는[=남자아이의 경우] 차변이고, 가지고 있지 않을 때는[=여자아이의 경우] 이의가 제기된 채권'(E853)이다. 즉, 남성에게 상징적 부채는 일시적으로 소유하고 있는 돈과 같은 것으로 언젠가는 돌려줘야 하는 것이지만, 여성에게 상징적 부채는 부실채권으로, 수중에 현금(=팔루스)이 없는데도 있다고 믿고 발행한 어음을 회수당하는 것이다. 즉 '가지지 않은 것을 잃는 것'이다. 즉 거세에서 '남성의 경우 자신이 가진 것[=팔루스]을 사실은 가지고 있지 않다는 것을, 여성의 경우 자신이 가지고 있지 않은 것[=팔루스]을 가지고 있지 않다는 것을 인식하는 것'(S5, 174)에 이르게 된다.

거세에 의한 섹슈얼리티의 규범화 – '가장'과 '멸시'

라캉은 거세에서의 현실적 아버지는 규범화=정상화 기능을 수행하는 아버지라고 기술하고 있다(S5, 169). 그렇다면 거세

---

* 상상적 아버지와 현실적 아버지의 가장 중요한 차이는, 전자가 어떤 대상을 뺏는 아버지이며, 후자는 부채負債를 부여하는 아버지라는 점이다. 한편, 아이에게 박탈로 나타나는 상상적인 아버지는 '어머니로부터 팔루스를 빼앗고, 아이로부터 어머니를 빼앗은 인물'이라고 공상하는 것이다. 그래서 아이는 상상적인 아버지와 적대적 관계에 빠지게 된다. 다른 한편, 현실적인 아버지는 현실의 수준에 존재하지 않으며, 아이의 상상적 팔루스를 거세하여 아이에게 상징적인 부채를 짊어지게 하는 아버지다. 그래서 아이와 현실적 아버지 사이에는 적대관계가 존재하지 않는다. 아버지에 대한 이러한 두 가지 유형은 프로이트가 『토템과 터부』에서 주장한, (1) 원부를 살해하기 전의 원시 부족 상태(모든 여성을 박탈하는 원부에 대한 자식들의 증오)와 (2) 원부를 살해한 후의 원시 부족 상태(원부를 살해했다는 죄책 의식)에 대응한다고 생각할 수 있다(GW9, 172). 뒤에서 말하겠지만 신경증 환자의 고뇌는 원래대로라면 현실적인 아버지에 의한 '상징적 부채'로서 짊어져야만 했던 우리들의 존재론적인 조건(성관계의 없음)을 상상적인 아버지에 의해 박탈당한 것(이라는 이유로 되돌릴 수 있다고 생각하는 것)이라고 착각하여 공상하는 데 있다.

는 무엇을 규범화하는가? 거세는 남성/여성의 섹슈얼리티(성적 욕망)를 규범화하고 결정짓는다. 즉, 한편으로 여성은 팔루스를 가지는avoir 것이 원칙적으로 불가능한 이상, 팔루스와 관계를 맺기 위해서는 자신이 팔루스여야만être 할 수밖에 없다. 다른 한편으로, 남성은 없는 팔루스를 가지고 있는 척하기 위해 성생활 속에서 어떤 궁리를 해야 할 필요가 발생한다. 좀 더 자세히 살펴보자.

(1) 라캉은 여성의 섹슈얼리티를 생각하기 위해 존 리비에르 Joan Riviere(1929)의 '가장mascarade'이라는 개념을 참조한다. 이 개념은 한 지적 엘리트 여성에 대한 분석에서 비롯됐다. 이 여성은 회의에서 발표를 할 때 자신의 지적 능력을 대중 앞에서 분명하게 보여주었다. 회의가 끝난 후 그녀는 자신의 남성성을 청중 중 부성적 인물에게 인정받기를 원했지만, 한편으로는 그 남성에게 추파를 던지거나 아양을 떠는 등 양가적인 태도를 보였다. 이 행동은 다음과 같이 분석된다. 그녀는 남성이 되어 남성에게 인정받으려 했다. 그러나 그녀의 그러한 남성적 태도는 그녀가 아버지를 거세하고 그 페니스를 소유했다는 것을 드러내게 된다. 그래서 그녀는 청중들 중 부성애적 인물이 그녀에게 보복을 가할지도 모른다는 불안감을 느낀다. 그래서 그녀는 여성성(추파를 던짐)이라는 가장假裝을 사용함으로써 보복에 대한 불안을 떨쳐버리려고 했던 것이다. 이 분석에서 리비에르가 내린 결론은 여성성과 가장은 동일하다는 것이다.

라캉은 이 리비에르의 통찰을 거의 그대로 따르고 있다. 그에 따르면, 여성은 가장을 이용하여 자신의 모든 속성을 덮으려 한다. 그것은 그 가면(가장) 아래서 자신이 팔루스가 되기 위해서다. 여성은 가장으로 몸을 숨긴 채 대타자(=남성)의 욕망의 시니피앙인 팔루스와 동일시함으로써 남성에게 욕망받는 존재가 되려고 한다(S5, 350). 이렇게 해서 여성은 팔루스가 될 수 있는 것이다. 그러나 여성의 섹슈얼리티의 난점은 여성이 스스로 욕망의 시니피앙인 팔루스(Φ)가 될 뿐만 아니라, 자신이 사랑하는 남성에게서 동일한 팔루스를 발견한다는 것이다. 즉, 여성은 자신이 팔루스인 척하면서 팔루스를 가진 남성을 욕망하는 것이다(E694).

(2) 남성은 아버지처럼 팔루스를 가질 수 없다. 그래서 남성의 성생활은 어떻게든 아버지처럼 팔루스를 가진 것처럼 보이려고 애쓴다. 이때 작용하는 메커니즘을 라캉은 프로이트의 '멸시Erniedrigung'라는 개념으로 설명한다(E695). 그렇다면 '멸시'란 무엇일까? 사춘기를 맞이하여 성교의 존재를 알게 된 남성은 어머니가 성교라는 혜택을 자신이 아닌 아버지에게 주었다는 것을 사후적으로 이해하게 된다. 어머니를 팔루스에 의해 만족시킬 수 있었던 것은 자신이 아니라 팔루스를 가진 아버지였던 것이다. 그러면 남자는 이런 어머니를 용서할 수 없고, 어머니를 불성실한 존재로 여기게 된다(GW8, 74). 그 결과, 이전까지 어머니에게 향했던 욕망은 '어머니의 뒤를 이어 어머니의 자리를 차지할 여성'을 향하게 된다(S5, 327). 그러나 어머니

에게 상정된 불성실함은 남성의 팡타즘(공상) 속에서 살아남아 결국 성애의 대상인 여성을 불성실한 창녀로 여기는 팡타즘이 생겨난다. 이처럼 어머니나 성애의 대상인 여성을 팡타즘 속에서 창녀의 위치로까지 가치를 떨어뜨리는 것을 프로이트는 '멸시'라고 불렀다.

그렇다면 이 '멸시'를 통해 남성은 도대체 무엇을 하려는 것일까? 남성은, 창녀의 위치로 전락시킨 여성을 자신의 손으로 구원하려 한다. 그렇게 함으로써 남성은 원초적 성애의 대상인 어머니에게 아이(=팔루스)를 주어 자신이 자신의 아버지가 될 수 있지 않을까 생각하는 것이다(GW8, 75).* 이렇게 남성은 아버지처럼 팔루스를 갖는 것을 욕망하게 된다. 라캉은 이런 남성들은 창녀의 자리에서 팔루스를 찾게 된다고 말한다(S5, 327). 즉, 남성이 어떤 여성을 욕망하는 것은 그 여성의 자리에서 자신이 가질 수 있을지도 모르는 팔루스를 발견하기 때문이다.

나중에 라캉은 남성의 성애 생활에서 '멸시'를 '[대타자] A 대신에 [대상] a를'이라는 기본 구조로 파악할 것을 주장한다(S10, 213). 이는 대타자로서의 어머니(A)에게 결여가 있다는 것(A̶)을 알게 된 남성이 그 결여를 메우기 위해 여성을 대상 a화, 페티시화하는 것을 가리킨다(S10, 210).

---

* 남성에 의한 가정폭력에서 종종 보이는 논법으로, 상대 여성을 철저하게 매도한(멸시한) 후에, 자신이 함께 있기 때문에 상대 여성이 구제받은 거라고 강변하는 논법은 이 같은 섹슈얼리티 양태의 하나의 극단적인 형태이다.

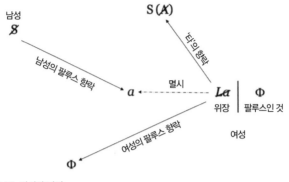

그림 13 멸시와 가장

또한 그것은 '팡타즘에 속하는 대상 a를 $\cancel{A}$의 대리로 삼는
것'(E823)이기도 하다. 즉 거세된 남성은 여성을 자신의
팡타즘(($\$\diamond a$))의 틀 안에 끼워 넣음으로써만 그 여성을
성애의 대상으로 삼을 수 있는 것이다.

　여기서 알 수 있듯이 이 시기 라캉에게 있어서 남성과 여성
의 섹슈얼리티의 규범화는 거세를 통해, 팔루스(Φ)라는 하나
의 시니피앙에 의해 이루어진다. 프로이트가 '리비도는 하나뿐
이며, 그것이 남성의 성 기능을 위해서도, 여성의 성 기능을 위
해서도 사용된다'(GW15, 141)고 말한 것은 바로 이 때문이다
(E695). 이런 의미에서 팔루스는 남녀 모두에게 '음성화할 수
없는 향락[=섹슈얼리티]의 시니피앙'(E823)이라고 할 수 있다.

　그림 13과 같이 남성과 여성의 섹슈얼리티의 규범화는
70년대 라캉이 발명한 젠더화의 도식으로 그려볼 수 있다. 여
성($L\cancel{a}$)은 자신이 팔루스(Φ)이면서 팔루스(Φ)를 가진 남성을

욕망한다. 그리고 남성은 여성(La)을 대상 a로 환원시킴으로써 욕망한다는 것이다. 여기서 중요한 것은 양성의 사이에 교차점이 없다는 것이다. 양성의 섹슈얼리티는 이미 50년대부터 '성관계가 없는' 것으로 간주되고 있는 것이다.

물론 인간의 섹슈얼리티는 이것만이 전부가 아니다. 성별화의 정식에는 팔루스(Φ)라는 하나의 시니피앙에 의한 규범화에 들어맞지 않는 섹슈얼리티도 나타난다. 그것이 바로 La에서 S(A)로 닻을 내린 선이다. 우리는 그 섹슈얼리티, '"타他"의 향락jouissance de l'Autre'을 둘러싼 논의를 나중에 보게 될 것이다. 적어도 여기에서는, 이 무렵의 라캉이 논하는 거세에 의해 규범화되는 남성과 여성의 섹슈얼리티가, 훗날 라캉이 '팔루스 향락jouissance phallique'라고 부르는 것과 다르지 않다는 점을 짚고 넘어가자. 그것이 팔루스 향락이라고 불리는 것은 팔루스라는 하나의 시니피앙에 의해 결정되기 때문이다.

6. 오이디푸스의 세 가지 시간

라캉은 대상 결여의 세 가지 형태(프뤼스트라시옹, 박탈, 거세)를 정리한 이듬해 세미나 제5권 『무의식의 형성물』에서 오이디푸스 콤플렉스와 거세 콤플렉스를 세 단계로 나누어 재정리한다. 그것이 '오이디푸스의 세 가지 시간trois temps de l'Oedipe'이다. 대상 결여의 세 가지 형태 이론이 오이디푸스 콤플렉스와 거세 콤플렉스에서 문제가 되는 대상(유방이나 팔루스)의 결여의 양상을 구분하는 것이라면, 오이디푸스의 세 가지 시간 이론에서는 같은 상황이 아버지와 팔루스의 관계의 양상을 구분하는 것으로 논의된다.

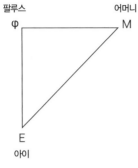

팔루스 φ　　　어머니 M

E
아이

그림 14 상상적 삼각형

오이디푸스의 제1의 시간

오이디푸스의 제1의 시간에서 문제가 되는 것은 아이와 어머니의 상상적=경상鏡像적 관계이다. 그러나 그것은 결코 양자 관계는 아니다. 왜냐하면 어머니와 아이의 양자 관계에는 어머니의 욕망의 대상으로서의 상상적 팔루스가 항상 개입하기 때문이다

(S5, 192). 이를 도식화한 것이 상상적 삼각형이다(그림 14).

이 첫 번째 시간에서 어머니는 상징적인 존재이다. 어머니는 현전과 부재를 반복함으로써 +와 -가 번갈아 가며 연속되는 상징적인 급수série(+-+-+-+……)가 되기 때문이다. 이 급수級數는 아직 체계적으로 통치되고 있지는 않지만, 이 현전과 부재의 대립(+/-)에는 이미 잠재적 상징적 질서의 가능성, 근원적 조건이 있다(S4, 67). 이후 우리는 완성된 상징계에 선행하는 이 선구적인 상징적 질서를 '원-상징계le proto-symbolique'라고 부르기로 한다.*

어머니의 현전/부재의 반복, 즉 현전과 부재의 급수에 직면한 아이는 '어머니가 왔다 갔다 하는 것이 무엇을 의미하는지 묻게 된다.' 그리고 그 시니피앙이 의미하는 것(시니피에)은 '팔루스'라고 상상한다(S5, 175). 즉, 어머니가 현전/부재를 반

---

* 로렌초 키에자L. Chiesa(2007)가 쓴 'protosymbolic'라는 용어를 참고로 했다.

원−상징계($+ - + - + +$ …)

――――――――――

어머니가 욕망하는 상상적 팔루스

그림 15 원−상징계와 상상적 팔루스

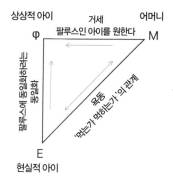

그림 16 상상적 삼각형과 프뤼스트라시옹

복하는 것은 팔루스를 욕망하고 있기 때문이라고 아이는 생각하게 되는 것이다(그림 15). 그러면 아이에게는 자신이 어머니의 팔루스인지 아닌지가 중요한 문제가 된다. '만약 어머니의 욕망이 팔루스라면, 아이는 어머니의 욕망을 충족시키기 위해 팔루스가 되고 싶어하는 것이다.'(E693) 이렇게 해서 모자 관계에 시니피에로서의 팔루스(어머니의 욕망의 대상으로서의 팔루스)가 개입하게 된다. 이 팔루스야말로 오이디푸스의 첫 번째 시간에서 아버지에 해당하는 것이지만, 여기서 아버지는 자신의 존재를 팔루스라는 형태로만 드러낼 뿐이다(S5, 194).

어머니, 자식, 팔루스의 상상적 삼각형에는 그림 16처럼 프뤼스트라시옹의 퍼스펙티브를 덧붙일 수 있다(André, 1995). 프뤼스트라시옹에서 아이는 전체 대상으로서의 어머니와 부분 대상으로서의 유방이라는 두 가지와 관계를 맺고 있었다. 이 관계의 이중화는 어머니(M) ⇔ 아이(E), 아이(E) → 팔루스(φ)의 두 개의 선에 위치한다. 먼저 어머니(M)와 아이(E)

의 관계는 욕망의 대상인 현실적인 유방에 대한 관계이다. 이는 생리적 차원에 근접한 욕동의 만족을 둘러싼 상상적 손실의 관계이며, 클라인(1952)이 지적했듯이 '유아가 유방을 먹어 치우려는 것처럼 탐욕스러운 형태로 자신이 나쁜 유방에 먹혀 버릴지도 모른다는 불안'을 낳는 쌍수적=결투적 성질을 지닌다. 즉 이 관계는 '먹거나 먹히거나'의 관계인 것이다. 또한 아이(E)는 어머니의 현전/부재의 원인을 어머니의 욕망(팔루스)으로 동정同定하고, 이 상상의 팔루스에게 동일시하려고 한다. 이는 어린아이의 인형놀이에서 잘 드러난다. 인형놀이는 결코 아이에게 있어서 모성의 조기 발현 같은 게 아니라, 인형인 아이를 상상적 팔루스로 간주하고 그것에 경상鏡像적으로 동일화하려는 시도이다.

또한 어머니에게도 상상적 삼각형은 이중화되어 있다. 어머니(M)는 현실적인 아이(E)와 상상적 아이=팔루스(φ) 양자와 동시에 관계를 맺는 것이다(S4, 57; S4, 70). 이 이중성은 어머니에게 아이가 돌보아야 할 현실적인 아이라는 점과 더불어 어머니 자신의 거세라는 결여(페니스의 부재)을 채우는 상상적 팔루스로서 아이가 기능하는 데서 기인한다. 아이에게 어머니의 유방이 부분 대상이었던 것과는 반대로, 어머니에게는 아이가 부분 대상인 것이다(S5, 175). 페니스 선망을 가진 어머니에게 상상적 아이=팔루스는 기다리던 선물로 기능한다. 따라서 어머니의 아이에 대한 관계는 현실적 아이와 상상적 아이 사이에서 이중화되는 것이다.

태어날 아이를 '보배'라고 표현하는 것은 페니스 선망을 품고 있던 어머니가 기다리던 '보물', 즉 팔루스의 위치를 아이가 차지하게 되기 때문이 아닐까. 기다리던 아이는 태어나기 전부터 이미 가족 내 상징적 이야기 속에 편입되어 있다. 따라서 아이는 출산을 통해 현실적인 아이(E)로 태어나기 전에 이미 상상 속의 아이=팔루스(φ)로 탄생한다. 만약 출산 전 아이에 대한 이야기화가 약하다면, 아이가 가진 상상적 팔루스로서의 측면이 약화될 것이다. 그렇게 되면 아이는 상상적 아이(팔루스=보물)로서 잘 기능하지 못하고 현실적 아이로 더 많이 기능하게 된다. 그러면 아이는 엄마에게 상상적인 선물이 아니라 기다리던 현실적인 아이로 전락하게 된다. 그 결과 이 현실적인 아이는 외계인처럼 이질적이고 현실적인 존재로 엄마의 눈에 두려운 존재로 비춰지게 된다.[*] 아동학대 문제의 일부는 여기에 있다고 볼 수 있을 것이다.

상상적 삼각형에서 팔루스가 '어머니의 욕망'이라는 정의 역시 아이(E)→팔루스(φ)의 선과 어머니(M)→팔루스(φ)의 선에 의해 이중화되어 있다. 여기에는 '어머니의 욕망désir de la mère'이라는 단어의 주격 속격과 목적격 속격으로의 이중화를 볼 수 있다. 즉, 오이디푸스의 첫 번째 시간에서는 어머니(M)가 자신의 결여를 채우는 것으로 아이를 상상적 팔루스(φ)로 상정하고 있는(주격 속격) 반면, 아이(E)는 어머니를 욕망하고(목적격 속격), 이를 위해 어머니의 욕망의 대상인 상상적 팔루

---

[*] 이것은 히스테리의 '혐오 반응réaction de dégoût'으로 알려진 사태와 유사하다. 히스테리의 혐오 반응에서는, 주체가 무의식에서 구하는 팔루스적인 성적 대상이 탈성애화脫性愛化될 때, 너무도 현실적인 '고깃덩어리'로 나타나버린다(S11, 157).

아버지의 심급
_____

원-상징계(+ − + − + + ⋯)　　　　↑ 한 단계 위로 이행

그림 17 원−상징계에서 아버지의 심급으로의 이행

스(φ)와 동일시하려고 하는 것이다.

오이디푸스의 제2의 시간

이어서 오이디푸스 콤플렉스의 두 번째 시간에는 아버지가 분명하게 나타나기 시작한다(S5, 194). 아버지는 제1의 시간에서는 상상적 팔루스의 형태로 자신의 존재를 예고할 뿐이었지만, 제2의 시간에는 어머니를 박탈하는 자로서 모자 관계에 개입해 온다(S5, 192). 이렇게 제2의 시간에는 '아이와 어머니가 서로에게 만족을 줄 수 있는 이상적인 위치에서 아이가 쫓겨나게 된다.'(S5, 203)

첫 번째 시간에는 아이에게 어머니는 현전과 부재를 반복하는 상징적 급수이며, 아이는 그 어머니가 현전할 것을 요구했다. 이런 의미의 어머니를 우리는 앞서 '원-상징계'라고 불렀다. 두 번째 시기에 이르러 어머니를 박탈하는 아버지가 모자 관계에 개입하게 되면, 아이는 어머니의 현전과 부재의 원인이 아버지에게 있다고 추론하게 된다. 즉, 아이는 어머니의 현전과 부재라는 상징적 법(법칙)이 한 단계 더 상위 심급審級의 법에 의해 통치되고 있음을 깨닫게 되는 것이다. 즉, 여기서 '대타자[=어머니]에 대한 [어머니의 현전의] 요구는 상급심[=아버지의 심급]으로 이송된다.'(S5, 192) 이 단계[오이디푸스 콤플렉스의 제2의 시간]는 순간적으로만 나타나지만, 가장 중요한 것

으로, 다음의 마지막 단계를 준비하게 된다(S5, 203).

오이디푸스의 제3의 시간

오이디푸스의 첫 번째 시간에서 아버지는 팔루스로 (은밀하게) 출현했고, 두 번째 시간에서 아버지는 팔루스의 박탈자로 출현했다. 마지막 단계인 오이디푸스의 제3의 시간에서 아버지는 팔루스를 소유avoir한 자로 등장한다(S5, 194).

첫 번째 시간에서 어머니의 현전과 부재의 법(법칙)이라는 수수께끼에 직면한 아이는 어머니의 욕망의 대상인 팔루스와 상상적으로 동일시하여 스스로 팔루스가 되려고 했다. 이어서 두 번째 시간에서 아이는 그 법이 사실은 아버지의 법에 의해 통치되고 있음을 깨닫게 된다. 그리고 제3의 시간에는 '아버지는 어머니가 욕망하는 것[=팔루스]을 어머니에게 줄 수 있는' 데 '[아버지가] 그것을 줄 수 있는 것은 아버지가 그것을 가지고 있기 때문이다'(S5, 194)라는 결론에 도달한다. 즉, 어머니의 결여=욕망을 채울 권리를 가진 것은 아이가 아니라, 팔루스를 가진 자로서의 아버지라는 것을 발견하게 된다. 이렇게 해서 아이는 아버지처럼 팔루스를 갖고 싶어 하게 되고, 아버지로의 동일화를 이루게 된다.

7. 부성 은유 – 상징계의 제어와 팔루스적 의미작용의 성립

지금까지 라캉의 구조론적 오이디푸스 콤플렉스 이해를 '대상 결여의 세 가지 형태'와 '오이디푸스의 세 가지 시간'이라는 두 가지 논리로 설명했다. 전자의 논리에서는 팔루스라는 대상(의 결여)을 둘러싸고 인간의 섹슈얼리티가 어떻게 규범화=정

$$\frac{\text{오이디푸스의 세 개의 시간}}{\text{(아버지의 법에 의한 상징계의 제어)}} \Big/ \frac{\text{대상 결여의 세 형태}}{\text{(섹슈얼리티의 규범화)}} \rightarrow \text{부성 은유}$$

그림 18 1956–58년의 오이디푸스 콤플렉스 구조론화

상화되는지 밝혀졌다. 그리고 후자의 논리에서는 특히 그 두 번째 시기에 원-상징계의 변덕스러운 법이 어떻게 아버지의 법에 의해 지배받게 되는지 밝혀졌다.

나아가 라캉은 오이디푸스 콤플렉스가 가진 이 두 가지 기능, 즉 섹슈얼리티의 규범화와 상징계의 통치라는 두 가지 기능을 하나의 논리로 압축한다. 그것이 바로 부성 은유métaphore paternelle이다(그림 18).

지금까지의 논의를 확인해 보자. 모자 관계에서 어머니의 현전과 부재, '없다-있다Fort-Da'라는 변덕스러운 리듬이 반복됨으로써 +와 -가 연속되는 상징적 급수가 형성된다. 이것이 선구적 상징 기능(원-상징계)이며, 라캉은 이를 '어머니의 욕망désir de la mère'(DM)이라고 부른다. 밀레르도 지적했듯이, 어머니의 욕망은 아이 앞을 불규칙적으로(변덕스럽게) 오가는 '없다-있다Fort-Da'의 운동으로 상징적으로 분절화된 시니피앙이다(Miller, 1994: 1994. 3. 16 강의). 아이는 어머니가 자신의 앞을 왔다 갔다 하는 것이 무엇을 의미하는지 상상하는데, 그것은 어머니의 욕망이라는 시니피앙에 대응하는 시니피앙이 무엇인지를 묻는 것과 같다. 이 시니피앙, 어머니가 욕망하는 어떤 것을 라캉은 '상상적 팔루스'라고 부른다(단, 이 단계에서는 어머니의 욕망의 대상인 상상적 팔루스는 불명확한 'x'인 채로 머물러 있다). 소쉬르의 알고리즘을 반전시킨 '시니피

$$\frac{\text{시니피앙으로서의 어머니의 욕망}(+-+-++\cdots)}{\text{주체에 있어서의 시니피에(상상적 팔루스)}} \quad \frac{\text{DM}}{\text{x}}$$

그림 19 부성 은유(DM/x)

$$\frac{\text{아버지의 이름}}{\text{시니피앙으로서의 어머니의 욕망}(+-+-++\cdots)} \quad \frac{\text{NP}}{\text{DM}}$$

그림 20 부성 은유(NP/DM)

앙/시니피에(S/s)'라는 분수 표기를 쓰면 이 상태는 'DM/x'로 표기할 수 있을 것이다(그림 19).

'아버지의 이름' Nom-du-Père(NP), 즉 상징적 아버지는 이 'DM/x'에 대해 개입하는 시니피앙이다(S4, 364; S5, 174). 라캉은 이미 53년의 강연 「정신분석에서 파롤과 랑그의 기능과 영역」(통칭 '로마 강연')에서 아버지의 이름이 '상징적 기능의 지지'(E278)임을 지적한 바 있는데, 어머니의 욕망에 대한 '아버지의 이름'의 개입은 그 생각을 명확히 한 것이라고 할 수 있다. 즉 아버지의 이름은 +와 -의 불규칙한 급수(어머니의 욕망)를 제어하고, 상징계를 하나의 체계system로서 안정화시키는 기능을 갖는 것이다(NP/DM)(그림 20).

이러한 두 가지 알고리즘(DM/x 와 NP/DM)을 합친 것이 부성 은유이다. 그렇다면 왜 이런 도식을 '은유metaphore'라고 부르는 걸까. 그것은 '아버지의 이름'이라는 시니피앙(NP)이 어머니의 욕망(DM)을 치환하는 은유로서 개입하고 있기 때문이다.

그럼 은유란 무엇일까? 라캉에 따르면 은유는 환유métony-

환유: $f\left(S...S'\right)S \cong S(-)s$ 의미작용(-)

은유: $f\left(\dfrac{s'}{s}\right)S \cong S(+)s$ 의미작용(+)

그림 21 환유와 은유

mie와 쌍을 이루는 개념이다. 그래서 은유와 환유의 차이는 새로운 의미작용signification을 만드는가, 그렇지 않은가라는 점에 있다. 그림 21에 라캉이 말하는 은유와 환유의 식이 나타나 있다. 자세한 설명은 생략하지만, 여기에서는, 환유에는 새로운 의미작용이 생기지 않으며(-), 은유에서는 새로운 의미작용이 생긴다(+)점만을 확인해 두겠다.*

환유와 은유의 구체적인 예를 보겠다. 환유의 예로서 '한 척의 배'를 '하나의 돛'으로 바꿔 부르는 조작을 거론된다. 이 예에서 단어는 동어 반복적으로 치환되었을 뿐만 아니라, 여기서는 새로운 의미작용이 생기지 않는다. 한 척의 배가 태평양을 횡단하는 것과 하나의 돛이 태평양을 횡단하는 것은, 같은 사실을 나타내는 두 가지 표현에 지나지 않는다고 생각할 수 있기 때문이다.

은유의 예로서 위고Hugo의 시 「잠자는 보아스」의 한 구절인 '그(보아스)의 보리다발은 초라하지만 원한을 품은 것은 아니었다'를 거론한다. 이 구절에는 은유가 있으며 새로운 의미작용을 만들어내는 시적 표현이라고 말한다. 그렇다면 은유는 어떤 식으로 새로운 의미작용을 만드는 걸까. 이 구절은 보아스

---

* 보다 정확히 말한다면, 환유의 식에서 '-'는 새로운 의미작용의 출현이 횡선이 그어져 억제되고 있는 것을 나타내며, 은유의 식에서 '+'는 새로운 의미작용이 횡선을 돌파하여 출현하는 것을 나타낸다(E515).

가 나중에 그의 아내가 되어 그의 아이를 낳게 되는 루즈 옆에서 졸고 있는 장면을 묘사한 것이다. 이 구절의 '초라하지만 원한을 품은 것은 아니었다'라는 형용은, 원래대로라면 시원스러운 성격인 보아스 본인의 기질이다. 가령 이 시구가 '보아스는 초라하지만 원한을 품은 것은 아니었다'라고 한다면, 이것은 단지 보아스의 성격을 묘사한 것에 지나지 않아 새로운 의미작용이 생기지 않는다. 하지만 이 구절에서는 '보아스'가 '그의 보리다발'로 치환되고 있다. 이러한 치환의 조작(은유)으로 보리다발이 갖는 '풍요로움'이나 '결실'(아이를 만드는 것)이라는 팔루스적 의미작용이 보아스에게도 파급되어, 그에게 부성 paternité의 의미작용이 새롭게 부여되게 되는 것이다(E508).[*] 이것이 은유에 의해서 새로운 의미작용이 생성되는 메커니즘이다.

이와 마찬가지로 부성 은유에서 어머니의 욕망(DM)이 '아버지의 이름'의 시니피앙(NP)에 의해 치환된다(NP/DM·DM/x). 이에 의해 상징계 전체에 은유로 생성되는 팔루스적 의미작용이 파급된다. 이것을 도식화하면 그림22에 표시된 부성 은유의 식을 얻을 수 있다.

이 도식은, 지금까지 설명한 두 가지의 규범화=정상화의 기능, 즉 (1) '아버지의 이름'에 의한 원-상징계(어머니의 욕망)의 통제와, (2) 팔루스적인 의미작용의 성립을 하나의 식으로 나타

---

[*] 다음의 기술을 참조하라. '"그의 보리다발"로 주체의 치환을 도입하는 은유…… 이 시의 모든 것은 이 팔루스의 주위를 마지막까지 배회한다.'(E892)

$$\frac{\langle \text{아버지의 이름} \rangle}{\text{어머니의 욕망}} \cdot \frac{\text{어머니의 욕망}}{\text{상상적 팔루스}} \rightarrow \langle \text{아버지의 이름} \rangle \left(\frac{A}{\text{팔루스}} \right)$$

$$\frac{NP}{DM} \cdot \frac{DM}{x} \rightarrow NP \left(\frac{A}{Phallus} \right)$$

그림 22 부성 은유(완성형)

낸 것이다. 그렇다면 부성 은유가 갖는 이 두 가지 기능을 보다
상세하게 살펴보자.

(1) **'아버지의 이름'에 의한 원—상징계(어머니의 욕망)의 제어:** 아
이는 '아버지의 이름'이 개입하기 이전에는 어머니의 현
전과 부재에 의하여 농락당하는 존재였다. 자신의 앞에
나타나거나 부재하거나 했던 어머니가 도대체 어떤 법(법
칙)에 의하여 행동하는지를 아이로서는 전혀 짐작할 수
없기 때문이다.

하지만, 어머니의 욕망이 '아버지의 이름'이라는 시니피앙
에 의하여 치환되면 상황이 크게 변화한다. 이러한 치환
의 결과로서 생긴 부성 은유 식의 오른편에서는, 어머니
의 욕망(DM)은 더 이상 출현하지 않는다. '아버지의 이름
(NP)'의 대입으로 어머니의 욕망(DM)은 소거되어, 아이
는 어머니의 현전과 부재에 농락당하지 않아도 괜찮다는
것을 나타내고 있다. 이것은 '아버지의 이름'의 도입 이후
에, 어머니의 현전과 부재라는 법이 아버지의 법으로 제
어됨으로써(NP/DM), 아이가 원-상징계의 무질서한 상
태로부터 거리를 둘 수 있게 되는 것과 서로 관계가 있다

(E563).

(2) **팔루스적인 의미작용의 성립:** '아버지의 이름'이 개입하기 전에 아이는 어머니가 자기 앞에 현전하거나 부재하거나 하는 이유를 상상하고, 그것은 어머니가 '상상적인 팔루스'를 욕망하기 때문이라고 결론을 내린다. 하지만 이런 '상상적인 팔루스'는 수수께끼 같은 어머니의 욕망에 붙은 하나의 딱지에 불과하고, 어머니의 욕망을 가리킬 수는 있었지만, 핵심인 '상상적 팔루스'가 무엇을 의미하는지는 불명확한 채였다(DM/x).

여기에 '아버지의 이름'이 도입되어 어머니의 욕망이 치환되면(NP/DM), 이러한 은유는 원-상징계 전체에 대해서 '새로운 의미작용signification/Bedeutung'을 만들어내게 된다. 여기서 만들어지는 의미작용을 '팔루스적 의미작용signifaication phallique'이라고 부른다. 과거에 프로이트는 신경증의 증상이나 꿈, 유머, 실착 행위는 모두 성적인 의미sexuelle Bedeutung를 갖는다고 주장(GW7, 196, GW11, 265, 330)했는데, 이것이 라캉이 말하는 '팔루스적 의미작용'에 해당한다. 라캉은 신경증의 증상을 둘러싼 프로이트의 논의를 '아버지의 이름'의 은유인 팔루스적인 의미작용의 성립으로서 구조론적으로 다시 파악한 것이다. 부성은유의 식에서 오른편에 '아버지의 이름(A/팔루스)'이 쓰여진 것은, 아버지의 이름(NP)의 작용으로 상징계(=대타자 A)에 속하는 모든 시니피앙의 시니피에가 궁극적으로는 팔루스에 귀착되고, 그 결과로서 모든 시니피앙이 팔루스적인 의미작용을 내포하고 있다는 것을 의미하기 때문이다(E557). 바꿔 말하면, 부성 은유가 도입된 후 상징계에 속하는 모든 시니피앙의 의미는 궁극적으로 모두 팔루스로 환원된다. 이는 남성과 여성의 섹슈얼리티가 하나의 팔루스에 의해 구조화되는 것과도 관련이 있다. 왜냐하면 모든 시니피앙의 의미가 팔루스로 환원되는 이상 주체의 섹슈얼리티는 팔루스중심주의적인 것이 될 수밖에 없기 때문이다.

부성 은유가 갖는 이 두 가지 기능은 각각 (1) '아버지의 이름'과 (2) 상징적 팔루스(시니피앙으로서의 팔루스)에 의해 이루어진다. 이 두 가지, '아버지의 이름'과 상징적 팔루스의 개념은 종종 혼동되지만, 라캉은 이 둘의 차이점에 대해 다음과 같이 말하고 있다.

'아버지의 이름'은 시니피앙 체계의 총체를 의미하며, 그것이 존재할 수 있게 하고, 그 법을 이루는 기능을 가진다고 말한 적이 있는데, 이와 마찬가지로 팔루스는 주체가 시니피앙과의 대비에서 시니피앙 그 자체, 내가 말하고자 하는 것은 의미작용입니다만, 이것을 상징화하지 않으면 안 되는 순간부터, 시니피앙 체계 안으로 개입해 들어온다고 종종 생각해야 한다고 말씀드리겠습니다. /……시니피에 일반의 시니피앙, 그것이 바로 팔루스입니다.(S5, 240)

한편 '아버지의 이름'은 시니피앙으로서 어머니의 욕망(원-상징계)에 대해 법을 만들고 그것을 통치하는 것이다(NP/

DM). 다른 쪽의 팔루스는 상징계에 속하는 어떤 시니피앙에 대해 그 시니피에— 여기서 시니피에는 의미작용과 동의어이다 —를 물었을 때, 항상 그 시니피에로 나타나는 것이다(A/팔루스).* 즉 '아버지의 이름'은 상징계의 질서를 안정화시키는 시니피앙이며, 팔루스는 상징계에 속한 시니피앙이 팔루스적인 의미작용을 갖도록 보장하는 시니피앙인 것이다. 이것이 라캉이 56-58년에 걸쳐 수행한 오이디푸스 콤플렉스의 구조론화 작업의 개략적인 내용이다.

그럼, 이 구조론에 의거한다면 신경증과 정신병을 어떻게 감별할 수 있을까? 오이디푸스 콤플렉스는 부성 은유, 즉 '아버지의 이름'이라는 시니피앙의 도입으로 완성된다. 그리고 신경증의 구조는 이 부성 은유에 의해 결정된다. 반대로 정신병의 구조는 '아버지의 이름'이 배제되고 부성 은유가 실패함으로써 결정된다. 그 결과 정신병에서는 다음과 같은 네 가지 현상이 발생하게 된다.

(1) '아버지의 이름'이 배제된 결과로 다음 두 가지 현상이 발생한다.

　　(A) 시니피앙의 체계가 조직화되지 않고, 그 결과 시니피앙이 뿔뿔이 해체되어 단 하나의 시니피앙이 주체를 공

---

* 「팔루스의 의미작용」이라는 강연에서도 같은 주장이 나온다. 이 강연에 따르면, 팔루스란 '전체로서의 시니피앙이 갖는 제 효과를 지시하려고 운명 지워진 시니피앙(E690)이며, '모든 "의미할 수 있는 것"'이 귀착되는 잠재성의 기호'(E692)이다.

격하게 된다(언어성 환각, 정신자동증).

 (B) 원–상징계의 제어가 제대로 이루어지지 않아 어머니가 아이 앞에 나타났다 사라지는 것과 마찬가지로 망상적 타자(신)가 주체 앞에 현전하거나 부재하는 것을 제멋대로 반복하게 된다(슈레버의 무질서한 신).

 (2) 부성 은유의 실패의 결과로 다음 두 가지 현상이 발생한다.

 (A) 팔루스적 의미작용이 성립되지 않아 은유적 증상을 만들 수 없다.

 (B) 팔루스중심주의적 섹슈얼리티의 규범화가 이루어지지 않아 슈레버와 같은 여성화 현상이 나타난다.

고전적인 정신병에서 나타나는 독특한 병리는 대부분 이 네 가지 현상으로 환원할 수 있다. 특히 (2)-A의 논점인 팔루스적 의미작용의 유무는 신경증과 정신병을 감별할 수 있는 중요한 단서가 된다. 다음 절에서는 그 점을 밝혀보겠다.

8. 증상의 의미작용에 의한 감별 진단

신경증 증상에서 나타나는 시니피앙은 은유에 의해 구조화되어 있고, 은유에 의해 생성되는 팔루스적 의미작용을 가지고 있다. 그렇기 때문에 앞서 확인했듯이 신경증에서는 증상의 은유를 해독(해석)할 수 있다. 반대로 정신병의 증상에 나타나는 시니피앙은 은유화를 거치지 않고, 무의식이 직접적으로 무매개적으로, 의식적인 것으로 나타난다.

그렇다면 신경증의 증상은 어떻게 은유화되는 것일까? 논문

「문자의 심급」에서 라캉은 다음과 같이 말한다.

> 은유의 두 단계 메커니즘이 분석적 의미의 증상을 결정짓는다. 성적 트라우마의 수수께끼 같은 시니피앙과 실제의 시니피앙 연쇄 속에서 이 시니피앙이 치환되어 오는 항項과의 사이에 불꽃이 일어나고…… 그것이 증상 속에 의식적 주체가 접근할 수 없는 의미작용을 고정시킨다.(E518)

신경증의 증상이 은유라는 것은 증상이 형성되기 위해서는 어떤 시니피앙이 다른 어떤 시니피앙으로 치환될 필요가 있다는 것이다. 여기서는 '성적 트라우마의 수수께끼 같은 시니피앙'이 어떤 '항[=시니피앙]'을 대체하기 위해 도래하는 것이 증상 형성에 있어 은유의 메커니즘이라고 여겨진다. 이 은유화의 결과로 증상은 팔루스적인 의미작용을 가지게 된다.*

이러한 생각은 프로이트의 증상 형성론을 거의 그대로 답습한 것이다. 프로이트는 신경증 증상이 형성되기 위해서는 '내적 요인'과 '외적 요인'이라는 두 가지 요인이 필요하다고 생각

---

* 다만 신경증 환자는 대부분의 경우, 자신의 증상이 갖는 팔루스적인 의미작용을 모른다. 신경증 증상이 그 의미작용을 발산하도록 하려면 전이轉移 하의 임상clinique son transfert, 즉 분석 주체가 분석가에게 자신의 증상의 의미에 대한 지知를 상정하고 있다는 상황에서, 증상이 분석적으로 세련되어 나갈 필요가 있다. 이것을 증상의 '분석적 순화 domestication analytique'라고 부른다(밀레르, 1998c). 신경증과 정신병의 감별 진단이 여러 번의 예비 면접 내지 이에 해당하는 진찰을 받고 신중하게 이루어져 한다는 것은, 증상의 분석적 순화가 도래하기를 기다리기 때문이다.

했다(GW11, 359). 내적 요인은 신경증의 소인素因이 되는 것으로, 환자의 '성적 체질'과 '유아기 경험'으로 구성된다(GW11, 375-6). 그러나 이 내적 요인만으로는 증상이 형성되지 않는다. 증상이 형성되기 위해서는 사춘기 이후 외부적 요인이 거기에 더해져야 한다. 여기서 외적 요인으로 작용하는 것이 '트라우마적인 우연한 체험'이다. 즉, 유아기에 이미 구성되어 있던 내적 요인은 나중에 사춘기 이후에 트라우마적 우연한 체험이 발생함으로써 비로소 활성화되는 것이다(GW11, 375).

예를 들어, 프로이트가 「심리학 초안」에서 다룬 증례 엠마는 유아기에 혼자 식료품점에 갔다가 웃고 있는 가게 주인이 자신의 성기를 만지는 사건을 경험했다(유아기 체험). 그리고 사춘기 시절 혼자 옷가게에 갔을 때, 두 점원이 서로 웃고 있는 광경을 보게 된다(트라우마적 우연한 체험). 그러자 이 두 경험은 상황의 유사성에 의해 결합되고, 그 결과 증상이 형성된다. 그녀는 갑자기 강한 놀람의 감정에 휩싸여 가게를 뛰쳐나간 것이다(GWNb, 445-6). 주목할 점은 여기서 작동하는 '트라우마적 우연한 체험'이라는 것이 반드시 PTSD(외상 후 스트레스 장애)의 원인이 되는 생명의 안전을 위협하는 강한 사건은 아니라는 점이다. '옷가게에서 두 점원이 서로 웃고 있다'는 경험은 어떤 의미에서든 생명의 안전을 위협하는 것이 아니라, 오히려 일상에서 흔히 볼 수 있는 경험이다. 하지만, 그럼에도 이 우연한 경험은 앞서의 유아기 경험과 연결되는 한에서 트라우마로서의 가치를 지닌다. 그 결과 이 일상의 평범한 우연한 체험이 유아기 체험과 연관된 성적 의미작용을 발산하게 되는 것이다. 앞의 인용문에서 라캉이 '성적 트라우마의 수수께끼

그림 23 유아기 체험과 (사춘기 이후의) 트라우마적인 우연한 체험

같은 시니피앙'이라고 부르는 것은 이런 의미로 이해되어야 한다(立木, 2013). 즉, '성적 트라우마의 수수께끼 같은 시니피앙'은 유아기 경험이 새겨진 시니피앙이 아니라, 오히려 사춘기 이후에 우연히 경험한, 표면적으로는 트라우마가 아님에도 불구하고 유아기 경험과 연결되는 한에서 트라우마로서의 가치를 지니게 된 경험이 새겨진 시니피앙을 말하는 것이다.

이러한 관점에서 앞서 살펴본 아이즐러(1921)의 남성 히스테리 증례를 다시 생각해 보자. 이 환자는 어린 시절 할머니에게 엄지손가락을 밟혀서 거세 위협을 경험한 적이 있다(유아기 체험). 나중에 그는 차량에서 추락사고 후 받은 엑스레이 검사를 경험했다(우연한 체험). 그리고 이 두 가지 체험이 결합되면서 그는 '주기적인 복통'이라는 전환 증상을 형성했다. 즉, 그의 증상은 유아기 체험이 이후의 우연한 체험에 의해 사후적으로 대체됨으로써 형성된 것이다. 그 결과 그의 복통이라는 증상은 세세한 부분까지 모두 '임신'을 둘러싼 의미작용을 내포하게 되었다. 예를 들어, 그의 복통의 성격이 마치 '딱딱한 물체가 출현하려는 것 같은' 느낌인 것은 그것이 진통이라는 의미작용을 내포하고 있기 때문이다. 또한 그의 복통이 옆구리 갈비뼈에서 시작되었다는 것은 이 증상이 아담의 갈비뼈에서 하와라는 새로운 인간이 만들어졌다는 은유, 즉 창세기 신화의

그림 24 신경증의 증상 형성에 있어서의 사후성

'남성 단성 생식'에 대한 은유이기도 하다. 이처럼 인간에게 거세의 위협을 가져오는 유아기 경험의 시니피앙이 나중에 경험하는 우연한 체험(성적 트라우마)의 시니피앙으로 사후적으로 대체되는 은유화 작업을 통해 팔루스적 의미작용(s(A))이 만들어진다(S5, 465). 이것이 신경증에서의 증상 형성인 것이다.

반대로 정신병에서는 '아버지의 이름'의 시니피앙이 도입되지 않아 부성 은유가 성립되지 않는다. 따라서 정신병의 병인적 시니피앙은 팔루스적 의미작용을 갖지 않는다(S5, 480). 정신병의 증상은 은유적 의미를 갖지 않는 것이다. 이 특징에 주목함으로써 신경증과 정신병의 감별 진단을 할 수 있다.

그렇다면, 팔루스적 의미작용의 유무에 따른 감별 진단의 실례를 살펴보자. 여기서는 국내의 '망상성' 대인공포증 증례를 살펴보자. 대인공포는 얼굴이 붉어지는 것을 두려워하여 사람들 앞에 나서는 것을 피하는 적면赤面공포처럼 기본적으로 일상 심리와 연속된 신경증 수준의 병태로 생각된다. 그러나 대인공포 중에서도 추형醜形공포증이나 자기취自己臭공포증과 같이 자신의 신체의 결함을 강하게 호소하는 유형에서는 사정이 달라진다. 이들의 증상 호소는 정신병적 망상만큼이나 기이하고, 심지어 망상만큼의 확신을 동반하는 경우도 드물지 않다. 예를 들어, 한 환자는 '사람들 앞에서 자신의 눈이 저절로 움직이고, 그때 이상한 눈빛으로 변한다. 그래서 상대방에게 불쾌감을 주거나 상처를 주고 있다'고 주장한다. 또 다른 환자는 '내 몸에서 나는 악취 때문에 같은 방에 있는 환자가 불면증에 걸렸다'고 주장한다. 이런 기괴한 주장은 분명 정신병적 망상과 비슷하다. 그렇다면 이러한 증례들은 정신병일까? 한때 일본 정신병리학에서는 이러한 '망상적' 대인공포증이 '경계예'(신경증과 정신병의 중간)인지, 아니면 정신병(통합실조증)의 병태인지에 대해 많은 논의가 있었다. 그렇다면 우리의 입장에서는 어떻게 생각해야 할까.

여기서는 국내 정신병리학자들이 기술한 '망상성'이라는 주장을 포함하지 않는 추형공포의 증례와 '망상성'이라는 주장을 포함하는 자기취공포의 증례를 차례로 살펴보자. 먼저, 추형공포증 증례이다(塚本嘉壽, 高垣忠一郎, & 山上雅子, 1973).

20세 남학생. 중학교 2학년 때부터 자위를 시작했는데, '자위를 하면 (음)입술脣이 커진다'는 내용이 적힌 책을 읽은 후 '자신의 입술이 커진 것이 아닐까', '남들 앞에서 말할 때 자위와 입술의 관계를 의심받게 되는 것은 아닐까'라는 의심이 생겼다. 고등학교 2학년이 되어 학교의 왼쪽 옆자리에 화려하고 성숙한 여학생이 앉았는데, '덥다, 더워' 하며 치마를 펄럭이고 옷으로 몸을 부치는 일이 잦았다. 환자는 그것을 보지 않으려고 노력했지만, 점차 보지 않으려는 노력 자체에 관심이 집중되어, 결코 보고 싶지 않은데도 보고 싶어 하는 것으로 오해받는 것이 싫었다는 에피소드를 회상했다. 나중에 '자위를 하면 커진다'고 하는 '입술'은 '입술口脣'이 아니라 여성기陰脣라는 것을 알게 되었지만, 그것을 스스로에게 되뇌어도 증상은 전혀 개선되지 않았다고 한다.

이 증례의 서술에서 특징적인 것은 '입술'이라는 시니피앙의 은유적 사용이다. 즉, '자신의 입술이 큰 것 같다'는 추형공포 호소에서 '입술'이라는 시니피앙은 한편으로는 글자 그대로 환자 자신의 '입술'을 의미하지만, 다른 한편으로는 여성의 '음순'을 나타내는 은유가 되고 있다. 또한 이 은유는 여학생이 치마를 펄럭이는 모습(즉, 그녀의 '음순'이 보일 수 있는 모습, 혹은 치마의 '주름'으로 은유화된 음순)을 '결코 보고 싶지 않다'는 억압을 나타내는 말(정신분석적 부정으로서의 '아니다')과 함께 나타나고 있다. 이 증례에서는 '음순'을 '입술'이라는 시니피앙으로 대체하는 은유가 생겨났고, 그 결과 본래 아무런 성적 함의가 없는 '입술'이라는 시니피앙이 팔루스적인 의미작용을 내포하게 된 것이다. 이 증례의 추형공포는 그 팔루스적 의미작용이 지배하는 한에서 성립된다는 점에서 신경증의 구조에 의해 규정된다고 생각된다.

다음으로 제시하는 것은 일시적으로 '망상성' 상태를 보인 자기취공포 증례이다(Ogawa Toyoaki & Kasahara Yoshihiro, 1986).

25세 여성. 23세 때 처음으로 남자와 사귀었는데, 그 사귐이 갑작스럽게 끝난 후부터 자신의 겨드랑이 냄새가 신경 쓰이기 시작했다. 이 증상은 점차 자기취 망상으로 발전했다. 또한 그녀는 한동안 '컴퓨터가 자신에게 설치되어 있어 조종당하고 있다'는 망상 같은 생각을 하기도 했다. 그런데 이 환자에게 자기 냄새의 성격을 물었더니 '땀 냄새가 나는 자극적인 냄새'라고 말했다. 또한 그 냄새에 대해 '운동을 한 뒤의 남성의 냄새를 맡았을 때 자신의 냄새와 같다고 생각했다'고 말했다. 그리고 그녀는 인터뷰에서 '한참을 더 말없이 생각한 끝에 "성관계 후 자신의 몸에서 나는 남성의 잔향殘香이 떠오른다"고 말했다'고 한다.

이 증례에는 '컴퓨터가 자신에게 설치되어 있어 조종당한다'는 '망상' 같은 것이 분명히 존재하며, 주치의였던 오가와 토요아키小川豊昭는 이 증례를 '파라노이아'로 진단했다. 그러나 이 증례의 서술에서 특징적인 것은 역시 '운동'이라는 시니피앙의 은유적 사용이다. 이 증례의 여성은 자신이 발산하는 냄새가 '운동 후 남성의 냄새'와 같다고 말했다. 그리고 앞의 증례와 마찬가지로 '한참을 더 생각한 후'라는 억압의 징후가 나타난 후, 이 '운동'이라는 시니피앙이 사실은 '성교'를 의미하는 은유를 구성하고 있음이 밝혀졌다. 이 증례에서 '운동'이라는 시니피앙은 '성교'라는 시니피앙을 대체함으로써 팔루스적 의미작용을 가지게 된 것이다. 그렇다면 이 증례에서 '컴퓨터가 자신에게 설치되어 있어 조종당한다'는 '망상'적인 호소 역시 임신이나 팔루스— 꿈속에서 팔루스는 종종 기계로 표상된다—의 태동을 은유적으로 표현한 것이 아니었을까. 만약 그것이 확인된다면, 우리는 이 증례를 앞서의 추형공포증 증례와 마찬가지로 신경증 증례로 진단할 수 있을 것이다.

이상의 검토에서 알 수 있듯이, 증상의 의미작용이라는 관점에서 신경증과 정신병의 감별 진단을 하기 위해서는 신경증의 증상이 다음과 같은 세 가지 요소로 이루어진 계층 구조에 의해 형성되어 있다는 것을 항상 염두에 두어야 한다.

(1) 신경증 증상에는 시니피앙의 치환(은유)이 있다는 것.
(2) 그 은유에는 신경증에서만 나타날 수 있는 팔루스적인 의미작용이 출현하고 있다는 것.
(3) 그 의미작용에서 표현되는 유아기 경험이 주체의 증상을 지탱하고 있다는 것.

라캉은 '[총보總譜로서 구성되는] 주체의 서사의 어느 '악성부partie'에서 의미심장한 말을 털어놓고 있는지를 듣는 것이 중요하다'(E252)고 말했다. 수많은 증례에서 증상이라는 은유가 지닌 의미작용의 반짝임을 들을 수 있는 귀를 가진다면, 이러한 은유의 구조를 간파할 수 있을 것이다. 그리고 이 구조를 들을 수 있는 한, 아무리 '망상'적인 호소를 하는 증례라도 구조론적으로는 정신병이 아닌 신경증으로 진단할 수 있는 것이다.

제5장

「정신병의 온갖 가능한 치료에 대한 전제적 문제에 대하여」(1958)의 독해

라캉이 세미나 3권 『정신병』에서 밝힌 것은 '아버지이다'라는 오이디푸스 콤플렉스의 중핵을 이루는 시니피앙('아버지의 이름')이 정신병에서는 배제되어 있다는 것이었다. 그리고 라캉은 4권 『대상 관계』, 5권 『무의식의 형성물』, 그리고 같은 시기의 논문과 강연에서 오이디푸스 콤플렉스 자체를 구조론적으로 재해석했다.

이 일련의 논의를 바탕으로 라캉은 1958년 논문 「정신병의 온갖 가능한 치료에 대한 전제적 문제에 대하여」(이하 「전제적 문제」)를 집필한다. 이 논문에서는 세미나 4, 5권에서 구축된 구조론적 오이디푸스 콤플렉스론의 관점에서 3권에서 검토한 정신병론을 체계화하고 있다. 어떤 의미에서는 앞 장에서 확인한 일련의 오이디푸스 콤플렉스의 구조론적 이론화는 「전제적 문제」를 위한 준비 작업이었다고 할 수 있다.

본 장에서는 논문 「전제적 문제」를 독해할 것이다. 다만 이 논문의 독해는 간단하지 않다. 왜냐하면 이 논문은 — 라캉에게 흔히 있는 일이지만 — 본래 몇 개의 논문으로 나누어져야 할 논점들을 무분별하게 뒤섞어 놓았기 때문이다. 따라서 이 논문을 읽기 위해서는 먼저 그 안에 포함된 몇 가지 논점을 정리하는 작업이 필요하다. 편의상 본 장에서는 다음의 세 가지 논점으로 구분해 보겠다.

(1) 정신의학의 감별 진단에서 전통적으로 잘못 이해되어 온 야스퍼스의 '과정'과 '요소 현상' 개념을 구조론의 입장에서 재조명하는 것.

(2) 『정신병』에서 정신병의 증상은 의미작용의 출현으로 파악되었지만, 이를 '현실계에서의 시니피앙'의 출현으로 재파악하는 것.

(3) 프로이트의 1924년 논문 「신경증과 정신병의 현실 상실」을 구조론화된 오이디푸스 콤플렉스의 관점에서 재해석하고, 이를 통해 슈레버 증례의 망상 형성을 해명하는 것.

이하 각 논점에 대해 차례로 논의를 진행하겠다.

1. '과정'의 유무에 따른 감별 진단 – 야스퍼스에서 라캉으로

정신의학 감별 진단에서의 '과정'과 '요소 현상'

이미 서론에서 확인했듯이 라캉의 감별 진단론은 고전적인 정신의학의 그것을 밑바탕에 깔고 있었다. 그렇다면 고전적인 정신의학에서는 대체 어떻게 정신질환의 감별 진단을 했을까?

정신질환의 감별 진단을 사상 최초로 방법론적으로 논하고 그 방법에 기초를 놓은 것은 하이델베르크의 정신과 의사로 나중에 철학자가 된 카를 야스퍼스였다. 그는 『정신병리학 총론』 초판(1913)에서 환자의 심적 경험을 현상학적으로 기술하는 것을 방법론적 핵심 과제로 삼았다. 그에 따르면, 인간의 정상적인 심적 경험에는 관찰자가 감정 이입을 통해 '이해Verstehen'할 수 있는 것이 있다(정태적靜態的 이해). 그리고 '공격을 받은 사람이 화를 낸다', '배신당한 연인이 질투심이 커진다'와 같은 사례처럼, 환자의 이전 심적 경험에서 연속적으로 발생하는 것을 이해할 수 있는 것도 있다(동적動的 이해). 그러나 정신병에서는 감정 이입에 따라서는 더 이상 이해할 수 없고, 또한 환자의 지금까지의 심적 경험이나 성격으로 보아도 이해할 수 없는 독특한 심적 체험이 새롭게 발생한다. 즉, 정신병에서는 인생의 어느 시점에서 '이전의 성격에 이질적인, 심적 생활상의 돌이킬 수 없는 변화'가 발생하여 그것이 성격에 접붙여져 있음을 알 수 있다. 야스퍼스는 정신병에서 나타나는 이러한 경과의 특징을 '과정Prozess'*이라고 불렀다.

그리고 야스퍼스에 따르면, 이 과정에 의해 유발된 것만이 진정한 정신병Psychose(이 경우 정신의학에서 말하는 '통합실조증'과 거의 같은 의미)의 진단을 받을 자격이 있다. 다시 말하면, 비-정신병에서 나타나는 비정상적인 심적 체험(가령 신경증의 증상)에는 인과관계의 연쇄가 존재하는 반면, 정신병에서 나타나는 비정상적인 심적 경험에는 그 심적 경험을 발생시킨 인과관계의 연쇄가 부재하는 것이다. 이를 도식화하면 그림

---

* 이 용어는 종종 '병적 과정'으로 번역하지만, 이 책에서는 원어에 충실하게 '과정'으로 표기할 것이다.

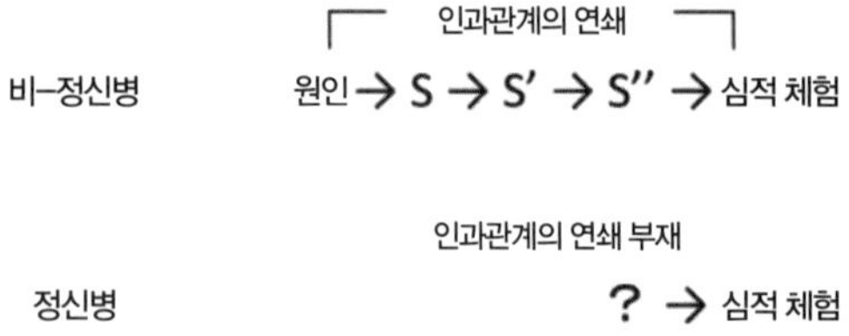

비-정신병   원인 → S → S′ → S″ → 심적 체험

인과관계의 연쇄

정신병   ? → 심적 체험

인과관계의 연쇄 부재

그림 25 야스퍼스의 감별 진단론

25와 같다.

야스퍼스는 과정의 유무에 따라 정신질환의 감별 진단을 수행한다. 그렇다면 과정의 유무를 어떻게 알아볼 수 있을까? 야스퍼스는 다음과 같이 말한다. 진단 면접에서 환자의 이야기 안에 이해 불가능한 체험의 존재를 의심할 경우, 그것이 과정으로 인한 것인지 아닌지를 확인해야 한다. 환자에게 발생한 체험이 이해 불가능하다고 생각될 때, 그것이 과정에 의해 발생했다는 증거를 찾아야 하며, 그 증거를 확인해야만 '과정에 의해 유발된 진정한 정신병'으로 진단할 수 있는 것이다.

그렇다면 대체 무엇이 과정의 증거가 될 수 있을까? 야스퍼스에 따르면, 과정이 존재한다면 대부분의 증례에서 그 병의 시작에 '요소적 증상elementares Symptom'을 발견할 수 있다고 한다. 여기서 사용되고 있는 '요소적elementar'이라는 형용사는 '반성적reflexiv'과 쌍을 이루는 것이다. 반성적 심적 체험 혹은 증상은 그 이전의 심적 체험으로부터 연역적으로 발생한 것이다. 그렇기 때문에 그 심적 체험을 발생시킨 인과관계의 연쇄를 관찰자가 이해할 수 있다. 반대로 요소적인 심적 체험이나 증상은 그 이전의 체험과 단절되어 있어 인과관계를 더 이상 거슬러 올라갈 수 없다. 즉, 요소적인 것은 무에서 발생하는 일차적인 원발성原發性 체험인 것이다. 정신병의 진단은 이러한 체험의 존재가 발견될 때 확증될 수 있다고 야스퍼스는 주장하고 있다.

야스퍼스는 『정신병리학 총론』 제2판(1920) 이후 과정에서 유발되는, 기술할 수는 있지만 이해로는 접근할 수 없는 특이한 심적 체험을 '요소적elementar'이라고 형용했고, 이후 1922년에는 그러한 체험을 '요소 현상elementares Phänomen'이라고 총칭하고 있다(Jaspers, 1922, p. 42). 우리가 다른 논고에서 검토한 바와 같이, 이 요소 현상이라고 불리는 정신병에 특유한 심적 체험은 다음과 같은 다섯 가지 특징을 가지고 있다(Matsumoto, 2012b).

(1) **원발성:** 요소 현상은 그때까지의 정신생활에 이질적인 요소를 새롭게 가져온다. 즉, 요소 현상은 선행하는 심적 체험에서 연역된 결과로 오는 것이 아니라 환자의 정신에 갑자기 원발적primär으로 도래한다.

(2) **무의미성:** 요소 현상은 처음에는 무내용inhaltlos적인 체험으로 나타나며, 관찰자의 입장에서는 그 의미를 파악할 수 없을 뿐만 아니라 환자 본인에게도 의미불명으로 느껴진다.

(3) **무매개성:** 요소 현상은 무매개적unmittelbar으로 환자에게 다가온다. 즉, 어떤 지각이나 사고를 매개로 나타나는 것이 아니라, 머리나 몸속으로 밀려 들어오듯이 나타난다.

(4) **압도성:** 요소 현상은 '근원적인 힘Urgewalt'이라고 부를 수

밖에 없는 독특한 압력 성분을 가지고 환자의 정신에 도래한다.

(5) **기초성**: 요소 현상은 그 초기 단계에서는 무의미한 것으로 나타나지만, 나중에 명확한 망상적 의미가 발생한다. 즉, 요소 현상은 이후 다양한 정신병적 증상의 기초가 되는 것이다.

이러한 특징을 가진 요소 현상의 구체적인 예로는 의미망상Bedeutungswahn을 들 수 있다. 의미망상이란 세계의 사물이 '무언가'를 의미하는 것 같은 의미심장한 것으로 강렬한 인상을 가지고 체험됨에도 불구하고, 그 의미가 여전히 불분명한 수수께끼에 머물러 있는 것 같은 기분 나쁜 세계 변용 체험을 가리킨다. 구체적인 예를 들어보자.

어느 날 거리를 걷다가 평소 보던 풍경이 펼쳐져 있을 텐데도, 어딘가 낯설게 느껴지는 것을 알아차린다. 점점 세상이 뭔가 이상하게 느껴진다. 아무리 눈을 부릅뜨고 관찰해도 달라진 것이 없는데도 뭔가 이상하다. 세상의 일들이 마치 곧 일어날 큰 변화를 예고하듯 '무언가'를 내게 알려주는 것 같다. 그러나 그것이 도대체 나에게 무엇을 말하려는 것인지, 세상에 도대체 무슨 일이 일어나려고 하는 것인지 전혀 알 수 없다.

이런 체험이 의미망상이다. 의미망상은 인과관계로 규정된 이해 가능한 체험과 달리, (1) 아무런 이유도 계기 없이 갑자기 환자에게 다가온다(원발성). 그리고 (2) 이 오싹한 체험은 특정한 두려워할 만한 내용을 전혀 가지고 있지 않은 무의미한 체험이지만, 오히려 그 무의미함 자체가 무언가를 의미하려는 것처럼 느껴진다(무의미성). 또한, (3) 이 체험은 어떤 지각을 매개로 한 체험이 아니다. 즉, 무언가가 있는 것이 보이지도 않고 들리지도 않는데도 불구하고(무매개성), 그럼에도 불구하고 (4) '뭔 일이 일어날 것 같다'는 것이 무서운 강도로 확신되고 있다(압도성). 이러한 소름 끼치는 체험은 매우 견디기 힘든 불안을 가져다주기도 하고, 불안 속에서도 전율적인 행복감을 구성하기도 한다. 야스퍼스는, 환자에게는 이런 신비한 체험에 일정한 내용이 주어지면 마음이 편해질 것이라고 말한다. 이후 (5) 이러한 동기에서 의미망상 속에 특정한 의미가 생겨나면서 명확한 의미 내용을 가진 망상이 형성된다(기초성). 여기에는 요소 현상의 다섯 가지 특징이 모두 들어 있다.

1948년, 쿠르트 슈나이더는 『정신의학 논문집』(나중의 『임상정신병리학』) 제3판에서 야스퍼스의 논의를 이어받아 정신병(통합실조증)에서 증상은 이전의 심적 체험과 연속성을 갖지 않는다는 점을 강조했다. 그는 이 특징을 생활 발전에 있어서 '의미 연속성의 단절'이라고 부르며 이를 정신병의 지표로 삼았다(Schneider, 2007).

라캉은 야스퍼스에서 슈나이더에 이르는 하이델베르크 학파의 감별 진단론을 잘 알고 있었다. 실제로 라캉은 학위 논문에서 야스퍼스에게 의거하면서 '요소 현상phénomène élémentaire'이라는 술어를 여러 번 사용했다. 이 술어는 야스퍼스의 『정신병리학 총론』 제3판의 프랑스어 번역(Jaspers, 1928)에서 '요소 현상'의 번역어로 채택된 것으로, 라캉은 야스퍼스의 요소 현상 개념을 계승했다고 볼 수 있다(Miller, 2008a). 또한 라캉은 『정신병』에서도 '요소 현상'이라는 용어를 사용하고 있다. 거기에서도 그는 '망상은 어떤 것으로부터 연역되는 것이 아니다. 망상은 망상을 구성하는 힘 그 자체를 재생산하는 것이다. 망상 그 자체도 "요소 현상"이다'(S3, 28)라고 말함으로써 정신병의 망상이 선행하는 심적 체험에서 연역적으로 발생하는 것이 아니라는 야스퍼스의 견해를 따르고 있다. 또한 라캉은 클레랑보의 정신자동증에 나타나는 '비관념인非觀念因적 anidéique' 특징, 즉 '어떤 관념idée의 흐름[=연속성]의 결과로 일어나는 것이 아니다'(S3, 14)라는 특징에 주목했다. 이러한 논의가 야스퍼스의 과정이나 슈나이더의 의미 연속성의 단절과 같은 고전적 감별 진단론의 연장선상에 있다는 것은 논란의 여지가 없을 것이다.

정신분석에서의 감별 진단과 '과정'

야스퍼스에서 슈나이더에 이르는 하이델베르크 학파의 감별 진단론은 오랫동안 정신의학의 기본이었다. 그러나 '무이론적'임을 표방하는 DSM-III가 패권을 잡게 되면서 정신의학의 감별 진단론은 크게 변질되었다. DSM-III에 의한 감별 진단은 더 이상 과정이나 그 지표가 되는 요소 현상의 파악이 아니라 진단 항목의 체크리스트에 열거된 증상을 몇 개 충족하느냐에 따라 진단되는 것으로 변모해버렸다. 실제로 1980년 발표된 DSM-III 이후 정신병의 진단은 환각이나 망상의 존재를 중시하게 되었다. 즉, 정신병을 특징짓는 것은 현실에 존재하지 않는 목소리를 듣거나(환청), 혹은 현실에서 생각할 수 없는 것을 믿는 것(망상)이라고 생각하게 된 것이다. 말할 필요도 없이, 여기에는 하이델베르크 학파의 감별 진단론에서 중시했던 환각이나 망상이 과정의 존재를 뒷받침하는 것이냐 아니냐 하는 관점이 지워져 있다.

그런데 「전제적 문제」에서 라캉이 비판하고 있는 것은 신경증과 정신병의 차이를 자아와 현실의 관계에서 찾는 정신분석가들이다(E546). 그들은 DSM-III 이후의 감별 진단과 마찬가지로 환자가 '듣는다'고 주장하는 목소리가 실제로 존재하는지, 또는 환자가 '확신한다'고 주장하는 사태가 현실에서 인정되는지의 여부에 따라 신경증과 정신병을 감별해버린다.* 이러한 단순한 사고는 정신병의 문제를 프로이트 이전의 상태로 방치하게 된다고 라캉은 말한다(E546). 왜냐하면 프로이트는 1924년에 이미 정신병자는 현실로부터의 철수를 하고 있지만, 신경증 환자도 공상 세계(팡타즘)에 의해 현실로부터의 철수를 하고 있다고 지적함으로써, 신경증과 정신병의 차이를 자아와 현실의 관계에서 찾는 단순한 논의를 일축했기 때문이다.

단, 1958년 라캉이 염두에 둔 것은 당연히 DSM-III가 아니었다. 당시 라캉의 비판의 화살은 신경증과 정신병의 차이를 이해하지 못하는 동시대 정신분석가나 정신요법가들에게 향했다. 당시 마르그리트 세슈에Marguerite Sechehaye의 『통합실조증 소녀의 수기』(1950)를 비롯해 정신병(통합실조증)을 정신

---

* 예를 들어 오토 컨버그Otto Friedmann Kernberg(1984)는 '신경증적, 경계적 구조에서 현실 검토는 유지되지만, 정신병적인 구조에서는 심각하게 장애가 된다'고 주장한다.

분석이나 정신치료로 치료했다는 보고가 산발적으로 나오고 있었는데, 라캉은 그 보고가 실제로는 '정신병이 문제가 되지 않는 증례'를 다루고 있다고 비판했다(E547). 그 보고들은 신경증 환자를 정신병으로 오진하여 치료한 후 '정신병을 치료했'고 주장하고 있을 뿐이라고 라캉은 생각한 것이다. 이러한 저급한 정신병 치료론을 일소하고 엄격한 정신병 치료론을 세우기 위해서는 그 전제로서 신경증과 정신병의 감별 진단의 이론적 기초를 다시 한 번 구축해야 한다 — 이것이 논문「전제적 문제」의 표제인「정신병의 온갖 가능한 치료에 대한 전제적 문제에 대하여」가 의미하는 바이다.

그렇다면 라캉은 어떻게 신경증과 정신병을 감별하는 것일까? 언뜻 보면 답은 간단해 보인다. 왜냐하면 정신병에 필수적인 구조론적 조건은 '대타자의 자리에서 "아버지의 이름"의 배제, 그리고 부성 은유의 실패'이며, 이 조건의 유무가 '정신병과 신경증을 구분'하는 것으로 간주되기 때문이다(E575). 그러나 '"아버지의 이름"의 배제'와 '부성 은유의 실패'가 정신병을 구조론적으로 결정짓는다고 해도, 그것들은 '배제'와 '실패'인 한에서 '없는 것'이다. 없는 것을 발견하는 것은 '흰 까마귀가 존재하지 않는 것'을 발견하는 것만큼이나 어려운 일이다. 실제로 라캉은 이미 '이것[배제에서 어떤 시니피앙의 결여]은 어떤 실험적 연구로도 찾을 수 없는 결여임이 분명하다. 만약 그것이 결여되어 있다면, 그 결여된 무언가를 파악할 수 있는 방법은 없다'(S3, 286)고 말했다. 모니크 리아르도 다음과 같이 말하고 있다 – '정신병에서 "아버지의 이름" 배제는 관찰 가능한 현상이 아니다. 배제의 여러 결과, 예를 들어 망상 등을 발견할 수 있을 뿐이다.'(Liart, 2012, p. 113) 즉, '아버지의 이름'의 배제 그 자체에는 아무런 진단학적 가치가 없는 것이다.

라캉은 '아버지의 이름'의 배제 그 자체가 아니라 '아버지의 이름'의 배제 결과에 따라 신경증과 정신병의 감별 진단을 한다. 그것은 어떤 감별 진단일까?

2. 정신병의 특이한 현상으로서의 '현실계의 시니피앙'

라캉은 「전제적 문제」에서 야스퍼스의 과정 개념을 참조하고 있다. 그러나 라캉은 과정이 있다는 것을 발견하기 위해 환자의 증상에만 주목하는 야스퍼스를 비판하기도 한다. 그리고 라캉은 '인간과 시니피앙의 관계라는 가장 근본적인 결정 요인에 의해 이 [야스퍼스] 과정 processus을 정의하는 것'을 자신의 과제로 삼고 있다(E537). 즉, 야스퍼스의 과정 이론을 시니피앙의 이론에 의해 재구성하는 것, 야스퍼스의 기술심리학(현상학)을 구조론으로 다시 쓰는 것이 라캉의 감별 진단론의 과제가 되는 것이다.

어떤 증례를 정신병으로 진단하는 것은 그 증례에 과정이 있다는 것을 발견하는 것과 같다. 그렇다면 라캉은 그 과정을 어떻게 발견하는 것일까? 「전제적 문제」의 마지막 페이지에서 과정에 대해 다음과 같은 결론을 내리고 있다.

과정에 의해 시니피앙이 현실계로 풀려난다=연쇄를 벗어난다 le processus par quoi le signifiant s'est "déchaîné" dans le réel.

반대로 말하면, 과정이란 시니피앙을 현실계에 풀어놓는 것

=사슬을 끊는 것이라고 생각해도 좋을 것이다. 그러나 '시니피앙을 현실계로/현실계에서의 시니피앙dans le réel'이라는 표현은 도대체 무엇을 의미하는 것일까? 왜냐하면 보통 시니피앙은 상징적인 것으로 여겨지기 때문이다. 여기서는 솔레르의 명쾌한 설명을 인용해 보자.

> '현실계에서의 시니피앙'이라는 정신병적 현상의 정의에서 시니피앙은 상징계를 정의하기에는 충분하지 않다는 것이 이미 밝혀졌다. 이 점에 주목하자. 상징계는 시니피앙의 연쇄에 의해 정의되며, 은유[=한 시니피앙을 다른 시니피앙으로 대체하는 것]는 그 연쇄의 방식 중 하나이다.(Soler, 2008, pp. 200-201, 강조는 인용자)

시니피앙은 그 자체로 상징적인 것이 아니다. 시니피앙이 상징적이라고 할 수 있는 것은 시니피앙이 다른 시니피앙과 연쇄되어 있는 한에서이다. 반대로 다른 시니피앙과 단절된 시니피앙은 현실적인 것이다. '시니피앙이 현실계에서 해방되는 것=사슬에서 벗어나는 것'(E583)이라는 표현은 이를 뜻한다. 라캉은 같은 것을 '끊어진 사슬chaîne brisée이라는 형식 아래 말이 나타나는 것'으로 '말의 현실계로의 침입'을 확인할 수 있다고도 말한다(E535). 즉 상징계에서는 시니피앙이 다른 시니피앙에 연쇄되어 있는 반면, 현실계에서는 시니피앙이 다른 시니피앙에 연쇄되지 않고 완전히 단독으로 존재한다는 것이다. 이러한 특징을 가진 분리된 시니피앙을 라캉파에서는 종종 '단 하나의 시니피앙signifiant tout seul'이라고 부른다(Soler, 2008, p. 103).

말레발(2003)에 따르면, 라캉이 학위 논문부터 세미나 3권
『정신병』에 이르기까지 '요소 현상'이라고 불렀던 것이 논문
「전제적 문제」에서는 '현실계의 시니피앙' 또는 '끊어진 연쇄'
로 대체되었다고 한다. 즉, 어떤 시니피앙이 다른 시니피앙에
연쇄되지 않고 '하나의 시니피앙'으로 출현하고, 그 시니피앙
이 현실계에 출현하는 것을 라캉은 요소 현상의 새로운 정의
로 삼았다.* 따라서 과정이 있다는 것을 발견하는 것, 즉 정신
병으로 진단하는 것은 '시니피앙이 현실계로 풀려나는 것=연
쇄를 벗어나는 것'을 확인함으로써 가능해진다.

시니피앙의 탈연쇄(단일한 시니피앙의 출현)는 언어의 해체
현상으로 나타난다. 그렇다면 정신병에서 언어는 어떻게 해체
되는 것일까?

언어는 코드와 메시지라는 두 가지 측면을 가지고 있으며,
정상적인 언어 사용에서는 이 두 가지가 협동하는 것으로 알
려져 있다. 예를 들어, 어떤 메시지가 발화되었을 때, 그 메시
지는 그것이 의존하는 코드(=사회적으로 공유된 어휘나 문법 등
의 약속)에 따라 사후적으로 의미를 부여받는다. 앞서 살펴본

---

* 우리들이 정의하는 요소 현상으로부터 이러한 이행의 타당성을 검토
해보자. 단독의 시니피앙은 다른 시니피앙으로 환원되지 않고(원발성),
다른 시니피앙으로 회부되어서만 얻게 되는 의미작용을 갖지 않는다
(무의미성). 하지만 이 시니피앙은 현실적으로 환자에게 직접적으로 다
가간다(무매개성). 이러한 시니피앙의 수수께끼 같은 모습은 환자를 압
도하고, 그러한 체험에 저항하기 힘들다는 확신을 심어준다(압도성).
그 후에 정신병의 경과에서는 이러한 단독의 시니피앙을 망상 속에서
다른 시니피앙과 연결하게 되는 것이다(기초성).

그림 26 코드 환청(왼쪽)과 메시지 환청(오른쪽)

바와 같이, 대타자(A)와의 만남을 통해 증상이 팔루스적 의미작용(s(A))을 사후적으로 갖게 되는 것은 코드와 메시지가 협동하고 있기 때문이다. 반대로 정신병에서는 이 둘(코드와 메시지)을 협동시키는 '아버지의 이름'이 결여되어 있기 때문에 코드의 현상과 메시지의 현상이 각각 따로따로 작동하게 된다. 그러면 증상은 대타자(A)로부터 팔루스적인 의미작용(s(A))을 받아들일 수 없게 된다. 정신병의 환청hallucination(=언어성 환각)*이 팔루스적 의미작용을 갖지 않는 것은 그 때문이다. 라캉은 이러한 현상을 세미나 『무의식의 형성물』에서 도식화하고 있지만(S5, 153), 솔레르의 그림이 더 이해하기 쉽기 때문에 여기서는 그쪽을 인용한다(Soler, 2008, p. 102).

그림 26은 정신병에서는 코드(A)와 메시지(s(A))가 협력하지 않고 뿔뿔이 흩어져 있는 것을 나타내고 있다. 그림의 왼쪽은 코드(A)가 코드 자체로 환류하는 현상을 나타내고, 오른쪽은 메시지(s(A))에 대해 코드(A)가 오지 않는 현상을 나타내고 있다. 이 두 종류의 환청의 구별은 라캉의 독창이라기보다는

---

* 라캉은 '환각hallucination'이라는 말을, 대부분 언어성 환각hallucination verbale(환청)과 동의어로 사용한다. 한편 일본어에서 '환각'은 시각성 환각(환시)이라는 함의가 강해서, 여기서는 hallucination을 일부러 '환청'으로 번역했다. 또한 라캉파에서는 정신병에서 시각성·후각성嗅覺性 등의 환각은 언어성 환각에서 2차적으로 발생한다고 생각하는 견해도 있다(Melman, 1968).

슈레버가 '파롤의 구조에 기반해 [언어] 환각을 구별'(E537)하고 있는 것에서 유래하고 있다. 이후 이 두 환청을 '코드의 환청'과 '메시지의 환청'이라고 부르고, 양자의 차이를 살펴보기로 하자.

코드의 환청(근원 언어와 망상 직관)

먼저 전자의 코드 환청부터 살펴보자. 슈레버는 '대신경', '개 사육사의 기적' 등 기괴한 시니피앙(말)을 포함한 환청을 종종 들었다. 이것이 코드의 환청이다. 슈레버는 이런 기이한 시니피앙을 '근원 언어Grundsprache/langue-de-fond'라고 불렀다(E537). 슈레버가 '약간 낡았지만 힘 있는 독일어로, 특히 완곡화법이 매우 풍부하다'(S.13)*고 표현한 이 근원 언어는 정신의학 용어로 말하면 '조어造語'에 해당할 것이다.

근원 언어는 그 말 자체의 기이함이 환자에게 강한 인상을 주기 때문에 듣는 사람을 사로잡고 놓지 않지만, 그 의미는 불분명하고 수수께끼 같다는 특징을 가지고 있다. 즉, 근원 언어를 포함한 환청에서 전달의 대상이 되는 것은 '시니피앙 그 자체이지 시니피앙이 의미하는 것이 아니다.'(E537-8) 이 환청은 슈레버에게 기괴한 시니피앙을 전달하고 있지만, 그 시니피앙의 의미(의미작용)는 전혀 전달되지 않은 것이다. 근원 언어의 시니피앙은 오히려 그 기괴한 시니피앙이 무엇인지를 시니피앙 자체의 힘으로 전달하고 있다. 다시 말해, 이 환청 속에

---

* 이 장에서 슈레버의 『어느 신경병자의 회상록』의 인용과 관련해서는 'S' 기호 다음에 원서 페이지를 표기한다.

내포되어 있는 어떤 코드의 정의를 그 코드 그 자체 이외에는 어디에도 회부할 수 없다는 의미에서 이 환청은 자기 지시적= 자율적autonyme*인 메시지인 것이다(E538). 근원 언어라는 기괴한 시니피앙은 다른 시니피앙에 연쇄되지 않고 단독으로 자율적인 것으로 출현하고 있다. 이런 의미에서 코드의 환청에서 나타나는 근원 언어를 '단 하나의 시니피앙'으로 간주할 수 있다.

코드의 환청과 유사한 또 다른 예로 라캉은 '의미작용의 효과가 그 전개를 선취하기 때문에 착오로 직관적이라고 불리는 현상'(E538)을 들고 있다. 이것은 프랑스 고전 정신의학에서 말하는 '망상 직관intuition délirante'을 말한다.** 망상적 직관이란 '내가 나폴레옹이라는 것을 알았다' 등과 같이 근거가 없는 판단을 갑자기 확신하는 현상을 말한다. 구체적인 라캉의 설명을 살펴보자.

---

* 라캉은 슈레버의 근원 언어를 '언어학자(로만 야콥슨)가 '자기 지시적autonyme'이라고 형용하는 메시지에 대단히 가깝다'(E538)고 주장한다. 자기 지시적이라는 형용사는 '그 자신을 지시하는 것at its own designation'을 가리킨다(Jakobson, 1971. p.131) '이 자기 지시적인 기호는 동의어를 갖지 않으며, (그 기호를) 치환하는 것이 일체 불가능하다'(Rey-Debove, 1971)고 말하고 있듯이, 자기 지시적인 말은 다른 말로 대체되는 것이 불가능한, 다른 것으로부터 단절된 오직 하나뿐인 시니피앙이다.

** 망상 직관이란 라캉과 동시대의 정신과의사들에 의해 1931년 명명된 정신 증상이다(Targowla & Dublineau, 1931). 독일어권의 정신의학에서 말하는 망상 착상Wahneinfall과 거의 같다고 보면 된다.

의미작용의 효과가 그 전개를 선취하고 있기 때문에 착오로 직관적intuitive이라고 불리는 현상[=망상적 직관]에서는 실제로는 시니피앙의 효과가 문제가 되고 있다. 그 현상에서는 처음에는 의미작용 자체 대신 수수께끼 같은 공허함이 나타나지만, 그 한도 내에서 그 확신의 단계(의미작용의 의미작용이라는 두 번째 계층)는 수수께끼 같은 공허함에 비례하는 무게를 지니게 된다.(E538)

망상 직관에서는 망상적 의미작용이 환자에게 갑자기 주어지는 것처럼 보인다. 그러나 라캉은 그렇지 않다고 말한다. 망상 직관에서는 망상적 의미작용이 직관적으로(직접적으로) 환자에게 주어지는 것이 아니라 '실제로는 시니피앙의 효과가 문제'이기 때문이다. 무슨 뜻일까? 라캉은 망상 직관에서 처음 등장하는 것은 의미작용이 아니라 다른 시니피앙으로 연쇄되지 않는 '단 하나의 시니피앙'이라고 생각하는 것이다. 이 시니피앙은 다른 시니피앙에 연쇄되지 않기 때문에 의미작용을 갖지 않지만, 바로 그 때문에 '수수께끼 같은 공허'를 의미작용으로 가지게 된다(첫 번째 층위=공허한 의미작용의 발생). 그러면 환자에게는 이 공허를 의미하는 시니피앙이 여전히 무엇을 의미하는가라는 질문이 떠오른다. 이 현상은 커뮤니케이션에서 '아무것도 말하지 않는 것'이 '무를 말하다/침묵으로 말하다'라는 불명확한 의미의 과잉을 청자에게 확신시켜주는 수사와 유사하다. 여기서는 특정한 것을 의미하지 않는 시니피앙의 기묘한 고요함(공허)이 역설적으로 의미작용의 소란스러움(수수께끼)을 만들어내고 있는 것이다. 이렇게 해서 수수께끼의 의미작용에 대한 강한 확신을 가지게 된다(두 번째 층위=공허의

$$(1)\ \frac{단\ 하나의\ 시니피앙}{(공허한\ 의미작용)} \qquad (2)\ \frac{(공허한\ 의미작용)}{수수께끼\ 같은\ 의미작용의\ 확신}$$

그림 27 '단 하나의 시니피앙'에서 수수께끼 같은 의미작용의 확신으로

의미작용이 발하는 의미작용으로서의 '수수께끼'의 발생)(Soler, 2008, p. 101)(그림 27). 『정신병』의 첫 번째 패러다임에서 정신병은 의미작용의 출현으로 이해되었지만, 여기서 라캉은 그 의미작용이 '단 하나의 시니피앙'의 출현에 이어 이차적으로 발생한 것으로 생각하기에 이른 것이다.

메시지의 환청(중단된 메시지)

다음으로 메시지 환청에 대해 살펴보자. 메시지 환청의 대표적인 예는 슈레버에게 발생한 '중단된 메시지'라는 특수한 형태의 환청이다. 슈레버는 '나의…… 아니면 좋겠는데Wenn nur meine……'와 같이 도중에 중단된 불완전한 문장을 알리는 환청을 종종 들었다. 그러면 그는 그 환청이 알려주는 문장 속에서 빠진 부분을 보충해서 회답을 해야만 했다. 예를 들어 '나의…… 아니면 좋겠는데'라는 불완전한 문장에 대해 슈레버는 '나의 손가락이 마비되지 않으면 좋겠는데'(S.130) '나의 관능적 향락이 방해받지 않으면 좋겠는데'(S.221) 등으로 답해야만 했다. 이 현상은 정신의학 용어로 말하면 '대화성 환청'에 해당할 것이다.* 그러나 이것은 결코 상호적이고 대등한 관계에서 이루어지는 대화가 아니다. 중단된 메시지의 환청은 한편으로는 망상적 타자(신)가 슈레버를 향해 불완전한 문장을 멋대로 보내고, 다른 한편으로는 주체(슈레버)가 계속 대답을 강요당

하는 체험이며, 슈레버의 입장에서는 수동적이고 굴욕적인 체험인 것이다.

　중단된 메시지는 두 가지 큰 특징을 가지고 있다.

　(1) 첫 번째 특징은 '상대방[=신]의 목소리가 해당 메시지를 구절의 첫 부분에서 중단해 버린다'(E539)는 것이다. '나의…… 아니면 좋겠는데', '내가 하려는 것은 그것을…… Das will ich mir……'이라는 식으로 그 뒤에 이어지는 코드(어휘) 부분이 말해지지 않은 채 환청 문장이 끊겨버리는 것이다.

　(2) 두 번째 특징은 메시지가 중단되는 부분의 대부분이 '나의…… 아니면 좋겠는데Wenn nur meine……' 와 같이 '나'라는 주체를 나타내는 어구(언어학에서 말하는 전환 기호shifter[**]) 부분이라는 것이다(E540). 이 특징 때문에 중단된 메시지는 어떤 코드에 의해 '나'에게 응답할 것을 요구하고

----

* 대화성 환청이라는 용어는 크게 나누어, '환자에게 직접 말을 거는 음성과 그 음성에 대한 응답(이인칭 환청)'과 '복수의 음성이 환자에 대한 것을 간접적으로 이야기하는 것'(3인칭 환청)이라는 두 가지의 어의語義 해석이 있다. 과거 일본에서는 전자의 해석이 많았고, 구미에서는 후자의 해석이 많았다고 나카야마中山(1982)가 지적하며, 그런 식의 해석에 대하여 흥미로운 논쟁이 있었다. 본서에서 다루는 것은 전자의 이인칭 환청이다. 하마다濱田(1998)에 의한 포괄적인 해석— 대화성 환청은 환자의 머릿속에서 이루어지는 자문자답이, 먼저 질문 부분이 타자성을 띠고 이인칭 환청이 생기고, 이어서 답변의 부분에도 타자성을 불러들여 삼인칭 환청이 생기는 것으로 보인다 —과 라캉의 논의와의 관계는 다른 글에서 논한 바 있다(마츠모토, 2012a).

있는 것으로 주체에게 받아들여진다. 주체는 중단된 메시지를 보충하는 역할을 억지로 떠맡게 되는 것이다.

세르주 앙드레Serge André(2012)에 따르면, 중단된 메시지가 주체에게 주어지고 주체가 그 중단부 이후를 보충하도록 강요받는 체험은 '시니피앙 S_1은 다른 시니피앙 S_2에 대해 주체$를 대리 표상한다'는 라캉의 정식으로 이해할 수 있다. 주체에게 도달하는 메시지를 가령 S_1(단 하나의 시니피앙)이라 한다면, 중단된 메시지의 환각에서는 그 S_1에 이어 연쇄적으로 도달해야 할 다른 시니피앙 S_2가 도달하지 않은 것이 된다. 이때 S_1에서 S_2로의 연쇄에 의해 대리표상되어야 할 주체$는 대리표상될 수 없고, 주체는 방치되어 버린다. 중단된 메시지의 환각에서는 주체의 대리표상이 도중에 정지되고, 주체는 말하자면 빈 정대기만 하게 된다. 슈레버가 자신의 처지를 설명할 때 사용한 '[신으로부터] 방치되어/버림받아liegen lassen/laisser en plan'라는 표현은 이 점을 잘 표현하고 있다.***

중단된 메시지 S_1에 대해 슈레버가 스스로 S_2(코드)를 보충

** 언어학자 로만 야콥슨에 의해 널리 알려진 개념으로 그 자체로는 공허하고 문맥에 의해 의미 내용을 변화시키는 언어 기호를 가리키는데, 예를 들면 '나' '너' '우리' '너희들'과 같은 일, 이인칭 대명사, 혹은 '지금' '여기' '저기' 같은 지시사 등이 있다. 언어 기호 시스템 속에서 그 의미작용이 결정된다는 의미에서는 퍼스의 상징 기호이고, 동시에 지시 대상과는 경험적인 지시 관계에 의해 연결되어 있다는 의미에서는 퍼스가 말하는 지표 기호이기도 한 이중의 성격을 지닌 기호이다. '전환자'라고도 한다. - 역자

하면서 응답하는 것은 $S_1 \rightarrow S_2$의 연쇄를 혼자서 완성하려는 시도라고 할 수 있다. 다소 이상하게 보이는 대화형 환청은 실은 정신병의 '단 하나의 시니피앙'을 어떻게든 처리하고 주체(성)를 되찾으려는 회복 과정으로 볼 수 있는 것이다.

라캉파의 요소 현상

앞서 말했듯이, 야스퍼스가 정신병 진단의 주요 지표로 삼았던 요소 현상은 라캉에 의해 '현실계에서의 시니피앙'으로 계승되었다. 이 시니피앙이 출현하는 것은 정신병에 특유한 현상이다. 따라서 라캉파에서는 요소 현상(혹은 '현실계에서의 시니피앙', '단 하나의 시니피앙')이 정신병의 구조적 조건인 '"아버지의 이름"의 배제'의 간접적인 증거가 되는 임상적 지표로 여겨져 왔다(Sauvagnat, 1991). 참고로 알렉상드르 스테벤스의 말을 인용해 보자.

> 정신분석적 임상은 망상의 정도가 아니라 요소 현상에 진단의 기초를 두고 있다. 사실 요소 현상이 가장 중요한 것이다. 요소 현상은 [정신병의] 구조를 기록하고 있다. 즉, 현실계에서의 시니피앙의 출현은 발병할 때에, 배제의 구조의 간접적인 효과인 것이다.(Stevens, 1990)

*** 라캉은 '버림받는다laisser en plan'라는 역어에는 '여성적 감정의 울림이 있다'고 주장한다(S3, 143). 이 역어에는 '여성이 남성에 차인다'라는 함의가 있고, 신이 슈레버에게 일방적으로 다가오거나 멀어진다는 사태를 잘 표현하고 있다는 의미이다.

요소 현상은 '단 하나의 시니피앙'으로서 주체에게 도래한다.[*] 정신병에서의 망상 형성은 일반적으로 다른 것으로부터 분리된 요소 현상의 시니피앙 S_1에 대해 다른 시니피앙 S_2를 연결함으로써 의미를 부여하고 $S_1 \rightarrow S_2$의 연쇄를 회복해 나가는 것이다. 이렇게 함으로써 정신병자는 현실과의 관계를 회복할 수 있다.

한편, 밀레르(1996d)는 요소 현상을 다음 세 가지로 분류하고, 이러한 현상이 인정될 때 정신병임을 확실하게 진단할 수 있다고 했다.

(1) '정신자동증': 환자의 머릿속에 의미 없는 시니피앙이 연이어 쏟아져 나오는 현상을 말한다. 앞서 살펴본 바와 같이 정신자동증은 '비관념인적anidéique'인 것으로, 거기에 나타나는 시니피앙은 '어떤 관념idée의 흐름의 결과로 일어나는 것이 아니다.'(S3, 14) 즉, 정신자동증에서의 시니피앙도 다른 시니피앙의 흐름에서 분리된 '하나의 시니피앙'인 것이다.

---

[*] 다만 요소 현상이나 '하나뿐인 시니피앙'에서 문제가 되는 것은 시니피앙만이 아니다. 라캉은 「전제적 문제」에서, 환청은 '말해질 수 없는 대상objet indicible이 현실계 쪽으로 거절rejeté된'(E535) 곳에서 들려온다고 주장한다. 이 구절은 정신병의 환청에는 시니피앙만이 아니라, 대상의 측면도 무시할 수 없다는 점을 시사한다고 생각된다. 이런 논의는 60년대 이후 이론적 변천에서 다시 다루게 되지만, 여기서는 요소 현상이란 탈연쇄된 시니피앙이 향락과 접속되는 것이라는 솔레르(Soler, 2008, p.201)의 견해를 확인하는 선에서 그치겠다.

(2) '명명하기 어려운 체험의 보고나 절대적 확신, 병적인 자기 관계화': 코드의 환청(특히 망상적 직관)이나 메시지의 환청이 이에 해당한다(Miller, 2008a). 이러한 현상에서 시니피앙은 반드시 '단 하나의 시니피앙'으로서 단독으로 나타난다.

(3) '신체의 붕괴감, 자기 신체에 대한 위화감과 같은 현상, 그리고 현상학적 정신의학자들이 정확하게 지적한 바와 같이 살아온 시간의 독특한 왜곡, 그리고 이별의 어떤 양식': 이러한 현상들은 '단 하나의 시니피앙'에 의한 것이 아니다. 이러한 현상들이 정신병에 특유한 것임은 이후 '보통 정신병psychose ordinaire'를 둘러싼 논의 속에서 논증될 것이다.

정신병의 경과론 – 셰마 L, R, I

지금까지 확인한 바와 같이 「전제적 문제」에서 라캉의 감별 진단론은 야스퍼스에서 슈나이더에 이르는 하이델베르크 학파의 '과정'에 의한 감별 진단론을 구조론적 관점에서 재조명하는 것이었다.

그러나 '과정' 이론에는 여전히 미흡한 점이 있다. 야스퍼스는 '과정'이 정신병의 경과 속에서 어떻게 진행되는지에 대해 충분히 논의하지 않았다. 그가 '과정'의 진행에 관심을 두지 않은 것은 정신병의 '과정'이 결국 치매나 황폐한 상태로 귀결된다고 생각했기 때문이다.

라캉은 이러한 야스퍼스의 생각을 부정하고 '과정'의 이론을 보완하고자 했다. 왜냐하면 라캉에 따르면 '정신병의 최종 상태는 어떤 격변의 결과로 도달하는 카오스의 응고물을 나타내지 않기 때문이다.'(E572) 정신병이 도달하는 곳은 단순한 혼란과 황폐가 아니라, 오히려 부성 은유의 실패에 대한 '세련된 해결'(E572)조차 있는 것이다. 이렇게 야스퍼스가 충분히 논의하지 못한 정신병의 경과론을 만들어내는 것이 「전제적 문제」에서 라캉의 두 번째 과제가 된다.

정신병의 경과론을 논할 때 라캉이 본보기로 삼은 것은 역시 증례 슈레버와 프로이트의 슈레버론이다. 왜냐하면 라캉에 따르면 프로이트는 정신병의 최종 상태의 산물인 『슈레버 회고록』만을 전거로 삼아 '과정procès의 진행évolution 자체를 처음으로 해명한'(E572, 강조는 인용자) 인물이기 때문이다.[*]

셰마 L

밀레르에 따르면, 라캉의 셰마schéma I(슈레버의 셰마)은 '정신병의 과정procès의 마지막에 있는 주체의 구조의 셰마'이다(E906). 따라서 과정의 진행을 밝히기 위해서는 셰마 I의 독해

---

[*] 잘 알려진 것처럼, 프로이트는 슈레버의 망상의 전개를 '문법적인 연역의 형식'(E541-2)으로 파악한다. 결국 정신병자는 지리멸렬한 것을 말하는 것이 아니라, 그가 말하는 것에는 망상의 논리가 존재하기 때문이다. 또한 프로이트는 일군의 파라프레니paraphrénie에서 나타나는 증상의 진전을 '병적과정Krankheitsprozess'으로 부른다(GW10, 153). 프로이트가 말하는 병적과정이란 대상(외적세계)으로부터의 리비도 박탈이 시작되고, 여기에서 과대망상, 심기증, 정동장애, 퇴행 등으로 순차적으로 진전하는 일련의 과정을 지시하는 것이며, 그는 이 용어를 통해서 분명히 망상의 논리(야스퍼스의 의미에서 과정의 진전)를 파악하려 했다고 생각된다.

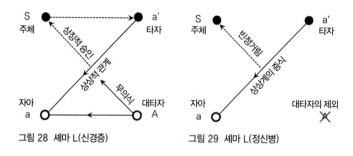

그림 28 셰마 L(신경증)　　　그림 29 셰마 L(정신병)

가 이루어져야 한다. 그러나 셰마 I는 신경증의 구조를 나타내는 셰마 R를 변형한 것이기 때문에 셰마 I를 해독하기 전에 셰마 R의 독해가 먼저 이루어져야 한다. 또한, 셰마 R 도식의 근원이 되는 셰마 L의 개략을 살펴봐야 한다.

먼저 셰마 L부터 확인해보자(그림 28). 1955년에 처음 제시된 이 도식은 자아(a)와 타자(a')를 연결하는 상상적 축과 무의식적 주체(S)와 대타자(A)를 연결하는 상징적 축에 의해 구성되어 있다(S2, 134). 이 도식은 신경증 환자의 정신분석 때 발생할 수 있는 두 가지 파롤을 구분하기 위해 작성된 것이다. 즉, 상징적 축(S-A) 위에서 전개되는 파롤은 '충실한 파롤parole pleine'이라고 불리며, 이 파롤에서는 주체(S)에 대해 대타자(A)의 상징적 승인이 주어진다. 그러나 이 상징적 축(S-A) 위에서 전개되는 충만한 파롤은 상상적 축(a-a') 위에서 전개되는 '공허한 파롤parole vide'에 가로막혀 주체(S)에게 도달하지 못하는 경우가 많다. 정신분석의 목적은 분석 주체가 상상적 축에 방해받지 않고 충실한 파롤을 실현함으로써 주체(S)와 대타자(A)와의 관계를 알아차릴 수 있도록 하는 것으로 여겨진다(S2, 287-8).

알기 쉬운 예를 들어보자. 한쪽의 상상적 축(a-a')은 예를 들어 친구의 뺨을 때린 아이가 '(내가 때린 것이 아니라) 저쪽이 때렸다'고 주장하는 것처럼, 끝없는 공격에 대한 응수가 전개되는 장이다. 다른 상징적 축(S-A)은 그러한 공격에 대한 응수를 중재하고 계약을 맺게 함으로써 질서가 실현되는 장이라고 볼 수 있다(S3, 230-1).

그렇다면 셰마 L에서 정신병은 어떻게 자리매김할 수 있을까? 라캉은 세미나 3권 『정신병』에서 정신병에서는 '대타자가 제외되어 있다'고 말한다. 정신병자에게는 상징적 승인을 행하고 세계에 질서를 가져다주어야 할 대타자=상징계(A)가 존재하지 않는 것이다. 그렇다면 정신병에서는 나르시시즘이 지배하는 상상적 축(a-a') 위에서만 파롤이 전개되고, 공격성을 내포한 파롤이 끝없이 증식하게 된다.

실제로 이 시기의 라캉은 한 정신병자를 예로 들며, 그 증례에서 '대타자의 제외'가 발생하여 메시지의 회로가 '두 타자[a-a'] 사이에서 닫혀 있다'고 지적하고 있다. 대타자(A)가 배제된 정신병 증례에서는 주체(S)와 대타자(A)를 연결하는 상징적 축을 이용할 수 없다. 그러면 '말하는 환자 자신[a]과 그 환자를 마주보고 있는 마리오네트[=대화 상대 a'] 사이에 메시지가 고착화되고, 그 메시지는 환자를 욕하는 환청으로 나타난다.

게다가 정신병에서는 대타자(A)에서 주체(S)로 향하는 상징적 승인 대신에 주체를 가리키는 '빈정거림allusion'이 발생한다(S3, 64). 실제로 정신질환자는 자신과 타인과의 사소한 대화에서 종종 자신을 비하하는 것으로 해석하거나, 우연히 들은 잡담을 듣고 자신에 대한 나쁜 소문을 퍼뜨리는 것으로 해석하는 경우가 있다. 이러한 현상은 대타자로부터의 상징적 승인을 얻지 못한 대신, 타인으로부터의 상상적 빈정거림이 발생한 것으로 볼 수 있다.*

셰마 R

셰마 L이 논의되던 시기(1955년경)의 라캉은 신경증에서는 대타자가 존재하고 정신병에서는 대타자가 배제되기 때문에 상상계가 증식한다고 생각했다. 그러나 1958년에 집필된 「전제적 문제」에서 이 생각은 일찌감치 수정된다. 거기에는 '대타자를 그 자리에서 제거하면 인간은 더 이상 나르시스의 입장조차 지탱할 수 없게 된다'(E551)고 되어 있다. 즉 라캉은 대타자가 배제된 경우에는 더 이상 상상계조차도 기능하지 않는다고 생각하게 된 것이다. 그렇다면 정신병에서도 대타자는 배제되어 있지 않다고 생각해야 한다.

---

* 라캉이 제시하는 정신병자의 에피소드는 조금 난해하다. 그것은, 어떤 여성 정신병자가 복도에서 스쳐 지나가는 남성에게 '나는 돼지고깃간에서 왔다'고 말했을 때, 그 남성이 그녀를 향하여 '암퇘지!'라고 매도하는 환청이 들렸다는 것이다. '내가 돼지고깃간에서 왔다'라는 말은 '나의 남편은 푸주한처럼 지독한 인간이다'이라는 상징적인 의미를 갖고 있다. 하지만 이러한 상징적인 자기 규정은 대타자(A)로부터 주체(S)를 향한 상징적 승인을 만들어내는 것이 아니라, 오히려 '암퇘지!'라는 비속한 환청에 의해 응답되고 있다. 그것은, 이러한 환청을 통한 대화에서는, 자아(a)의 위치에서 나온 '나는 돼지고깃간에서 왔다'라는 말이 대타자(A)로부터가 아니라, 타자(a')의 위치로부터 답변을 들었기 때문이다. 이 '암퇘지!'라는 환청의 말은, 그녀를 멸시하고 빈정거리는 그녀의 주체(S)에 도달하고, 그녀의 존재를 '갈가리 해체된 돼지'로 규정하고 있다.

그렇다면 라캉은 「전제적 문제」에서 대타자를 어떤 것으로 생각하고 있는 것일까? 이 질문에 대한 답은 분명하다. 다음 두 가지 기술을 확인해 보자.

'아버지의 이름'은 시니피앙의 법을 구성하는 것으로서 대타자의 장에서 상징적 제3항의 시니피앙 자체를 이중화redouble하고 있다.(E578)

'아버지의 이름'의 좌절……은 말하자면, 시니피앙의 장으로서의 대타자에서 법의 장으로서의 대타자의 시니피앙의 좌절이다. (E583)

라캉은 여기서 지금까지 단순히 '대타자l'Autre'라고 불렀던 것을 시니피앙의 수준과 법의 수준 두 가지로 나누고 있다(Miller, 1996c). 그리고 전자의 '시니피앙의 장으로서의 대타자'는 후자의 '법의 장으로서의 대타자'(='아버지의 이름')에 의해 이중화되는 것으로 간주되고 있다. 이 새로운 타자 개념 아래에서 정신병은 더 이상 타자의 제외에 의해 특징지어지는 것이 아니라 타자의 비-이중화('시니피앙의 장으로서의 대타자'가 '법의 장으로서의 대타자'에 의해 이중화되지 않는 것)에 의해 특징지어지게 된다. 후대의 라캉의 말을 빌리자면, '정신병의 주체는 선구적 대타자l'Autre préalable로 만족한다'(E807), 즉 정신병자는 '아버지의 이름'에 의해 이중화되기 이전의 선구적 시니피앙의 세계(원-상징계)에 살고 있다고 할 수 있다.

'아버지의 이름'은 '시니피앙의 장으로서의 대타자'에 법을

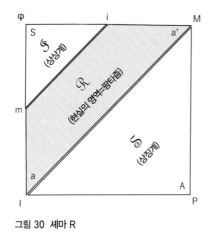

그림 30 셰마 R

부여함으로써 대타자를 이중화한다. 이는 우리가 원-상징계라고 불렀던 어머니의 현전과 부재의 변덕스러운 법(=법칙)이 보다 상위의 법인 '아버지의 이름'에 의해 지배받게 되는 것과 같다. 이러한 사태는 실존적 차원에서는 가정생활에서 어머니가 아버지의 말에 중요한 가치를 부여함으로써 실현된다. 다만 여기서 어머니에게 법을 행하는 아버지는 어머니를 독점적으로 소유하는 원부原父나 자녀를 엄하게 꾸짖는 아버지가 결코 아니다. 아버지의 법에 의한 어머니의 법의 제어는, 아버지의 위엄에 의해서가 아니라, '아버지의 파롤에, 정확히 말하면 그 권위에 어머니가 부여하는 평가'(E579)에 의해 가능해진다. 설령 아버지가 연약한 인물이거나 집에 없는 인물일지라도 어머니가 아이에게 '아빠라면 뭐라고 말하겠니'라고 이야기하며 항상 아버지의 이야기의 소재를 가리키는 것. 이것이 바로 여기서 '법의 장으로서의 대타자'에 의한 '시니피앙의 장으로서의 대타자'의 이중화라고 하는 것이다.

이상의 전제를 바탕으로 셰마 R의 구조를 살펴보자.

앞서 언급했듯이 셰마 R은 셰마 L을 기반으로 작성된 것으로, 신경증 환자의 심적 구조를 나타낸 것이다. 따라서 S-a-a'

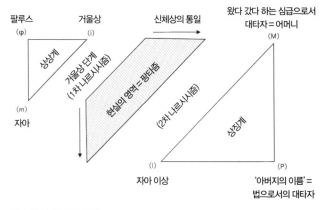

그림 31　셰마 R의 분해

-A라는 셰마 L의 Z형 기본 골격은 그대로 셰마 R에 이식되어 있다. 이 기본 골격에 상상적 삼각형(I), 상징적 삼각형(S), 현실의 영역(R)의 세 가지 영역이 중첩되어 셰마 R가 구성된다. 이 세 영역을 좀 더 자세히 살펴보자.

(1) **상상적 삼각형:** φ(상상적 팔루스)-m(자아)-i(경상鏡像적 이미지)로 둘러싸인 작은 삼각형이 상상적 삼각형이다 (E553). 상상적 삼각형은 아이의 자아(m)가 타자의 욕망하는 팔루스(φ)를 둘러싸고 경상적 이미지(i)와 쌍수적= 결투적 관계를 맺는 것을 나타낸다.

(2) **상징적 삼각형:** P(법의 장으로서의 대타자=아버지)-M(시니피앙의 장으로서의 대타자=어머니)-I(자아 이상理想)로 둘러싸인 큰 삼각형이 상징적 삼각형이다. 여기서는, 앞서 말했듯이, 대타자(A)는 '시니피앙의 장으로서의 대타자'

(M)와 '법의 장으로서의 대타자'(P)의 두 가지로 나뉜다. '시니피앙의 장으로서의 대타자'(M)란 아이 앞을 오가는 존재로서 현전과 부재를 변덕스럽게 반복하는 상징적 존재이다. 즉, 시니피앙의 장으로서의 대타자는 '+ - + - + - +……'라는 현전과 부재의 급수가 되어 선구적인 대타자(=원-상징계)로 기능하고 있다. 이 변덕스러운 대타자(M)에게 법(칙)을 부여하고 통치하는 존재가 '법의 장으로서의 대타자'(P)이다. 자아 이상(I)의 성립은 이 법의 장으로서의 대타자(P)의 도입으로 가능해진다.

(3) **현실의 영역:** φ-m-i로 구분되는 상상적 삼각형은 상상계(I)를 나타내고, P-M-I로 구분되는 상징적 삼각형은 상징계(S)를 나타낸다. 둘 사이에 있는 M-i-m-I로 구분되는 영역에는 'R'가 적혀 있다. 종종 오해하는 경우가 많은데, 이것은 현실계(le réel)를 의미하는 것이 아니다. 이 'R'는 '현실의 영역champ de la réalité'이다(E553). 또한 이 현실의 영역(R)은 '환상의 스크린에 의해 막혀서만 기능할 수 있다.'(E553)* 즉, 신경증 환자의 현실은 상상적 삼각형을 팔루스(φ)가 지탱하고, 상징적 삼각형을 '법의 장으로서의 대타자'(P)가 지탱하며, 그 중간 영역에 팡타즘이 구성됨으로써 비로소 '현실'로서 나타날 수 있는 것이다. 이 지적

---

* 또한 라캉은 '현실의 영역은 그 틀이 부여해 주는 대상 a의 추출extraction로서 비로소 유지된다'고 66년 추가한다(E554). 이런 지적은 60년대 라캉이 정신병을 '대상 a의 비-추출'로서 생각했다고 하는 라캉파 독해의 이론적 근거의 하나이다(Maleval, 2000).

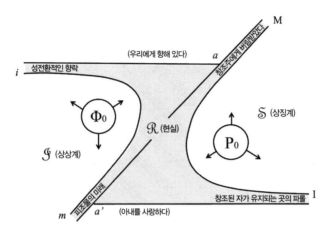

그림 32 셰마 I (재게재)

의 중요성은 정신병에서 셰마 R에 발생하는 변형(셰마 I)
을 생각해 보면 명확해진다.**

셰마 I

셰마 R는 라캉에 의해 재해석된 오이디푸스 콤플렉스의 도
입을 보여주며, 정상적인 신경증의 구조를 보여준다고 볼 수
있다. 반대로 정신병에서는 셰마 R의 상징계(S), 현실의 영

** 셰마 R에서 i-m의 사선은 경상적 이미지(i)와 자아(m)의 관계, 즉 경
상 단계를 나타낸다. i→M 선은 신체상이 점차로 통합되는 것을 나타
내며, m→I의 선은 상상적 동일화가 점차로 시니피앙을 매개로 상징적
인 동일화로 진전하는 것을 나타낸다. 좀 더 상세하게 말하면 i→M 선
은 '에로스적 공격의 제 관계에서 상상적 타자의 모습이 자리매김되고,
이 선상에서 그 모습이 실현되는' 것이며, m→I 선상에는 '자아가 경상
적 "원상Urbild"으로부터 이상 자아로 향하는 부성적 동일화에 이르는
것'이다(E553).

역(R), 상상계(I)의 각 영역에서 이상이 발생하게 된다. 그림 32에 제시하는 셰마 I는 그 이상과 거기서부터의 회복 과정을 묘사한 것이다. 아래에서 각 영역의 이상 현상을 하나하나 확인해 보자.

'아버지의 이름'의 결락(P_0)

신경증의 구조를 나타내는 셰마 R와 비교했을 때, 정신병의 구조를 나타내는 셰마 I에서는 상징적 삼각형의 정점 P와 상상적 삼각형의 정점 φ가 결락되어 있음을 알 수 있다. 상징계(S)와 상상계(I)의 각 영역에 뚫린 두 개의 구멍, P_0와 Φ_0는 이 두 개의 결락을 나타낸다. 이 기호들의 의미를 설명하자면, P는 '아버지의 이름', Φ는 부성적 은유에 의해 만들어지는 효과(팔루스적 의미작용), 0은 결락을 각각 의미한다. 즉, 셰마 I에서 P_0는 '"아버지의 이름"의 결락'을, Φ_0는 '팔루스적 의미작용의 결락'을 각각 나타내는 것이다(Miller, 1996c, p. 254).[*] 또한 P_0에서 나타나는 '아버지의 이름'의 결락은 '아버지의 이름'의 배제와 같은 것이다.[**]

그렇다면 '아버지의 이름'의 배제(P_0)와 정신병의 발병과의

---

[*] 라캉은 'P_0'가 '"아버지의 이름"[의 시니피앙]의 결함défaut'이며, 'Φ_0'은 '그 결여가 시니피앙에 뚫어놓은 (의미작용의) 구멍'이라고 말한다(E577). 또한 Φ_0은 의미작용의 구멍임과 동시에, 성의 규범화=정상화에 있어서의 구멍으로도 해석할 수 있다. 정신병에서는 섹슈얼리티가 팔루스φ로 규범화되지 않기 때문에 여성화가 생긴다고 간주된다. 정신병에서 볼 수 있는 이 같은 여성화 현상은 나중에 '여성-으로의-추진pousse-à-la-femme'으로 명명된다(AE466).

관계를 생각해 보자. '아버지의 이름'의 배제(P_0)는 정신병의 구조를 가지고 있으면서도 아직 발병하지 않은 전 정신병자에게도 이미 잠재되어 있다고 볼 수 있다. 말하자면 '아버지의 이름'의 배제는 정신병의 전제조건이며, 그것만으로는 정신병이 발병하지 않는다. 정신병이 발병하는 것은 '아버지의 이름'의 배제가 드러날 때이다.

그렇다면 '아버지의 이름'의 배제가 드러나는 것은 어떤 때일까? 그것은 주체가 '어떤 아버지Un-père'를 만날 때다(E577). '어떤 아버지'란 현실에 있는 아버지 그 자체를 말하는 것이 아니다. 그것은 주체를 포함한 상상의 양자관계(i-m)의 외부에 있는 임의의 인물이 양자관계에 대한 제3항으로 나타날 때 취하는 형상을 말한다(E577). '어떤 아버지'의 예로 라캉은 '갓 출산한 여성에 대한 그 남편의 모습'과 '사랑에 빠진 젊은 아가씨의 "젊은 남자의 아버지"와의 만남'을 들고 있다(E578). 전자의 경우, 여성과 그 아이 사이의 양자 관계에 대해 남편이 제3항이 되고, 후자의 경우, 여성과 그 애인 사이의 양자 관계에 대해 애인의 아버지가 제3항이 된다. 이러한 제3항으로서의 '어떤 아버지'를 만났을 때, 사람은 '아버지의 이름'의 시니피앙을 대타자의 자리로 불러내도록 요청받는다(E577). 그러나 '아버지의 이름'이 배제된 정신병의 구조를 가진 자는 그 부름에 응답하는 것이 원칙적으로 불가능하다. 따라서 '아버지

** 정신병에서 '"아버지의 이름"의 배제Verwerfung'(E558)가 있다는 것은 법의 장으로서의 대타자(P)가 배제되었다는 것으로, 정신병이라 해도 시니피앙의 장으로서의 대타자(M)는 배제되지 않는다.

의 이름'의 부름은 '시니피앙 자체의 결락carence'(E557)에 의해 응답될 수밖에 없다. 그때 정신병이 발병한다.

앞서 살펴본 바와 같이 『정신병』의 제1패러다임에서 배제는 거세 위협(유아기 체험)의 배제이며, 정신병에서는 배제된 거세 위협이 의미작용으로 회귀하는 것이었다. 『정신병』의 두 번째 패러다임에서 배제는 '아버지'라는 시니피앙의 배제이며, 그 시니피앙은 결코 회귀할 수 없는 것이었다. 그리고 「전제적 문제」에서 '아버지의 이름'의 배제는 은유의 실패, 즉 어머니의 욕망의 시니피앙이 '아버지의 이름'의 시니피앙으로 대체되지 않는 것이며, 그것은 '시니피앙의 장으로서의 대타자'가 '법의 장으로서의 대타자'에 의해 이중화되지 않는 것과 같은 의미다. 그리고 「전제적 문제」의 패러다임에서도 배제된 '아버지의 이름'은 회귀하지 않는다. 라캉은 배제된 '아버지의 이름'이 호출될 때 '["아버지의 이름"의] 시니피앙 자체의 결락'으로 응답된다고 말한 것이지, 그것이 현실계로 회귀한다고는 결코 말하지 않았다. 확인을 위해 「전제적 문제」에 대한 라캉 자신의 설명을 참조해 놓겠다.

> 그[슈레버]는…… '아버지의 이름'에 그 본래의 장소, 즉 그곳에 한 번도 가본 적이 없기 때문에 응답할 수 없는 곳에서 응답하도록 촉구되었기 때문에, 대신 이 [코드의 환청과 메시지의 환청의] 구조가 출현하는 것을 보게 된다.(S5, 204)

슈레버는 드레스덴 항소법원 민사부장이라는 중요한 직책으로 승진하여 직업적 의미에서 아버지적 인물이 되려고 할 때 정신병이 발병했다. 이 발병 계기는 그에게 '아버지의 이름'을 부를 것을 요청하는 것이었다. 그러나 원래 '아버지의 이름'이 결락되어 있던 슈레버에게 이 부름에 응답하는 것은 불가능했다. 그 결과 그는 본래 '아버지의 이름'이 지탱해야 할 구조(코드와 메시지)를 '아버지의 이름'의 대리로서 드러내게 된다. 이것이 슈레버의 코드의 환청과 메시지의 환청, 즉 '현실계에서의 시니피앙'의 도래(시니피앙의 탈연쇄)를 일으킨 것이다. 정신병에 특유한 탈연쇄화된 시니피앙의 출현은 근본적으로 결여된 '아버지의 이름'의 주변에서 '아버지의 이름' 대신 '아버지의 이름'의 결여 그 자체를 환자에게 암시하도록 작용한다. 이것이 정신병 발병 후 나타나는 초기 증상이다.

팔루스적 의미작용의 결여(Φ_0)

'아버지의 이름'의 결락이 드러났을 때, 상상계에서는 어떤 일이 벌어지는 것일까? '아버지의 이름'은 어머니의 욕망의 시니피앙을 치환하는 시니피앙이며, 그 대체를 '부성 은유métaphore paternelle'라고 부른다(E557). 이 부성 은유는 '주체의 상상계 속에 팔루스의 의미작용signification du phallus[=팔루스적인 의미작용]을 불러일으킨다.'(E557) 이것은 신경증의 증상이나 꿈이나 말실수 같은 무의식적 형성물은 모두 성적인(팔루스적인) 의미를 가지고 있다는 프로이트의 발견을 라캉적으로 변용한 것이다. 반대로 정신병에서는 '아버지의 이름'이 도입되지 않아 부성 은유가 성립되지 않는다. 따라서 정신병 발병 시에는 '팔루스적 의미작용signification phallique의 장소에 대응하는 구멍이 환기된다.'(E558) 여기서 환기되는 의미작용의 구멍이 Φ_0이다. 그렇다면 이 구멍이 환기될 때 어떤 일이 일어날까. 피에르 나보의 간결한 설명을 인용해 보자.

> 라캉은 '아버지의 이름'이라는 은유가 배제되었을 때의 효과에 대해 이야기하고 있다. 만약 '아버지의 이름'이 배제되지 않았다면, 거기서 은유에 의해 생산되는 의미작용은 팔루스적인 의미작용이다…… 이것은 $x = (-\varphi)$라는 식으로 나타난다. ……정신병의 발병 시에는 ……은유에 의해 생산되던 의미작용, 즉 팔루스적 의미작용 대신에 구멍trou이 나타난다. 이렇게 해서 은유는 실패하고, [어머니의 욕망에 대한] 치환의 조작이 일어나지 않는다. ……어머니의 욕망의 시니피앙에 의해 생산된 의미작용(DM/x)은 수수께끼인 채로 남는다($x = ?$).(Naveau, 1988)

정신병에서는 '아버지의 이름'이 배제되어 은유를 만들 수 없다. 따라서 정신병에서는 신경증과 같은 숨겨진 의미작용을 가진 증상이 형성되지 않고, 어머니의 욕망이 나타내는 것이 수수께끼의 x로 남게 된다. 이 수수께끼의 x가 나타내는 의미작용을 나보는 '수수께끼의 의미작용signification énigmatique'이라고 부른다. 이는 정신병 발병 시 세계의 총체가 하나의 큰 수수께끼로 주체에게 나타나는 것에 대응하여 '세계 몰락'의 체험(E572)이나, 정신병리학에서 '망상 기분', '상황 의미 상실'로 불리는 현상으로 나타난다. 이렇게 해서 그때까지의 현실의 세계는 사라지고, 환자는 수수께끼 같은 의미작용으로 가득 찬 기이한 세계로 내던져진다. 이는 프로이트가 말한 정신병의 현실 상실에 대응하는 사태이다.

지금까지 확인했듯이, 정신병의 발병과 그 이후의 과정의 진행은 P_0와 Φ_0의 두 개의 구멍에 의해 구동된다. 다음 라캉의 서술은 이를 집약적으로 말하고 있다.

> 이 장소[=대타자의 장소]에서 '아버지의 이름'의 결함이야말로 그것이 시니피앙에게 뚫린 구멍을 통해 시니피앙의 재작업의 연쇄에 불을 지핀다. 거기서부터 상상계의 점진적 파탄이 일어나고, 시니피앙과 시니피에가 망상성 은유에서 안정화되는 수준에 도달하게 된다.(E577)

이 기술에서 언급된 내용을 분해하여 시계열時系列로 나열하면 다음과 같다.

(1) **발병의 전제조건:** 정신병의 구조론적 조건은 '아버지의 이름'의 배제(P_0)이다.

(2) **발병 조건:** 발병 시에는 '어떤 아버지'와의 만남을 계기로 '아버지의 이름'의 배제(P_0)가 드러난다.

(3) **발병 직후:** 그 결과, 배제된 '아버지의 이름'의 시니피앙을 암시하듯 '현실계에서의 시니피앙'이 범람하고 의미작용의 구멍(Φ_0)이라는 두 번째 결함도 명확해진다.

(4) **진행:** 의미작용의 구멍(Φ_0)을 통해 '시니피앙의 수선修繕'이 개시되고, '상상계의 점진적 파탄'이 발생한다.

(5) **안정화＝만성화:** 최종적으로 '시니피앙과 시니피에가 망상적 은유에서 안정화되는 수준에 도달하게 된다.'

결론을 미리 말하자면, 이 발병에서 최종 상태까지의 일련의 진전이야말로 프로이트의 '과정의 진행의 해명'(E572)에 대한 라캉의 재해석이다. 정신병의 구조적 조건인 '아버지의 이름'의 배제(P_0)가 '어떤 아버지'와의 만남을 통해 드러남으로써 현실계에서의 시니피앙(요소 현상)이 출현한다. 주지하다시피, 클레랑보의 정신자동증을 비롯한 시니피앙의 병리('현실계에서의 시니피앙')는 임상적으로 체계화된 망상이 생기기 전, 특히 병의 초기에 출현하는 것이다. 또한 의미작용의 구멍(Φ_0)이 환기됨으로써 세계의 총체가 하나의 큰 수수께끼로 주체에게 우뚝 다가온다. 이는 프로이트의 현실 상실에 대응하는 현상이었다. 위의 시계열의 흐름으로 볼 때, 이러한 일련의 급성기 증상은 (1)에서 (3)의 부분에 해당한다고 볼 수 있다.

그러나 정신분석에서 문제가 되는 것은 오히려 그 뒤이다. 왜냐하면 급성기 정신질환자를 정신분석은 거의 진단하지 않기 때문이다. 다음 절에서는 위의 시간적 흐름 중 정신병의 회복과정에 해당하는 (4)와 (5) 부분을 살펴보자.

망상의 역할은 현실 대체다

일찍이 프로이트는 '현실 상실뿐만 아니라 현실 대체도 문제가 된다'(GW13, 368)고 말한 바 있다. 의미작용의 구멍이 드러나면서 생기는 현실 상실뿐만 아니라 정신병자가 어떻게 현실을 회복하는지를 물어야 한다는 것이다. 라캉도 마찬가지로 '현실 상실이 아니라 현실로 대체되는 것의 원동력ressort'(E542)이 중요하다고 지적하고 있다. 즉, 정신병에서 현실 대체가 어떤 '태엽 장치ressort'로 움직이고 있는지를 살펴보는 것이 정신병의 회복 과정의 해명을 위해 필요한 것이다.

그런데, 정신병에서는 신경증에서 셰마 R의 구조를 지탱하던 '아버지의 이름'(P)과 팔루스적 의미작용(Φ)이 결락된 결과, M-i-m-I로 구분되는 '현실의 영역=팡타즘'(R)이 정상적으로 형성되지 않는다(현실 상실). 그 결과 정신병의 최종 상태를 나타내는 셰마 I의 두 선(M-I와 i-m)은 큰 곡선을 그리며, 그 중앙에 왜곡된 형태의 '현실의 영역'(R)을 만들어 낸다. 이것이 프로이트가 말한 정신병의 현실 대체로서의 망상에 해당한다. 이 왜곡된 '현실의 영역[R]'은 '상상계[I]와 상징계[S]의 각각 다른 중심을 가진 변형'(E573)에 의해 규정된다. 즉, 정신병의 현실 대체를 규정하는 것은 현실의 영역(R) 양측의 두 개의 곡선이며, 이 두 곡선 속에 현실 대체의, 그리고 망상 형성의 원동력이 있는 것이다.

망상의 논리로서의 여성화(i→m)

먼저 셰마 I의 왼쪽 상상계(I) 쪽의 곡선 i→m부터 살펴보자(그림 33). 왼쪽의 곡선은 팔루스적 의미작용의 부재(Φ_0)가 '탈남성화Entmannung의 성취에서 해소될 수 있다'(E564)는 것을 보여준다.

셰마 R에서 i-m의 선은 경상 단계mirror stage를 나타내고 있다. 셰마 I의 i-m 선은 정신병자에게서 볼 수 있는 '주체의 경상 단계로의 퇴행'(E568)에 해당한다(단, 이 퇴행은 발생론적인 것이 아니라 국소론적인 것이다. 즉 주체가 초기의 발달 단계로 되돌아가는 것은 아니다). 경상 단계를 포함하는 상상적 삼각형에서 아이의 자아(m)는 타자가 욕망하는 팔루스(φ)가 되

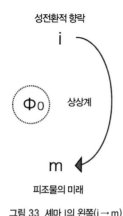

성전환적 향락

i

Φ0 상상계

m

피조물의 미래

그림 33 세마 I의 왼쪽(i→m)

려고 했다. 이와 마찬가지로 정신병의 경상 단계로의 퇴행에서는 주체 자신이 팔루스가 되는 것이 요구된다. 그러나 '어머니에게 결여된 팔루스가 될 수 없는 이상, 그[슈레버]에게는 남자들에게 결여되어 있는 여성이 된다고 하는 해답이 남아 있다.'(E566) 즉, 정신병에서 '주체의 경상 단계로의 퇴행'은 주체가 팔루스가 되는 것=주체가 여성화되는 것=주체가 탈남성화하는(거세당하는) 것을 결정짓고 있는 것이다.

슈레버의 경우, 이 탈남성화 운동은 발병기에 발생한 '성관계를 받아들이는 쪽인 여자가 되어 보는 것도 원래는 꽤 멋진 일임에 틀림없다'는 관념에서 이미 시작되고 있다.* 이 '탈남성화'라는 관념은 처음에는 슈레버에게 '분노'를 불러일으켰

---

* 여기서 나타나는 여성화 관념은 일종의 '준-팡타즘quasi-fantasme'(Razavet, 2008, 221-2) 내지 '팡타즘의 대리tenant-lieu'(André, 2012)로서 기능한다. 신경증에서 팡타즘은 무의식중에(결코 의식되지 않고) 기능하지만, 정신병에서는 팡타즘이 기능하지 않는다. 그 대신에, 정신병에서는 이런 준-팡타즘 주위에 망상이 발전하여 새로운 현실을 구성하게 된다. 또한 이런 여성화의 관념은 발병 초기부터 망상의 극성기의 '신의 여자가 되어 세상을 구원한다'라는 과대망상에 이르기까지 일관되어 있고, 라캉이 옆맥과 식물 전체에 대한 비유로 파악한 요소현상과 망상의 관계에 해당한다고 보는 것도 가능하다. 몇몇 논자들은 이런 여성화의 관념을 요소 현상으로 취급한다(Herbert, 1999; Tricher, 2011).

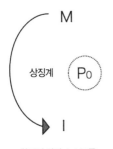

창조주로부터 버림받음

M

상징계 (P₀)

I

창조된 자가 스스로를
유지하기 위한 파롤

그림 34 셰마 I의 오른쪽(M→I)

다(E567). 그러나 이후 그는 탈남성
화를 받아들이고 결국 '신의 여자가
되는 것'에 동의하게 된다. 그것은
'주체의 여성화가 신과의 교감의 좌
표로 연결'(E569)되어 갔기 때문이
다. 즉, 셰마 I의 곡선 i-m에서 표현
되고 있는 것은 여성화에 대한 분노
에서 여성화의 수용으로 슈레버의
태도의 변화인 것이다.

곡선 i-m의 양 끝에 있는 말을 확
인하면, 점 i에는 '성전환적인 향락', 점 m에는 '피조물의 미래'
가 적혀 있다(E571). 즉, i→m으로의 이행은 슈레버가 여성화
(성전환)에 분개하는 상태에서 전 인류의 미래가 맡겨진 신의
여자(거룩한 여자)로 전환하는 것을 보여준다. 라캉은 이 전환
이야말로 슈레버 망상의 '본질적 전환점'이라고 말한다(E569).

망상의 논리로서의 법의 제정(M→I)

슈레버 증례에서 추출할 수 있는 망상의 논리는 위의 성전
환적 향락의 진행만이 아니다. 슈레버를 비롯한 정신병 환자들
의 기록에서는 '아버지의 승인을 얻으려는 요청'(E568)도 간
파해야 한다. 이것이 도식 I의 오른쪽에 있는 곡선 M→I로 표
현된 사태이다(그림 34).

점 M의 위치에는 '창조주에게 버림받은laissée tomber par le
Créateur'이라고 적혀 있다. 창조주란 슈레버의 망상 속 신을 의
미한다. 이 '주Seigneur'는 슈레버에게 '아연하게 만들 정도로

어리석은 행동'(E563)을 저지른다. 이것이 '창조주에게 버림받는다'는 말의 의미다. 그렇다면 신이 슈레버에게 저지른 '아연하게 만들 정도의 우행愚行'이란 도대체 무엇일까? 이를 이해하기 위해서는 슈레버의 망상 체험을 살펴봐야 한다.

슈레버는 신과 세계질서의 관계에 대해 고찰한다. 그의 생각으로는 '신이 개별 인간이나 민족의 운명에 직접 개입하는 등의 일'이 없는 상태가 '세계질서에 적합한' 상태(S.11)다. 그러나 신은 인간에게 다가와서 개입하기도 하고, 멀리 떨어져서 개입하지 않기도 한다. 그리고 '신이 저 멀리 물러날 수 있을 때 이 고통은 더 큰 고통이 되고, 가까이 머물러야만 할 때는 그 정도가 덜하다.'(S.87) 즉 슈레버의 고통의 정도는 신의 현전과 부재(접근과 이격)에 따라 결정되는 것이다. 이런 체험을 슈레버는 '인간 희롱-Menschenspielerei'(S.87)이라고 부른다. 이것이 신이 슈레버에게 저지르는 우행의 내용이다. 그러나 슈레버는 이 우행에 의해 계속 희롱당하는 상태를 언제까지고 감수하지는 않는다. 그는 그 망상의 최종 상태에서 '궁극적으로는 어떤 방식으로든 세계질서에 적합한 상태가 회복될 것이라는 확신'을 품고 있는 것이다(S.61).

그런데, 이 신의 현전과 부재(접근과 이격)의 무질서한 왕복 운동과 그에 대한 질서의 회복이라는 도식은 어떤 것과 닮지 않았을까? 이것은 바로 '시니피앙의 장으로서의 대타자'=어머니(M)의 왕복운동과 이에 질서를 부여하는 '법의 장으로서의 대타자'=아버지(P)라는 도식의 망상적 대응물이다. 앞서의 논의를 확인해보자. 아이에게 어머니는 자기 앞에서 사라졌다가 나타나기를 반복하는 존재다. 그것은 엄마의 수면과 각성, 집안일과 일을 위한 수유 중단 등 아이가 알 수 없는 규칙에 의해 이루어지는 무질서한 왕복운동이다. 거기에 질서=법을 가져다주는 것이 '아버지의 이름'이었다. 그러나 정신병에 있어서는 질서=법을 가져다주는 '아버지의 이름'이 도입되지 않는다. 그래서 신의 피조물인 인간은 '무질서의 연쇄에 의해 창조자[=신]의 '배신'의 일격에 실추失墜된다.'(E563) 그래서 정신병자는 오히려 자신이야말로 '주主'인 신 쪽을 '세계 질서의 이름으로 기초 지을 권리'가 있다고 주장한다(E563). 즉 정신병자는 왔다 갔다를 무질서하게 반복하는 신(M)에 대해 법을 제정하려고 하는 것이다. 이렇게 해서 도달하는 것이 셰마 I의 오른쪽 곡선 M→I의 최종 지점인 점 I이다(E571).

지금까지의 논의를 정리해보자. 셰마 I의 왼쪽 i→m 선상에서 어머니가 욕망하는 팔루스가 된다는 것이 여성화를 통해 해결되었다. 오른쪽의 M→I의 선상에서 어머니의 욕망의 무질서성이 질서화되었다. 셰마 I의 좌우 곡선은 각각 부성 은유의 식인 '팔루스'와 '어머니의 욕망'에서 발생하는 두 가지 문제를 해결하기 위한 훌륭한 전략이 된다. 이 이중적 해결을 통해 정신병자는 자신에게 결여된 '아버지의 이름'을 망상 형성=현실 대체 속에서 보충하고, '시니피앙[으로서의 어머니의 욕망]과 시니피에[로서의 팔루스]가 안정화되는 수준에 도달한다.'(E577) 이 해결책을 라캉은 '망상성 은유métaphore délirante'(E577)라고 불렀다. 망상성 은유는 '하나의 대리 "아버지의 이름"'이며, 정신병의 안정화에 기여하는 것이다(Miller, 1983a). 즉, 결락된 '아버지의 이름'을 보충하기 위해 요청되는 망상성 은유의 구축 작업은 그 자체가 치유 효과를 갖는 대안적인alter-

어머니의 욕망($+-+-\cdots$)	→	질서를 제정($M \rightarrow I$)	세계에 질서를 주는
팔루스	→	신의 여자가 되다($i \rightarrow m$)	신의 여자가 되다 (망상성 은유)

그림 35 망상적 은유의 구조

native 규범화의 방도라고 볼 수 있는 것이다(그림 35).

라캉은 슈레버 증례와 프로이트의 슈레버론(및 '현실 상실' 론)을 참조하여, 야스퍼스가 말하는 '과정'의 진행을 이렇게 해명했다. 과정은 해체나 치매화로 향하는 것이 아니다. 과정은 정신병의 발병과 함께 발생한 현실 상실을 망상 형성=현실 대체를 통해 회복한다. 그 현실 대체를 규정하는 것은 상상계 쪽의 곡선과 상징계 쪽의 곡선이라는 두 곡선의 진행이며, 이 두 논리는 각각 상징적 삼각형과 상상적 삼각형의 결락(P_0와 Φ_0)을 해결하는 수단이 된다. 이런 의미에서 프로이트가 말한 것처럼 '망상 형성은 실제로는 회복의 시도이자 재구성'이라고 할 수 있다(GW8, 308).

슈레버에 대하여 가능한 개입(세마 I의 위아래)

만약 정신병이라는 병 자체가 이런 회복의 메커니즘을 갖추고 있다면, 임상의는 정신병자에게 아무것도 하지 않아도 되는 것일까? 정신병의 치료에 전제되는 문제를 고민한 끝에 외부로부터의 정신병 치료는 불가능하다는 결론이 도출되는 것일까? 그렇지 않다. 지금까지의 논의에서 우리는 세마 I의 대부분을 설명했지만, 아직 위아래 두 개의 직선에 대해서는 논의하지 않았는데, 이 두 개의 직선이야말로 정신병에 대한 치료적 개입의 가능성을 보여주는 것이다.

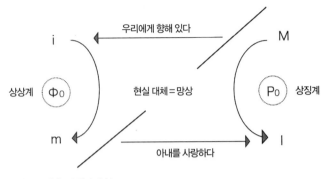

그림 36 셰마 I의 위아래 선

그런데, 셰마 I의 위아래 두 선에는 각각 '우리에게 향한s' adresse à nous', '아내를 사랑하는aime sa femme'(E571)이라고 적혀 있다. 세르주 앙드레에 따르면 이 둘은 '망상의 영역의 무한한 확장을 제한하는' 것이다(André, 2012, p. 89). 즉, 좌우의 두 곡선만으로는 망상 형성=현실 대체의 결과로 만들어지는 영역(R)이 확정되지 않고 어디까지나 확장되지만, 그것을 일정한 지점에서 제한하고 망상을 안정화시키는 것이 상하 두 선의 역할인 것이다.

먼저 위쪽의 '우리에게 향한' 직선을 살펴보자. 이 직선은 상상계(I) 쪽, 즉 슈레버가 전 인류의 운명을 짊어진 신의 여자가 되는 여성적 영역에서 발생한다. 이것은 무엇을 의미할까. 슈레버는 『어느 신경병자의 회고록』의 서두를 플렉지히 교수에게 보내는 공개질의서로 시작한다. 슈레버는 자신의 망상을 플렉지히 교수가 구현하는 의학 지식을 향해 말하고 있는 것이다. 이것이 '우리에게 향한'의 의미이다. 정신질환자의 인생행로를 '이야기'라는 관점에서 정리한다면, 그들은 먼저 '이야기의 출발'의 좌절로 인해 발병한다고 할 수 있다. 그리고 발병 후 그들은 망상적 타자의 무질서에 휘둘려 환청을 일방적으로 이야기하는=들려주는 수동적인 입장을 강요받게 된다. 이때 임상가가 취할 수 있는 태도는 그들이 만들어내는 망상을 침묵시키는 것도 아니고, 망상을 그냥 이야기하는 대로 내버려두는 것도 아니다. 오히려 그들이 주체적으로 망상을 이야기하면서 세계의 질서를 제정하는 행위에 끝까지 동행하는 것, 즉 그들의 이야기에 귀를 기울이는 것이 임상의에게 요구된다. 이런 의미에서 정신질환자의 서사가 향하는 대상인 임상가가 '광인의 비서secretaire de l'aliéné'(S3, 233)로서의 입장을 견지하는 것이 망상=현실 대체의 영역을 둘러싸 안정화시키는 데에 연결될 것이다.

다음으로 아래쪽의 '아내를 사랑하는'의 직선을 살펴보자. 이 직선은 상징계(S) 쪽, 즉 슈레버가 스스로 법=질서를 만들어내려는 남성적 영역에서 발생하고 있다. 이것은 무엇을 의미할까. 슈레버는 자신의 남성성이 온전하다는 것을 아내에게 마지막까지 여러 번 설명했다. 아내는 슈레버에게, 말하자면 남성적 동일시를 보장하는 최후의 보루로 기능하고 있었다. 즉, 슈레버의 아내에 대한 사랑은 그의 망상의 끝없는 확장을 막는 역할을 한 것이다. 이는 슈레버의 세 번째 재발이 어머니와 아내가 쓰러진 후에 발생한 사실을 설명해 줄 것이다.

요약하자면, 정신병의 안정화를 위해서는 '광인의 비서' 역할을 하는 임상가의 역할과 우애의 유대를 이어주는 파트너의 역할이 충분히 확보되어야 한다. 너무 당연한 결론으로 들릴지 모르겠다. 그러나 한편으로는 주체의 '이야기'를 듣지 않고 임상을 가능하게 하는 조작적 진단이 패권을 쥐고 있고, 다른 한 편으로는 환자의 가정, 지역사회 생활을 위협하는 사회보장 삭 감이 진행되고 있는 우리의 세계에서 이러한 단순한 치료 지 침은 점점 더 어려워지고 있다고 생각하지 않을 수 없다.

제6장

60년대 라캉의 신경증과
정신병의 감별 진단(1958-1967)

1956년부터 58년까지 라캉은 오이디푸스 콤플렉스의 구조론화를 통해 신경증과 정신병에 대한 이해를 새롭게 했다. 거기서 심적 시스템의 정상적(신경증적)인 구조화는 (1) 원-상징계와 우리가 부르는 시니피앙의 급수級數가 '아버지의 이름'에 의해 제어되는 것, 그리고 (2) 팔루스가 섹슈얼리티를 규범화=정상화함으로써 완료된다고 생각했다. 또한 정신병에서는 (1) '아버지의 이름'이 도입되지 않고, (2) 섹슈얼리티가 규범화되지 않는다는 것이 밝혀졌다. 정신병의 발병은 이 구조적 이상을 드러내는 것이며, 정신병의 과정은 이 구조적 이상을— '아버지의 이름'을 가진 부성적 은유 대신에 — 망상적 은유에 의해 보완하는 것이다. 이것이 50년대 라캉이 도달한 하나의 표준적인 이론이었다.

그러나 1958-59년 세미나 제6권 『욕망과 그 해석』에서 라캉은 이 표준적인 이론을 재빨리 수정하기 시작한다. 이 이론적 변천은 대략 1959-63년에 걸쳐 다양한 논점에서 검토된 후, 1964년 세미나 제11권『정신분석의 네 가지 기본 개념』에서 오이디푸스 콤플렉스를 보다 추상화한 '소외와 분리'의 모델이 만들어짐으로써 거의 완성된다. 본 장에서는 이 일련의 이론적 변천을 살펴보겠다.

그런데, 50년대까지의 라캉 이론이 주로 시니피앙에 관한 이론이었다면, 60년대의 라캉 이론은 시니피앙 이론과 시니피앙이 아닌 것의 이론을 양립시키는 이론이라고 할 수 있다. 한마디로 60년대 라캉 이론은 50년대까지의 시니피앙을 중심으로 한 구조론의 우위를 상대화하여 (1) 시니피앙 이론과 (2) '물物'·대상 a·향락의 이론을 함께 진행시키는 하이브리드적 감별 진단론을 구성해 나간다.

감별 진단의 관점에서 보면 이 이론적 변천은 다음 두 가지 논점으로 나눌 수 있다.

(1) 1950년대 라캉 이론은 법의 시니피앙인 '아버지의 이름'의 배제의 결과로 나타나는 각종 정신병적 현상의 유무에 따라 정신병과 신경증을 감별해 왔다. 그러나 60년대의 라캉은 '아버지의 이름'은 정신병뿐만 아니라 신경증을 포함한 모든 주체에서 배제되어 있다고 생각하게 된다. 이와 궤를 같이하여 상징적인 것, 시니피앙 등의 관점에서이 감별 진단론은 점차 후퇴한다(단, 완전히 사라지는 것은 아니다).

(2) 그것을 대신해 60년대에 전경화되는 것이 '물物, das Ding', '대상 a', '향락享樂'과 같은 관점에서의 감별 진단론이다.

사실 이미 50년대 라캉 이론에는 시니피앙의 이론에 들어 맞지 않는 부분이 밑바닥에 흐르고 있었다. 예를 들어 우리가 앞서 '제3의 배제'라고 불렀던 메커니즘에서는 원초적 상징화의 과정에서 탈락된 것(상징화 불가능한 것)이 발생하는데, 이 상징화의 외부가 현실 속에 출현하는 것이 정신병의 환각을 규정했던 것이다. 60년대 라캉은 이 상징화 불가능한 것=현실계의 병리 출현의 모드의 차이로 신경증과 정신병을 감별하고자 했다.* 이 이론적 변천의 전모를 따라가 보자.

1. '아버지의 이름'의 쇠퇴(1958-1963)

밀레르(2013b)는, 58-59년 세미나 제6권 『욕망과 그 해석』에서 라캉이 58년 논문 「전제적 문제」에서 도달한 '아버지의 이름'의 길을 계속 걷지 않고, 오히려 욕망의 길, 향락을 고려하는 길로 나아갔다고 말한다. 즉 「전제적 문제」와 『욕망과 그 해석』 사이에는 하나의 이론적 단절선이 그어져 있는 것이다.

---

* 언어중심주의의 상대화라고도 할 수 있는 이러한 이론적 변천은, 64년 라캉의 다음과 같은 발언에서 단적으로 나타난다. '"분석 경험에서 파롤과 랑가주의 장과 기능의 소환"이라는 이름으로 불리는 쇄신이 무의식에 대하여 모든 것을 말할 수 있다고 주장할 생각은 없다.'(S11, 116) 66년이 되자, 라캉은 '시니피앙의 주체'와 '향락의 주체'라는 양극성polarité에 대하여 생각하는 것을 중요시하기 시작한다(AE215). 이러한 이론 부설附設을 밀레르(1984)는 '무의식은 언어처럼 구조화되었다고 주장하는 라캉'에 '또 하나의 라캉'을 병치시키는 것으로 표현했다. 무카이 마사아키向井雅明(2008)는 이것을 '시니피앙과 향락의 하이브리드'라고 표현했다.

확인해 보자. 한편의 「전제적 문제」에서 '아버지의 이름'은 어머니의 변덕스러운 현전의 반복에 의해 구성된 원-상징계를 제어하는 원리였고, 팔루스는 남녀의 섹슈얼리티를 규범화 =정상화하는 원리였다. 다시 말해, 오이디푸스 콤플렉스에서 아버지는 심적 시스템의 구조화에서 큰 '간선도로'로서 기능하고 있었다(S5, 168-169). 그것은 '아버지의 이름'이 '대타자의 대타자〔= 대타자에 있어서의 대타자〕'(시니피앙의 장으로서의 대타자에 대해 법을 이루는 대타자)라는 규정이 주어져 있는 것으로부터도 알 수 있다(S5, 192).

다른 한편 『욕망과 그 해석』에서는 반오이디푸스적인 증례, 아버지가 규범적으로 기능하지 않는 증례들이 차례로 다루어진다. 그중 하나가 『햄릿』이다. 오이디푸스 콤플렉스의 모티프가 된 『오이디푸스 왕』과 셰익스피어의 『햄릿』은 모두 아버지의 죽음과 어머니의 재혼 이야기다. 그러나 라캉은 이 두 이야기가 닮은 듯하면서 다른 점에 주목한다. 『오이디푸스 왕』에서 등장인물들의 모든 운명을 결정짓는 것은 아버지의 죄다. 오이디푸스의 아버지 라이오스는 소년을 강간한 행위로 인해 소년의 아버지인 펠로프스로부터 일족의 근절이라는 저주를 받았다. 오이디푸스의 이야기는 아버지의 죄를 알지 못한 채 펠로프스의 저주가 세대를 거쳐 실현되는 과정으로 볼 수 있다. 『햄릿』의 이야기를 이끌어가는 것은 전혀 다른 프로세스다. 햄릿의 아버지는 자신이 동생 클로디어스에게 배신당해 독살당한 사실을 알고 햄릿에게 이 사실을 알려주며 복수를 의뢰한다. 따라서 햄릿 역시 아는 주체로 등장한다(S6, 351). 요컨대 아버지는, 오이디푸스 콤플렉스에서 규범화하는 아버지로 늘 나타나지는 않는다는 것이다.

여기서 라캉은 다음과 같은 결론을 도출한다. '시니피앙의 체계의 집합에는…… 무언가가 빠져 있다', 즉 시니피앙의 장으로서의 대타자에는 그에 대해 법을 이루는 대타자가 빠져 있다. 라캉은 '대타자의 대타자[='아버지의 이름']는 없다il n'y a pas d'Autre de l'Autre'를 인정하게 된 것이다(S6, 353). 그렇다면, 팔루스를 중심으로 규범화된 섹슈얼리티 역시 그 정통성을 잃게 된다. 『욕망과 그 해석』에서 오이디푸스 콤플렉스가 상대화된 이후 '욕망에는 규범성=정상성normalité은 없다'고 말해야 하는 것이다(Miller, 2013b). 따라서 「전제적 문제」에서 주장한 (1) '아버지의 이름'에 의한 원–상징계의 제어, (2) 팔루스에 의한 섹슈얼리티의 규범화라는 두 가지가 일찌감치 탈구축되는 것이다.

그렇다면 『욕망과 그 해석』 이후 인간의 섹슈얼리티와 욕망은 어떻게 규정될 수 있을까? 라캉은 누군가를 욕망한다는 것은 '나는 나의 기초적 팡타즘fantasme fondamental 안에 당신을 포함시키고 있다'는 것과 같다고 말한다(S6, 53). 모든 욕망은 각 인간에게 고유한 팡타즘(공상) 속에 대상을 페티쉬로서 끌어들이는 것이며, 그것은 팡타즘을 따르는 한 어떤 규범적인 것이 아니라 오히려 도착적pervers이라고 표현해야 할 성격을 가지고 있다. 밀레르(2013b)가 지적했듯이, '모든 욕망은 상징적 질서가 원하는 곳에 향락이 들어가지 않는 한 도착적이라고 말해야 한다'고 해야 하는 것이다. 섹슈얼리티를 규범화하는 아버지의 정통성에 의문이 제기된 이상, 세계에는 부성적 팔루스를 중심으로 규범화된 것과는 다른 섹슈얼리티가 복수적으로 존재할 수 있다는 것이다. 훗날 1975년 4월 8일 강의에서 '버전이 다른 아버지=倒-錯 père version'(S22, 145A)라는 라캉의 말장난은 이를 가리키고 있다.

이 방침은 62-63년 세미나 제10권 『불안』과 63년 11월 20일에 단 한 번만 개설된 세미나 『'복수형의 아버지의 이름'의 서론』에 이르기까지 반복적으로 논의된다. 예를 들어 『불안』의 마지막 강의에서 라캉은 다음과 같이 말한다.

> 만약 내년에, 예상했던 길을 따라 세미나를 계속할 수 있는 형태로 일이 진행된다면, '아버지의 이름le Nom-du-Père'에 관한 것뿐만 아니라 '복수형 아버지의 이름les Noms-du-Père'에 관한 것을 여러분에게 이야기해 보겠습니다. 여기〔= '아버지의 이름'의 복수화〕에는 그럴 만한 이유가 있습니다. 프로이트의 신화에서 아버지는 신화적인 방식으로 개입합니다. 아버지의 개입은 아버지의 욕망이 모든 타자를 침식하고 짓밟고, 아버지의 욕망이 모든 타자에게 강요되는 방식으로 이루어집니다. 이 신화는 [임상] 체험이 주는 사실과 명백히 모순되지 않을까요? [임상] 체험의 길에 따르면, 법의 길 안에서 욕망의 규범화=정상화와는 전혀 다른 일이 일어나고 있기 때문입니다.(S10, 389)

라캉에게 있어서 프로이트가 믿었던 규범적 아버지가 더 이상 작동하지 않는다는 것, 그리고 욕망이 각각의 주체에서 비규범적으로 구조화되어 있다는 것은 임상적으로 분명했다. 그래서 라캉은 보편적이고 단일한 '아버지의 이름'이 존재하는 것이 아니라, 복수적인 '복수형의 아버지의 이름'이 존재한다고 생각하게 되었다.

이어지는 『'복수형의 아버지의 이름'의 서론』에서 라캉은 신학과 종교를 논한다. 라캉은 아우구스티누스의 『삼위일체론』에서는 성자와 성령에 대해서는 상세히 논하고 있지만, 성부에 대해서는 거의 논하지 않았다는 점과 신의 이름을— 'YHWH'라는 신성한 네 글자처럼 —종종 입에 올리는 것이 금지되어 왔음을 언급하면서, 신의 이름='아버지의 이름'이 접근 불가능한 시니피앙임을 암시한다(Lacan, 2005, pp. 76-7, 91). 일찍이 세미나 3권 『정신병』에서는, 정신병에서 '아버지의 이름'이 배제된 장소에 위치한 구멍은 어떤 언어로도 언어화할 수 없는 금지된 영역으로 여겨졌다. 그러나 이제는 '아버지의 이름' 자체가 언어화 불가능한 시니피앙으로 여겨지게 된다. 그렇다면 다음과 같이 말할 수 있을 것이다. 60년대 라캉 이론에서 '아버지의 이름'은 신경증과 정신병의 구분을 떠나서 배제되어 있다, 라고.

2. 대타자에 대한 태도에 의한 신경증과 정신병의 감별 진단(1960–1966)

그렇다면, 60년대 라캉 이론에서는 시니피앙의 관점에서 신경증과 정신병을 구분하는 것이 불가능한 것일까? 그렇지 않다. '아버지의 이름'의 유무라는 논점 대신 60년대에 등장하는 것은 부성의 기만을 받아들일 것인가, 받아들이지 않을 것인가라는 논점이다. 이 논점을 60년대에 구두로 발표된 논문 「주체의 전복, 그리고 프로이트적 무의식의 욕망의 변증법」에서 추출해 보자.

'아버지의 이름'은 신경증과 정신병을 떠나서 모든 인간에게 배제되어 있다. 다시 말해, 시니피앙의 장으로서의 대타자에 대해 법을 이루는 대타자(=대타자의 대타자)는 존재하지 않는다. 그러면 대타자는 어떤 것에 의해서도 보장될 수 없는 비일관적inconsistent인 것이 된다. 이 비일관적인 대타자는 대타자를 나타내는 'A'에 사선이 그어진 'A̸'라는 마템*으로 표현된다. 그리고 종종 라캉이 사용하는 'S(A̸)'라는 마템은 '대타자에서의 결여의 시니피앙'(E818), 즉 시니피앙의 장으로서 대타자를 보증하는 '아버지의 이름'의 시니피앙이 결여되어 있음을 나타내는 시니피앙이다. 라캉은 이를 다음과 같이 말하고 있다.

시니피앙의 장으로서의 대타자라는 생각에서 출발하자. 어떤 권위의 언표도 그 언표 행위 그 자체 외에는 보증을 가지고 있지 않다. 왜냐하면 다른 시니피앙들 속에서 권위의 언표를 찾아도 소용없고, 그 권위의 언표는 시니피앙의 장 밖에서는 어떤 방식으로도 출현할 수 없기 때문이다. 우리는, 메타언어는 말할 수 있는 것으로서는 존재하지 않는다고 말한다. 이를 좀 더 격언풍으로 말하자면, 대타자의 대타자는 없다, 가 된다. '입법자'('법'을 제정하는 것처럼 보이려는 자)가 그것〔= 대타자의 대타자의 부재S(A̸)〕을 보충하기 위해 나타난다면, 그는 그것을 사기꾼으로서 행하고 있는 것이다.(E813, 강조는 인용자)

---

* mathème. 라캉이 정신분석 경험을 정식화하여 표시하기 위해서 사용한 논리기호를 말한다.

신경증과 정신병을 막론하고 모든 주체는 S(Ⱥ)라는 구조적 결여를 안고 있다. 그러나 이 비일관적 타자(Ⱥ)를 일관적 일관적 타자(A)로 믿는 사람이 있다면 어떨까? 그 사람은 비일관적 타자(Ⱥ)에 대해 법을 제정하는 것처럼 보이려는 자, 즉 라캉이 말하는 '사기꾼'에게 속고 있는 것이다. 일관된 타자를 믿는 태도는 대타자의 비일관성(S(Ⱥ))을 무시한다는 점에서 기만적이다. 이 기만, 즉 존재하지 않아야 할 '아버지의 이름'의 존재를 믿는 태도를 '부성의 기만imposture paternelle'이라고 한다 (Miller, 1987c).

여기에서 다음과 같은 신경증과 정신병의 감별 진단론이 도출된다.

(1) 라캉은 이미 58년 논문 「전제적 문제」에서 정신병자는 '부성의 기만'을 벗어난 자라고 말했다(E581). 정신병자는 대타자를 마치 일관된 것처럼 보이는 허구에 속지 않는 인물로 생각할 수 있는 것이다. 이 논점을 더 전개하면, 정신병자는 '아버지의 기능에 아니오non라고 하는 것'이 가능한 존재이며, '자유로운 인간homme libre'이라고 할 수 있다(Miller, 1988: 1987. 11. 18 강의). 정신병자가 대타자에 대해 취하는 이러한 태도는 특히 스키조프레니에서 확인할 수 있다(50년대 라캉은 파라노이아를 정신병의 모델로 생각했지만, 60년대에서 70년대 초반에는 스키조프레니를 모델로 삼은 것으로 보인다). 파라노이아와 스키조프레니의 차이점은 전자(파라노이아)가 '혼돈의 세계를 재창조하는 것'을 목표로 한 증례 슈레버처럼 결여를 지닌 비일

관적인 대타자에 대한 관계를 망상 속에서 재발명하려고 하는 반면, 후자(스키조프레니)는 타자의 비일관성의 결여에 머물러 오히려 그 비일관성inconsistance을 강조하려고 한다는 점에서 찾을 수 있다. 라캉은 1966년, 스키조프레니 환자들에게서 나타나는 이러한 태도를 '이로니ironie'라고 불렀다(AE209). 이러한 스키조프레니 환자의 태도는 대타자의 일관성을 믿고 있는 신경증 환자에 대한 일종의 빈정거림으로 기능하는 것이다.

(2) 신경증 환자는 '부성의 기만'에 속은 주체이며, 존재하지 않아야 할 '아버지의 이름'이 존재한다고 믿고 있는 주체이다. 신경증 환자의 이러한 태도는 히스테리와 강박신경증 각각에서 확인된다.

라캉은 신경증 환자의 경우 '거세가, 강한 자아를 매우 강하게 유지하기 때문에, 그의 고유한 이름이 그를 괴롭힌다. 따라서 근본적으로 신경증 환자는 '무명Sans-Nom'이다'(E826)라고 말한다. 이 난해한 문장은 신경증 환자가 '자신의 이름으로' 욕망하는 일이 결코 없음을 보여준다. 히스테리 환자는 예를 들어 증례 도라처럼 아버지의 성적 불능(욕망의 불능)을 보고 아버지를 대신해 욕망하는 주체로 간주된다. 히스테리 환자에서 관찰되는 이러한 욕망의 모습은 자신의 고유한 이름으로 욕망하는 것이 아니라, 가톨릭 미사에서 '성부와 성자와 성령의 이름으로Au nom du Père et du Fils et du Saint Esprit'라는 서두를 거쳐 기도가 시작되듯, 대타자의 이름으로 욕망하는 것이다. 또한 강박신경증 환자에게 자신의 이름으로 욕망하는 것은 이상적인 아버지(='아버지의 이름')의 자리에 앉는 것을 의미하기 때문에 그들은 그것을 행할 수 없다(Van Haute, 2002, pp. 262-4). 이처럼 신경증 환자는 대타자의 비일관성(S($\cancel{A}$))을 직시하지 않고 '아버지의 이름'의 존재를 믿는다고 볼 수 있다.[*]

50년대 라캉 이론에서 신경증과 정신병은 각각 '아버지의 이름'이 도입되었는지, 배제되었는지에 따라 구조론적으로 구분되었다. 60년대 라캉 이론에서 '아버지의 이름'은 존재하지 않는 허구로 생각하게 되었고, 신경증과 정신병은 각각 '아버지의 이름'이라는 허구를 믿느냐, 믿지 않느냐에 따라 구별된다.

이 이론적 변천에는 큰 의미가 있다. 50년대 라캉 이론에서 신경증의 구조는 정상성과 결부되어 있었고, 정신병의 구조는 정상성을 보장하는 '아버지의 이름'의 결손으로 여겨졌으며, 정신병자가 만들어내는 망상적 은유는 신경증 환자의 부성 은유의 변종(정상성에서 벗어난 치우침)으로 여겨졌을 뿐이었다. 60년대 라캉 이론은 대타자의 비일관성(S($\cancel{A}$))을 드러내는 정신병을 비일관성을 은폐하는 신경증 환자보다 더 근원적인 구조로 생각할 수 있게 해주었다고 할 수 있다.

---

[*] 이러한 생각은 세미나 『대상 관계』에서 이미 예고되어 있다. '상징적 아버지(='아버지의 이름')가 있다. 그리고 한스 소년은 광인이 아니기 때문에, 곧바로 그런 상징적인 아버지를 믿는 것이다.'(S4, 365, 강조 인용자)

3. 심적 체계의 구조화에서 '물'의 분리(1959)

이처럼 상징적인 것, 시니피앙과 같은 관점에서의 감별 진단론은 60년대에 이르러 점차 변용되어 쇠퇴해 간다. 그 대신 전경화되는 것이 '물物', 향락, 대상 a와 같은 일련의 비시니피앙적 관점의 감별 진단론이다.

먼저 '물'부터 확인해보자. '물'이라는 개념은 59-60년 세미나 제7권 『정신분석의 윤리』에서 빌헬름 프리스에게 보낸 1896년 12월 6일자 편지(이하 '편지'로 약칭)와 「초안 K」, 그리고 「심리학 초안」 등의 프로이트의 텍스트를 다소 무리하게 독해함으로써 도입되었다.

'편지'에서 프로이트는 인간의 심적 장치를 논하고 있다. 이 심적 장치는 외부 세계의 자극이 지각(W)으로 수용되는 것에서 시작하여 그 지각이 지각 표지(Wz) → 무의식(Ub) → 전의식(Vb)이라는 세 가지 기록Niederschrift의 층위에 걸쳐 번역되어 최종적으로 의식(Bew)에 이르는 과정을 보여준다. 좀 더 자세히 설명해보자. 유아는 외부 세계(어머니)로부터 다양한 만족 체험을 제공받지만, 그 만족 체험의 지각은 기록의 층으로 넘어갈 때 결정적으로 변질된다. 왜냐하면 이 기록층에서의 번역에는 '양적 조정qualitativen Ausgleichung에 대한 경향'이 있기 때문에 '일정한 재료에 대해서는 번역이 이루어지지 않기' 때문이다. 즉, 첫 번째 만족 체험 중 심적 장치에 기록될 수 있는 것은 양적으로 표현할 수 있는 것뿐이고, 만족 체험의 지각 중 질적인 것에 대해서는 번역이 거부되는 것이다. 그 결과 심적 장치는 최초의 만족 체험의 일부를 결정적으로 놓치게 된다(Freud, 1950, pp. 186-7). 여기서 놓쳐버린 것이 라캉이 말

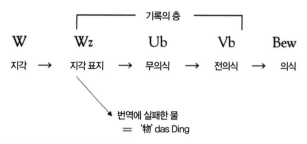

그림 37 프로이트의 심적 장치와 '물'

하는 '물'에 해당한다(그림 37).

　프로이트는 「심리학 초안」에서 이와 유사한 논의를 다음과 같이 전개하고 있다.

> 　이웃Nebenmenshc의 콤플렉스는 두 개의 구성 부분으로 나뉘는데, 그중 하나는 항상적인 조직체에 의해 인상을 주며 물Ding로서 통합되어 있지만, 다른 하나는 회상의 작업에 의해 이해될 수 있다.(GWNb, 426, 강조는 인용자)

　여기서 '이웃'이라 불리는 것은 아이의 '부름'의 대상이 되는 가까운 인물이며, 여기서는 어머니를 의미한다고 볼 수 있다. 이 어머니를 둘러싼 심적 복합체(콤플렉스)는 심적 장치 안에서 두 부분으로 나뉘게 된다고 프로이트는 말한다. 하나는 어머니로부터 얻은 만족 체험 중 양적인 부분의 집합체이다. 수유의 만족 체험이 손가락 빨기라는 상징적 등가물에 의해 재체험될 수 있는 것처럼, 아이는 이 만족 체험을 '회상'을 통해 재체험할 수 있다. 다른 하나는 항상적인 영역으로서 조직

되는 '물'의 집합이며, 이는 회상에 의해 재체험될 수 없는 것이다.

이 논의를 라캉은 다음과 같이 각색한다.

'물Ding'이란 '이웃'이라는 경험 속에서 주체에 의해 이질적인 본성의 것으로서 '이물Fremde'로서 처음부터 분리되어 버린 요소입니다. 대상 복합은 두 부분으로 나뉘는 것입니다. 거기에는 판단의 시작에 분할, 차이가 있는 것입니다. 대상 중 질인 것, 속성으로 여겨지는 것들은 모두 'Ψ' 체계의 비급에 들어가, 원시적인 '표상Vorstellungen'을 구성합니다. 그리고 이러한 표상을 둘러싸고 주체의 이른바 원시적인 등장 속에서 '향락Lust'과 '불쾌Unlust'의 법칙[=쾌락원리]에 따라 조정되는 것들의 운명이 연기되는 것입니다. 'das Ding'은 그것과는 다른 것입니다. (S7, 64-5)

젖먹이는 만족스러운 체험을 주는 '이웃'(어머니)을 만난다. 이 '이웃'은 상징화되어 표상(=시니피앙)으로 번역됨으로써 무의식의 층에 새겨져 상징계(우리의 용어로 원-상징계)를 형성한다. 이 쓰기 과정에서 '이웃' 중 표상으로 번역되지 못한 부분은 상징화 불가능한 부분으로서 '물'(=현실계)을 구성한다. 이렇게 '이웃'으로부터 얻은 유아기의 만족스러운 체험은 시니피앙으로 대체된다. 그러면, 사람은 더 이상 원초적 만족 체험 자체에 접근할 수 없게 된다.

요약하면, '물'이란 인간이 시니피앙과 관계를 맺고 언어의 세계로 진입할 때 더 이상 돌이킬 수 없는 형태로 잃어버린 원초적 대상을 말한다. 아무리 간절히 원해도 절대 도달할 수 없

프로이트(1896년)	라캉(1956년)	라캉(1959년)
번역 / 번역의 거절 「이웃」(어머니)의 이분할	'상징계의 밝음에 이르지 못한 것은, 현실계 안에 나타난다' 제3의 배제＝원억압	언어 세계로의 참가 '물'의 분리
기록 '물'	상징계 현실계	시니피앙 '물'

표 3 프로이트와 라캉의 '물'

는 현실계의 수준에 있는 것, 그것이 바로 '물'이다.*

그런데, 『정신분석의 윤리』에서 '물'을 둘러싼 논의는 이전의 어떤 논의를 계승하고 있는 것일까? '이웃'의 두 부분의 구별, 즉 (1) 시니피앙으로 번역되어 상징계에 속하게 되는 것과 (2) 시니피앙으로 번역될 수 없어 현실계에 속하게 되는 것의 구별의 발생은 이미 우리가 논의해 온 '제3의 배제'(원억압)에 해당한다고 생각된다. 확인해 보자. 제3의 배제의 정의, 즉 '상징계의 밝음에 이르지 못한 것은 현실계 속에 나타난다'는 라캉의 서술은 (1) 어떤 것은 주체의 내부로 흡수Einbeziehung되어 상징계를 구성하는 반면, (2) 어떤 것은 주체의 외부로 배출Ausstossung되어 현실계를 구성한다는 것을 의미했다(E388). 심적 장치에서 (1) 시니피앙과 (2) '물'의 구별의 발생은 제3의 배

---

* 여기서 주의해야 할 것은, 이와 같은 '물'의 설명은 이미 잃어버린 '기원'에서 인간의 심적 장치의 설명을 시작하기 위해서 채용된 것이며, 원래 사람은 '물'에 대하여 이야기할 수 없다는 것이다. 즉 라캉의 '물'에 대한 논의는 일종의 창세기 신화인 것이다.

제(원억압)에서의 상징계와 현실계의 동시 발생과 같은 것이다. 도식화해 보면 표 3과 같다.

이 표에서 알 수 있듯이, 프로이트가 말하는 '이웃'(어머니)의 이분할, 라캉이 말하는 상징계와 현실계의 분리(제3의 배제), 혹은 시니피앙과 '물'의 분리는 모두 정상적인 심적 체계의 구조화 과정인 원억압Urverdrängung/refoulement originaire을 설명한다. 따라서 이 과정은 병적인 것이 아니라 신경증과 정신병의 여부를 떠나 거의 모든 주체가 체험하는 것으로 간주된다.*

실제로 인간의 욕망désir은 이 시니피앙의 세계와 '물'의 세계의 분리(원-상징계와 현실계의 분리)에 의해 구성된다.

인간은 불쾌를 피하고 쾌락을 추구하는 쾌락원리에 따라 행위를 한다. 그러나 이 쾌락원리는 시니피앙의 체계 그 자체이며, 이 원리를 따르는 한 '물' 수준의 원초적 만족 체험에 도달할 수는 없다. 이 시기 라캉이 사용한 '향락jouissance'이라는 단어는 '물' 수준에 있는 그 금지된 만족 체험에 도달하는 것에 해당한다.** 그러나 이 도달할 수 없는 만족 체험=향락은 설령 도달할 수 있다고 해도 인간에게 쾌감을 주는 그런 것이 아니다. '물'이 불쾌를 피하고 쾌감을 추구하는 쾌락원리의 피안에

---

* 이 과정에서의 실패, 즉 원초적인 상징화의 실패는 스키조프레니나 자폐증에 나타난다(Soler, 2008, p.119).

** 이 시기에 라캉이 말하는 향락은 프로이트가 『쾌락원리의 피안』에서 '일차적 만족 체험을 반복하는 것'이라고 정의를 내린 '완전한 만족volle Befriedigung'을 이어받는 개념이라 할 수 있다(GW13, 44).

있는 이상, 쾌락원리를 따르는 주체에게 향락은 불쾌하거나 고통을 유발하는 시스템의 교란으로 나타날 수밖에 없는 것이다.

그러나 인간은, 향락을 쾌락원리의 피안에 있는 절정을 가져다주는 쾌감이라고 공상하기 쉽다. 그리고 향락이 시니피앙의 체계라는 법에 의해 금지되어 있다는 사실은 "물'에 도달하는 것을 금지하고 있는 법을 침범transgression하기만 하면 '물'에 도달할 수 있지 않을까'라는 더 큰 환상을 불러일으킨다. 이렇게 인간은 '물'을 재발견하려는 끊임없는 운동을 시작하지만, 애초에 정의상 시니피앙을 경유해서는 결코 '물'에 도달할 수 없다. 인간의 욕망이란 이 불가능한 영속적 운동에 주어진 이름에 지나지 않는다(S7, 83).

금지와 침범을 둘러싼 라캉의 논의는 조르주 바타유가 『에로티시즘』(1957)에서 전개한 논의를 밑바탕에 깔고 있다고 볼 수 있다. 바타유는 인간의 에로티시즘의 궁극적인 의미는 '융합'이라고 생각했다. 라캉의 표현을 빌리자면, 언어의 세계에 진입할 때 더 이상 되돌릴 수 없는 형태로 잃어버린 '물'과의 연속성을 회복하는 것이 에로티시즘이 지향하는 것이다. 그러나 '물'과의 융합은 금지되어 있기 때문에, 사람은 그 금지를 불안 속에서 침범하여 배덕背德적인 쾌감을 얻을 수밖에 없다. 그러나 침범을 한다고 해서 금지가 사라지는 것은 아니며, 오히려 침범의 존재가 금지를 완성시킨다고 바타유는 지적한다. '물'에 도달하는 것이 금지된 인간에게 침범은 '물'에서 상정되는 쾌감을 단편적인 형태로만 제공할 뿐, 침범을 통해 '물'에 도달할 수 있게 되는 것은 아니다.

4. '물'의 침입에 대한 방어 모드에 따른 신경증과 정신병의 감별 진단(1960년)

라캉은 『정신분석의 윤리』에서 '물'이라는 관점에서 신경증과 정신병을 감별하려고 한다. 그러나 '물'이 인간이 언어의 세계에 진입할 때 돌이킬 수 없는 형태로 잃어버린 원초적 대상이라면 '물'은 인간의 체험 속에 나타나지 않을 것이다. 그렇다면 '물'이라는 관점에서 신경증과 정신병을 감별하는 것은 불가능하지 않을까?

그렇지 않다. 임상에 따르면 '물'은 인간의 체험 속에 나타나지 않는 것이 아니라, 가끔씩, 예를 들어 섬뜩한 것, 죄책감, 숭고함의 감각으로 우리의 체험에 단편적으로 침입해 올 수 있다. '물'은 불현듯 주체를 공격해 오는 것이다.[*]『정신분석의 윤리』에서는 아마도 이런 생각에서 '물'의 침입에 대해 주체가 취하는 방어의 모드에 따라 신경증과 정신병의 감별 진단을 하는 것이 논의되고 있다.

이 논의를 검토하기 위해서는 라캉의 '과학'의 자리매김을 참조할 필요가 있다. 라캉은 『정신분석의 윤리』에서 '과학은 "물"을 배제Verwerfung/rejeter하는 디스쿠르'라고 말한다(S7,

---

[*] 다음과 같은 지젝의 주장을 참조하라. '라캉에게 현실계는, 그것은 결코 발생할 수 없는…… 것이라는 의미에서 불가능한 것은 아니다. 그렇다. 현실계가 안고 있는 문제는, 이것이 일어난다는 것, 그리고 그것이야말로 트라우마라는 것이다…… 라캉은, 우리가 어떻게 하여 현실계와 [만나는 데] 실패하는지를 이야기해주는 시인이 아니다…… 중요한 것은 당신이 현실계와 조우할 수 있다는 것, 또한 그것은 상당히 수용하기 어렵다는 점이다.'(Zizek &Daly, 2004, p.70)

157). 과학은 르네상스 이후 탄생한 '모든 것은 이성적이다(모든 사물의 인과관계는 이성적으로 설명할 수 있다)'라는 신념에 따라 이성적인 것의 외부를 전혀 인정하지 않는 것이다. 그러나 사과가 나무에서 떨어지는 원인으로서의 중력이 중력 자체의 원인, 그 원인의 원인……으로 무한히 후퇴할 수밖에 없듯이, 과학이 상정하는 인과관계의 '원인'에는 항상 어떤 균열이 있다(S11, 24). 이러한 균열로서의 원인은 상징화할 수 없는 것으로서 현실계에 위치한다. 그러나 '과학은 원인으로서의 진리에 대해 아무것도 알려고 하지 않는다.'(E874) 즉 과학은 '물'의 존재를 애초에 고려하지 않으며, 설령 '물'이 주체를 공격하는 일이 있더라도 '물'이 처음부터 존재하지 않았던 것처럼 행동한다. 이러한 태도를 과학의 '물의 배제'라고 부른다.

그런데, 위의 고찰에서 이미 알 수 있듯이, 라캉이 말하는 '물의 배제'는 '물이 존재하지 않는 것'도 아니고, '물에 접근하는 것이 불가능한 것'도 아니다. '물'은 그 정의상 모든 주체에게 접근 불가능한 것이기 때문이다. 그러나 '물'은 접근 불가능함에도 불구하고 불쑥불쑥 우리의 체험 속으로 단편적으로 침입해 들어온다. 이 침입해 온 '물'을 무시하고 그 침입을 처음부터 없었던 것으로 만드는 것, 즉 침입해 온 '물'에 대해 '아무것도 알려고 하지 않는n'en vouloir rien savoir' 것이야말로 바로 과학을 특징짓는 '물의 배제'이다. 그리고 라캉은 이 '물의 배제'가 파라노이아에서도 발생한다고 말한다(S7, 157). 즉, 한편으로 신경증에 침입한 '물'은 일단 받아들여지고 어떤 가공을 거치지만, 다른 한편으로 정신병에 침입한 '물'은 처음부터 받아들여지지 않는다. 이 점이 신경증과 정신병의 감별 진단을 위한 새로운 지표로 자리 잡게 되는 것이다.

이 감별 진단론은 실은 프로이트가 1896년 「초안 K」와 「방어-정신신경증 재론」에서 강박신경증과 파라노이아의 감별을 위해 도입한 논의를 번안한 것이다.

1896년의 프로이트의 논의를 확인해 보자. 강박신경증과 파라노이아에는 한 가지 공통점이 있다. 그것은 둘 다 어떤 비난(죄책감)이 거부감 없이 환자에게 다가오는 병이라는 것이다. 예를 들어 강박신경증에서는 '나는 더러운 인간이다'와 같은 자기 비난의 표상과 함께 죄책감을 자주 체험한다. 또한 파라노이아에서도 '나는 "나쁜 인간"이다'와 같은 표상과 함께 죄책감을 자주 체험한다. 따라서 비난(죄책감)의 도래라는 지표만으로는 양자를 감별할 수 없다. 그렇다면 어떻게 해야 할까? 프로이트가 양자의 감별을 위해 주목하는 것은 주체에 도달한 비난(죄책감)에 대한 방어 모드의 차이다.

(1) 강박신경증의 경우, 환자는 '강박 표상으로서 되살아난 비난[=죄책감]에 신뢰Glauben를 두지 않아도 된다'(GW1, 401). 그러니까, 강박신경증 환자는 죄책감을 동반한 표상을 가공하여 타협 형성물을 만들어냄으로써 자신에게 가해지는 비난을 회피할 수 있다. 이 가공이 강박신경증에서 '손 씻기'와 같은 강박행위를 만들어낸다.*

(2) 파라노이아의 경우 '본인이 신뢰를 두고 회귀하는 증상에 대해, 어떤 방어도 효과가 없다.'(GW1, 402) 파라노이아 환자는 도래하는 비난(=죄책감)으로부터 몸을 피할 수 없는 것이다. 그 결과 파라노이아 환자는 비난을 모순 없

이 받아들일 수 있는 망상을 만들어내야만 한다. 예를 들어, 파라노이아 환자의 망상의 대부분은 자신에게 쏟아지는 비난에 대해 '내 잘못이 아니다, 나는 남이 시켜서 그런 것이다'라고 반박하는 것으로 성립된다. 파라노이아 환자들은 종종 이 투사Projection의 메커니즘을 이용해 자신의 무구성indignité을 주장한다.**

---

* 그런데, 왜 '물'은 죄책감으로서 회귀해오는 걸까. '물'은 인간의 심적 시스템이 형성될 때 시니피앙의 시스템 측으로부터 거절된 부분이다. 시니피앙의 시스템은 불쾌를 피하고, 쾌락을 추구하는 쾌락원리Lust-prinzip에 따른다. 그렇다면, '물'의 수준에서 쾌락- 이라고 부르는 것을 상정한다면 -은 쾌락원리(=시니피앙의 시스템)로서는 수용할 수 없을 정도로 과잉된 쾌락이 된다. 죄책감이 발생하는 것은 이러한 과잉된 쾌락의 접근이, 금지된 '물'과의 결합을 함의하기 때문이다. 쾌락원리에 따르는 주체는 이러한 과잉된 쾌락을 피할 필요가 있다. 특히 강박신경증 환자는 자신에게 쾌락이 되는 사물과 사태를 피하려는 경향이 있다 (S7, 79-80).

** 실례로, 이미 소개한 프로이트의 여성 환자를 다시 거론할 수 있다. 이 여성은 한 남성 노동자에게 방 한 칸을 세 놓는다. 어느 날 저녁 그녀는 그로부터 성적인 유혹을 받지만, 그 남성은 바로 여행을 떠난다. 그래서 그녀는 '주변 사람들이 그녀가 지금도 그 남자를 기다리며 노처녀로 남아서 불쌍히 여긴다', '(주변 여자들이) 그녀에 대하여 그 남자와 관련된 여러 가지 소문을 내고 있다'는 피해망상을 형성했다. 이 여성은 남성으로부터 성적유혹을 받았을 때, 그녀가 받은 과잉된 쾌락을 수용할 수 없다. 그 결과 나중에는 이 과잉된 쾌락(=죄책감)이 회귀할 때, 그녀는 스스로를 비난하는 것이 아니라, 주위의 타자가 자신을 비난한다고 생각하게 되었던 것이다. 이와 같은 파라노이아 환자는 투사의 메커니즘을 이용하여 자신의 무구성을 주장할 수 있게 된다. 반대로 자신으로 향하는 비난을 가공하지 않고 자신의 죄책성culpabilité을 가지고 받아들이는 병이 멜랑콜리다(Soler, 2008, 57). 또한 '나는 타자에게 당했다'고 주장하는 파라노이아 환자는, 실은 정당한 사실을 말하

다시 말하면, 강박신경증 환자는 자신에게 침입한 '물'(=비난)을 가공함으로써 비난을 자신의 무의식 속에서 처리하려고 하는 반면, 파라노이아 환자는 회귀해 온 '물'(=비난)을 인정할 수 없다('물'에 대해 아무것도 알려고 하지 않는다). 그 결과 파라노이아 환자는 자기 비난을 하는 대신 타인이 자신을 비난하고 있다는 생각을 망상 속에 포함시키게 된다(Miller, 1983a: 1983. 1. 5 강의).[*]

이렇게 '물'을 둘러싼 인간의 태도는 다음과 같은 정반대의 두 극으로 나뉘게 된다.

(1) 한편으로는 원초적 만족 체험 그 자체의 장인 '물'을 회복하기 위해 사람은 욕망한다. 그러나 그 욕망은 철저하

고 있는 것이다. 왜냐하면 파라노이아 환자를 비난하는 표상이 대타자로부터 오는 한, 그것은 대타자의 증상이라고 생각할 수 있기 때문이다. '정신병의 주체는 정상이다'라고 라캉이 종종 주장하는 것은, 정신병에서 '병'이라고 불리는 것은 주체 측이 아니라, 대타자 측에 존재하기 때문이다(밀레르, 1983a: 1983. 4. 20 강의). 실제로 정신병자에게서 종종 볼 수 있는 정신자동증(갈기갈기 흩어진 시니피앙의 도래)은, 주체의 지배를 넘어선 곳에서 말이 주체를 노리고서 습격해오는 '(대타자가 주체를 향하여 말하고 있다는 의미에서) 대타자의 디스쿠르'라고 볼 수 있다.

[*] 또한 히스테리에서도 '물'과의 관계가 문제가 된다. 히스테리 환자의 행위는 '물'을 재생산하기 위한 수단이다. 히스테리 환자는 주체의 원초적인 상태를 회복하기를 원하는 것이다. 하지만 그와 같은 행위의 끝에, 히스테리 환자는 혐오감을 일으키는 대상에 도달하고 만다. 왜냐하면 히스테리 환자에게 원초적 대상은 불만족스러운 대상으로 조직화되어 있기 때문이다(S7, 67).

게 냉소주의에 의해 구성되어 있기 때문에 사람은 '물'에 도달할 수 없다.

(2) 다른 한편으로는 전혀 예상치 못한 곳에서 '물'은 단편적으로 침입해 온다. 많은 경우, 그 침입은 한때는 가능했을지도 모를 '물'과의 결합을 단죄하는 비난(죄책감)의 목소리로 체험되며, 종종 주체에게 병을 가져다준다. 그리고 이 '물'의 침입에 대한 방어 모드의 차이에 따라 신경증과 정신병을 감별할 수 있다.

다음 절에서 살펴보겠지만, 이후 라캉은 이 두 극(욕망과 정신병리)을 바탕으로 대상 a의 이론과 대상 a의 관점에서 본 감별 진단론을 구성해 나가게 된다.

5. 대상 a의 도입(1960–1963)

59–60년의 세미나 제7권 『정신분석의 윤리』이후, 60–61년 제8권 『전이』, 61–62년 제9권 『동일화』, 62–63년 제10권 『불안』에서 라캉은 점차 '"물"의 침입'을 '대상 a의 현현'으로 재인식하게 된다. 이에 따라 신경증과 정신병의 감별 진단의 지표도 '물'이 아닌 대상 a와의 관계로 파악하게 된다.

먼저 대상 a라는 술어를 정의해 보자. 앞서 확인했듯이 언어의 세계로 진입하기 이전에는 '처음에 향락이 있었다' 혹은 '처음에 "물"이 있었다'라고 표현할 수 있는 신화적 단계가 있다. 이 단계에서 사람은 '완전한 만족volle Befriedigung'이라고 부를 수 있는 향락을 얻었다고 간주된다. 그러나 이 향락은 시니피앙의 도입으로 돌이킬 수 없는 형태로 상실된다. 훗날 라캉의 말을 빌리자면 '시니피앙이란 향락을 정지시키는 것'(S20, 27)이다. 그러나 인간의 삶 속에는 상실했어야 할 '물'이나 향락의 흔적이 종종 얼굴을 내민다. 이 흔적이 대상 a다. 여기서는 그 흔적의 패러다임을 두 가지로 정리해 보자.

(1) '물' 혹은 향락의 흔적의 제1패러다임은 도달할 수 없는 향락을 다른 방식으로 도달 가능한 것으로 만드는 것과 관련되어 있다. 앞서 말했듯이 인간의 욕망은 애초부터 잃어버린 원초적 상태인 '물'을 되찾으려는 환상에 의해 지탱되는 불가능한 시도이다. 대상 a는 이러한 욕망의 지탱으로 도입된다(S10, 52). 즉, '물'의 상실의 자리에 '물'의 흔적을 남기는 특권적 대상(a)을 둠으로써 주체와 '물' 사이에서 일정한 관계를 맺을 수 있게 되는 것이다.*

정신분석가 도널드 위니콧Donald Woods Winnicott(1953)이 '이행 대상objet transitionnel'이라고 부른 것은 삶의 초기 단계의 대상 a라고 할 수 있다. 주지하다시피 이행 대상은 유아가 전능성을 상실할(=향락을 상실할) 때 나타나는 특권적 대상이다. 예를 들어, 아이는 특정 담요를 놓지 않고 항상 손에 쥐고 있으려는 경우가 있는데, 이 담요가 이행

---

* 라캉은 『전이』 세미나에서 대타자의 비일관성(Ⱥ)이 나타나는 장소에 출현하는 결여($-\varphi$)를 메우려는 것으로 대상 a를 정의한다(S8, 259). 마찬가지로 『불안』 세미나에서는 다음과 같이 말한다. '프랑스어의 욕망désir이 라틴어desiderium[−을 상실한 것을 한탄하다]로부터 유래한 것은 이유가 있다. 거기에 있던 대상에 대한 사후적인 인식이 있는 것이다.'(S10, 48)

대상에 해당한다. 위니콧은 이 이행 대상이 어머니의 유방처럼 모자 관계에서 중요한 대상의 대리물이라고 지적한다. 말레발의 표현을 빌리자면 '향락의 원초적 대상의 상실이 대리적인 대상[=이행 대상]을 만들어내고, 그 대리적 대상에 의해 주체는 어떤 종류의 만족을 획득하기에 이르는'(Maleval, 2009, p. 133) 것이다.

또한 이행 대상은 어린 시절에만 나타나는 것이 아니라 이후 삶에서도 페티쉬로 나타난다. 실제로 라캉은 대상 a 가 욕망의 지지대임을, 페티쉬의 기능을 언급하며 논하고 있다(S10, 122). 주지하다시피, 페티쉬는 어머니의 신체에서 페니스의 부재를 발견한 아이가 그 부재를 가릴 수 있는 것(예컨대, 속옷)으로 채택하는 임의의 대상이다. 이 페티쉬는 어머니의 몸 자체는 아니지만 어머니의 몸의 흔적이 되어, 인간의 욕망의 원인cause으로서 기능한다. 이런 의미에서, 대상 a는 '물' 자체는 아니지만, '물'이라는 고액 지폐를 분할한 끝에 남는 '"물"의 잔돈'(Miller, 1996b), 즉 '물'의 단편斷片이라고 할 수 있는 것이다.

(2) '물' 혹은 향락의 흔적의 두 번째 패러다임은 정신병에 나타나는 환청이 갖는 대상으로서의 측면, 즉 소리voix와 관련되어 있다. 라캉은 50년대 말까지 정신병의 환청(언어성 환각)을 주로 시니피앙의 관점에서 이해했다. 그러나 『불안』의 세미나가 되면, 오히려 '소리'가 지니는 대상 a로서의 성질에 주목하게 된다(S10, 342). 혹은 같은 시기에 쓰여진 논문 「칸트와 사드」에서는 사드의 고문 집행자의 출현 방식과 정신병 환청을 비교하면서 '이러한 소리

현상, 특히 정신병의 목소리 현상은 바로 그 대상의 측면을 가지고 있다'(E772)는 점을 지적하고 있다. 이 지적은 사드가 결코 정신병자가 아니었다는 점에서도 알 수 있듯이, 정신병뿐만 아니라 신경증에서도 '"물"의 잔돈'으로서의 대상 a가 현현할 수 있음을 시사한다.

시니피앙의 도입은 '물'이나 향락을 돌이킬 수 없는 형태로 상실하게 한다. 그러나 이 상실은 완전한 것이 아니라 항상 잔여reste를 남긴다. 따라서 대상 a는 '대타자의 장으로 주체가 도래하는 전체적 조작 속에서 환원 불가능한 것으로 남은 것'(S10, 189)이라는 정의가 주어진다. 그리고 그 잔여로서의 대상 a가 욕망을 지탱하는 동시에 다양한 병의 형태로 나타나게 되는 것이다.

6. 대상 a의 현현에 대한 방어 모드에 따른 감별 진단(1962–1963)

그렇다면 대상 a의 현현이라는 관점에서 신경증과 정신병을 어떻게 감별할 수 있을까? 60년대 라캉은 62년 5월 30일에 '대상 a의 절단coupure'이 신경증과 정신병(및 도착)을 구분한다고 말하거나(S9, 340-1A), 65년 2월 3일에는 '정신병, 도착, 신경증에 하나의 대상 a가 있지만, 그것은 동일하지 않을 가능성이 충분히 있다'(S12, 147A)고 언급하는 등, 대상 a의 관점에서 감별 진단론을 구상하고 있었던 것은 틀림없다. 그러나 대상 a가 가장 중점적으로 다루어지는 『불안』의 세미나는 주로 신경증과 도착에서 대상 a의 존재 방식의 차이를 논하고 있어, 신경증과 정신병의 감별 진단으로까지 논의가 진행되지 않는다. 따라서 이 시기 라캉의 감별 진단론의 구상을 이해하기 위해서는 동시대의 여러 텍스트와 세미나의 단편을 횡단적으로 연결해야 한다.

먼저 세미나 『불안』에 나오는 불안angoisse의 개념을 참조하자. 정신의학이나 심리학 교과서를 펼치면 대개 다음과 같은 설명을 읽을 수 있다. '공포는 동물공포나 첨단尖端공포와 같이 특정 대상을 향한 것이지만, 불안은 그런 특정 대상을 갖지 않는다.' 그러나 라캉은 이런 이해에 단호히 반대한다. '보통 불안은 대상이 없다고 알려져 있다…… 그러나 불안은 대상이 없는 것이 아니다l'angoisse n'est pas sans objet.'(S10, 105, 강조는 인용자) 왜 그럴까? 여기서 아이와 어머니의 원초적 관계를 다시 한 번 참조하자. 어머니가 자기 앞에 현전하거나 부재하는 것을 본 아이는 어머니에게는 '무언가'가 결여되어 있고, 어머니는 그 '무언가'를 욕망하고 있기 때문에 자기 앞에서 부재하는 것이라고 공상한다. 이 어머니에게 결여된 '무언가'를 상상적 팔루스(-φ)라고 한다. 아이는 이 결여를 매개로 다양한 공상을 전개할 수 있고, 그 이후의 욕망의 전개도 이 결여를 떠나서는 생각할 수 없다. 그렇다면 어머니가 아이 앞에 항상 현전하고 항상 아이를 돌봐줄 때, 어떤 일이 벌어질까? 그때 일어나는 것은 상상적 팔루스라는 결여가 결여되는 것이다(S10, 67). 결여가 결여된 곳에는 충만한 대상이 나타난다. 그 대상은 어머니의 신체적 흔적을 간직한, 아이에게 불안을 유발하는 '기분 나쁜 것'이다(S10, 53). 즉, 불안은 대상이 존재해서는 안 되는 결여(-φ)의 장소에 대상 a가 현현할 때 발생하는 것이다. 라캉은 다음과 같이 말하고 있다.

이 대상 *a*의 가장 명백한 현현manifestation의 신호, 대상 *a*의 개입의 신호, 그것이 불안이다.(S10, 102)

불안은 쾌락원리를 따르는 인간이 가능한 한 멀리 떨어져 있어야 하는 현실계가 접근하고 있다는 신호이다. 즉, 불안은 일차적 만족 체험의 장인 '물'의 세계가 가까워지고 있다는 통보인 것이다. 이는 위기적인 상황이다. 왜냐하면 앞서 말했듯이 이 현실계의 접근이 주체에게 가져다주는 것은 쾌락이 아니라 오히려 쾌락원리의 체계를 교란하는 고통이기 때문이다. 만약 주체가 현실계에 도달해버렸다면, 그때 사람은 어머니의 신체에 삼켜져, 소멸해버릴 것이다. 바로 그렇기 때문에 사람은 현실계의 접근을 어떻게든 피해야 한다.

바로 알 수 있듯이, 이 대상 *a*의 현현(현실계의 접근)은 우리가 '"물"의 침입'이라고 이름 붙인 것과 거의 동일하다. '물'의 침입은 안정적으로 작동하고 있는 쾌락원리의 시스템을 교란시킨다. 따라서 신경증 환자는 '물'을 가공하여 타협적 형성물을 만들어내고, 정신병자는 '물'에 대해 '아무것도 알려고 하지 않는' 태도를 취하여 '물'의 침입을 피하려고 한다. 마찬가지로 대상 *a*의 현현에 대해서도 신경증과 정신병은 서로 다른 방어 모드를 취한다.

(1) 신경증 환자는 팡타즘fantasme을 장벽처럼 사용하여 대상 *a*의 현현으로부터 자신을 보호한다. 즉, '신경증 환자가 가지고 있는 팡타즘은…… 그를 불안으로부터 방어하고 불안을 감추는 데 가장 도움이 된다'(S10, 63)는 것이

다. 팡타즘은 '$◇a$'로 표기되는데, 이런 의미에서, 이 표기는 대상(a)을 주체($)로부터 무한히 멀어지게 하기 위해 장벽(◇)이 놓여 있는 모습을 도식화한 것으로 읽을 수 있다. 실제로 라캉은 훗날 66년 6월 8일에, '환상과 욕망은 향락에 대한 장벽 그 자체다'(S13, 367A)라고 말하고 있다.

그렇다면 이 팡타즘은 어떻게 만들어지는 것일까? 라캉은 1958년 논문 「전제적 문제」를 『에크리』(1966년)에 수록할 때 덧붙인 주석에서 신경증 환자의 팡타즘은 '대상 a의 추출extraction de l'objet a에 의해 비로소 뒷받침되고' 그 대상 a가 팡타즘에 틀을 부여하는 것임을 지적하고 있다 (E554).

(2) 반대로 정신병자는 팡타즘을 제대로 형성하지 못한다. 그것은 훗날 라캉(1967)이 정신병자는 '대상 a를 주머니 속에 넣고 있다'고 은유적으로 표현한 것에서도 유추할 수 있듯이, 그들이 팡타즘 형성에 필요한 '대상 a의 추출'을 하지 못하고 있기 때문이다.* 그 결과 정신병자는 대상 a의 발현을 억제하지 못하고, 세계에는 대상 a가 넘쳐나게 된다. 정신병에서 흔히 볼 수 있는 '어디를 가도 자신을 욕하는 목소리가 들린다'는 환청 호소나 '모두가 나를

---

* 말레발(2011)은 이것을 '대상 a의 비-추출non-extraction de l'objet a'이라고 이름 붙이고, 정신병에서 보이는 특이한 현상의 하나로 본다. 뒤에서 보게 되듯이, '아버지의 이름'의 배제와 대상 a의 비-추출은 같은 것이다.

감시하고 있다', '집 안 곳곳에 도청기가 설치되어 있다'
는 피주시감의 호소는 대상 a로서의 소리와 시선의 범람
을 주관적으로 표현한 것에 다름 아니다. 없다. 이처럼 정
신병자는 특히 그 급성기에는 대상 a의 발현을 방어할 수
없다. 이후 정신병자는 이 대상 a의 범람을 시니피앙화하
고, 망상 속에서 처리해 나가는 방식으로 방어를 하게 된
다.

정신병에서 대상 a는 파라노이아이나 스키조프레니뿐만
아니라 멜랑콜리와 조증躁症에서도 나타난다. 멜랑콜리에
서는 팡타즘이 잘 형성되지 않기 때문에 주체는 나르시시
즘적 이미지에 막히지 않고 대상 a를 향하게 되고, 자살로
향하게 된다(S10, 387-8). 반대로 조증은 '대상 a의 비-기
능non-fonction de a'(S10, 388)에 의해 특징지어진다. 이는
대상 a의 무게를 일체 무시하고, 죄책감에 시달리지 않고
경쾌하게 말장난을 하는 조증 환자의 모습에 해당한다고
볼 수 있다.

이렇게 라캉은, 대상 a의 도입에 의해, 신경증과 정신병에
나타나는 여러 현상을 통일적으로 설명할 수 있게 한 것이다.

7. 소외와 분리(1964)

지금까지 확인했듯이 1960년대 전반의 라캉은 시니피앙을
중시하는 구조론적 이론에서 '물'·향락·대상 a를 중시하는
역동론적 이론으로 크게 축을 옮겼다. 그러나 그 작업이 어느
정도 마무리될 무렵, 라캉은 프랑스 정신분석학회로부터 제명

처분을 받는다. 그 결과, '복수형의 아버지의 이름'을 주제로 한 생탄 병원에서의 세미나는 1963년 11월 20일 첫 강의만으로 중단되고 만다.

그래서 라캉은 1964년 파리 프로이트파를 창설하고, 파리 고등사범학교에서 세미나 제11권 『정신분석의 네 가지 기본 개념』(원제 『정신분석의 기초』)을 재개한다. 이 세미나와 같은 내용을 담은 논문 「무의식의 위치」에서 라캉은 60년대 초반의 논의를 '소외와 분리aliénation et séparation'라는 두 단계의 조작으로 정리하고 있다. 이 이론적 변천에 따라 신경증과 정신병의 감별 진단 역시 소외와 분리라는 관점에서 전개된다.

소외

소외는 시니피앙의 세계(상징계)로의 진입을 통해 향락의 상실을 대가로 주체를 드러내게 하는 조작이다.

좀 더 자세히 설명하자면, 상징계에 진입할 때 사람은 자신의 주체(S)를 어떤 시니피앙(S_1)에 의해 대리 표상해야 한다. 이 대리 표상의 결과로 주체는 하나의 시니피앙(S_1)에 의해 나타나게 되는데, 이 시니피앙(S_1)은 그것 하나로 존재하는 것만으로는 의미가 없으며, 거기에 의미를 부여하기 위해서는 쌍을 이루는 시니피앙(S_2)을 필요로 한다. 그러면 주체(S)는 한 시니피앙(S_1)에 의해 다른 시니피앙(S_2)을 향해 대리 표상되는 것이다.

라캉은 다음과 같은 예를 들어 이를 설명한다. 사막에서 상형문자(S_1)가 적힌 석판을 발견했을 때, 우리는 그 문자를 쓴 주체가 존재했음을 이해한다. 그러나 주체가 존재했다는 것을

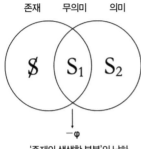

존재　　무의미　　의미

$\emptyset$ (S₁) S₂

↓
$-\varphi$
'존재의 생생한 부분'의 낙하

그림 38 소외의 셰마

이해할 수 있는 것은 그 상형문자(S_1)가 다른 문자(S_2)와 관련되어 있기 때문이다(예컨대 로제타 스톤에 새겨진 고대 문자가 그리스 문자와 병치됨으로써 비로소 읽을 수 있었던 것처럼)(S11, 181).*

이렇게 주체는 두 개의 시니피앙 쌍($S_1 \rightarrow S_2$)으로 대체되고, 한편으로는 상징계 안에서 어떤 의미를 가질 수 있게 된다. 그러나 다른 한편으로, 시니피앙으로 대체된 주체는 상징화가 불가능한 향락을 내포하는 '존재의 생생한 부분part du vivant (de l'être)'(E847)을 결정적으로 상실하게 된다(Laurent, 1995). 이렇게 해서, 원생적인 주체는 '존재의 생생한 부분'을 상징계의 외부로 떨어뜨리고($-\varphi$), 그 대가로 사선이 그어진 주체($\emptyset$)로 등장하게 된다(S11, 199: E840).**

라캉은 이 소외의 조작, 즉 한 시니피앙(S_1)이 다른 시니피앙

---

* 혹은 다음 예를 거론해도 좋을 것이다. 주체($\emptyset$)가 노동에 종사할 때, 그는 스스로의 노동력을 자본가에게 파는 것으로, 자신($\emptyset$)을 교환가치(S_1)로 대리하고 있다. 하지만 그 교환가치(S_1)가 노동력이라는 사용가치(S_2)과 관계하지 않는 한, 노동은 의미를 갖지 못한다. 실제로, 나중에 라캉은 노동자, 교환가치, 사용가치의 관계에서 '시니피앙은 다른 시니피앙에 대하여 주체를 대리 표상한다'라는 정식을 적용하며, 그 대리 표상이 이루어질 때 생기는 잉여가치=잉여 향락이 대상 *a*와 관계한다고 주장한다(S16, 21).

(S_2)에 대해 주체($\emptyset$)를 대리 표상하는 조작에 의해 성립되는 시니피앙의 영역이 '꿈, 말실수, 기지機智와 같은 모든 무의식적 형성물'을 지배하는 것이라고 말한다(E 840, 강조는 인용자). 그렇다면, 소외의 조작에 의해 구성된 구조는 마찬가지로 무의식의 형성물인 증상에 대해서도 적용될 수 있게 된다. 50년대 라캉은 (신경증의) 증상은 한 시니피앙을 또 다른 시니피앙으로 대리한 은유라고 말했는데, 이 견해는 64년 소외의 조작에서도 유지되고 있다고 볼 수 있다.

분리

소외의 조작을 통해 사람은 상징계에 진입함과 동시에 향락을 상실한다. 이 논의는 세미나 제7권 『정신분석의 윤리』에서 상징계에 진입한 주체에게 '물'이나 향락이 접근 불가능하게 되는 것에 해당한다.

시니피앙과 향락은 이율배반적이며, 시니피앙의 영역에 머물러 있는 한 주체는 향락에 도달할 수 없지만, 만약 향락에 도달했다고 하면 그 도달은 주체의 죽음을 의미하는 셈이다.

그러나 이야기는 그것만으로 끝나지 않는다. 라캉이 『정신분석의 네 가지 기본 개념』에서 '분리'라고 부르는 제2의 조작에서는, 잃어버린 향락을 다른 방식의 향락(대상 a의 향락)으

***

** 이와 같이 주체($\emptyset$)는 향락을 내포하는 '존재의 생생한 부분'을 상실함과 동시에 모습을 드러낸다. 그래서 라캉은 어니스트 존스의 '아파니시스aphanisis'(즉, 성적 욕망의 소실)를 언급하고 '치사致死적이라고 불러야 할 그 소실消失의 운동에서 주체가 모습을 나타낸다'고 주장하는 것이다(S11, 189).

로 회복하는 것이 시도된다. 즉, '소외와 분리' 이론의 도입은 세미나 『정신분석의 윤리』에서처럼 냉소와 향락을 이율배반적인 것으로 파악하는 것을 그만두고, 오히려 냉소와 향락의 긴밀한 결합을 생각할 수 있게 하는 큰 패러다임의 전환점인 것이다(Miller, 1999b).

그렇다면 분리에서 시니피앙과 향락이 어떻게 연결되는지 그 논리를 따라가 보자. 시니피앙에 의해 소외될 수밖에 없는 아이는 자유를 갖지 못한 주체($\cancel{S}$)가 된다. 왜냐하면 상징계 안에서 주체의 존재 방식을 결정하는 것이 대타자로부터 유래하는 시니피앙의 연쇄($S_1 \rightarrow S_2$)인 이상, 아이가 거기에 다른 어떤 것을 덧붙이는 것은 불가능하기 때문이다. 이것은 현실의 수준에서는 아이가 '배설하라', '잠을 자라'와 같은 대타자(=어머니)가 말하는 요구에 따를 수밖에 없는 자유롭지 못한 존재가 되어 버린다는 것을 의미한다.

그러나 아이에게는 이런 요구가 가득한 숨 막히는 세상에서 벗어날 수 있는 길이 하나 존재한다. '존재의 생동감 있는 부분', 즉 즐거움을 상실한 아이는 한 가지 결여를 안고 있지만 마찬가지로 아이를 소외시키는 대타자(=어머니) 측에도 하나의 결여가 있다는 것을 아이가 발견하는 것이 아이를 대타자의 요구의 사슬에서 해방시키는 계기가 되는 것이다.

주체가 하나의 결여를 만나는 것은 대타자 속에서, 즉 대타자가 자신의 디스쿠르에 의해 주체에 대해 행하는 통고通告 속에서이다. 대타자의 디스쿠르의 틈새에서, 아이의 경험 속에는 다음과 같이 분명히 파악할 수 있는 사태가 발생한다. '대타자는 나에게 이것을

말하고 있다. 하지만 타자가 원하는[=욕망하는] 것은 무엇일까.' /

시니피앙들을 분단시키고는 있지만, 바로 시니피앙의 구조의 일

부를 이루고 있는 이 틈새…… [즉] 대타자의 욕망은 주체에게 뭔

가 잘 맞지 않는 것으로서, 대타자의 디스쿠르의 결여로서 파악된

다.(S11, 194)

대타자(=어머니)가 발하는 요구를 들은 아이는 그 요구의 의

미를 이해할 것이다. 그러나 거기서 한 가지 질문이 떠오른다.

요구를 통해 대타자는 나에게 무엇을 욕망하고 있는 것일까?

라는 질문이다. 이 질문은 아이로서는 답할 수 없을 뿐만 아니

라, 대타자에게도 답할 수 없는 것이다. 왜냐하면 이미 확인했

듯이 대타자가 일관된 것임을 보증하는 '아버지의 이름'의 시

니피앙은 모든 주체에게 결여되어 있고, 대타자의 영역에 있

는 어떤 요구의 시니피앙을 메타 레벨에서 기초 지을 수 있는

시니피앙은 어디에도 없기 때문이다. 라캉이 60년대에 도입한

대타자에서의 결여의 시니피앙(S(Ⱥ))은 바로 이 결여를 가리

키는 것이다.

아이는 이 대타자의 결여에 대해, 자신이 먼저 잃어버린 결

여인 '존재의 생동감 있는 부분(-φ)'을 가지고 대답한다. 이

두 결여를 중첩시키는 조작을 분리라고 한다(S11, 199; E844).

이렇게 해서 소외로 인해 잃어버린 '존재의 생동감 있는 부분',

즉 향락이 대타자(=시니피앙의 체계)에서의 결여에 중첩된다.

그리고 이 이 중첩된 결여의 지점에 추출된 대상 a가 도래한

다. 즉, 대상 a는 대타자에서의 결여(Ⱥ)를 채워주는 대상인 동

시에,[*] 주체가 원초적으로 상실한 '존재의 생동하는 부분'을

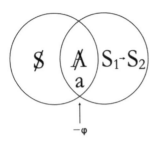

'존재의 생생한 부분'의 부분적 회귀

그림 39 분리의 세마

부분적으로 대리하여 주체에게 또 다른 종류의 만족을 획득하게 해주는 대상이기도 한 것이다(S11, 180).**

그렇다면 분리의 조작을 통해 얻을 수 있는 또 다른 종류의 만족은 어떤 것일까? 이 만족은 분명 향락이라고 부를 수 있는 어떤 것이다. 그러나 그것은 원초적 상태에 있었다고 가정되는 '물'을 총체적으로 회복하는 그런 향락이 아니다. 이미 상징계에 진입한 주체에게는 그런 것이 불가능하기 때문이다. 분리의 조작을 통해 획득되는 향락은, 오히려 프로이트가 부분 욕동이라고 불렀던 것에 해당하는 부분적인 향락이다. 이 부분적 향락은 몸 전체에서 향락을 빼내어 그것을 신체의 일부분(기관)에 응축한 것이다(AE368-9). 실제로 여기서 라캉은 욕망은 생식이라는 궁극적인 목표goal에 도달하지 않고, 입술이나 항문과 같은 부분적

---

* 라캉이 분리를 프로이트의 '자아분열Ichspaltung'과 관련시키는 것은 이런 이유에서이다(E842). 자아분열에서는 어머니에게 페니스가 결여되어 있다(Ⱥ)는 참기 힘든 광경을 본 아이는, 이런 결여를 알면서도 결여를 페티쉬(a)로 덮어버림으로써, 결여를 인정하지 않는(Ⱥ+a=A) 것이 가능하게 된다.

** 밀레르는 이것을 '$\frac{a}{(-\varphi)}$'라는 마템으로 표시한다. 즉 대상 a는 상실된 '존재의 생생한 부분'을 대리하려고 도래하는 것이다(밀레르, 1994: 1994. 3. 18 강의).

기관 주변을 경유함으로써 목적aim에 도달해 버린다는 프로이트의 이론을 원용援用하고 있다(S11, 163-4). 이 향락은 '물' 자체를 목표로 하는 것이 아니라 '물'의 단편斷片으로서의 '대상의 주위를 편력하는'(E849) 것이다. 이러한 향락은 훗날 라캉에 의해 '팔루스 향락jouissance phallique' 혹은 '장기의 향락jouissance de l'organe'(S20, 13)이라고 불리게 된다.*

지금까지 확인한『정신분석의 윤리』에서『정신분석의 네 가지 기본 개념』에 이르는 과정 속에서, 향락의 패러다임이 변화하고 있는 것은 분명하다.『정신분석의 윤리』에서는 시니피앙과 향락이 완전히 분단되어 있어 양자의 교통 가능성은 거의 없지만,『정신분석의 네 가지 기본 개념』에서는 시니피앙과 향락 사이의 교통이 부분적인 것으로 재건되어 있다. 향락은 더 이상 불가능한 것이 아니라 대상 a라는 통로를 통해 획득 가능한 것이 되었다. 대상 a는 시니피앙과 '물' 사이의 단절을 다시금 이어주는 이론적 접착제로 기능하고 있는 것이다. 밀레르(1999b)는 이 이론적 변천을 '불가능한 향락'에서 '정상적인 향락jouissance normale'으로의 패러다임 전환으로 간주하고 있다.

---

* 팔루스 향락의 특징은 (남성을 예로 들자면) 여성의 신체 자체를 향락하는 것이 아니라, 오히려 자아의 신체 일부(기관)에 향락을 모아, 그 기관을 자위적인 방식으로 향락하는— 이때 대상 a는 페티쉬로서, 말하자면 가상의 표적으로서 도입되는 것에 지나지 않는다 —것이다.

8. 소외와 분리에 의한 신경증과 정신병의 감별 진단(1964-1966)

그렇다면 소외와 분리라는 관점에서 신경증과 정신병의 감별 진단을 어떻게 생각할 수 있을까?

우선 문제가 되는 것은 64년의 소외와 분리의 이론이 그 이전의 이론과 어떤 관계인가 하는 것이다. 소외와 분리(특히, 분리)에서는 대타자의 결여(Ⱥ)에 직면한 주체가 그 결여를 대상 a로 메꾸고, 동시에 섹슈얼리티의 제어(팔루스 향락 체제의 확립)가 이루어지는 것이다. 그러면, 분리는 '아버지의 이름'의 도입, 부성 은유의 성립에 해당한다고 볼 수 있다. 실제로 라캉은 논문 「무의식의 위치」에서 '부성 은유란 분리의 원리principle de la séparation다'(E849)라고 말하고 있고, 분리를 부성적 은유를 계승하는 개념으로 구상하고 있었던 것으로 생각된다. 다시 말해, 소외와 분리는 50년대에 구조화된 오이디푸스 콤플렉스를— 규범성을 상대화하면서 —논리 조작으로 추상화하여 더욱 세련되게 만든 것이다.

밀레르는 분리가 부성적 은유에 해당한다는 점에서 출발하여, 50년대 라캉의 이론에서 정신병의 구조론적 조건이었던 '아버지의 이름'의 배제(부성 은유의 실패)는 60년대 라캉 이론에서는 분리의 실패에 해당한다고 말하고 있다.*

> 「무의식의 위치」의 결론을 인용하면 됩니다. 그 결론은 '성적 은유란 분리의 원리이다'라는 것입니다. 여기에서 출발하면, 부성 은유의 실패(우리는 이것을 정신병의 원인으로 자리매김해 온 것입니다)란 바로 주체의 분리의 실패⋯⋯ 라고 할 수 있습니다. 잘 알려진 부성 은유의 정식을 떠올려 보세요. 이 주체의 x〔 = 부성 은유

식의 'x']는 부성 은유에서 팔루스적인 의미작용을 받는 것입니다. 분리란 바로 이것을 말합니다. 주체의 분리, 그것은 주체가 팔루스적 의미작용을 받아들이는 것을 가능케 하는 것이며, 따라서 주체의 향락의 피난처인 대상과의 제어된 관계로 돌아가는 것을 주체에게 가능하게 하는 것입니다(Miller, 1982: 1982. 4. 28 강의, 강조는 인용자).

따라서 60년대 라캉 이론을 기반으로 한 신경증/정신병의 감별 진단은 '아버지의 이름'의 유무(부성 은유의 성공/실패)가 아니라 분리의 성공/실패라는 관점에서 이루어지게 된다.**

정신병에서 분리의 실패와 그 귀결

라캉이 나중에 분명히 말했듯이, '모든 인간 형성의 본질은 향락을 억제하는 데 있다.'(AE364) '소외와 분리'에서의 분리

---

* 이 이해는 적어도 1985년에는 프로이트의 대의파에서 일종의 공통된 견해가 되었다(Collectif, 1985). 반대로 브루스 핑크는 정신병을 소외가 실패한 구조로 보고 있다(Fink, 1999, p. 195). 이는 그가 정신병에 관해 스키조프레니와 파라노이아를 구분하지 않고 논하고 있기 때문으로 생각된다. 이 점에 대해 그는 변명을 하기도 했다(Fink, 2007, p. 232). 마찬가지로, 핑크는 신경증을 분리가 실패한 구조로 생각하고 있지만, 오히려 신경증은 소외와 분리를 마친 후, 소외 또는 분리에 집착하고 있는 구조로 생각해야 한다.

** 또한 라캉은 세미나 제14권 『환상의 논리』 및 제15권 『정신분석적 행위』에서 소외와 분리의 도식을 수정했다. 밀레르(1985a)가 '새로운 소외nouvelle aliénation'라고 부르는 그 이론은 그러나 신경증과 정신병의 감별 진단론에는 영향을 미치지 않기 때문에 이 책에서는 검토하지 않는다.

의 조작도 섹슈얼리티의 제어(팔루스 향락의 체제 확립)를 하는 것이다. 즉, 태어난 그대로의 상태의 인간에게 향락은 과잉이며, 그것은 치명적인 결말을 초래할 수 있다. 따라서 분리의 조작을 통해 '향락의 통제', '기관 리비도의 국소화localisation'를 행할 필요가 있는 것이다(Miller, 1993b).

한편 분리에 실패한 정신병에서는 향락이 통제되지 않고, 신체 기관에 국소화되지 않는다. 그 결과, 정신병자는 '탈국소화된, 무질서한, 상징화할 수 없는 향락으로부터 습격을 받을 위험성이 있다.'(Collectif, 1985) 이 향락의 침략의 방식에 따라 정신병의 하위분류인 파라노이아와 스키조프레니 두 가지를 구분할 수 있다.

(1) 파라노이아의 경우 향락이 대타자의 자리로 회귀한다(Miller, 1982: 1982. 4. 28 강의). 그 결과, 대타자가 주체를 향락하게 된다(즉, 주체가 대타자의 향락의 대상이 된다). 예를 들어, 증례 슈레버는 신이나 주치의인 플렉지히 교수가 그를 성적 위안자로 이용하고 있다고 주장했다. 이러한 현상은 향락이 대타자의 장에서 발견되기 때문에 발생한다고 생각된다. 이를 라캉은, 파라노이아이란 '대타자 그 자체의 장에서 향락을 발견하는 것identifiant la jouissance dans ce lieu de l'Autre comme tel'이라고 표현하고 있다.(AE215)*

(2) 스키조프레니의 경우에는 향락이 신체로 회귀한다(Miller, 1982: 1982. 4. 28 강의). 보통(즉, 신경증의 경우)의 경우 향락은 신체와 분리되어 있다. 신경증 환자가 사용하

는 언어에 성적인, 팔루스적인 의미작용이 넘쳐나는 것은 신체의 많은 부분이 향락의 기능을 담당하지 않는 대신 언어가 향락의 기능을 담당하기 때문이라고 할 수 있다. 스키조프레니의 경우 그 향락은 직접적으로 신체로 회귀한다. 이 향락의 신체로의 회귀는, 임상적 차원에서는, 음부를 쓰다듬거나, 머리를 뭔가가 덮거나, 또는 몸 곳곳에 전기가 온몸에 흐르는 것과 같은 이상 감각 체험으로 나타날 것이다.

60년대 라캉 이론은 더 이상 정신병을 부성 은유의 실패로 인한 시니피앙의 탈연쇄로 파악하는 데 그치지 않는다. 정신병에서는 향락이 국소화되지 않고(향락의 탈국소화délocalisation), 따라서 향락이 평소와 다른 장소로 회귀한다. 그리고 파라노이아와 스키조프레니는 그 향락이 회귀하는 장소에 따라 구별되

---

* 전前 정신병자는 분석가나 의사와의 관계 속에서 전이를 만들어낼 때 종종 정신병이 본격적으로 발병된다. 그것은 자유연상을 시작하면 사람은 쉽게 분석가를 '지知로 상정된 주체'의 위치에 두게 되기 때문이다. '지知로 상정된 주체'의 등장은 신경증 환자의 정신분석에 있어서는 필수적인 것이지만, 정신병자에게는 발병의 위기가 된다. 왜냐하면 자신이 알지 못하는 '지'를 분석가(대타자)가 가지고 있다고 상정하는 것은 분석가(대타자)가 특정한 의도에 따라 자신을 향락하려고 하는 것이 아닌가 하는 파라노이아아성인 향락의 동정同定을 불러일으키게 되는 것이다. 이러한 현상을 라캉은 1966년 '굴욕적 에로토마니érotomanie mortifiante'(AE217)라고 명명했다. 따라서 정신병이 의심되는 환자와의 예비 면담에서는 환자에게 '뭔가 말하려는 듯하다'고 느끼게 하는 변죽울림을 개입시켜서는 안 된다. 정신병의 망상은 바로 '뭔가 말하려는 듯하다'(병적인 자기 관계 짓기!)에서 발생하기 때문이다.

는 것이다.

신경증에서의 소외와 분리

그렇다면 신경증에서 소외와 분리는 어떻게 작동할까? 앞서 언급했듯이, 부성 은유가 분리의 원리인 이상, 부성 은유의 성공으로 특징지을 수 있는 신경증은 소외와 분리를 끝낸 주체로 간주될 수 있다. 즉, 정신병자가 소외만을 체험하는 데 반해 신경증 환자는 소외와 분리를 모두 체험하고 있는 것이다. 이런 의미에서 '소외는 운명이며, 어떤 이야기하는 주체도 소외를 피할 수 없다…… 그러나 분리는 운명이 아니다'(Soler, 1995, p. 49)라고 말할 수 있다.

밀레르 역시 신경증은 분리에 도달한 구조라고 본다. 또한 그는 신경증의 하위 분류인 히스테리와 강박신경증의 구분에 대해 다음과 같이 말하고 있다.

히스테리는 대타자와의 관계에서 선택적 모드로서 분리를 선택하는 것이다. 강박이란, 분리에서 문제가 되는 대상이 주어졌을 때, 소외를 선호하는 것이다. 강박신경증 환자의 회로가 분리까지 도달하지 않았다는 의미는 아니다. 그러나 [강박신경증 환자는] 소외, 및 소외의 작업을 선호하는 것이다. 소외에는 그가 가진 존재의 상실이 포함되어 있기 때문이다.(Miller, 1985a: 1984. 12. 5 강의)

히스테리와 강박신경증은 둘 다 소외와 분리를 끝낸 것이다. 그러나 양자가 소외와 분리에 대해 취하는 태도는 각각 다르다.

⑴ 히스테리 환자는 소외와 분리를 끝낸 후에도 분리의 조작에 집착하는 주체다. 즉, 히스테리 환자는 대타자에게 결여된 것($-\varphi$)을 발견하고, 그 결여에 자기 자신(a)을 바치려고 하는 것이다. 이는 역사적 히스테리 증례를 보면 쉽게 이해할 수 있다. 『히스테리 연구』에 등장하는 안나 O는 아버지가 병에 걸리고 그 아버지를 간병하게 되었을 때 히스테리가 발병했다. 혹은 증례 도라는 불능인 아버지의 욕망의 버팀목이 되는 것을 자신의 행동으로 실현했다. 즉, 히스테리 환자에게 있어서는 대타자의 결여(질병)가 매우 심각한 발병의 계기가 되고, 그 증상은 대타자에서의 결여에 대해 그녀들이 맺는 일종의 자기 희생적이면서 지배자적인 관계 속에서 전개되는 것이다. 반대로 '히스테리의 주체에게 불안의 중대한 원천이 되는 것은 아마도 대타자 안에 그 혹은 그녀(=히스테리 환자)의 자리가 없어지는 것'이다(Soler, 1995).

⑵ 강박신경증 환자는 소외와 분리를 끝낸 후, 이전의 소외의 조작으로 돌아가서 소외를 거절하려는 주체이다. 무슨 뜻일까? 앞서 살펴본 것처럼, 소외란 어떤 시니피앙(S_1)이 주체($\emptyset$)를 다른 시니피앙(S_2)에 대해 대리 표상하는 조작이었다. 이 조작은 하나의 시니피앙에 의해 두 개의 시니피앙(S_1과 S_2)을 동시에 표현하는 것을 히스테리 환자에게 가능하게 한다. 그 결과, 예를 들어, 히스테리 환자는 어떤 인물에 대한 애정과 증오라는 대립적인 정동을 하나의 표현으로 감당할 수 있게 된다.(GW7, 196) 반면 강박신경증 환자는 소외를 거절하고 S_1과 S_2의 두 가지 시니피앙을 모

두 유지하려고 한다. 그러면 어떤 인물에 대한 애정과 증오가 히스테리 환자처럼 하나의 표현으로 채워지는 것이 아니라, 하나씩 독립적으로 나타날 수밖에 없다. 예를 들어 증례 쥐남자는 사랑하는 여자의 차가 지나갈 예정인 도로에 있는 돌을 치우고(=애정의 표현), 그 후 다시 그 돌을 원래의 도로에 다시 놓는 기묘한 행동을 했다(=증오의 표현)(GW7, 412). 이러한 종종 무의미한 ― 본인도 무의미하다는 것을 알고 있는 ― 의식적 강박행위는 강박신경증에 있어서의 시니피앙의 성질(S_1과 S_2의 유지)에 의해 반복되는 것이다(Miller, 1985b).

또한 강박신경증 환자가 소외를 거부한다는 것은 향락을 내포하는 '존재의 생동감 있는 부분'을 상실하는 것을 거부하는 것이기도 하다. 강박신경증 환자는 소외와 분리를 끝낸 상태이며 실제로는 이미 향락을 상실하고 있다. 그러나 그는 자신의 팡타즘 속에서 향락을 상실하지 않고 유지하고 있다고 생각한다. 프로이트의 증례 쥐남자가 상사로부터 안경 값을 지불하라는 명령을 받고 크게 혼란스러워하는 것은 이 지불이 말하자면 향락의 상실이라는 미지급된 빚을 ― 즉 '아버지가 갚지 않은 부채'(GW7, 430)를 ― 갚는 것에 해당하는 것으로 공상되었기 때문이다(Miller, 1985b).

요약하자면, 히스테리 환자는 분리 조작에 집착하고, 대타자의 결여를 발견하고, 그 결여를 스스로 채우려고 한다. 강박신경증 환자는 소외를 거부하고 향락의 상실을 피하려고 한다.

그렇다면 강박신경증 환자는 왜 애초에 대타자에 대해 이런 태도를 취하는 것일까. 그것은 '신경증 환자는 히스테리든 강박신경증이든…… 대타자의 결여를 대타자의 요구와 동일시하는 자'(E823)이기 때문이다. 소외와 분리의 조작을 끝낸 신경증 환자는 대타자가 결여를 가진 존재(Ⱥ)라는 것을 알고 있다. 대타자의 결여를 알게 된 신경증 환자는 다음과 같이 상상한다. '대타자는 대타자 자신의 결여(Ⱥ)을 메꾸기 위해 나에게 무언가를 요구하고 있다. 대타자는 내가 나의 즐거움을 대타자에게 내어주고, 내가 거세당할 것을 요구하고 있는 것이다.' 당연히 신경증 환자는 이런 대타자의 요구에 응할 수 없다.

> 신경증 환자가 원하지 않는 것, 그들이 분석이 종결될 때까지 끈질기게 거부하는 것, 그것은 바로 자신의 거세를 타인의 향락에 바치는 것이다…… 즉, 신경증 환자는 자신의 거세를 타인이 요구한다고 생각하는 것이다.(E826)

강박신경증 환자의 대타자에 대한 전략은 소외를 거부함으로써 애초에 대타자가 향락할 수 있는 여지를 만들지 않도록 하는 것이다. 히스테리 환자의 전략은 대타자의 결여를 확인함으로써 그의 불능을 폭로하고 그 결여를 미리 스스로 메꿈으로써 대타자가 더 이상 자신을 향락하지 못하도록 하는 것이라 할 수 있다.

신경증 환자는 자신의 향락을 대타자에게 내주는 것을 두려워하지만, 그들은 소외와 분리를 체험하고 있는 이상, 원래 처음부터 향락은 상실되어 있었을 것이고, 그때는 이미 거세를 체험하고 있을 것이다. 그렇다면 그들은 왜 향락을 포기하거나 거세를 요구받는 것을 두려워하는 것일까? 그 대답은 '거세란 결국 거세를 해석하는 순간에 불과하다'(S10, 58)는 점에서 답을 찾을 수 있다. 즉, 신경증 환자는 거세를 체험하고는 있지만 거세를 상상적인 수준에서 해석하고 있는 것이다(E826).*

거세를 상상적 수준으로 해석한다는 것은 무엇을 의미하는 것일까? 그것은 자신을 거세하는 누군가가 어딘가에 존재한다고 상상하는 것이다. 만약 자신을 거세하는 인물이 존재하고 그 인물을 타도할 수 있다면, 신경증 환자는 거세에서 회복할 수 있다. 그러나 실제로는 거세는 그런 것이 아니다. 거세(향락의 상실)는 인간이 시니피앙의 세계에 진입하고, 그 세계 속에서 자신의 섹슈얼리티를 어떤 형태로든 제어해가는 조작 안에, 처음부터 논리logic로서 내장되어 있다. 원초적으로 잃어버린 '존재의 생동감 있는 부분'을 되찾는 것이 불가능한 것처럼, 우리는 거세를 회복할 수 없는 것이다. 신경증 환자들은 그것을 이해하지 못한다. 그들은 소외와 분리의 조작을 끝냈지만, 이미 끝나버린 상실을, 상실로 받아들이지 못하고 있는 것이다. 우리가 자주 빠지는 이러한 상상적 오인, 즉 거세의 상상적 해석은 우리를 괴롭힌다.

정신분석의 목표 중 하나는 이 거세에 대한 상상적 해석을

---

* 다음 논의를 참조하라. '신경증의 주체는 실제로 거세를 경험한다. 하지만 그에 관하여 상상적인 해석에 머물러 있다…… 이러한 것이 의미하는 것은 신경증 환자는 거세가 표시된 결여를 극복할 수 있다는 가능성을 믿고 있다는 것이다.'(Van Haune, 2002, p.248)

변경하는 것에 있다. 그 해석의 변경 작업은 이 시기 라캉이 분석의 종결로 삼았던 '팡타즘의 횡단traversée du fantasme'(S11, 246)에 해당할 것이다. 우리는 팡타즘을 횡단함으로써, '대타자가 우리의 거세를 요구하고 있다'는 상상적 해석을 버릴 수 있을 때에야 비로소, 자신의 고유한 욕동欲動의 양태로 향할 수 있게 되는 것이다.

제7장

70년대 라캉의 신경증과
정신병의 감별 진단(1965~1976)

신경증과 정신병의 감별 진단을 둘러싼 1950년대부터 60년대까지의 논의를 간단히 되돌아보자. 논의를 알기 쉽게 하기 위해 논점을 (1) 상징계에 관한 것과 (2) 섹슈얼리티에 관한 것으로 양극화시켜 보겠다.

50년대 라캉은 오이디푸스 콤플렉스 개념의 재구성 작업을 통해 신경증에서는 (1) '아버지의 이름'의 도입으로 원−상징계가 제어되고, (2) 팔루스에 의해 섹슈얼리티가 규범화=정상화되어 있음을 보여주었다. 반대로 정신병에서는 (1) '아버지의 이름'이 제거된 결과 원−상징계가 제어되지 않은 채로 남게 되고, (2) 섹슈얼리티가 아직 규범화되지 않은 상태로 머물러 있다고 생각되었다.

60년대에 들어서면 '아버지의 이름'은 상대화되고, 대상 a와 향락의 측면이 전경화된다. 그러자, 신경증과 정신병은 (1) '아버지의 이름'이라는 허구를 믿는가(신경증) 믿지 않는가(정신

	50년대	60년대
(1) 상징계	신경증 : 〈아버지의 이름〉에 의한 제어 정신병 : 〈아버지의 이름〉의 배제	신경증 : 〈아버지의 이름〉을 신뢰한다 정신병 : 〈아버지의 이름〉을 신뢰하지 않는다
(2) 섹슈얼리티	신경증 : 팔루스적 조직화 정신병 : 조직화되어 있지 않다	신경증 : 분리의 성공 정신병 : 분리의 실패

표 4 50년대, 60년대 라캉의 감별 진단론

병), (2) 분리(대상 a의 추출, 팡타즘의 형성)에 성공하는가(신경증) 실패하는가(정신병)에 따라 구별되었다. 이 일련의 이론적 변천 속에서 50년대에 (1) '아버지의 이름'과 (2) 팔루스의 개념에 의해 구조론화된 오이디푸스 콤플렉스는 60년대에는 더욱 추상화되어, (1) 주체의 상징계로의 진입을 표시하는 '소외'와 (2) 제어된 향락(섹슈얼리티)으로 이끄는 '분리'의 두 가지 조작으로 개판改版되었다. 이것을 도식화하면 표 4와 같다.

이 표에서 알 수 있듯이, 50년대부터 60년대까지의 라캉의 이론은 (1) 상징계에 속하는 것(시니피앙, '아버지의 이름', 은유 등)과 (2) 섹슈얼리티에 속하는 것('물', 향락, 대상 a)의 두 가지 측면을 분할하면서, 양 측면에서 신경증과 정신병의 감별 진단을 시도한 것이라고 할 수 있다.

그렇다면 70년대 라캉은 무엇을 논했을까? 결론을 미리 말하자면, 70년대 이론은 (1) 상징계와 (2) 섹슈얼리티라는 두 가지 측면의 관계를 다시금 물으며 양자를 분할하는 것이 아니라 통합하여 논하는 것이다. 왜 70년대 라캉은 상징계와 섹슈얼리티의 관계를 다시 질문한 것일까? 그 이유는 라캉이 60년대 후반에 증상의 개념을 변화시킨 것에 그 이유가 있다고 우리는 생각한다. 어떤 의미일까.

1. 증상 개념의 재검토 – 70년대 라캉의 전사 前史(1965–1968)

50년대 라캉은 프로이트의 『꿈의 해석』, 『일상생활의 정신병리학』, 『기지 – 그 무의식과의 관계』 등의 저서를 '무의식에 관한 성전聖典'(E522)이라고 불렀다. 그것은 이 저서들이 증상과 시니피앙의 관계'(E446)를 탁월하게 밝혀주는 저작이었기 때문이다. 이렇게, 50년대에 증상은 시니피앙에 의해 구성된 상징적인 것이고, 은유에 의해 만들어지는 팔루스적인 의미작용을 내포하는 것으로 여겨졌다. 증상을 이렇게 이해한다면, 정신분석의 임상은 증상이 가진(숨겨진) 의미작용을 해독하고, 그것을 시니피앙으로 분해하는 것을 본의本義로 삼는 것이 될 것이다. 또한 64년의 소외와 분리의 도식에서도 증상을 비롯한 무의식적 형성물은 시니피앙에 의한 소외의 조작($S_1 \rightarrow S_2$)에서 발생한다고 생각했다.

그러나 이미 50년대부터 지적된 바와 같이, '증상이 상징적인 것이라는 사실만으로 모든 것을 말할 수 있는 것은 아니다.' (E437) 실제로 증상을 의미의 측면에서 다루는 것만으로는 증상을 해소할 수 없다. 증상을 해석을 통해 풀어내고, 증상을 일단 해소시켰다고 하더라도 그 증상을 만들어낸 억압이 또 다른 형태로 나타나는 경우가 드물지 않다(GW13, 16-7). 또는 해석에 따라 오히려 증상을 악화시키는 경우(음성 치료 반응)도 볼 수 있다(GW15, 117). 즉, 증상이 계속 반복되는 것은 증상이 가진 향락의 측면 때문이다. 그렇다면 증상을 의미의 측면에서만 논의하는 것은 더 이상 충분하지 않다. 오히려 증상이 가진 향락적 측면에 주목하고, 증상의 시니피앙과 향락의 관계에 주목해야 한다.*

60년대 후반부터 70년대에 걸쳐 라캉은 대체로 이러한 구상 아래 몇 가지 단계를 거치면서 증상의 개념을 재구성해 나갔다. 먼저 세미나 제12권『정신분석의 핵심 문제들』의 65년 5월 5일 강의를 참조해보자. 거기에서는 프로이트가 분석한 증례 도라의 기침(전환 증상)이 시니피앙 연쇄($S_1 \rightarrow S_2$)와의 관계에서 다음과 같이 논의되고 있다.

도라의 기침을 살펴보자. 프로이트는 도라의 기침을 어디에서 발견할 수 있을까? ……프로이트가 증상을 가리키는 것은 이 기침이 시니피앙의 기능으로 작용할 때이고, 도라가…… 무언가를 알려주려고 할 때이다. 프로이트의 텍스트를, 아버지를 둘러싼 언어유희라는 순수하게 시니피앙적인 전개를 따라 읽어야 할 필요가 있다. 그 언어유희는 다음과 같은 것이다. '아버지가 쓸모 있는 남자[=돈을 가진 남자]라는 것'은 이 '쓸모 있는'이라는 단어가 독일

---

* 앞 장에서 본 소외와 분리는 시니피앙과 향락 사이의 관계를 고찰하는 최초의 시도였다고 생각된다. 세미나 제7권『정신분석의 윤리』에서는 시니피앙과 향락(내지 '물') 사이의 관계가 존재하지 않았고, 향락은 신경증과 정신병에서 이질적인 침입자로서만 문제가 되었다. 세미나 11권『정신분석의 네 가지 기본개념』에서는 상실된 온전한 향락은 부분적인 향락으로서 시니피앙 질서의 빈틈으로 회귀하지만, 그 윤리는 여전히 시니피앙이 주인이며, 향락은 하인이었다. 70년대 라캉의 혁신은 시니피앙과 향락을 동시에 생각하려고 했다는 점에 있다.

어에서는 성적 능력을 말하기도 한다는 의미에서, 쓸모없는〔= 성
적 무능력자)이라는 의미이다…… 그 불능의 대리로서, 도라의 아
버지와 K부인은…… 구강성교 관계를 맺고 있는 것이다……(S12,
334A)

대체 무엇을 말하고 있는 것일까? 히스테리 환자인 도라는
자신의 아버지가 K부인과 불륜관계에 있다는 것을 알고 있
었다. 그녀는 어느 날 'K씨의 아내가 아버지를 좋아하는 이유
는 아버지가 쓸모 있는vermögend[=부유한] 남자이기 때문'이라
고 프로이트에게 말했다. 프로이트는 도라가 말한 이 '쓸모 있
다'는 표현의 독특한 분위기에 주목하고, 이 겉으로 보기에는
별것 아닌 표현이 사실은 성적 의미를 — '아버지는 쓸모없는
unvermögend[=성적으로 무능한] 남자다'라는 의미를 — 지닌다
는 것을 깨닫고, 그 해석을 도라에게 전한다(GW5, 206-7). 도
라는 이 해석을 받아들인다. 다음으로 프로이트는 성적 불능인
(즉, 페니스 삽입을 통해 향락을 얻을 수 없는) 도라의 아버지가,
어떻게 K부인과 불륜관계를 맺고 있느냐고 도라에게 묻는다.

나[=프로이트]는 그녀[=도라]에게 다음과 같이 지적했다. '당신
은 K씨의 아내와의 관계는 지극히 정상적인 연애관계라고 주장하
는 한편, 부친은 불능이라고, 즉 그런 관계의 단물을 다 빨아먹을
수 없다고 주장한다. 이것은 모순이 아닐까?' 그녀의 대답은 이 모
순은 승인할 필요가 없는 것임을 보여주고 있었다. 그녀는 '나는 성
적 만족을 얻는 방법이 하나만 있는 것이 아니라는 것을 잘 알고
있다'고 말했다…… 그래서 나는 다음과 같이 질문을 진행할 수 있

었다. '그렇게 생각하는 당신은 지금 바로 병으로 민감해진 당신의 신체 부위(목, 구강)를 생각하고 있군요.'(GW5, 207, 강조는 인용자)

성적으로 불능인 아버지가 향락을 할 때 페니스를 삽입하는 대신 K부인의 목이나 구강을 이용하는 것과 마찬가지로, 도라는 목이나 구강과 같은 신체 기관을 사용하여 기침을 함으로써 향락하고 있는 것이다.

앞서 인용한 라캉의 발언으로 다시 돌아가 보자. 라캉에 따르면 도라의 기침은 '시니피앙의 기능으로 작용하고' 있으며, 도라는 이 기침을 통해 '무언가를 알리려' 하고 있는 것이다. 즉 (1) 도라의 기침과, (2) '쓸모 있다'-'성적 불능'이라는 언어유희, 그리고 (3) 성적 불능인 아버지가 향락을 얻을 때 이용하는 목구멍과 구강이라는 세 가지 요소의 연결은 분석가(프로이트)에게 다음과 같은 것을 알려주었다.

(1) 도라의 기침이라는 증상이 '유용성vermögend'-'성적 불능 unvermögend'이라는 두 가지 시니피앙의 연쇄($S_1 \rightarrow S_2$)와 관련이 있다는 것(증상의 상징적인 성격).*

(2) 이 시니피앙의 연쇄가 '성적 불능'인 아버지가 K부인의 목이나 구강과 같은 신체기관을 이용하여 향락하고 있다는 것을 의미한다는 것(증상이 상상계에서 만들어내는 의미작용).

(3) 그리고 도라 자신의 증상(기침)도 목이나 구강과 같은 신체 기관에 의한 향락과 밀접하게 관련되어 있다는 것(증

상의 현실적 성격).

이처럼 증상은 일반적으로 상징계, 상상계, 현실계에 해당하는 이 세 가지 요소가 층을 이루며 형성되어 있다. 이 세 가지 중 상징계에서의 시니피앙 연쇄($S_1 \rightarrow S_2$)는 '시니피앙은 다른 시니피앙에 대해 주체를 대리 표상한다'는 라캉의 정식**을 상당히 명쾌하게 설명해 줄 것이다. 그리고 증상의 상상계는 증상의 은유가 만들어 내는 팔루스적인 의미작용의 의의를 충분히 설명해 줄 것이다. 그러나 본 장에서 주목하고자 하는 것은 이러한 상징적-상상적 요소가 아니다. 『정신분석의 핵심 문제들』의 독해에 중요한 것은 오히려 도라의 증상에 현실계의 측

---

* 프로이트는 도라의 기침에서의 언어유희를 논하기 직전에 '증상이 생성되기 위해서는 무의식적인 사고의 흐름……이 단지 하나뿐이라면 거의 불충분한 것 같다'(GW5, 206)고 말했다. 이 구절은 라캉의 시니피앙 연쇄($S_1 \rightarrow S_2$)라는 개념의 출처 중 하나이다. 훗날 프로이트는 히스테리와 강박신경증을 대비시켜서 전자는 '하나의 표현으로 대립하는 두 가지[=두 개의 서로 대립하는 마음의 움직임]을 만족시켜 일석이조의 타협점을 찾는다'고 한 반면, 후자는 '대립하는 양자를 처음에는 한쪽을, 그다음에는 다른 쪽을이라는 형태로 각각 개별적으로 만족시키고 있다'고 기술하고 있다(GW7, 414). 이것은 히스테리 강박신경증에서 시니피앙 연쇄의 양태를 정식화한 기술로 생각된다(Miller, 1985b).

** 이 정식은 세미나 제9권 『동일화』에서 처음으로 언급되었는데, 이때도 라캉은 증상 형성적 반복에 대해 언급하고 있다.(S9, 60A) '시니피앙은 다른 시니피앙에 대해 주체를 대리 표상한다'는 라캉의 정식은 주체에 대한 철학적 분석을 말하는 것이기 이전에, 전이 공간 속에서 도라(분석 주체)가 말한 '쓸모 있는 남자'라는 시니피앙이 '성적 불능인 남자'라는 시니피앙과 관계를 맺는 가운데 무의식의 주체가 현현한다는 임상적 사실을 말하고 있는 것이다.

면이 존재한다는 것, 그리고 증상이 그 현실계의 측면에서 구순점막, 구강점막의 향락과 밀접한 관련이 있다는 것이다. 증상은 신체의 '일차적인 성원역性原域'(GW5, 212)과 밀접한 관계를 가지고 있는 것이다.

다시 말해, 도라의 증상(실성失聲이나 기침)의 발생은 세 가지 측면에서 파악할 수 있다. 첫째는 시니피앙의 측면이다. 이 측면에서는 프로이트가 '유용성'-'성적 불능'이라는 두 개의 냉소적 연쇄를 발견한 것처럼, 도라의 증상이 냉소주의에 의해 결정되고 있다는 것을 파악할 수 있다. 두 번째는 상징적인 시니피앙의 연쇄가 만들어내는 상상적 의미작용이다. 그러나 이러한 상징적-상상적 결정론에서는 도라의 증상이 왜 구순의 영역(목과 입)에 집중적으로 발생하는지 설명할 수 없다. 프로이트도 그것은 '신체 측의 동조somatisches Entgegenkommen'에 의해서만 설명할 수 있다고 했다(GW5, 212). 즉, 도라의 실성失聲이나 기침은 도라가 원래 가지고 있던 신체의 소질과 시니피앙에 의해 발생한 것이다. 실제로 어린 시절의 도라는 '젖꼭지 아이'였다(GW5, 211). 이 신체적 소질은 이미 시니피앙으로 접근할 수 있는 수준이 아니다. 증상이 가진 시니피앙적 측면(은유와 팔루스적 의미작용)을 문제 삼는 50년대의 라캉 이론에서는 더 이상 증상의 전체를 파악할 수 없다는 것은 분명하다. 그렇다면 증상이 갖는 세 번째 측면, 즉 향락의 측면을 물어야 한다.

『정신분석의 핵심 문제들』이후, 라캉은 이 방향으로 나아갔다. 세미나 제13권『정신분석의 대상』의 1966년 4월 27일 강의에서는 '증상은 그 자체로 향락이다'(S13, 264A)라고 말하게 된다. 또한 세미나 제14권 『팡타즘의 논리』에 이르러서는 증상이 가지는 비-의미론적 측면이 '진리'라고 불리게 되고, 67년 4월 19일 강의에서는 '증상 속에서, 즉, 잘 되지 않는 어떤 것 속에서 진리가 말하고 있다'(S14, 318A)고 주장하게 된다. 그리고 68년 6월 19일, 세미나 제15권 『정신분석적 행위』를 구성하는 마지막 회의에서 라캉은 마침내 다음과 같이 말한다.

진리는 주체가 지知를 거절rejete하는 지점에 숨어 있다. 상징계로부터 거부된 모든 것은 현실계에 다시 나타난다. 이것이 바로 증상이라는 것의 핵심이다. 증상, 그것은 주체의 진리가 존재하는 곳의 현실적인 매듭이다.(S15, 303A)

이 구절은 증상에 대한 정의의 초점이 상징계에서 현실계로 이동했음을 명확하게 기록하고 있다. 한때 증상은 한 시니피앙을 다른 시니피앙으로 대체하는 은유로 구성된 무의식적 형성물이었다. 그러나 이제 증상을 논할 때 중점을 두는 것은 은유가 아니다. 여기서는 증상이 상징적인 것의 한계에서 현실적인 것으로서의 측면을 부각시키는 것이 강조되고 있으며, 바로 거기에 증상의 진실이 존재한다고 한다. 라캉은 증상의 은유나 의미작용과 같은 상징적 측면보다 향락이라는 현실적 측면을 중시하게 된 것이다.[*]

이렇게 해서 68년 이후 상징계와 섹슈얼리티(향락)의 관계에 대한 재질문이 본격적으로 시작되고, 그 재질문 속에서 신경증과 정신병의 감별 진단론은 더욱 새롭게 쓰여지게 된다. 이 이론적 변천은 다음 네 단계로 진행된다. 전체상을 파악하

	70년대 전반	70년대 후반
상징계	**상징계와 섹슈얼리티의 통합** (1) 디스쿠르(68–70년) 신경증 : 디스쿠르의 내부 정신병 : 디스쿠르의 외부	
섹슈얼리티 (현실적인 것)	(2) 성별화 식(70–73년) 신경증 : 팔루스 함수에 종속 정신병 : 예외의 위치의 수육화	**현실적인 것의 주제화** **(감별 진단론의 쇠퇴)** (3) 증상의 일반이론(72–75년) (4) 생톰(75–76년)

표 5 70년대 라캉의 감별 진단론

기 쉽게 하기 위해 미리 언급해두면, 이 네 가지 이론적 변천 중 처음 두 단계는 상징적인 것과 현실적인 것의 관계를 재조명하는 단계이고, 이후 두 단계는 더 이상 상징적인 것을 다루지 않고 현실적인 것을 집중적으로 다루는 것으로 볼 수 있다. 표 5를 이용하여 설명해보겠다.

(1) 디스쿠르 이론의 연마: 상징계와 섹슈얼리티를 통합적으로 논의하는 것을 목표로 한 결과, 소외와 분리라는 두 가지 조작을 나누어 논할 필요가 없어졌다. 그래서 라캉은 68-70년대에 걸쳐 소외와 분리를 하나의 정식으로 표현할 수 있는 '주인의 디스쿠르discours du maître'를 도입한다.

---

* 나아가, 이 인용문에서 증상의 진리는 '상징계에서 거부되어 현실계로 재출현하는 것'으로 되어 있다. 이것은 50년대 라캉이라면 '배제'(우리가 말하는 '제1의 배제' 및 '제3의 배제')라고 불렸을 메커니즘이다. 이것의 의미에 대해서는 뒤에서 검토할 것이다.

이 정식은 그 변형인 대학의 디스쿠르, 히스테리 환자의 디스쿠르, 분석가의 디스쿠르와 함께 '네 개의 디스쿠르' 이론으로 제출되었다. 그렇다면 디스쿠르 이론에서 신경증과 정신병의 감별 진단은 어떻게 될까. 결론부터 말하자면, 디스쿠르는 기본적으로 신경증을 논하기 위한 것이고, 정신병은 '디스쿠르의 외부', 즉 디스쿠르에 종속되지 않은 구조로 자리매김할 수 있다.

(2) 성별화 식의 구축에 의한 섹슈얼리티의 논리화: 70-73년에는 오히려 섹슈얼리티가 상징적인 논리로 표현된다. 그 결과 성적 향락의 시니피앙이 배제되고 있다는 것(성관계는 없다)이 드러나고, 정신병은 그 배제된 예외의 위치를 수육화受肉化하는 운동으로 자리 매겨진다.

(3) 증상의 일반이론 구축: 72-75년에 걸쳐 신경증과 정신병을 구분하지 않고 논하는 것을 가능하게 하는 '증상의 일반이론'이 구축된다. 이 이론에서는 '증상은 각자가 무의식을 향락하는 방법으로서만 정의할 수 있다'(S22, 100A)고 여겨진다(1975년 2월 18일). 즉, 사람의 증상은 실로 다양하지만, 증상의 다양성은 '증상의 의미'의 측면이 아니라 오히려 '증상의 뿌리'의 측면, 즉 증상이 갖는 향락의 측면에 있다는 것이다. 증례 도라의 기침이 목이나 후두와 같은 신체기관에서의 향락과의 관계에서 발생한 것처럼, 증상은 신체에서의 향락의 소질에 의해 일차적으로 규정되는 것이며, 그것이 '증상의 의미'를 갖는 것은 '증상의 뿌리'가 다양한 언어(시니피앙 연쇄)를 통해 표현되기 때문일 뿐이다. 그렇다면 이제 정신분석의 역점은 증상의

뿌리에, 즉 각 주체에 고유한 향락의 모드에 두어야 하는 것이 된다.

(4) 생톰과 '특이적=단독적인 것le singulier'의 도입에 의한 정신분석의 재정의: 75-76년에 이르러 라캉은 보로메오의 매듭과 증상의 옛 철자인 '생톰sinthome'이라는 관점에서 증례 조이스를 검토한다. 그와 동시에 라캉은 각 주체에 고유의 특이적=단독적인 것의 이론에 의해 정신분석 자체를 다시 써나간다.

그렇다면 이 네 가지 이론적 변천을 순서대로 검토해 보겠다.

2. 디스쿠르의 이론의 정립(1968-1970)

60년대 후반의 증상 개념의 재검토는 증상이 갖는 상징적인 측면과 현실적인 측면을 동시에 다룰 수 있는 이론을 만들 것을 라캉에게 요청했다. 그래서 라캉이 60년대 말부터 70년대 초에 걸쳐 만들어낸 것이 바로 디스쿠르의 이론이다. 이 이론은 68-69년 세미나 16권『어떤 대타자로부터 그것의 소타자로』, 69-70년 세미나 제17권『정신분석의 이면』(1970) 및 70년 라디오 방송의 텍스트인「라디오포니」에서 그 대부분을 정립했다.

밀레르(1999b)에 따르면, 라캉은 '소외와 분리를 하나로 통합한 것을 디스쿠르라고 불렀다'고 한다.* 이미 확인했듯이, 소외란 시니피앙의 도입($S_1 \rightarrow S_2$)에 의해 사선이 그어진 주체($\$$)를 등장시키는 조작이며, 분리는 통제된 형태의 향락을 담보하

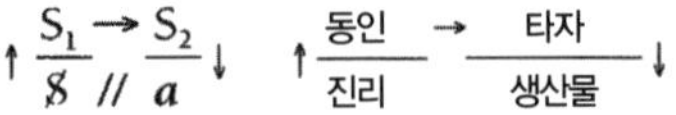

$$\uparrow \frac{S_1 \rightarrow S_2}{\$ \; /\!/ \; a} \downarrow \qquad \uparrow \frac{\text{동인} \rightarrow \text{타자}}{\text{진리} \quad \text{생산물}} \downarrow$$

그림 40 주인의 디스쿠르와 디스쿠르의 구조

는 대상 $a(a)$를 추출하는 조작이다. 이 두 가지 조작을 합치면, 확실히 주인의 디스쿠르discours du maître라고 불리는 도식을 얻을 수 있다(그림 40). 즉, 디스쿠르란 상징계에 속하는 것과 섹슈얼리티에 속하는 것을 둘로 나눈 상태로 파악하는 것이 아니라, 결합된 상태로 파악하고자 하는 이론적 장치인 것이다. 좀 더 정확히 말하자면, 디스쿠르의 이론 이전의 라캉은 '먼저 구조, 시니피앙의 분절화, 대타자, 주체의 변증법을 기술하고, 그리고 두 번째로 살아 있는 존재, 생체, 리비도가 어떻게 구조에 포획되어 있는지를 아는 것을 문제로 삼고' 있었지만, 디스쿠르의 도입으로, 라캉은 '시니피앙과 향락의 관계야말로 근원적이고 원초적'이라고 생각하게 된 것이다(Miller, 1999b).

디스쿠르의 구조를 좀 더 자세히 살펴보자. 디스쿠르의 도식은 왼쪽 하단에 '진리vérité', 왼쪽 상단에 '동인agent', 오른쪽 상단에 '타자autre', 오른쪽 하단에 '생산물production'로 명명된 네 개의 위치를 가지고 있다. 이 네 위치의 각각의 관계는 진리→동인動因→타자→생산물이라는 방향으로 나아가는 화살표로 표시되어 있다. 즉, 이 위치들은 진리에 의해 지탱되고, 동인이 타자에게 명령하고, 그 결과로서 생산물이 만들어지는

---

* 『정신분석의 이면』에서 디스쿠르를 도입할 때 '지知[=시니피앙 S_2]와 향락 사이에는 근원적인 관계가 있다'(S17, 18, 강조는 인용자)는 것이 지적되고 있다.

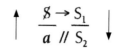

$$\uparrow \quad \frac{S_2 \rightarrow a}{S_1 \,//\, \$} \quad \downarrow \qquad\qquad \uparrow \quad \frac{\$ \rightarrow S_1}{a \,//\, S_2} \quad \downarrow$$

그림 41 대학의 디스쿠르　　　　　**그림 42 히스테리 환자의 디스쿠르**

관계에 있다. 그리고 진리와 생산물 사이는 차단되어 있으며, 양자를 일치시키는 것은 구조적으로 불가능하다. 이 네 가지 위치에 주인의 시니피앙(S_1), 지知(S_2), 사선이 그어진 주체($\$$), 대상 $a(a)$의 네 항이 어떻게 배치되느냐에 따라 주인의 디스쿠르, 대학의 디스쿠르, 히스테리 환자의 디스쿠르, 분석가의 디스쿠르라는 네 가지 디스쿠르를 얻을 수 있다.

대학의 디스쿠르(그림 41)는 대학과 학생의 관계를 보여준다. 대학에서는 '프로이트에 따르면―', '마르크스에 따르면―'이라는 식의 화법이 빈번하게 이루어지고 있는데, 그것은 지知(S_2)를 어떤 권위로서의 진리(S_1)에 의해 성립시키는 것이다. 이 지(S_2)는 학생(a)에게 말을 건넨다.(S17, 172) 이 교육의 결과로 학생은 사선이 그어진 주체($\$$)로 생산되지만, 주체($\$$)로 탄생한 학생에게는 이 지 자체의 성립 근거인 진리(S_1)를 급진적으로 질문하는 것은 허용되지 않는다(S_1//$\$$)(S17, 120). 68년 5월과 같은 학생운동이 결국 기존의 주인의 디스쿠르의 동인인 주인=현 체제의 지배자(S_1)를 보존하고 혁명을 실패하게 만든 것은 그 때문이다.

히스테리 환자의 디스쿠르는 히스테리 환자와 의사(또는 분석 초기의 분석가)의 관계를 보여준다. 히스테리 환자는 분열된 주체($\$$)로서 존재한다. 즉, 그녀는 자신의 증상의 의미라는 지(S_2)를 의사와 같은 주인(S_1)을 향해 질문하면서도 오히려 자

$$\uparrow \quad \frac{a \rightarrow \cancel{S}}{S_2 \, // \, S_1} \quad \downarrow$$

그림 43 분석가의 디스쿠르

신이 지배할 수 있는 인물을 주인으로 선택한다는 양면적 관계를 주인에게 취하고 있다(S17, 150). 따라서 의사가 그녀의 증상에 대해 줄 수 있는 다양한 지식(S_2)은 히스테리 환자의 증상이 진리로서 숨기고 있는 잉여 향락(a)과는 관계를 맺을 수 없다($a//S_2$). 그 결과, 의사는 주인(S_1)으로서의 위치에서 추락하게 된다.

분석가의 디스쿠르(그림 43)에서 염두에 두고 있는 것은 분석가와 분석 주체의 관계이다. 분석가의 디스쿠르에서 분석 주체는 분석가의 배후에 지(S_2)를 상정하고 있다. 그 지는 정신분석이 가지고 있는 오이디푸스 콤플렉스 등의 알려진 이론, '분석적 노하우savoir-faire'이다(S17, 38). 분석가는 이 지에 의해 '지가 상정된 주체'로서 등장하고, 전이를 구성한다. 분석가는 플라톤의 『향연』에서의 아갈마agalma*와 같은 매력을 가진 인물로서, 대상 a인 척하며 분석 주체($\cancel{S}$) 앞에 나타나는 것이다

---

* 아갈마는 고대 그리스어로 신에게 제물로 바치는 기쁜 선물을 뜻한다. 아갈마는 신들의 마음을 사로잡고, 그 경이로운 특징으로 신들을 현혹하여 신들의 호의를 얻기 위한 것이었다. 따라서 아갈마에는 겉으로 드러나는 표면적인 가치 이상의 마법의 힘이 부여되었다. 시간이 지나면서 '아갈마'라는 용어는 상징적인 이미지, 아름다운 것, 소중히 간직해야 할 대상이라는 의미로 사용되었다. 이것이 바로 자크 라캉이 '아갈마'라는 용어를 사용한 맥락이다. 라캉은 제8세미나(1960-1961)에서 이 용어를 처음 소개했다. 아갈마는 사랑으로 정의되며, 우리의 욕망에 불을 붙이는 헤아릴 수 없는 욕망의 대상이다. 이를 분석적 환경과 연관시켜 라캉은 '아갈마'가 우리가 분석에서 찾고자 하는 보물, 즉 우리가 알고자 하는 무의식적 진리라고 제안했다. – 역자

(그러나 최종적으로 분석가는 찌꺼기로서의 대상 a로 버려진다). 또한 분석가는 분석 주체의 자유연상을 분리하여 분석 주체의 디스쿠르가 분열된 것에 불과하다는 것을 보여준다. 그 결과 '주인의 시니피앙의 다른 방식'(S17, 205)이 석출析出된다. 이 것은 다른 시니피앙(S_2)과 분리된 무의미한 시니피앙(S_1)이다 ($S_2//S_1$). 이렇게 해서 분석가의 디스쿠르는 대학 디스쿠르처럼 주인(S_1)을 온존하는 것이 아니라 오히려 새로운 주인인 시니 피앙(S_1)의 출현을 가능케 하고, 결과적으로 분석 주체가 새로 운 사회적 끈을 다시 묶을 수 있게 한다.*

그렇다면 주인의 디스쿠르에서 시니피앙은 향락과 어떤 관 계를 맺고 있을까?

구체적으로 살펴보자. 먼저 주인의 디스쿠르의 동인이 되는 것은 주인의 시니피앙(S_1)이다. 이 시니피앙은 주체를 다른 시 니피앙(S_2)이라는 타자를 향해 대리 표상한다. 이때 주체는 자 신의 존재의 생생한 부분을 상실하고 향락을 포기하게 된다. 여기까지는 소외의 도식과 동일하다. 주체의 디스쿠르에서는 시니피앙의 도입으로 인한 향락의 단념과 동시에 대상 a의 향 락인 잉여 향락의 생산이 일어난다. 즉, 시니피앙의 도입은, 주 체에 향락의 단념을 강요하는 동시에 주체에게 다른 종류의 향락의 가능성을 부여하는 것이다(S16, 40). 예를 들어, 증상

---

* 이상의 검토에서 알 수 있듯이, 주인의 디스쿠르는 증상의 구조를, 대 학의 디스쿠르는 강박신경증적인 지의 양태를, 히스테리 환자의 디스 쿠르는 히스테리의 모습을, 분석가의 디스쿠르는 신경증 환자의 정신 분열의 구조를 나타낸 것이며, 기본적으로 네 가지 디스쿠르는 모두 신 경증에 관련된 것임을 주의해야 한다.

은 향락의 상실에 대한 관계 속에서 개개인이 각자의 방식으로 고통받는=향락하는 방법이다(S16, 41). 여기서 획득되는 또 다른 종류의 향락을 라캉은 '잉여 향락plus-de-jouir'이라고 부른다. 이것이 잉여 향락이라고 불리는 것은 주인의 디스쿠르로 인해 사람은 더 이상 향락 그 자체에 접근하는 것이 불가능해지지만(더 이상 향락하지 않는다), 그 대신 대상 a의 회로를 통해 몇 번이고 반복을 거듭하면서 '더 많이 향락하는 것'을 추구하게 되기 때문이다.

『정신분석의 윤리』에서 향락은 시니피앙의 도입으로 금지된 것이었다. 따라서 향락에 접근하려면 침범을 할 수밖에 없었다. '욕망은 대타자 쪽에서 오지만, 향락은 '물' 쪽에 있다'(E853)는 라캉의 말에서 알 수 있듯이, 당시에는 대체로 시니피앙과 향락의 관계는 불가능하다고 여겨졌다. 하지만 『정신분석의 이면』에 이르면 침범이라는 단어 자체가 '음란한lubrique'으로 격하되는 한편, 시니피앙 자체가 잉여 향락을 가능하게 하는 장치로 취급된다(S17, 23). 즉, 디스쿠르의 이론을 도입함으로써 라캉은 시니피앙과 향락을 이율배반적인 것으로 생각하는 것을 멈추고 양자의 관계를 생각하게 된 것이다. 이러한 이론적 변천은 바타유적 금지와 침범의 문제계問題系로부터의 이반離反으로 파악할 수 있다.

그렇다면 팔루스 향락과 잉여 향락은 어떻게 다를까? 한편의 팔루스 향락은 '물'과 그 단편인 대상 a의 논리이며, 상징계 쪽에서 어떻게 현실계에 접근하는가라는 곤란의 원인이 된다. 그 향락은 말하자면 금지된 '물'을, 그 단편인 대상 a라는 예외적인 통로를 통해 향락하는 것과 같은 것이다. 팔루스 향락에서 범례로 여겨진 대상 a가 유방, 배설물, 시선, 목소리 등 신체의 일부와 관련된 것은 그 때문이다. 다른 한편 잉여 향락은 시니피앙과 향락 사이의 관계를 문제 삼고, 여기서 문제가 되는 향락의 대상은 처음부터 금지된 것이 아니다. 잉여 향락에서 대상 a는 팔루스 향락의 대상 a와는 약간 다른 것이다. 실제로 라캉은 잉여 향락 대상의 목록에 사회에 넘쳐나는 공산품이나 문화상품과 같은 '소소한 대상 a'를 덧붙이고 있다(S17, 188). 이러한 향락은 예를 들어 가전제품이나 도구의 신모델이 나올 때마다 그것을 기꺼이 구매하는 현대인의 모습과도 겹칠 것이다. 하지만 이런 물건은 한번 손에 넣었다고 해도 향락을 만족시키지 못하기 때문에 향락의 회귀가 일어나고 그것이 반복의 기초가 된다(S17, 51).

그런데, 디스쿠르의 이론에서는 인간의 섹슈얼리티를 결정짓는 거세를 어떻게 바라볼까. 라캉에 따르면, '거세는 성관계에서 어떤 시니피앙의 결과로부터 도입되는 현실적인 조작이다.'(S17, 149) 즉, 거세는 주인의 시니피앙의 도입에 의해 결정되는 것이다. 다만, 이것은 시니피앙의 세계에 진입하는 자가 모두 같은 시니피앙에 의해 섹슈얼리티를 구조화한다는 의미는 아니다. 왜냐하면 '주인의 심급은 어떤 시니피앙으로부터도 주인의 시니피앙을 생산할 수 있기'(S17, 144) 때문이다. 주체를 다른 시니피앙에 대해 대리 표상하고, 주체를 거세하고, 그 섹슈얼리티를 결정짓는 시니피앙의 기능은, 유일한 시니피앙에 의해서가 아니라, 임의의 시니피앙에 의해 담보될 수 있는 것이다(S17, 101). 이러한 생각은 정관사가 붙은 '아버지의 이름le Nom-du-Père'에서 '복수의 아버지 이름les Noms-du-Père'으로의 전환을 반영하는 것이다. 60년대 라캉에게 '아버지의 이름'이 복수형이었던 것처럼 70년대 라캉에게 주인의 시니피앙(S_1)은 어떤 특별한 시니피앙일 필요는 없고, 주인으로서의 기능을 수행하는 시니피앙이면 무엇이든 상관없는 것이다.

이러한 생각은 팔루스중심주의적인 섹슈얼리티는 보편적인 것도 유일한 것도 아니라는 것을 밝히고, 나아가 시대에 따라 다른 방식의 섹슈얼리티가 주류가 될 수 있는 가능성을 긍정하는 것이라고 할 수 있다. 실제로 정신분석학자 마리-엘렌 브루스Marie-Hélène Brousse는 다음과 같이 말했다.

주인의 디스쿠르에 관한 한, 이름은 — '아버지의 이름'이라는 표현에 나타나는 한정사의 의미에 있어서 — S_1, 즉 주인의 시니피앙과 관계하는 것이며, 디스쿠르 자체의 조직화를 명령하는 것이다. 다시 말해, 지배적인 향락의 모드를 결정짓는 것이다. 주인의 디스쿠르가 역사 속에서 — 사회적 유대lien social*가 변화해 간다는 것과 같은 의미에서 — 변화해 나감에 따라, 우리가 이야기하는 대상으로서의 세계도 변화한다. 상징계의 간선도로grand-route는 변화하고 있는 것이다.(Brousse, 2009)

---

* 사회적 유대란 디스쿠르 자체를 의미한다(S19, 42; S20, 21). 라캉은 '모든 주체의 결정, 그리고 사고의 결정은 디스쿠르에 의존하고 있다'고 말한다(S17, 178). 즉, 디스쿠르는 실제의 발화뿐 아니라, 교육, 경제 활동, 신경증 환자의 증상의 양태, 정신분석에서의 대화 등등을 표현하는 것이고 그것은 결국 인간이 사회와 맺는 유대(관계)의 양태 바로 그것이라고 생각되는 것이다.

50년대의 라캉은 '아버지'라는 시니피앙(='아버지의 이름')은 신경증 환자라면 누구나 피할 수 없는 가부장제적 시스템의 간선도로라고 생각했다. 이 시니피앙은 팔루스 향락을 지배적인 향락 모드로서 사람들에게 강요했다. 그리고 만약 이 간선도로를 이용하기를 거부한다면, 사람은 정신병자로서 망상의 오솔길을 걸을 수밖에 없다. 반대로 70년대 라캉에게 있어이 간선도로는 변화할 수 있는 것이었고, 그것이 가부장제적(오이디푸스적)인 것은 역사적 우연에 불과한 것이 된다. 따라서, 팔루스 향락이 지배적인 향락 모드가 아닌 시대가 도래할수도 있게 된다. 이렇게 해서 라캉은 '오이디푸스 콤플렉스를프로이트의 꿈으로 분석하는 것'을 제안하기에 이르렀다(S17, 135).

여기까지의 라캉의 발자취를 되짚어보자. 그는 50년대에 오이디푸스 콤플렉스를 구조론화했다. 그리고 그는 '오이디푸스를 체험하지 않은 신경증 같은 것은 존재하지 않는다'(S3, 227)는 원칙에 따라 신경증을 오이디푸스 콤플렉스가 도입된구조로 파악하고, 정신병을 그 도입에 실패한 구조로 파악하고있었다. 60년대에는, 오이디푸스 콤플렉스는 소외와 분리의 조작으로 더욱 추상화되었고, 신경증은 소외와 분리를 끝낸 구조로, 정신병은 분리에 실패한 구조로 자리매김되었다. 그러나70년대 초에 이르러서는 그 전까지 신경증과 정신병을 분화시켰던 오이디푸스 콤플렉스 그 자체가 상대화되었던 것이다.

디스쿠르의 외부로서의 정신병

그렇다면 디스쿠르의 이론에서 정신병은 어떻게 자리매김

할 수 있을까? 먼저 「라디오포니」의 다음 발언을 살펴보자.

각각의 디스쿠르의 구조에는 하나의 무능이 필요하다고 여겨진다. 그 디스쿠르의 구조는 향락의 장벽barrière de la jouissance에 의해 정의되는 것이며, 진리와 생산의 분리가 이성과 생산물의 분리로 구별되고 있다. / 주인의 디스쿠르에서는 잉여 향락이란 팡타즘의 현실에 의해 뒷받침되어야만 비로소 주체를 만족시킬 수 있는 것이다.(AE445)

디스쿠르의 구조는 진리에 의해 지탱된 동인動因이 타인에게 작용하여 생산물을 만들어내는 것이다. 그때 진리와 생산물 사이는 차단되어 있다. 주인의 디스쿠르에서는 주체($\mathcal{S}$)와 대상 a 사이가 차단되어 있었다($\mathcal{S} /\!/ a$). 라캉은 이 차단이 팡타즘($\mathcal{S}$ $\diamond a$)에 해당하며, 향락에 대한 장벽으로서의 기능을 수행하고 있다고 말한다. 이 논의는 60년대의 신경증론과 접속될 수 있다. 그에 따르면, 신경증 환자는 팡타즘을 사용하여 대상 a의 현현으로부터 자신을 보호하고 있는 것이다. 반대로 정신병자는 팡타즘의 형성에 필수적인 '대상 a의 추출'을 할 수 없어 팡타즘을 제대로 형성하지 못한다. 이것은, 정신병자에게는 디스쿠르의 구조가 적용되지 않는다는 것을 의미한다. 훗날 라캉이 말했듯이, 정신병자는 '디스쿠르의 외부hors-discours'(AE490)에 있는 것이다.

디스쿠르의 외부에 있는 것으로서의 정신병. 이 도식이 가장 잘 적용되는 것은 스키조프레니이다(50년대 라캉의 정신병의 패러다임이 슈레버와 같은 파라노이아였다면, 60년대 후반에서 70년대 초반의 그것은 분명히 스키조프레니였다). 실제로 72년 「에투르디étourdit」에서 라캉은 스키조프레니에 대해 다음과 같이 말하고 있다.

　　이른바 통합실조증 환자le dit schizophrène는 어떤 기성 디스쿠르로도 포착되지 않는 것으로 특징지을 수 있다.(AE474, 강조는 인용자)

　　통합실조증 환자는 디스쿠르에 포획되지 않고 그 외부에 있다. 이러한 생각은 이미 66년 논문 「철학과 학생에게 주는 응답」에서도 배태되어 있었다. 거기서 스키조프레니 환자는 '모든 사회적 관계의 근원에 접근하는 이로니ironie를 갖추고 있다'고 규정되어 있었다.(AE209) 여기서 말하는 이로니란 '대타자는 존재하지 않는다는 것, 사회적 관계는 그 근저에서 사기라는 것, 눈비음semblant*이 아닌 것 같은 디스쿠르는 존재하지 않는다는 것'을 나타내는 기능이다(Miller, 1993a). 즉, 스키조프레니 환자는 신경증 환자가 의존하고 있는 통상적인 주인의 디스쿠르가 정상적인 것도 보편적인 것도 아님을 폭로하는 기능을 가지고 있는 것이다. 디스쿠르에 대한 이러한 허무주의적

---

* '눈비음'은 '무를 덮는 것'을 의미한다(Miller, 1992). 덮음으로써 무는 스스로가 마치 '무언가'인 것처럼 보이게 할 수 있다. 이러한 기능을 가진 것을 라캉파에서는 '눈비음'이라고 부른다. 즉 '눈비음'이란, 덮개를 벗겨내면 아무것도 남지 않는 것을 말한다.

태도를 이로니라고 부르는 것이다.[*]

　스키조프레니 환자의 이러한 양태는 기존의 디스쿠르를 상대화할 수 있게 한다. 즉, 어떤 디스쿠르가 정통적인 것인지는 결정 불가능하며, 더 나아가 '라캉이 기성 디스쿠르라고 부르는 것은 정상적 망상délires normaux을 의미한다'(Miller, 2004)고까지 말할 수 있다. 오이디푸스 콤플렉스에 대응하는 것으로서의 주인의 디스쿠르는 확실히 '정상'과 거의 같은 신경증 환자를 만들어낸다. 그러나 스키조프레니의 입장에서 보면, 주인의 디스쿠르는 결코 '정상'이 아니며 오히려 '망상'의 변종 중 하나이다. 즉, 신경증 환자가 의존하는 상징 질서 또한 '망상'의 하나이며, 그런 의미에서 '모든 인간은 망상한다tout le monde délire'고까지 말할 수 있다. 이러한 관점을 밀레르(1993a)는 '망상의 보편적 임상clinique universelle du délire'이라고 부른다.

디스쿠르로 본 정신병의 병리 – 모든 인간은 망상한다

　라캉은 '주체의 모든 결정, 그리고 사고의 결정은 디스쿠르에 종속되어 있다'고 말했다(S17, 178). 그렇다면 스키조프레니 환자는 디스쿠르에 종속되어 있지 않은 자유로운 존재라고

---

[*] 스키조프레니 환자가 이로니를 구비하고 있다는 생각은 대체 어디서 나온 것일까. 이것은 아마도 파과형 통합실조증에서 나타나는 독특한 생활태도에서 얻은 착상이다. 실제로 파과형 통합실조증 환자들은 모든 일에 '아니요'라고 대답하고 모든 질문을 거부하는 태도를 취하는 경우가 있다. 또는 주변에 대한 무심함이나 우직할 정도로 쾌활한 모습을 보이기도 한다. 이러한 태도는 보통 자명한 것으로 간주되어 있는 질서(상징계)를 상대화하여 그것들이 허구fiction임을 폭로할 수 있다.

생각된다. 그러나 이 자유는 적어도 현상現狀에서는 어딘가에 편안히 안주할 수 있는 자유가 결코 아니다. 왜냐하면, 디스쿠르의 외부에 있다는 것은 시니피앙과 향락이 주인의 디스쿠르와 같은 방식으로 구조화되어 있지 않다는 것을 의미하며, 그 결과 다양한 현상들이 정신병자를 공격하게 되기 때문이다. 그렇다면 그 병리 현상은 디스쿠르의 이론에서는 어떻게 이해될 수 있을까.

우선, 주인의 디스쿠르에 의한 구조화가 이루어지지 않는다는 것은 S_1이 S_2에 연쇄되어 있지 않다는 것이다. 그 결과, 시니피앙은 응집되어 '단 하나의 시니피앙S_1 tout seul'이 되어 버린다. 라캉은 『정신분석의 네 가지 기본 개념』에서 이러한 시니피앙의 응집 현상을 '올로프라즈holophrase'라고 불렀다(S11, 215).[*] 이 시니피앙의 응집으로부터 다음 두 가지 현상이 귀결된다(Stevens, 1987).

(1) S_1이 S_2로 연쇄되지 않고, 그 대신 '단 하나의 시니피앙'만이 존재한다는 것은, 한 시니피앙을 다른 시니피앙으로 치환함으로써 가능하게 되는 은유를 만들 수 없다는 것이다. 라캉은 일찍이 슈레버의 『어느 신경병자의 회고록』에는 시적 은유가 보이지 않는다고 지적한 적이 있는데, 이는 이 올포프라즈로 설명할 수 있을 것이다(S3, 90-1). 또한 이것은 정신병의 증상이 팔루스적 의미작용을 갖

---

[*] 라캉은 올로프라즈는 정신병뿐만 아니라 심신증이나 지적장애 등 다양한 병태에 나타나는 구조 횡단적인 것이라고 말한다(S11, 215).

지 않는 이유이기도 하다. 이런 의미에서 디스쿠르의 이론에서 '"아버지의 이름"의 배제'에 대응하는 것은 S_1이나 S_2와 같은 각각의 시니피앙이 존재하지 않는 것이 아니라, 오히려 S_1이 S_2에 연쇄되어 있지 않은 것으로 생각된다.(Moulinier, 1999, p. 204)

(2) 또한 '단 하나의 시니피앙'이 현실계의 환각의 시니피앙으로 출현한 경우, 주체는 그 환각의 시니피앙을 변증법적으로 부정할 수 있는 다른 시니피앙(S_2)을 가지고 있지 않기 때문에, 단지 그 출현을 확신하고 당혹스러워할 수밖에 없게 된다. 앞서 지적했듯이, 환각은 아무리 '그럴 리가 없다'고 스스로에게 아무리 말해도, 그 실재를 부정할 수 없게 하는 확신을 가지고 나타난다.

또한 디스쿠르는 주체와 대상 a 사이를 차단하고($\$//a$), 팡타즘($\$\Diamond a$)을 만들어냄으로써 과도한 향락의 범람으로부터 자신을 보호할 수 있게 하는 장치이기도 했다. 즉, 디스쿠르는 '현실계에 대한 방어'인 것이다(Miller, 1993a). 예를 들어, 신경증 환자는 많은 경우, 신체의 향락을 팔루스라는 하나의 신체기관에 국소화시킴으로써 과도한 향락의 범람으로부터 자신을 보호한다. 그러나 디스쿠르 외부에 있는 정신병자, 특히 스키조프레니 환자는 '상징계라는 수단을 사용하여 현실계로부터 자신을 방어하지 않는 유일한 주체'(Miller, 1993a)이며, 그들은 그 대가로 과잉의 향락을 신체에 직접적으로 받게 된다.

이제 우리는 파라노이아의 망상적 은유를 디스쿠르의 관점에서 이해할 수 있다. 파라노이아 환자는 병의 초기에 시니피앙의 연쇄에서 단절된 '단 하나뿐인 시니피앙'의 습격(정신자동증과 각종 언어성 환각)을 받는다. 그는 이 시니피앙을 또 다른 시니피앙으로 연결시킬 수 없고, 따라서 그 시니피앙의 의미를 이해하지 못하고 그저 당혹감에 휩싸인다. 하지만 나중에 그는 이런 시니피앙의 붕괴에 망상적인 의미를 부여하고, 그 참상을 홀로 회복시키려 한다. 이 망상 형성 작업이 망상적 은유라고 불렸던 것이다. 이 시니피앙의 연결 작업은 하나의 형태로만 존재하던 S_1을 다른 시니피앙 S_2로 묶어 나가는 작업을 말한다(Miller, 2008a). 즉, 파라노이아 환자의 망상은 주인의 디스쿠르와 같은 $S_1 \rightarrow S_2$의 구조를 가지고 있는 것이다.[*] 스키조프레니 환자의 이로니가 단 하나의 시니피앙 S_1의 산란 상태에 머무름으로써 주인의 디스쿠르의 허구성을 폭로하는 것이라면, 파라노이아 환자의 망상 형성($S_1 \rightarrow S_2$)은 ''정상'인 것으로 여겨지는 주인의 디스쿠르($S_1 \rightarrow S_2$)가 망상 형성($S_1 \rightarrow S_2$)과 동일한 구조를 지닌다는 것을 보여줌으로써, 주인의 디스쿠르의 정상성=규범성을 상대화한다고 할 수 있을 것이다. 즉, 정신병자만이 망상을 하는 것이 아니라, 신경증도 정신병자도 '$S_1 \rightarrow S_2$'라는 방식으로 똑같이 '망상'하고 있다고 생각할 수 있는 것이다.

모든 인간이 망상하고 있다는 생각은 라캉 자신이 79년에

---

[*] 나중에 라캉(1977)이 '파라노이아에서도 시니피앙은 다른 시니피앙에 대해 주체를 대리 표상한다'고 말한 것은 필경 이러한 것을 가리키고 있다.

언급한 것이기도 하다. '프로이트는 이렇게 생각했다. 모든 것은 꿈이라고. 그리고 (이런 표현을 쓸 수 있다면) 사람은 모두 미치광이라고. 다시 말해, 모든 인간은 망상적인 것이다.'(Lacan, 1979) 이 일반화된 광기의 관점을 밀레르는 '모든 인간은 망상한다tout le monde délire' '사람은 모두 광인이다tout le monde est fou'라는 키워드를 가지고 전개하고 있다.

이렇게 디스쿠르 이론 이후, 라캉은 정신병을 특수한 것으로 논하는 것을 점차적으로 그만두게 된다(거의 유일한 예외는 '여성–으로의–추진pousse-à-la-femme' 이론이다). 나아가 70년대 후반 라캉은 신경증과 정신병의 감별 진단을 논하는 것을 그만두고, 양자를 동시에 논할 수 있는 일반이론으로 기울어진다. 그것은 지금까지 신경증과 정신병의 경계를 만들어 왔던 오이디푸스 콤플렉스가 디스쿠르 이론의 도입으로 상대화되었기 때문이다.

단, 디스쿠르의 이론 이후의 라캉은 신경증과 정신병의 감별 진단을 포기한 것은 아니다. '모든 인간은 망상한다'라는 것은 모든 인간이 'S₁→S₂'라는 방식으로 일반화된 의미로 '일반이론에서의 광기'에 자리 매겨졌다는 의미이며, 모든 인간이 정신병에 걸렸다는 의미는 아니다.(Miller, 2013a) 그렇다면 디스쿠르 이론 이후, 라캉은 어떻게 신경증과 정신병의 감별 진단을 할까? 그 해답은 성별화 정식을 검토함으로써 명확해진다.

3. 성별화 식의 구축 – '여성(예외)-으로의-추진'으로서의 정신병 (1970~1973)

'아버지의 이름'의 상대화로 시작된 60년대의 이론과, 70년에 거의 완성된 디스쿠르의 이론*은 50년대 라캉이 신경증과 정신병의 감별 진단을 위해 의존하고 있던 오이디푸스 콤플렉스의 상대화에 성공했다. 즉, 이제 오이디푸스 콤플렉스는 규범적=정상적인 것이 아니라, 시대에 따라 변화할 수 있는 것이 된 것이다. 70년 이후의 라캉은 디스쿠르가 가진 상대성을 더욱 예리하게 다듬어 간다. 70-71년의 세미나 제18권 『허울뿐인 디스쿠르에 대하여』에서는 전년도에 논의되었던 디스쿠르가 '눈비음semblant'이라고 평가받게 된다(S18, 19). 또한 라캉은 디스쿠르 이론에서 논했던 상징적 질서의 성립과 섹슈얼리티의 제어를, 논리식으로까지 추상화한다. 그 작업은 『허울뿐인 디스쿠르에 관하여』, 71-72년 세미나 제19권 『우 피르······ ou pire······(혹은 더 나쁜 것)』, 72년 7월 14일에 집필된 난해하기 짝이 없는 논문 「에투르디」, 그리고 72-73년의 세미나 제20권 『앙코르』에서 이루어졌으며, 잘 알려진 '성별화의 정식formules de la sexuation'을 탄생시키기에 이르렀다.

그렇다면 라캉의 이론 전개와 반대 순서가 되겠지만, 먼저 『앙코르』에서의 성별화의 정식의 완성형을 제시하고, 그 후에

---

* 실제로 72년과 73년 두 차례의 이탈리아 강연과 74년 텔레비전 방송의 텍스트인 「텔레비지옹」에서, 현대의 주인의 디스쿠르에 해당하는 '자본주의의 디스쿠르'가 제출되어 있고, 디스쿠르 이론은 거기서 완성되었다(Matsumoto, 2015).

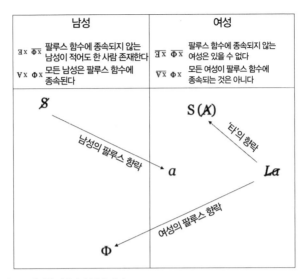

남성	여성
$\exists x\ \overline{\Phi x}$ 팔루스 함수에 종속되지 않는 남성이 적어도 한 사람 존재한다	$\overline{\exists x}\ \overline{\Phi x}$ 팔루스 함수에 종속되지 않는 여성은 있을 수 없다
$\forall x\ \Phi x$ 모든 남성은 팔루스 함수에 종속된다	$\overline{\forall x}\ \Phi x$ 모든 여성이 팔루스 함수에 종속되는 것은 아니다

$\mathcal{S}$ → a (남성의 팔루스 향락)

$S(\mathcal{A})$

La → $S(\mathcal{A})$ ('타'의 향락)

La → Φ (여성의 팔루스 향락)

그림 44 성별화 정식과 성관계 셰마

성별화 정식의 구축 작업을 추적하여 신경증이나 정신병과의 관계를 살펴보겠다.

성별화 정식의 완성형

라캉은 『앙코르』에서 성별화 정식의 완성형을 제시하고 있다. 그 정식과 그에 따른 성관계의 셰마는 그림 44와 같다.

성별화 정식은 왼쪽의 남성 논리식과 오른쪽의 여성 논리식으로 구성되어 있다. 먼저, 남성 측의 식부터 살펴보자. 남성의 논리식은 개별부정명제 '$\exists x\overline{\Phi x}$'와 보편긍정명제 '$\forall x\Phi x$'로 구성되어 있다. 기호 '$\Phi x$'는 'x는 팔루스 함수를 따른다', 'x는 거세되어 있다'를 나타내는 함수이며, 이를 '팔루스 함수fonction phallique'라고 한다. 그리고 'Ǝx'는 '적어도 한 명의 x가 존재한다'는 것을, 'Ɐx'는 '모든 x는 ~이다'라는 것을 나타내며, 각각의 기호 위에 그려진 선은 부정을 나타낸다.

그러면 남성의 논리식은 다음과 같이 읽을 수 있다(설명의 편의를 위해 하단의 'Φx'의 식부터 설명을 시작한다).

(1) ɅxΦx(보편긍정명제): 이 식은 '모든 남성은 팔루스 함수를 따른다'라고 읽는다. 이는 '남성'으로서의 섹슈얼리티를 가진 인간은 — 생물학적 성별에 관계없이 — 모두 거세되어 있다는 것을 의미한다.

(2) ƎxΦ̄x̄(개별부정명제): 이 식은 '팔루스 함수를 따르지 않는 남성이 적어도 한 명은 존재한다'라고 읽는다. 즉, 거세되지 않은 남성이 적어도 한 명 존재한다는 의미이다. (1)의 보편긍정명제의 식에서 확인했듯이, 모든 남성은 거세되지만, 예외적으로 거세되지 않은 남성이 적어도 한 명은 존재하는 것이다.

이 예외적인 존재는 프로이트의 『토템과 터부』에 나오는 신화에 등장하는 '원부Urvater'에 해당한다. 좀 더 설명하면, 어느 원시 부족에 강력한 힘을 가진 원부原父가 존재했고, 그 원부가 모든 여성들을 독점적으로 소유하고 모든 여성들을 향락하고, 향락하게 했다(S18, 143). 이 원부는 부족 내에서 유일하게 거세되지 않은 존재(Φ̄x̄), 거세를 '거부한dire que non' 존재이며, 다른 모든 남성에 대해 예외적인 위치를 차지하고 있었다고 할 수 있다(S19, 203). (2)의 개별부정명제가 보여주는 것은 그러한 신화적인 예외자의 존재이다.

요약하면, '∀xΦx'의 식은 모든 남자는 거세되었다는 보편에 관한 명제를 나타내고 '∃xΦx'의 식은 적어도 한 명의 남성(=원부)은 거세를 면했다는 예외에 관한 명제를 나타낸다. 형식적으로는 모순되는 것처럼 보이는 이 두 명제는 프로이트가 『토템과 터부』에서 말한 원시부족의 신화를 논리식으로 재구성한 것이다. 『토템과 터부』에서 원시부족의 신화는 원부가 모든 여성을 독점적으로 소유하는 장면에서 시작된다. 이때, 아들들은 여성을 향락할 수 있는 권리를 위해 자신이 원부의 자리에 오르고자 각각 욕망한다. 그래서 아들들은 단결하여 이 원부를 죽이고 그 존재를 없애버린다. 하지만 결국 원부를 죽여도 아들들은 누구 하나 원부의 자리에 설 수 없었고, 향락을 얻기에 이르지 못했다. 왜냐하면 원부를 살해한 후에는 아들들 각자가 서로의 경쟁자가 되어 버렸기 때문이다. 그래서 아들들은 원부의 입장에 서는 것을 포기하고(=거세), 원부 살해의 죄책감을 공유하는 그들 사이에서 '너, 죽이지 말지어다'라는 규율을 공유하며 안정된 공동체를 만들기에 이르렀다(GW9, 173-6). 이 신화는 바로 예외(=원부)의 살해가 보편(=모든 남성, 아들들)을 안정화시키고 상징적 질서를 확립하는 모습을 그린 것이라고 할 수 있다. 즉, 원부와 같은 신화적 예외자는 보편을 포용할 수 있게 하는 일종의 '포용 기능fonction inclusive'을 수행하고 있는 것이다(S19, 204).[*]

이렇게 해서 상징적 질서의 성립을 하나의 논리식으로 정리할 수 있게 되었다. 그렇다면 남성의 논리식으로부터 어떤 섹슈얼리티의 양태가 귀결되는 것일까? 결론부터 말하자면, 남성에게 향락은 팔루스 향락밖에 존재하지 않는다(그림 44 하단). 좀 더 자세히 설명해보자.

(1) 남성의 팔루스 향락($\$\rightarrow$a): 거세($\Phi$x)의 결과로 얻어지는 향락이 '팔루스 향락jouissance phallique'이다. 모든 남성($\$$)은 거세를 겪은 결과, 여성의 신체 자체를 향락할 수 없다. 그 대신 남성은 페티쉬로서의 대상 a를 임시 표적으로 삼고, 자기 자신의 신체 기관(팔루스)을 향락하게 된다(S20, 75). 한때 라캉은 남성(신경증 환자)은 거세(및 여성의 '멸시Erniedrigung)'에 의해 여성을 페티시화하여 향락한다고 생각했는데, 그때의 향락이 이 팔루스 향락에 해당한다 (Monribot, 2013).

이 향락은 '대타자〔= 여성〕를 대상 a로 축소하고 있다는 점에서 도착적'(S20, 131)인 향락이며, '타他'가 되는 성으로서의 여성($L\!\!\!/a$)과 관계하는 향락이 아니다. 이런 의미에서 '팔루스 함수는 성관계의 장애물이며, 그 때문에 남성

---

* 라캉은 다음과 같이 말하기도 한다. '〔거세되지 않은 원부가〕홀로 존재한다는 것에서 출발해, 이 예외를 참조함으로써 비로소 다른 모든 것이 작동할 수 있는 것이다.'(S19, 36). 성별화 식의 발명에 의해 하나의 예외(예컨대 '아버지의 이름'이나 팔루스, 혹은 속이지 않는 유일한 것으로서의 대상 a)에 의해 보편을 포섭하고 안정화시키기까지의 고전적 라캉 이론은 남성 측의 정식 안에 수습되었다. 또한 아즈마 히로키 (1998)가 『존재론적, 우편적』에서 비판의 대상으로 삼았던 이른바 '부정否定 신학적' 라캉은 이 남성 측의 정식에 거의 포섭된다.

이 여성의 몸을 향락하는 것에 도달할 수 없고'(S20, 13),
거기에 '성관계는 없다il n'y a pas de rapport sexuel'(S20, 17).
성관계의 셰마에서 '$\emptyset \rightarrow a$'의 선은 이러한 남성의 팔루스
향락이 여성($L\!A$)과의 사이에 성관계를 갖지 않음을 나타
내고 있다. 알기 쉽게 말하자면, 남성의 팔루스 향락은 섹
스할 때 여성 자체를 상대하는 것이 아니라 자기 자신의
신체기관(팔루스)을 이용해 자위를 하는 것과 같다. 라캉
은 그 향락을 '백치의 향락jouissance de l'idiot'이라고 불렀
다(S20, 75).

(2) '타자'의 향락에 대한 상정: 남성에게는 팔루스 향락만이
존재한다. 그러나 이 팔루스 향락은 남성에게 성관계를
가져다주지 않는다. 따라서 남성은 향락을 결여한 존재
가 되어 버린다. 그래서 남성은 팔루스 향락 이외의 향락
이 어딘가에 존재하고 있는 것이 아닐까 하는 공상을 함
으로써 향락의 결여를 감추려고 한다. 그것이 '타'의 향락
jouissance de l'Autre의 가정이다.

남성의 팡타즘인 '타'의 향락에 대한 상상은 '이 세상 어
딘가에 충분한 만족을 얻고 있는 인물이 있는 것은 아닐
까' '나로부터 향락을 빼앗은 인물로부터 향락을 되찾으
면 나는 향락에 도달할 수 있지 않을까' '어딘가에 성관
계가 있지 않을까'라는 논리에 의해 구동된다. 예를 들
어, '세상의 모든 것을 지배하고 모든 것을 향락하는 배후
가 어딘가에 존재하고 있는 것은 아닐까'라는 음모론이나
'우리 가까이에 있는 외국인이 우리의 향락을 빼앗고 있
는 것은 아닐까'라는 인종차별주의,* 또는 '남성은 도저히

얻을 수 없는 향락을 여성(또는 성적 소수자)이 은밀하게 획득하고 있는 것은 아닐까'라는 생각에서 비롯된 여성 경멸이나 성소수자 차별이 이에 해당한다. 남성은 '타'의 향락을 이렇게 상정하고, 자신도 언젠가는 완전한 만족에 도달할 수 있지 않을까 하고 계속 공상함으로써 비로소 자신의 향락의 결여(=거세)를 부인할 수 있는 것이다.

다음으로 여성의 논리식을 살펴보자. 여성의 논리식은 다음 과 같이 읽을 수 있다.

(1) $\overline{\exists x}\,\overline{\Phi x}$(개별부정명제의 부정): 이 식은 '팔루스 함수를 따 르지 않는 여성이 있는 것은 아니다'라고 읽는다. 즉, 여성 이라고 해서 거세를 면할 수 없으며, 여성도 팔루스적 향 락에 따르지 않는 것은 아니라는 의미이다. 또한, 여성에 게는 남성의 원부原父에 해당하는 예외가 존재하지 않으 며, 따라서 여성은 예외를 통해 보편을 지탱한다는 남성 의 성적인 논리에 의존할 수 없다.

(2) $\overline{\forall x}\,\Phi x$(보편긍정명제의 부정): 이 식은 '모든 여성이 팔루 스 함수를 따르는 것은 아니다'라고 읽는다. 원부 신화 속 에서는 원부가 '모든 여성'을 소유함으로써 여성의 집합

---

* 실제로 라캉은 『우 피르』의 마지막에서 팔루스 함수에 '부存라고 말하 는[=부정을 붙이는]' 예외적인 원부의 주변에 보편이 구축되는 것을 인 종주의의 발생과 연결시키고 있다(S19, 236). 여기에서 귀결되는 인종 주의의 논리에 대해서는 별도의 논문에서 논했다(Matsumoto, 2014a).

을 둘러싸고 있었기 때문에 여성에 있어서 '모두'를 생각할 수 있었다. 그러나 원부를 죽인 뒤에는 '모든 여성'이라는 것은 더 이상 존재할 수 없다(S18, 143). 즉, 여성에 대해 보편적인 방식으로 무언가를 이야기하는 것은 불가능하고, 한 사람 한 사람의 여성에 대해 개별적으로 이야기해야 한다. 라캉은 이를 '모든 것이 아닌pas-tout' 또는 '여자라는 것은 존재하지 않는다La femme n'existe pas'라고 표기한 것이다.

그렇다면 남성의 논리식과 여성의 논리식의 차이는 어디에 있을까? 한편의 남성의 논리식을 생각할 때 원용된 것은 예외의 존재를 통해 '모든 것'을 포용하고 보편을 구축하는 원부였다. 다른 한편인 여성의 논리식을 생각할 때 원용되는 것은 돈 후안이다. 왜일까. 돈 후안은 원부처럼 여성들을 하나의 집합으로 움켜쥐지 않고, 만나는 여성들을 그때그때마다 항상 새로운 플러스로서 '한 사람 한 사람une par une'(S20, 15)으로 다루기 때문이다. 여성의 논리식은 예외의 존재를 인정하지 않으며, 따라서 포섭적인 '모두'라는 것을 만들어내지 않는다. 그 대신 유한한 수의 여성들을 '하나하나' 취급하는 것이다(여성의 논법에서 보편적 양화자 '∀'가 부정되고 '$\overline{\forall x}$'로 표기된 것은 그 때문이다).

그런데, 남성의 섹슈얼리티가 하나의 팔루스 향락만을 가질 수 있었던 것과는 반대로, 여성의 향락에는 다음 두 가지가 있다.

(1) 여성의 팔루스 향락($L\!\!/a\rightarrow\Phi$): 앞서 말했듯이, 여성도 남성과 마찬가지로 팔루스 함수를 따르지 않는 것은 아니고, 여성도 남성과 마찬가지로 팔루스 향락을 가지고 있다. 여성의 팔루스 향락은 여성($L\!\!/a$)이 아이를 팔루스(Φ)로서 욕망하고, 팔루스(Φ)를 가진 듯한 남성을 욕망하기도 하는 모습에 나타나 있다. 이처럼 여성의 팔루스 향락은 '성적 향락의 눈비음으로서의 팔루스(Φ)'(S19, 146)를 욕망하는 것이다. 또한 남성의 팔루스 향락 역시 여성 그 자체가 아니라 눈비음으로서의 대상 a(S20, 91)를 욕망하는 것이었다. 이런 의미에서, 팔루스 향락은 대체로 남성과 여성이 각각 가식적으로 꾸민 상대를 대상으로 향락하는 것이며, 거기에는 양자 간에 공유할 수 있는 향락이 존재하지 않는다. 성관계는 존재하지 않는 것이다.

(2) '타'의 향락($L\!\!/a\rightarrow S(\bar{A})$): 여성의 논리식에서 '$-\overline{\forall}x\Phi x$'는 '여성의 향락이 모두 팔루스 함수를 따르는 것은 아니다'라고 읽을 수도 있다. 즉, 여성의 향락은 팔루스적이 아닌 것은 아니지만, 그러나 그것은 팔루스적이지 않은 향락이 있을 수 없다는 것은 아니라는 것이다(S20, 13). 이는 성별화의 정식 아래 그려진 성관계의 셰마에서 여성($L\!\!/a$)으로부터 두 가지 향락의 선이 뻗어나가고 있는 것에서도 확인할 수 있다(그림 44 하단). 한편은 $L\!\!/a\rightarrow\Phi$로 향하는 팔루스 향락의 선이고, 다른 하나는 $\rightarrow S(\bar{A})$로 향하는 향락의 선이다. 이 후자의 향락이 '타'의 향락이다(S20, 75 et 78). 즉, 남성은 팔루스 향락만을 얻을 수 있는 반면, 여성은 '어떤 추가적supplémentaire인 향락〔= '타'의 향락〕을 가

지고 있는' 것이다(S20, 68).* 그러나 이 향락은 팔루스 향락에 결여된 것을 보완하는complementaire 듯한 향락이 아니다. 왜냐하면 무엇인가를 보완한다는 것은 어떤 '전체=모두tout'를 상정하게 되지만, 여성의 논리식은 애초에 '모든 것이 아닌pas-tout' 것이기 때문이다.

라캉이 '타'의 향락의 구체적 예로 든 것은 베르니니의 『성 테레지아의 법열法悅』에 나타난 신비주의자의 종교적 황홀경이다. 그녀들 신비주의자들의 증언의 본질은, 그녀들이 향락하고 있는 것은 사실이지만, 그 향락을 체험하고 있을 뿐이며, 그 향락에 대해 그녀들은 아무것도 모른다는 점에 있다(S20, 72). 즉, 신비주의자가 체험할 수 있는 '타'의 향락은 말할 수 없는 향락인 것이다. '타'의 향락이 $L_{\textit{a}} \rightarrow S(\textrm{Ⱥ})$로 향하는 선으로 나타난 것은 바로 그 향락이 대타자에서의 시니피앙의 결여(Ⱥ)를 향하고 있기 때문이다. 라캉은 75년 1월 21일의 강의에서 팔루스 향락과 '타'의 향락을 보로메오의 매듭(그림 45)의 내부에 위치시키고 있지만, 그때에도 '타'의 향락은 상상계(I)와 현실계(R)의 접합부에 위치해 있고, 상징계(S)와는 무관하다(S22, 58A). 즉, 이 향락은 시니피앙과는 관계없고, 말할 수도 쓸 수도 없는 것이다.

---

* 핑크는 여성의 경우, 팔루스 향락과 대타자 향락이 배타적이지 않다고 지적한다(Fink, 2004, p. 163). 남성의 향락은 '이것 아니면 저것'이며, 팔루스 향락의 체제하에 있는 한 '타'의 향락을 상상할 수 없는 반면, 여성의 향락은 '이것도 저것도'이며, 어느 한쪽의 향락의 가능성을 포기하지 않고 두 가지의 향락을 모두 얻을 수 있는 가능성을 가지고 있다.

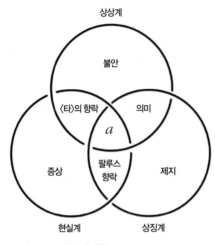

그렇다면 성별화의 정식에서 신경증과 정신병은 어떻게 자리매김할 수 있을까? 같은 시기 라캉은 신경증 환자는 '거세의 회피'를 위해 다양한 방법을 가지고 있는 존재라고 정의하고 있다(S18, 174-5). 아래에서 보여주는 대로, 여기서

상상계

불안

〈타〉의 향락 / 의미

a

증상 / 팔루스 향락 / 제지

현실계　　**상징계**

그림 45 보로메오의 매듭

는 남성의 논리식이 대체로 강박신경증 환자에, 여성의 논리식이 대체로 히스테리에 해당한다고 생각해도 좋을 것이다.

(1) 강박신경증 남성은 원부와 같은 예외의 위치에 거세되지 않은 '타'의 향락이 존재한다는 것을 공상함으로써 거세를 회피한다(S18, 177). 그러나 이 '타'의 향락에 대한 상상은 어디까지나 공상에 불과하다.

(2) 히스테리 환자가 거세 회피를 위해 취하는 전략은 '거세를 다른 [성] 측에, 파트너의 측에 편향시키는 것'이다. 히스테리 환자는 말하자면 '거세된 파트너'를 필요로 하는 것이다(S18, 174-5). 그러나 이 '거세된 파트너'란 나약한 남성을 의미하는 것이 아니라, 오히려 히스테리 환자에 대해 주인으로 나타나기는 하지만, 그 이면에는 히스테리

환자 측이 지배할 수 있는 양면적인 인물을 말한다(S17, 150). 증례 안나 O가 병든 아버지와의 관계에서 히스테리가 발병한 것이나, 증례 도라가 무능력한 아버지와의 관계에서 히스테리 증상을 전개한 것을 상기해 보라. 극단적인 경우, 여성 히스테리 환자들은 원부와 같은 예외적인 존재로 자신을 드러내는 남성, 즉 다른 평범한 남성과 다른 척하는 남성을, '적어도 한 명은 존재하는 남자hom-moinzin'*로서 소유한다(=그 남자를 지배한다)라는 공범 관계에 들어가기도 한다(S18, 153). 그러나 모든 남성이 결국 예외적인 존재가 아니라 팔루스 함수를 따르는 존재인 이상, 그러한 관계는 조만간 파국으로 향할 수밖에 없는 운명이다.

성관계의 배제(일반화 배제)

이상의 검토에서 알 수 있듯이, 성별화 정식과 그에 수반되는 성관계의 도식은 주로 양성兩性의 신경증 환자에게서 나타나는 팡타즘, 섹슈얼리티, 거세의 회피의 양태를 설명하는 것이다. 그렇다면 정신병은 어떻게 생각해야 할까?

밀레르는 '성관계가 없다'는 라캉의 정식은 '배제'라는 개념의 또 다른 버전이라고 말하고 있다(Miller, 1987a: 1987. 5. 27 강의). 성별화 정식과 정신병의 관계를 탐구하기 위해, 우선 이것의 의미를 밝히는 것부터 시작해보자.

---

* '오무앵쟁'이란 '적어도 한 사람au moins un'과 '남성homme'의 합성어다.

세미나 3권 『정신병』 시기의 라캉은 프로이트의 여러 논문에 산재해 있는 '배제Verwerfung/forclusion'라는 용어를 정신병의 구조를 규정하는 '"아버지의 이름"의 배제'라는 개념으로 정련시켰다. 그러나 배제가 곧바로 정신병과 연결되는 것은 아니었다. 왜냐하면 이미 확인했듯이 당시 라캉의 '배제' 개념에는 '"아버지의 이름"의 배제' 외에 적어도 두 가지 변종이 있었기 때문이다. 게다가 이후에도 '거세 콤플렉스의 부분적 배제'(S6, 237), '주체의 배제'(S6, 540), '"물"의 배제'(S7, 157), 자본주의를 특징짓는 '거세의 배제'(Lacan, 2011, p. 96) 등, 몇 개의 '배제' 개념의 변종이 만들어지고, 라캉의 '배제' 개념은 그 의미를 확산시켜 왔다고 알려져 있다.*

성별화 정식의 구축 작업 속에서 점차 눈에 띄게 되는 것은 말할 수 없는 것, 쓸 수 없는 것을 '배제된forclos'으로 형용하는 용법이다. 이 용법은 세미나 제16권 『어떤 대타자로부터 그것의 소타자로』에서 처음 등장한다. 여기서 라캉은 '성적 향락의 시니피앙은 근본적으로 배제되어 있다'고 말하고, 그 배제를 '상징계 속에서 억압된 것은 현실계 속에 재출현한다'는 배제

---

* 다만 여기에 열거한 '배제' 개념의 변형은 우리가 아는 한 각각 한 번씩만 사용되었고, 어느 것도 라캉 이론에서 안정된 개념으로 자리 잡은 적은 없다. 또한 이러한 용법 중 정신병에 특유한 것은 '"물"의 배제'뿐이며, '거세 콤플렉스의 부분적 배제'와 '주체의 배제'는 대체로 원억압에 해당한다고 여겨진다(Maleval, 2000, p. 154). 또한 자본주의는 '거세를 배제하고 있다'는 세미나 『정신분석가의 지知』의 한 구절은 후기 자본주의 체제하(=자본주의의 디스쿠르)에서 욕망의 대상이 주체에 즉각적으로 주어짐으로써 욕망을 구성하는 결여가 부인되어 버리는 것을 의미한다(Matsumoto, 2015).

의 정식과 연관시키고 있다(S16, 321). 또한『눈비음이 아닌 것 같은 디스쿠르에 대하여』에서는 자크 다무레트J. Damourette와 에두아르 피숑E. Pichon의『말에서 사고로』(1987)에 등장하는 부정의 두 가지 양식인 '배제forclusion'와 '불일치discordance'를 각각 남성의 논리식에서의 팔루스 함수의 부정과 여성의 논리식에서의 양화量化* 기호의 부정에 적용하고 있다(S18, 141). 그리고 세미나 제19권『우 피르』에 이르면, 남성의 논리식에서의 부정(배제)이 현실계와 관련지어지게 된다.

> 우리의 [성의 논리식에서] '전부가 아닌pas-tout'은 불일치다. 그렇다면 배제란 무엇일까. 배제가 불일치와는 다른 영역〔= 남성의 논리식〕에 위치해야 하는 것은 틀림없다. 배제는 함수fonction라는 용어로 부른 항을 쓴 곳에 위치시켜야 한다. 여기서는, 말하는 것dire의 중요성이 형식화되어 있다. 말하는 것에만 배제가 있는 것이다. 존재existe하는 무언가가 말할 수 있는 것으로서 있는지 없는지 여부 이외에 배제는 없는 것이다…… 말할 수 없는 이 무엇에 대해서는 현실계에 관한 물음이 제기될 수밖에 없다.(S19, 22)

이 말을 풀어보면, 남성의 논리식과 여성의 논리식은 각각 다른 것을 부정하고 있다. 한쪽의 여성 논리식은 '모든 여성'이나 '여성적인 것'이 존재할 수 없다는 것을 보여준다는 점에서 보편을 부정하고 있다고 할 수 있다. 보편의 부정이 여기서는

---

* 언어나 논리학에서 논리식이 적용되는(또는 만족되는) 논의 영역의 개체의 '양'을 지정하는 것. – 역자

'불일치'라고 불리고 있다. 반면 남성의 논리식에서는 어떤 존재가 거세되었는지 여부가 문제이고, 거세되지 않은 예외적인 존재인 원부는 팔루스 함수에 대해 '아니라고 말하는dire que non' 존재로 간주된다(S19, 203). 그러나 팔루스 함수를 부정하며 유일하게 거세를 면했던 원부는 후에 자식들에게 살해당하고 그 존재를 부정당하게 된다. 이런 의미에서 여성의 논리식이 보편을 부정하는 반면, 남성의 논리식은 존재existence를 부정하고 있다. 따라서 이 두 가지 부정은 다무레트와 피숑의 '불일치'와 '배제'와 연관되는 것이다.*

존재가 부정된 것은 현실계에 자리 매겨진다. 이렇게 예외를 통해 보편을 구성하고 안정화시키는 남성의 논리 정식에는 말할 수 없는 것, 쓸 수 없는 것이 존재exister한다— 아니, 현실계에 외재ex-sister하고 있다 —고 생각되고 있는 것이다. 아마도 이러한 생각으로 라캉은 '비非관계'(성관계의 없음)나 '여성이라는 것La femme'도 현실계에 위치시키고 있다(AE562-3). 즉, 이러한 시니피앙은 모두 배제되어 있는 것이다. 이러한 의미의 배제는 남성의 논리식에 관련된 것이며, 당연히 신경증에도 정신병에도 나타나는 것으로 생각된다.

또한 이러한 배제는 밀레르가 '일반화 배제forclusion généralisée'라고 부르는 것에 해당한다(Miller, 2009a: 2008. 11. 26 강의). 이 배제는 신경증과 정신병 모두에서 볼 수 있으며, 이것

---

* 또한 라캉은 세미나 제3권 『정신병』에서 '배제forclusion'라는 단어를 도입할 때에도 다무레트와 피숑의 『말에서 사고로』를 전거로 삼고 있다. 자세한 내용은 루디네스코(1993)를 참조하라.

없이는 보편(상징계)의 안정화가 이루어질 수 없다는 점에서 우리가 앞서 '제3의 배제'라고 불렀던 주체를 구성하는 배제를 계승하는 개념이라고 생각된다.

유별난 정신병 – 여성(예외)–으로의–추진

일반화 배제는 신경증이나 정신병에서도 나타난다. 그러나 신경증 환자가 이 배제(말할 수 없는 것, 쓸 수 없는 것)의 주변을 둘러싸고 삶을 살아가는 것과는 대조적으로, 정신병자는 이 배제된 것을 향해 나아간다. 이를 라캉은 '여성–으로의–추진 pousse-à-la-femme'이라고 불렀다(AE466).

여성–으로의–추진이란 무엇일까? 그 구체적인 예로는 증례 슈레버의 여성화를 들 수 있다. 슈레버는 발병기에 '성교를 받아들이는 쪽인 여자가 되어 보는 것도 원래는 멋진 일이 틀림 없다'는 관념을 품고, 궁극적으로 '신의 여자가 되는 것'에 동의했다. 즉, 슈레버의 망상 형성은 '여성다움'을 향한 긴 여정이라고 볼 수 있는 것이다. 밀레르는 이 여성–으로의–추진이 아버지의 이름 배제라는 정신병의 구조적 조건에 대한 보상이라고 지적한다.

슈레버는 '여성이라는 것'의 시니피앙을 창조하는 데 전념하고 있다. 그는 '여성이라는 것'의 시니피앙을 대타자의 영역으로 포섭하는 데에 헌신하고 있다. 즉, 모든 사람들에게는 '여성이라는 것'의 시니피앙 배제가 있는 것이다. 이것은 라캉의 '여성이라는 것은 존재하지 않는다'는 말의 의미다. 이것은 우리가 가질 수 있는 유일한 시니피앙은 팔루스라는 것을 의미한다. 각각의 주체가 다양한 방식으로 스스로를 관계에 새길 수 있는 유일한 기능이 바로 팔루스이다. 그래서 나는 이전에 생탄 병원에 있을 때 '여성이라는 것'의 시니피앙의 배제를 이미 결론 내렸던 것이다. '아버지의 이름'의 배제를 메꾸는 것이 '여성이라는 것'이란 시니피앙의 포섭이라는 것도 나는 물론 알고 있었다.(Miller, 1983a: 1983. 4. 27 강의, 강조는 인용자)

브루스(2002)가 지적했듯이, 슈레버와 같은 정신병자가 '여성이라는 것'을 수육화受肉化하는 것은 여성성féminité를 향하는 것도 아니고, 어떤 구체적인 '한 사람의 여성une femme'이 되는 것도 아니다. 그것은 오히려 '여성이라는 것 La femme'이라는 예외적인 시니피앙으로 향하는 것이다. 일찍이 프로이트는 슈레버와 같은 파라노이아의 원인을 동성애로 규정했는데, 그것이 잘못되었다는 것을 새롭게 이해할 수 있을 것이다. 정신병의 구조적 결함('아버지의 이름'의 배제)은 그 보상으로 여성-으로의-추진을 필요로 한다. 파라노이아에서 동성애처럼 보이는 것은 파라노이아의 구조적 원인(배제)이 아니라, 그 원인에 대한 벌충으로 발생하는 여성-으로의-추진(배제된 시니피앙으로의 추진)의 결과이다. 이제 우리는 라캉이 이다 마칼핀Ida Macalpine에 동의하면서 58년에 말한 '동성애는 파라노이아성 정신병의 결정적 요인이라고 하지만, 사실은 그 과정 속에서 표현되는 증상이다'(E544)라는 선언을, '동성애는 여성-으로의-추진이라는 과정 속에서 표명되는 증상이다'라고 고쳐 쓸 수 있을 것이다.

또한 라캉은 세미나 제22권 『R.S.I.』의 75년 4월 8일 강의에서 '성관계는 없다'는 테제를 재해석하여, 슈레버의 파라노이아에서는 '신 외에 누구하고도 성관계는 존재하지 않는다'고 말하고 있다(S22, 145A, 강조는 인용자). '신의 여자가 된다'는 슈레버의 망상은 신과 예외적으로 성관계를 맺는 것이기도 하다. 말레발이 말했듯이, '정신병의 임상은, 여성이라는 것과 신에는 현실계 안에서만 만날 수 있다는 것을 확인시켜 준다.' (Maleval, 2000, p. 343)

이렇게, 고전적인 정신병자는 배제된 예외로 나아간다. 라캉파에서는 이런 증례는 '유별난 정신병psychose extraordinaire'이라고 불린다. 왜냐하면 이러한 정신병에서는 예외로의 추진이 기괴한 망상이나 기이한 행동에서 분명하게 나타나기 때문이다.

슈레버는 자크-알랭 밀레르가 '유별난 정신병'이라고 부르는 것의 한 예이다. 이 유별난 정신병에 대해 알아보자. 유별난 정신병은 유별난 망상으로 특징지을 수 있다. 그 망상은 어떤 시니피앙이 결여되어 있는 장소에 상상계를 도입해 조처를 취함으로써 구성된 것이다. 이 경우 주체는 스스로 결여된 예외, 즉 결여하고 있는 '명명하는 아버지père qui nomme'를 수육화하는 것에 몸을 바치게 된다. 슈레버가, 신에게 결여된 '여성이라는 것'이 되는 것은 바로 그런 의미이다. 그 밖에도 모든 여성을 유혹하거나 만족시키거나 할 수 있는 [원부 같은] 남성이 되는 것에 몸을 바치는 환자들도 있다. 이러한 예외의 위치는 우리가 '유별난 정신병'이라고 부르는 것에 해당한다. Φx가 아닌 듯한 x가 하나 존재한다는 공리를 뒷받침하는 것이 [유별난 정신병에서는] 문제가 되어 있다.(Brousse, 2009)

이렇게 신경증과 정신병의 감별 진단 기준은 보편에 의거할 것인가(신경증), 예외로 나아갈 것인가(정신병)라는 점에서 찾을 수 있다. 이러한 정신병의 특수이론은, 디스쿠르 이론의 도입으로 상징 질서가 상대화되고, 라캉이 신경증과 정신병의 일반이론으로 나아간 이후에도 유효성을 가지고 있다. 즉, 70년대 라캉에 있어서는 정신병을 신경증과 구별하는 정신병의 특수이론과, 신경증과 정신병을 같은 틀 위에서 파악하는 일반이론이 병존하고 있다고 볼 수 있다.*

보통 정신병 ─ 비-예외의 정신병

그러나 이것만이 정신병의 전부는 아니다. 최근 현대 라캉파의 후기 라캉 이론에 대한 연구와 실천 속에서 예외-로의-추진을 하지 않는 정신병이 적지 않게 존재한다는 것이 밝혀지고 있다. 그 정신병은 '보통 정신병psychose ordinaire'이라고 불리고 있다.

보통 정신병이란 무엇인가. 20세기 후반 이후 슈레버처럼 화려한 망상을 꽃피우는 유별난 정신병은 점차 감소하고, 대신 명백한 정신병의 표지(고전적 요소 현상 등)를 보이지 않는 정신병이 증가했다고 한다. 보통 정신병은 이러한 포스트 정신병 시대의 정신병이다.

---

* 밀레르(2013a)는 다음과 같이 말한다. '일반화된 광기는 일반적인 것이며, 오히려 보편적인 것이다. 그러나 그것은 정신병이 아니다. 정신병은 보편적인 것에는 어떻게 해도 새겨넣을 수 없는 어떤 것[=예외]을 파악하려고 하는 임상 카테고리다.'

보통 정신병은 유별난 정신병과 달리 기괴한 망상이나 기이한 행동을 보이지 않는다. 오히려 그곳에서는 정신병이라는 사태가 평범하게 살아가고 있다. 또한 보통 정신병에는 뚜렷한 발병 지점이라는 것을 볼 수 없다. 유별난 정신병은 환각이나 망상에 의해 발병déclenchement하지만, 보통 정신병은 발병하는 대신 다양한 사회적 관계로부터 탈접속débranchement한다.

보통 정신병 환자는, 정신병의 구조를 가지고 있으면서도 그 구조가 망상과 같은 조악한 이상異常으로 나타나기 어렵기 때문에 미세한 징후로 진단해야 한다. 그런 미세한 특징에 주목하는 임상을 밀레르(2009b)는 '배제의 작은 증거의 임상une clinique des petits indices de la forclusion'이라고 부른다. 이것은 꼭 밀레르의 독창인 것은 아니며, 라캉이 58년에 발표한 정신병론에서 '주체의 감각 생활 가장 안쪽의 연결점에서의 장애'(E558)라고 불렀던 병리에 대응한다고 여겨진다.

밀레르는 보통 정신병에 자주 나타나는 이 '주체의 감각 생활의 가장 내밀한 연결점에서의 장애'를 다음 세 가지 외부성을 예로 들어 설명하고 있다.

(1) **사회적 외부성:** 루소를 비롯하여, 통합실조증 환자의 방황이라는 현상은 예전부터 자주 관찰되어 왔는데, 이렇게 사회 속에 고정된 위치를 차지하지 않는 외부성을 가리킨다. 현대의 정신병에서는 직장이나 가정으로부터 탈접속되는 특징이 보인다. 반대로 사회(직장)에 대해 과도하게 동일시하는 형태의 보통 정신병도 있을 수 있다. 이 경우 직장을 잃는 것을 계기로 발병하는 경우도 있다고 밀레르

는 말한다. 왜냐하면 이들에게는 '직업을 갖는 것은 "아버지의 이름"이기 때문이다.'

(2) **신체적 외부성:** 보통 정신병에서는 신체가 자아와 연결되지 못하고 괴리감을 느낄 수 있다. 이것의 실례는 조이스가 『젊은 예술가의 초상』에서 기술한, 자기의 신체가 무너져 내리는 같은 체험이다. 이러한 신체의 불안정성에 대한 대처 행동으로서 밀레르는 '문신'을 꼽고 있다. 즉, 그들에게 있어 '문신은 신체와의 관계에서 "아버지의 이름"이 되는' 것이다.

(3) **주체의 외부성:** 보통 정신병에서는 독특한 공허감을 볼 수 있다. 물론 이 같은 공허감은 신경증에서도 볼 수 있는 것이지만, 보통 정신병의 경우는 그 공허감을 변증법적으로 부정할 수 없다는 것이 차이점이라고 할 수 있다.

이러한 현대적인 정신병의 양태는, 유별난 정신병에서 볼 수 있는 '예외-로의-추진'만이 정신병에서 '아버지의 이름'의 배제를 벌충하는 방법의 전부가 아님을 드러내고 있다. 브루스에 따르면, 보통 정신병은 예외를 필요로 하지 않는 논리에 기반한 정신병이다.

보통 정신병은, 유별난 정신병처럼 예외를 원리로 하는 방식과는 관계가 없다. 보통 정신병에서 환자는 상징적 조직화에 의존하는 예외의 기능을 스스로 수용하려 하지 않는다. 따라서 보통 정신병에서 '정상'은 예외적이지 않은 것, 공통적인 것, 평범한 것이라는 의미이며, 그것은 한나 아렌트의 '악의 평범성'이라는 표현과 같

은 의미를 가지고 있다.(Brousse, 2009)

기괴한 망상 체계를 만들어내는 유별난 정신병에서 큰 이상이 눈에 띄지 않는 보통 정신병으로의 이행, 즉 포스트-정신병 시대로의 이행은 성별화의 정식에서 남성의 논리식에서 여성의 논리식으로의 이행으로 파악할 수 있는 것이다(Matsumoto, 2014c).

4. 증상에 대한 일반이론의 구축(1972-1975)

존재론에서 '일자'론으로 ─ 백치의 향락의 긍정적 용법(1972-1973)

성별화 식의 구축 작업 속에는 사실 또 하나의 커다란 이론적 변천이 있다. 그것은 '존재론ontologie'에서 '"일자"론hénologie'으로의 이행이다. 라캉의 이론이 (특히 하이데거의) 존재론으로부터 영향을 받았다는 것은 일찍부터 지적되어 왔지만(S11, 31), 72-73년경의 라캉은 오히려 존재론의 가치를 낮추고, 그 결과 '일자'론이 클로즈업되는 것이다. 이 전환이 후기 라캉 이론에 있어서 매우 중요한 것임이 최근에서야 비로소 주목받게 된다. 여기서는, 그 이행의 정식화가 이루어진 강의, 즉 밀레르가 2011년 1월부터 6월까지 행한 강의『'존재'와 '일자' L'Être et l'Un』*를 참조하면서 그 개요를 살펴보겠다.

60년대 후반 이후 라캉은 증상이 갖는 상징적 의미의 측면보다 '상징계로부터 거부당하고, 현실계에 다시 나타난 진리' 즉 향락의 측면을 중시하게 되었다.『우 피르』에서는 이 두 가지 측면을 각각 존재론과 '일자'론에 대응시키고 있다고 생

$$\frac{a}{S_2} \quad \overset{\rightarrow}{\underset{\leftarrow}{}} \quad \frac{\cancel{S}}{S_1}$$

'존재' L'Être   '일자' L'Un

그림 46 분석가의 디스쿠르, 그리고 '일자'론과 존재론

각된다. 라캉은 존재론을 사용하는 한, 상징계에서 거부된 진리가 스스로 말하는 순간을 포착할 수 없다고 말한다(S19, 116). 증상이 갖는 향락의 측면은 의미의 측면을 문제 삼는 존재론으로는 파악할 수 없는 것이다. 라캉은 '주체를 존재être로 고찰하는 존재론은 수치다'라고까지 말하며, 존재론에 일종의 평가절하를 내리고 있다(S19, 116). 거기에서 라캉이 '존재'에 대항하는 개념으로 들고 나온 것이 플라톤의 대화편 『파르메니데스』에서 유래한 '일자Un'이다. 라캉은 이 '존재'와 '일자'의 대립이 분석가의 디스쿠르와 관련되어 있다는 것을 암시하고 있다(S19, 139). 그것을 나타낸 것이 그림 46이다.

분석가 디스쿠르에서 S_2는 분석가가 가지고 있다고 상정되는 기존의 지知(예를 들어 오이디푸스 콤플렉스 같은 손때 묻은 학설)를 의미했다(S17, 38). 지는 분석의 도입에 필요한 전이를 성립시키기 위해서는 필수적인 것이다. 그러나 분석가는 분석 주체가 자유연상 속에서 내뱉는 말을 지知(오이디푸스 콤플

---

* 이 강의는 나중에 『하나뿐인 '일자' *L'Un-tout-seul*』, 『하나뿐인 '일자' 들*Les-Tout-Seuls*』로 제목이 바뀌고, 밀레르의 강연록으로 처음 출판될 예정이었으나, 2015년 3월 현재 출판은 이루어지지 않고 있다. 또한 밀레르는 주로 건강상의 문제로 이 강의 이후 연속 강연을 중단했다. 참고로 밀레르의 강의 녹취록은 대부분 온라인 해적판으로 열람할 수 있다.

렉스와 같은 코드)에 근거하여 해석하는 것에만 머물러서는 안 된다. 왜냐하면 반복적으로 언급했듯이 의미의 측면만으로는 증상을 사라지게 할 수 없기 때문이다. 오히려 분석가는 지의 시니피앙(S_2)으로부터 분리된 무의미의 시니피앙(S_1)의 새로운 양식을 석출析出시키도록 분석 주체에게 작용을 가해야 한다(S17, 205). 그것은 이 S_1, '일자'의 시니피앙에야말로 증상이 갖는 향락의 측면이 새겨져 있다고 생각되기 때문이다. 지식의 시니피앙(S_2)에 대해 '일자'의 시니피앙을 우위에 두는 이러한 생각을 라캉은 '"일자"론'이라고 부른다(S19, 153).*

밀레르에 따르면, 라캉의 존재론에서 '일자'론으로의 전환점은 『앙코르』의 제8장에서 발견된다(Miller, 2011a: 2011. 3. 9 강의). 밀레르 자신은 언급하고 있지 않지만, 그 전환을 가장 명확하게 확인할 수 있는 것은 『앙코르』의 제7장(73년 3월 13일)과 제8장(73년 3월 20일)에서의 '백치idiot'라는 단어의 해석 변화이다.

『앙코르』 제7장에서 — 즉, '일자'론으로 전환하기 이전에는 — 라캉은 남성의 향락을 자위와 연관시켜 그것을 '백치의 향

---

* 여기서 말하는 '일자'는 타자와 하나가 되는 것을 목표로 하는 융합적인 '일자'가 아니고, 오히려 전체화가 불가능한 홀로된 '일자'Un-tout-seul'이다. 또한 라캉은 '"일자"론'을 자신의 조어라고 말하지만, 그걸 액면 그대로 받아들여서는 안 된다. 파르메니데스의 '일자'론은 플라톤을 거쳐 신플라톤주의자인 플로티노스로 계승되었는데, 플로티노스는 '일자'가 지성에 대하여 우위에 있고, 전자에서 후자가 유출된다고 논했다. 최근 존재론의 도입으로 잃어버렸던 '일자'론을 회복하려는 논의(헤놀로지)가 활성화되는 추세 속에서 라캉의 '일자'론에 대한 주목도 분명 이러한 흐름과 무관하지 않을 것이다.

락jouissance de l'idiot'이라고 불렀다(S20, 75). 이 '백치의 향락'
이라는 말은, 팔루스 향락의 체제하에 있는 남성이 자신의 신
체기관(팔루스)을 사용하여 마치 자위를 하는 것처럼 섹스를
하고 있는 모습을 묘사한 것으로, 거기에는 경멸적인 의미가
있다고 생각된다. 그러나 '일자'론으로 선회한 후인 제8장에서
는 그 뉘앙스가 바뀌어, 백치의 향락은 오히려 분석가의 디스
쿠르에서 '일자'의 시니피앙 S₁과 관련지어지게 된다. 라캉은
다음과 같이 말한다.

> 분석 체험은 여기서 그 자체의 마지막[=S₁]을 만난다. 왜냐하면
> 분석 체험이 생산할 수 있는 모든 것은 나의 서기소書記素, gramme
> 에 따르면 S₁이기 때문이다. 지난번〔 = 제7장〕 내가, 이 시니피앙
> S₁은 가장 백치적이기까지 한 향락의 시니피앙이다, 라는 결론을
> 도출하는 데 성공했다는 소문을 여러분은 아직 기억하고 있을 것
> 이다. 이때 '가장 백치적'이라고 한 것은 두 가지 의미에서다. 즉,
> 여기서 참조의 기능을 가지고 있는 백치의 향락과, 가장 특이적=단
> 독적singulier이기도 한 향락이라는 두 가지 의미에서다.(S20, 86)

여기서 라캉은 '백치idiot'라는 단어가 '기묘한peculiar/개별적
인particular'이라는 두 가지 의미를 가진 그리스어 '이디오테스
ἰδιώτης'에 해당한다는 어원학적 사실을 참조하고 있다. 이를
고려하면 '백치의 향락'이라는 술어는 다음 두 가지 향락을 가
리키는 것이 된다.

(1) 한편으로 '백치의 향락'이라는 용어는 팔루스 향락의 체

제에 있는 남성이 자신의 신체 기관(팔루스)을 가지고 여성을 상대로 하면서도 타인과 관계를 갖지 않는 자위행위와 같은 섹스를 하고 있는 평범한 광경을 '기묘'하다고 부정적으로 논평하는 것이다.

(2) 다른 한편으로 '백치의 향락'이란 정신분석이 종결될 때 만나는 '일자'의 시니피앙 S_1에 새겨진 향락이다. 이 향락은 남성의 팔루스 향락이 지극히 보편적인 것과는 달리 각 분석 주체에게 '개별적인' 것이고, 더 정확하게 말하자면 다른 누구와도 닮지 않은 '특이적=단독적'인 것이다.

이 특이적=단독적인 향락은 팔루스 향락과 마찬가지로 역시 신체와 관계하고 있다. 밀레르에 따르면, 이 향락은 신체에 언어가 처음 도입될 때의, 즉 시니피앙이 향락의 영역에 처음 도입될 때의 트라우마적 충격을 새겨 넣은 향락이다(Miller, 2011a: 2011. 3. 23 강의). 인간은, 라캉이 나중에 '신체의 사건évènement de corps'(AE569)이라고 부르는 이 충격을 잊을 수 없고, 이 향락을 의존증addiction처럼 몇 번이고 반복할 수밖에 없다.* 그 모습은 남성이 신체기관(팔루스)을 가지고 자위행위를 하는 모습과 마찬가지로 '백치'적인 것이다. 그러나 신체의 사건에 의해 구성되는 '백치의 향락'은 분석의 종결과 관련된 긍정적인 의미를 갖는다는 점에서 남성의 팔루스 향락과는 다르다.

직설적으로 말하자면, 라캉은 존재론에서 '일자'론으로의 전환을 통해 오이디푸스 콤플렉스나 원부 신화에 의해 제어된 것이 아닌, 대타자로부터 단절된 백치의 향락의 긍정적 측면을 보게 된 것이다. 이 향락을 라캉은 어떻게 발견했을까? 밀레르에 따르면 그 발견의 경로는 다음과 같다.

> 라캉에게 이 미지의 향락을 엿볼 수 있게 해준 것은 『앙코르』 세미나에서 전개된 여성의 섹슈얼리티 연구였다. 이후 라캉은 그 향락을 남성에게도 발견한 것이다. 말하자면, 그 향락은 팔루스 향락의 허울 좋은 위엄 아래 숨겨져 있는 것이다. 그 향락은 팔루스 향락을 거치지 않기로 선택한 남성들에게도 명백히 나타난다. 그것은 예를 들면, 신비주의적인 남성에서의 금욕의 결과이다. 그 향락은 조이스 증례 같은 데서도 나타난다.(Miller, 2011a: 2011. 3. 23 강의, 강조는 인용자)

당초 라캉은 남성의 팔루스 향락을 향락 그 자체의 체제로 생각했다. 그러나 그는 팔루스 향락의 탐구 속에서 여성의('타'의) 향락을 발견했다. 다음으로 라캉은 여성의 향락을 향락 그 자체의 체제로 일반화했다. 그 결과 얻어진 것이 '타'의 향락과 마찬가지로 비팔루스적이고, 비오이디푸스적 장치의 외부에 있는, '일자'의 시니피앙에 새겨진 향락이었던 것이다.

이제 우리는 여성만이 두 가지 향락(팔루스 향락과 '타'의 향

---

* 밀레르는 다음과 같이 말한다. '반복적인 향락, 의존증addiction이라고 불리는 향락— 정확히 말하자면 라캉이 생톰이라고 부르는 것은 중독의 수준에 있는 것이다 —은 이 지를 표상하는 S_2와는 관계가 없다는 것이다. 이 반복적 향락은 지의-외부hors-savoir에 있는 것으로, S_2가 결여된 S_1이라는 수단을 통해 신체를 자기-향락하는 것에 지나지 않는다.'(Miller, 2011a: 2011. 3. 23 강의)

락)을 가지고 있는 게 아니라 남성도 비팔루스적, 비오이디푸스적 향락을 가지고 있다고 생각해야 한다. 다만, 남성이 그 향락을 다룰 수 있게 되기 위해서는 종교적 금욕*이나 탁월한 창조적 행위, 혹은 정신분석을 통해 팔루스적 향락의 체제를 해체하는 수밖에 없다.

'쓰여지는 것을 멈추지 않는' 것으로서의 증상(1974–1977) — 자폐증에 있어서의 라랑그

성별화 식의 구축과 '일자'론으로의 전환을 통해 라캉은 오이디푸스적 이론을 상대화·추상화하는 데 그치지 않고, 오히려 비오이디푸스적인 것을 중시하는 방향으로 나아갔다. 이 이론적 변천은 세미나 제20권『앙코르』에서 시작되어 74-75년 세미나 제22권『R. S. I』를 거쳐, 75년 10월 4일에 행해진 「제네바에서의 '증상'에 관한 강연」으로 종결한다. 그리고 이 이론적 변천은 75-76년의 세미나 제23권『생톰』에서 '생톰' 개념의 발명을 준비하게 된다.

이 일련의 이론적 변천을 검토하기 위해 우선 70년대 라캉의 지금까지의 행보를 확인해보자. 지금까지의 논의에서는 다음 세 가지 논점을 추출할 수 있다.

(1) 증상이 지닌 향락적 측면의 중시: 과거 증상은 주로 상징계 속에서 파악되었으며, 거기서 증상이 갖는 은유적 의

---

* 이러한 금욕주의에 대해 필자는 예전에 키르케고르를 다루면서 검토한 적이 있다(松本, 2014b).

미의 측면이 강조되어 왔다. 그러나 의미의 측면만으로는 증상을 파악할 수도, 사라지게 할 수도 없다는 것이 밝혀지면서 점차 증상의 뿌리가 되는 향락의 측면(현실적인 측면)이 중시되기 시작했다.

(2) 다른 것으로부터 분리된 시니피앙 S_1의 중시: 디스쿠르의 이론은 주인의 디스쿠르에 의한 심적 시스템의 구조화가 $S_1 \rightarrow S_2$라는 두 개의 시니피앙의 결합에 의해 이루어짐을 밝혔다.

또한 정신분석가의 역할(분석가의 디스쿠르)은 S_1을 S_2로부터 분리된 형태로 분석해 추출하도록 분석 주체를 유도하는 것이었다($S_2 // S_1$). 이로부터 정신분석의 실천에서 중요한 것은 S_2가 아니라, 오히려 그 S_2의 근원에 있는 S_1이며, 더 나아가 다른 시니피앙과 분리된 무의미한 시니피앙 S_1이라는 결론을 내렸다.

(3) 비팔루스적, 비오이디푸스적 향락의 중시: 성별화 정식의 구축을 통해 라캉은 오이디푸스 콤플렉스를 논리로 해소했다. 그 결과, 예외를 통해 보편을 지탱하는 논리에 의존하지 않고 존재하는 비팔루스적, 비오이디푸스적 향락이 발견되었다. 이 논의는 존재론에서 '일자'론으로의 전환을 거쳐, 각 개인마다 다른 특이적=단독적인 향락을 중시하는 입장으로 라캉을 이행하게 만들었다.

이 세 가지 논점을 중첩시키면, 솔레르가 '증상의 일반이론 théorie généralisée du symptôme'이라고 부르는 이론이 만들어진다 (Soler, 2008, p. 99). 표6을 통해 설명해보자.

증상의 뿌리	증상의 의미
S₁	S₂
현실적 향락의 측면 〈일자〉 신체의 사건 라랑그 「입문 강의」 제23강 자체성애	상징적 의미의 측면 〈존재〉 무의식 언어langue 「입문 강의」 제17강 잉여 향락

표 6 증상의 일반이론

표의 오른쪽은 '증상의 의미sémantique des symptômes'의 측면을 나타낸다. 반면, 표의 왼쪽은 '증상의 뿌리racine des symptômes', 즉, 모든 해석을 받은 후에도 계속 남아 있는 증상의 향락적 측면을 나타낸다. 증상의 일반적 이론이란, 의미를 갖고 있는 듯한 증상(S₂)은 증상의 뿌리(S₁)에서 발전하여 만들어진다, 즉 증상의 구조는 'S₁→S₂'로 표현할 수 있다는 생각이다. 이것이 증상의 일반이론이라고 불리는데, 앞서 확인했듯이 신경증의 증상 형성뿐만 아니라 정신병의 망상 형성도 'S₁→S₂'로 표기할 수 있기 때문이다. 즉, 증상의 일반이론은 신경증적 '무의식적 형성물로서의 증상'이라는 특수이론을 상대화할 수 있는 것이다. 이렇게 증상을 파악할 경우, 더 이상 신경증과 정신병의 감별 진단은 필요하지 않게 된다. 증상의 일반이론 이후의 라캉은 말하자면 '포스트 감별 진단'의 입장을 취하고 있는 것이다.

그렇다면, 증상의 일반이론을 자세히 살펴보자.

먼저 표의 오른쪽에 있는 '증상의 의미'에서 출발한다. 일반적으로 분석적 의미의 증상은 상징적인 것이며, 은유에 의해 만들어지는 팔루스적인 의미작용을 가지고 있다. 그러나 주체는 그 의미를 알지 못하며, 증상은 무의식적인 것이다. 프로이트는 그 증상이 갖는 의미를 해석하는 데에 따라서 증상을 사라지게 할 수 있다는 것을 발견했다. 그러나 곧 프로이트는 아무리 해석해도 증상이 사라지지 않는 경우나, 설령 해소되더라도 곧바로 또 다른 증상이 만들어지는 증례를 자주 접하게 되었다.

표의 왼쪽 '증상의 뿌리'에 나타난 것은 이 증상의 치유 불가능성의 이유, 즉 증상이 끊임없이 반복되는 이유다. 라캉은 증상이 반복되는 이유는 증상이 갖는 향락의 측면에 있다고 생각했다. 이 향락의 측면은 끊임없이 같은 장소로 회귀하여 새로운 증상을 만들어내는 것을 멈추지 않는다는 점에서 현실적인 것이다.[*] 또한 라캉은『R.S.I.』의 75년 1월 21일 강의에서 증상 속에서 쓰여지는 것을 멈추지 않는 것ne cesse pas d'écrire 은 '"일자"에서 유래한다'(S22, 65A)라고 말하며, '일자'가 증상의 반복을 기초 짓는다는 것을 지적하고 있다. 즉 라캉은 증상이 갖는 향락의 측면을 신체의 사건이 새겨진 시니피앙 S_1, '"일자"의 시니피앙signifiant Un'으로 파악한 것이다.

증상의 일반이론은 75년 10월 4일 「제네바에서의 '증상'에 관한 강연」(Lacan, 1985)에서 완성된다. 여기에서의 논의를 추적해 보자. 라캉은 '증상의 의미'와 '증상의 뿌리'라는 두 가지 측면을 각각『정신분석 입문 강의』의 제17강 「증상의 의미」와 제23강 「증상 형성의 길」의 내용에 대응시키는 것으로 논의를 시작하고 있다. 전자의 제17강에서 프로이트는 증상이 무의식의 형성물이며 상징적 의미를 가지고 있음을 이야기하고 있다.

---

[*] 라캉의 정의에 의하며, 현실적인 것은 '항상 같은 장소로 다시 돌아오는 것'이다(S11, 49).

후자의 23강에서 프로이트는 증상에는 '만족'이 있다고 말한다. 증상은 그것을 가진 주체에게 어떤 만족을 가져다주는 것이다. 증상의 의미가 아무리 해석되어도 주체가 그 증상을 놓지 않으려 하는 것은 그 때문이다. 프로이트에 따르면 이 증상에 대한 만족은 그 근원을 추적하면, '성욕동性欲動에 처음으로 만족을 가져다준 자체성애'(GW11, 380)에 기인한다. 따라서 만족의 방식은 각각의 주체에 따라 다른 것, 즉 특이적=단독적 singulier인 것이라고 생각된다. 어떤 의미를 갖는 상징적 증상은 그 자체로 성애적 만족이 불가능하게 되었을 때에, '새로운 형태의 리비도 만족을 추구하기 위해 일어나는 갈등의 결과'(GW11, 373)로서 발생한 것이다. 실제로 라캉은 다음과 같이 말한다.

프로이트의 『입문』, 즉 『정신분석 입문 강의』를 조금 읽어보라. 『정신분석 입문 강의』가 여러분에게 그다지 전달되지 않았다는 것을 나는 확신한다. 이 저작에는 증상에 관한 장이 두 개 있다. 하나는 「증상 형성의 길」이라는 제목의 장으로, 제23장이다. 그리고 「증상의 의미」라는 제목의 제17장이 있다는 것을 알 수 있을 것이다. 프로이트가 무언가를 가져왔다면, 그가 가져온 것은 바로 이것〔= 이 두 장〕이다. 즉, 한편으로는 증상이 의미를 갖는다는 것, 그리고 다른 한편으로는 그 의미는 증상의 첫 번째 체험에 따라 정확하게 ─ 정확하게, 라는 것은 주체가 증상의 시작을 푼다는 것을 의미하는데 ─해석되지 않는다는 것이다. 다시 말해, 증상은…… 성적 현실과 만나는 한에서만 해석될 수 있다는 것이다.(Lacan, 1985, 강조는 인용자)

384

라캉에게 있어서 프로이트의 발견은 크게 두 가지로 나뉜다. 하나는 증상이 의미의 측면을 가지고 있다는 것이다. 그리고 또 하나는 증상은 의미의 측면만으로는 해석이 불가능하며, 오히려 주체의 최초의 체험에 위치하는 성적 현실과의 관계 속에서 해석할 필요가 있다는 것이다. 여기서 라캉이 말하는 '성적 현실'은 '아이가 몸에서 처음 발견하는 성적 현실', 즉 자체성애를 말한다(Lacan, 1985). 즉 라캉은, 증상의 해석은 궁극적으로는 인간의 성애의 첫 단계에 있는 자체성애를 — 즉, 각 주체마다 고유한 향락의 모드를 — 상대하지 않으면 안 된다고 생각하기에 이른 것이다.

이어서 라캉은 자체성애에서 증상의 발생에 이르는 두 단계의 과정을 시간적 순서에 따라 다음과 같이 말하고 있다.

> 사람은 최초의 각인을 라랑그lalangue로부터 받는데, 그 라랑그에서 단어는 불명확한 것이다…… 언어langue가 어떤 방식으로든 유산을 만들지 않는다는 의미는 아니다. 그 이후에 꿈과 각종 걸림돌과 각종 말투 속에서 무언가가 생겨나는 것인데, 그것은 각각에서 랑가주가 이야기되고, 또 들려지는 방식의 개별성에서 생겨나는 것이다. 이는 분명한 사실이다. 만약 이 단어를 처음 사용하게 된다면, '언어의 물질주의motérialisme'에야말로 무의식의 단서가 있는 것이다. 내가 조금 전 증상이라고 불렀던 것을 유지하기 위해 각자가 발견하는 것은 이 방법뿐이다.(Lacan, 1985)

이 말을 풀어보면, 아이가 처음 언어를 접할 때의 트라우마적인 충격(신체적 사건)을 겪을 때 각인되는 최초의 언어를 라캉은 '라랑그lalangue'라고 불렀다. 즉, 라랑그란 아이가 최초로 만나는 원초적인 언어(S_1)를 말한다('라랑그'라는 이상한 철자가 사용된 것은 아이가 사용하는 '옹알이lallation'라는 말에 빗댄 언어유희다)(S20, 126).[*] 이 라랑그는 '불명확한' 단어이며, 아이는 그 의미를 이해할 수 없지만, 거기에는 '아이가 자신의 신체에서 최초로 발견하는 성적 현실', 즉 자체성애가 새겨져 있다. 보통 이 트라우마적인 라랑그(S_1)에 새롭게 획득한 다른 시니피앙(S_2=지)을 덧붙이는 작업이 이루어지고, 아이는 점차 '라랑그와 마주하는 것savoir-faire avec lalangue'이 가능해진다(S20, 127). 이렇게 해서 무의식(S_2)이, 즉 무의식적 형성물인 꿈이나 말실수나 증상이 형성된다. 이때, 라랑그에 새겨진 자체성애적 향락의 잔재는, 라랑그가 다른 시니피앙으로 대체되는 과정 속에서 잉여 향락으로 변모하게 될 것이다.

그러나 증상을 해소할 수 없는 것으로 유지하는 시스템의 근간에는 자체성애적 향락을 입은 시니피앙(S_1)의 반복이 있다(S22, 64-5A). 이렇게 생각하면, 무의식을 해명하기 위해서는 무의식의 지知(S_2)를 상대하는 것이 아니라 그 지의 모든 발생원發生原에 있는 물질적인 언어인 라랑그(S_1)를 다루지 않을 수 없게 된다.[**]

증상의 일반이론은 단순히 언어 습득의 '원초'를 소급적으

---

[*] 이 단계에서는 'S_1(에스앙)'은 서로 연쇄를 형성하지 않고 하나의 '무리(에상, essaim)'가 되어 존재한다고 여겨진다(S20, 130).

[**] 여기에 자크 데리다의 '에크리튀르의 물질성'이라는 생각의 반향이 있는 것은 분명하다. 이 점에 대해서는 뒤에서 검토한다.

로 사변함으로써 얻어진 것이 아니다. 왜냐하면, 자체성애적 향락이 새겨진 시니피앙인 라랑그는 무엇보다도 자폐증 임상에서 실제로 확인할 수 있기 때문이다.

여기서는 자폐증의 대표적인 증례로 정신분석학자 로진 르포르(이하 르포르 부인)가 라캉의 세미나에서 제시한 증례 로베르를 살펴보자. 로베르는 적절한 양육을 받지 못한, 지금으로 치면 네글렉트(유아 방기)된 아이였다. 르포르 부인이 로베르를 처음 만났을 때, 그는 짜임새 있는 문장을 말할 수 없었고 단어만 말할 수 있을 뿐이었다. 특히 불안감을 느낄 때 '늑대!'라는 단어를 외치는 모습이 자주 관찰되었다. 예를 들어, 그는 문이 열려 있는 것을 참지 못하고 르포르 부인이 문을 닫게 한 후 '늑대!'라고 외쳤다. 또한 그는 대변이나 소변을 배출할(자신의 신체로부터의 분리) 때 불안해하고, 변기에 담긴 분뇨를 버릴 때에도 '늑대!'라고 외쳤다. 대체로 이 '늑대!'라는 시니피앙은, 어떤 부정적인 구멍trou이 그의 앞에 나타날 때 반드시 외쳐졌다. 즉 그는 문이 열려 공간에 구멍이 뚫리거나, 변기 안의 내용물이 버려져 무의 공간이 생기는 것에 대해 심하게 불안해했으며, 그 불안감을 '늑대!'라는 시니피앙으로 표현한 것이다. 르포르 부인 등은 이 '늑대!'라는 시니피앙은 '하나의 현실적인 구멍에 맞닿아 있는 시니피앙'이라고 말했다(Lefort & Lefort, 1988, p. 124).[*] 나중에, '늑대!'라는 시니피앙이 로베르에게는 '파괴'를 의미한다는 것이 밝혀졌다(S1, 109). 유아 방기로 인해 주거와 시설, 병원을 전전하며 살아야만 했던 로베르에게, 문밖으로 나가는 것, 배설물을 처리하는 것(=버려지는 것)은 파괴를 의미했고, 로베르는 그 트라우마적인 사건에 대해 '늑대!'라는 시니피앙을 붙였다고 볼 수 있다.

에리크 로랑은 로베르가 '늑대!'라는 시니피앙을 반복하는 모습에서, 라랑그(S_1)를 다른 시니피앙(S_2)으로 대체하지 않고 라랑그(S_1) 그대로 중독적으로 반복하는 시도를 간파하고 있다(Laurent, 2012, p. 89). 좀 더 자세히 설명해보자. 로베르와 같은 자폐증 환자는 한 가지 시니피앙을 상동적常同的으로 반복해서 사용한다. 또한 자폐증 환자들이 자주 하는 의례적 행동도 하나의 시니피앙의 반복과 관련이 있다. 이러한 반복되는 시니피앙은 다음과 같은 특징을 가지고 있다.

(1) 자폐증 환자가 가지고 있는 '늑대!'와 같은 반복적 시니피앙은 다른 시니피앙과 연쇄되지 않은(=분절화되지 않은) 시니피앙이다. 이런 시니피앙만 존재한다는 것은 그가 '현실계만을 살고 있다'는 것을 보여준다(S1, 120). 이러한 시니피앙은 다른 시니피앙으로 회부될 수 없고, 따라서 아이는 스스로도 이 시니피앙의 의미를 이해할 수 없어 당황하게 된다. 즉, 이 시니피앙은 '"일자의" 시니피앙significant Un'에 해당한다.

(2) 이 시니피앙은 단순히 언어일 뿐만 아니라, 오히려 거기에는 향락이 일체화되어 있다. 로베르의 경우 '늑대!'라는

---

* 심적 시스템의 통상적인(신경증적인) 구조화 때에도 부정성이 문제가 되지만, 그 부정성(결여)은 '$-\varphi$'라는 마템으로 기술되는, 상상계에서의 팔루스의 결여이다. 한편, 자폐증에서 문제가 되는 부정성(결여)은, 아무것도 결여되지 않아야 할 현실계에서 결여되는 '$-\varphi$의, 현실계에서의 대응물'이다(Lefort & Lefort, 1988, p. 125).

시니피앙은 견딜 수 없는 구멍의 출현이라는 트라우마적인 사건이 새겨진 것이며, 앞서 살펴본 '라랑그'의 성질을 가지고 있다. 그리고 이 '일자의' 시니피앙=라랑그는, 타자와의 커뮤니케이션에는 전혀 도움이 되지 않고, 오히려 각 주체가 자체성애적인 향락을 독자적으로 얻기 위한 도구로 사용되고 있다.

이처럼 자폐증 환자가 가지고 있는 상동적이고 반복적인 시니피앙은 원초적 언어인 라랑그(=자체성애적 향락을 덧입은 트라우마적 시니피앙) 그 자체를 우리에게 제시하고 있다고 생각된다. 자폐증 환자는 말하자면 라랑그(S_1)라는 트라우마적 시니피앙을 만나게 되고 그 이후 언어(S_2=지知)를 획득하지 않는 것을 스스로 선택해 라랑그의 자리에 멈춰 선 아이들이다. 언어(S_2)의 영역을 받아들이기를 거부하고, 언어(S_2)의 영역 앞에서 멈춰선다는 선택을 한 주체, '존재의 헤아릴 수 없는 결정insondable décision de l'étre'(E177)을 한 주체, 그것이 자폐증이라고 생각되는 것이다.*

그렇다면 '증상의 의미'(언어)가 아니라 '증상의 뿌리'(라랑그)를 목표로 하는 정신분석은 자폐증과 관련이 있는 것일까? 우리의 대답은 '그렇다'이다. 증상의 일반이론 이후 70년대의

---

* 물론 이것은 자폐증이 심인성 질환이라는 의미는 아니다. 오히려 라캉은 심인론 자체를 비판하고 있다. 라캉과의 자폐증론에 대한 일반적인 비판에 대해서는 이미 다른 논문에서 대응한 바 있다(Matsumoto & Delphine, 2012).

후기 라캉은, 어떤 의미에서 자폐증을 정신분석의 모델로 삼고 있다고 볼 수 있기 때문이다.[*] 다음 절에서는 증상의 일반이론을 바탕으로 전개되는 '생톰'의 논의를 조망하면서, 그에 대해 살펴보겠다.

5. 증상에서 생톰으로(1975–1976)

70년대 후반의 라캉의 세미나에는 보로메오의 매듭nœud borroméen(세 개의 고리 중, 어떤 두 개의 고리도 서로 교차하지 않고, 세 개의 고리가 삼위일체 구조를 형성함으로써 비로소 고리가 탈락하지 않고 안정화되는 위상학topology적 매듭)에 대한 언급이 빈번하게 등장한다. 여기서 라캉의 보로메오의 매듭 이론을 아주 간단히 정리해 보자. 보로메오의 매듭은 일찍이 세미나 제19권 『우 피르ou pire』와 세미나 제20권 『앙코르』에서 도입되었다(S19, 91; S20, 112). 73–74년 세미나 제21권 『속지 않는 자는 방황한다』 중 73년 11월 13일의 강의에서는 보로메오의 매듭을 구성하는 세 개의 고리가 상상계, 상징계, 현실계의 세 가지 영역과 동일한 것으로 간주되기에 이른다(S21, 16A). 이어진 세미나 22권 『R.S.I.』에 이르면, 라캉은 수학자 피에르 수리Pierre Souris와 미셸 토메Michel Thomé의 협조를 얻어 보로메오의 매듭 이론을 더욱 발전시켜 나간다. 먼저, 75년 1월 14일 강의에서 보로메오 매듭의 삼위일체성은 일단 해제

---

[*] 이렇게 해서 우리는 (1) 50년대, (2) 60년대 후반에서 70년대 초반, (3) 70년대 후반의 라캉 이론의 패러다임을 각각 (1) 파라노이아, (2) 스키조프레니, (3) 자폐증과 관련 지은 셈이다.

되고, 현실계(R), 상징계(S), 상상계(I)의 세 개의 고리를 연결하는 제4의 고리의 존재가 논의되기 시작한다(S22, 54A). 이어 같은 해 3월 1일의 강의에서 '아버지의 이름'은 세 개의 고리를 연결하는 고리로서 외화된다(S22, 111A). 또한, 같은 해 3월 18일의 강의에서는 상상계, 상징계, 현실계 각각에 대응하는 '"복수형의 아버지 이름"의 세 가지 형태'가 논의된다.(S22, 133A). 그리고 같은 해 5월 13일, 상상적인 명명이 제지, 현실적 명명이 불안, 상징적 명명이 증상이라는 것이 제시되는 대목에서 『R.S.I.』의 세미나는 끝난다(S22, 183A). 그리고 세미나 제23권 『생톰』에서는 전년도부터 이어진 보로메오의 매듭의 확장이 탐구되고, 제4의 고리로서의 '생톰'이 매듭의 구조를 안정화시킬 수 있음을 보여준다.

그러나, 이러한 논의가 어떻게 라캉의 이론과 실천을 어떻게 풍요롭게 만들었는지에 대해서는 의문이 남는다. 보로메오의 매듭에 대한 논의는 분명 지금까지의 라캉 이론을 정리한다는 의미는 있지만, 정신분석에 새로운 무언가를 추가하는 것은 아니다. 예전에 토가와 코지十川幸司는 그 점을 다음과 같이 분명하게 지적한 바 있다.

그러나 어떻게 매듭 이론이 정신분석의 임상과 관계가 있는 것일까? 그것은 라캉이 매듭의 특성으로부터 임상적 사상事象을 설명할 수 있도록 이론 구성을 하고 있기 때문이다. 예를 들어 보로메오의 매듭을 사용한 임상 체험의 설명에 있어서는 먼저 자신이 이미 알고 있는 체험적 사실로부터의 유추에 의해 첫 번째 설정이 이루어지고, 매듭 이론을 통해 그 구상을 형식화한 후에, 그것을 해

석의 차원에서 임상 체험과 일치하도록 조정이 이루어져 있다.(十
川, 2000, p. 227)

　보로메오의 고리를 논하는 라캉은 분명히 이론적 변천을 행
하고는 있지만, 그 이론적 변천은 임상과의 연계성이 결여된
것이라고 토가와는 말한다.* 이러한 이론적 변천에는 정신분석
적 사고의 고유성을 결정짓는 '임상 체험 속에서 미지의 저항
에 부딪혀서 탄생하는 매우 강력한 사고'가 결여되어 있다(十
川, 2000, p. 211). 확실히 그렇다. 보로메오의 고리 이론을 추
진한 말년의 라캉이 끔찍하게 절망적인 결론에 이르렀다는 것
을 우리는 알고 있다. 77-78년에 걸쳐 라캉은 수학자이자 정
신분석학자인 장-미셸 바프로Jean-Michel Vappereau 등과 함께
'일반화 보로메오 이론'을 만들어 낸다. 그리고 78-79년 마지
막 세미나인『위상학과 시간』에서 라캉은 몇 번이나 일반화 보
로메오 이론에 대해 이야기하기 시작하지만, 그때마다 '영문

---

* 또한 토가와는 같은 논리를 가지고, 디스쿠르의 이론이나 성별화의 정
식에서도 임상과의 얽힘 속에서 발생하는 진정한 이론적 변천이 일어
나지 않고 있음을 지적하고 있다. 그 점에 대해서는 우리는 부분적으로
밖에는 동의할 수 없다. 왜냐하면, 디스쿠르의 이론이나 성별화 정식은
이후 증상에 대한 일반적 이론을 만들기 위한 전 단계이며, 증상의 향
락 측면의 강조나 자폐증에서 라랑그의 발견과 같은 임상과 맞물리면
서 발생하는 마지막 이론적 변천을 준비했다고 볼 수 있기 때문이다.
다만, 이후 우리가 검토하는 주체의 특이성=단독성을 중시하는 논의가
그 자체로 형식적인 것으로 전락하여 다시 잡동사니 같은 것으로 전락
하지 않을 것이라는 보장은 어디에도 없다. 이를 피하기 위해서는 끊임
없이 임상과의 대화 속에서 이론을 전개해 나가는 것이 요구될 것이다.

을 알 수 없다', '일반화된 것을 믿을 수 없다' '아무것도 이해할 수 없다'라고 말하면서 일찌감치 강의를 중단해 버린다. 라캉은 자신의 보로메오 매듭 이론이 최종적으로 잠동사니 같은 것이 되어 버렸다는 것을 어느 정도 자각하고 있었을 것이다.

그러나 70년대 후반의 라캉이 임상과 연계되지 않은 사변만 하고 있었던 것은 결코 아니다. 고바야시 요시키(2014)가 지적했듯이, 생탄 병원에서 행한 환자 제시présentation de malades에서 라캉이 만난 주요 환자들은 '환각이나 망상 같은 고전적 파라노이아나 통합실조증의 증상이 두드러지지 않는 반면, 현실감·신체감각의 결여, 조어를 비롯한 특이한 언어 사용, 집단으로부터의 고립, 이상한 언행, 이성異性 관계의 결여, 독특한 부유감, 사회나 법에 대한 일탈행위 등의 특징으로 보아 신경증이 아닌 정신병으로 판단할 수밖에 없는 환자'였다. 즉, 여기서 라캉은 자신의 오이디푸스 콤플렉스를 중심으로 한 이론으로는 더 이상 임상의 현실에 맞설 수 없다는 것을 깨닫지 않을 수 없게 된 것이다. 그래서 라캉은 『생톰』과 「증상 조이스」에서 자신의 이론의 결함을 극복하고, 정신분석을 재정의하기 위한 마지막 이론적 변천을 시도한다. 나중에 보겠지만, 그 이론적 변천의 키워드는 '보로메오의 매듭'이 아니라 '특이성=단일성singularité'이다.

당시의 라캉은 한편으로는 위상학의 이론을 사변적으로 추진하면서도, 다른 한편으로는 임상과의 얽힘 속에서 위상학에 의존하지 않는 이론적 변천을 꾀하고 있었던 것으로 보인다. 따라서 우리는 70년대 후반의 라캉에 대해서는 '위상학의 라캉'보다는 오히려 '위상학이 아닌 라캉'을 적극적으로 읽어 나갈 필요가 있다.

조이스에서의 보로메오 매듭의 실패와 그 보전

그렇다면, 이를 바탕으로 『생톰』의 핵심인 조이스의 논의를 읽어보자. 『생톰』에서 위상학의 기본 개념은, R, S, I의 세 개의 고리는 어떤 제4의 고리(생톰)로 묶여지는 일 없이 해체된다는 것이다. 이 네 번째 고리가 세 개의 고리를 묶어주는 것을 라캉은 '보전한다suppléer'고 표현하고 있다. 이 견해에서는 오이디푸스 콤플렉스도 증상이라는 형태로의 보전補塡으로 간주되기 때문에(S23, 22), 이제 신경증과 정신병의 차이는 네 번째 고리가 다른 세 고리를 연결하는 보전 방법의 차이에 불과하다.* 즉, 생톰 개념의 도입은 어떤 의미에서 신경증과 정신병의 경계선을 지워버리는 것이다(Miller, 2009a: 2009. 12. 3 강의).

따라서 조이스의 증례도 '매듭의 풀림을 보전하는 하나의 방법에 해당하는 것'(S23, 87)으로 논의된다. 그렇다면 조이스 증례에는 어떤 매듭의 해체가 보일까. 라캉은 조이스가 『젊은 예술가의 초상』에서 묘사한 동급생에게 린치를 당했을 때의 에피소드에 주목한다. 어느 날 주인공 스티븐 디덜러스는 문학가에 대한 평가를 두고 몇몇 동급생들과 다투다가 그들로부터

---

* 라캉의 '보전'에 대한 관심은 사실은 58년 논문 「전제적 문제」로 거슬러 올라간다. 인용해 보자. '플렉지히 교수의 인물상이…… 창시적 배제Verwerfung라는 돌연 깨달은 공백을 보전하는 데 성공하지 못했다는 것은 틀림없다.'(E582) 플렉지히 교수와의 만남은 슈레버에게 발병을 가져왔다. 그러나 만약 그 만남이 보전적인 것이었다면 슈레버는 발병을 예방할 수 있었을지도 모른다.

린치를 당한다. 그러나 그때, 그는 '자신을 괴롭힌 사람들에 대한 증오가 조금도 느껴지지 않고', 오히려 '어떤 힘이, 과일의 잘 익은 부드러운 껍질을 벗기는 것처럼, 그 당돌한 분노를 손쉽게 벗겨낸 것처럼 느껴졌을' 뿐이었다(S23, 149). 라캉에 따르면, 이것은 상상계(I)의 고리가 미끄러져 떨어진 것에 해당한다(S23, 151). 즉, 조이스는 보로메오의 세 개의 고리 중 상상계의 고리(상상적 신체 이미지)가 탈락할 위기에 처해 있었던 것이다.*

라캉에 따르면, 조이스는 그 탈락을 네 번째 고리인 '에고'로 연결함으로써 보전하고 있었다. 그림 47에 라캉이 '실패한 매듭noeud raté'(S23, 151)이라고 부르는 조이스의 상상계의 탈락과 그것을 '보정하는 에고ego correcteur'(S23, 152)의 도식이 제시되어 있다.

그렇다면, 조이스의 매듭의 해체를 보전하는 '에고'는 대체 무엇일까? 라캉은 '조이스의 경우 에고는, 에크리튀르의 양태

---

* 밀레르(1977)가 전하는 바에 따르면, 이 논의보다 한 달 정도 앞선 76년 4월 16일의 생탄 병원에서의 환자 진료에서 조이스와 마찬가지로 신체가 보로메오의 고리에서 벗어난 듯한 증례에 대해 라캉은 다음과 같은 코멘트를 남겼다고 한다. '정신질환의 경계를 생각하는 것은 매우 어렵네요. 이 사람은 드레스 아래에 입어야 할 최소한의 신체 관념을 가지고 있지 않으며, 그녀의 의복에 사는 사람은 아무도 없어요. 그녀는 내가 눈비음이라고 부르는 것을 예증하고 있어요. 아무도 그녀에게 명확한 형태를 부여하기에 이르지 않은 거예요. 그것은 심각한 정신질환이 아니에요⋯⋯' 라캉은 이런 환자를 '망탈리테의 병maladie de la mantalité'이라고 부르며, 그것을 '대타자의 병'(파라노이아)과 대비시키고 있다.

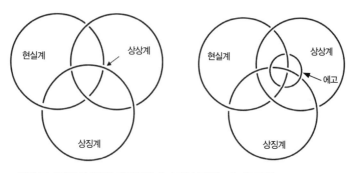

그림 47 조이스의 실패한 매듭(왼쪽)과 그것을 보정하는 에고(오른쪽)

에 의해서만 이해할 수 있는 기능을 충족시키고 있다', '에크리튀르가 조이스의 자아의 본질'(S23, 147)이라고 말하고 있다. 결국, 조이스는 작품을 쓰면서 매듭의 해체를 막았다고 볼 수 있다.

또한 조이스에게 뚜렷한 발병은 나타나지 않았지만, 다양한 관념이 머릿속에 갑자기 떠오르는 '영적 현현'을 종종 체험했다. 그는 그 현상을 스스로 '에피파니Epiphany'라고 불렀으며, 작품 속에 기록하고 있다. 이것은 정신병자의 정신자동증(현실계에서의 시니피앙의 출현)에 해당할 것이다. 실제로 라캉은 조이스의 에피파니가 '매듭의 실패로 인해 무의식[=상징계]과 현실계가 결합됨으로써'(S23, 154) 발생했다는 것을 지적하고 있으며, 에피파니가 '현실계에서의 시니피앙'이라는 고전적인 정신병의 현상과 동일한 것임을 인정하고 있는 것으로 보인다.

우리는 조이스에서 매듭의 실패를 두 가지 병리의 혼합으로 이해할 수 있다. 즉, 한편으로는 상상계(상상적 신체 이미지)가 탈락할 것처럼 되고, 다른 한편으로는 상징계(무의식)의 고리가 현실계의 고리와 직접적으로 결부되어 버린 것이 조이스의 병리를 결정짓고 있는 것이다. 그리고 이 두 병리는 전자가 '에고'의 에크리튀르에 의해, 후자가 '에피파니'의 문학작품을 쓰면서 보상받은 것이라고 생각된다.

이러한 논의를 라캉은 '부성의 부재carence paternelle', 및 그에 대한 '벌충compensation'과 연관시키고 있다.

세계 전체를 지배하는 예술가가 되고자 하는 조이스의 욕망은…… 조이스에게 있어 그의 아버지가 결코 아버지가 아니었다는 것의 벌충이 아니었을까?(S23, 88)

이 아버지의 포기에 대한 벌충이 된 것이 아닐까? 이 사실상의 배제Verwerfung로부터, 조이스는 아버지를 희생시키고, 자신의 고유한 이름을 높이 평가할 수 있도록…… 거부할 수 없는 부름을 받았다고 느꼈다. 조이스가 경의를 표하고 싶었던 것은 바로 이 이름에 대해서였고, 다른 어떤 것에 대해서도 그 자신은 경의를 표하는 것을 거절했다.(S23, 89)

조이스에게는 어떤 증상이 있는데, 이 증상은 그의 아버지가 부재했다는 것, 철저하게 부재했다는 것에서 비롯되고 있다…… 조이스는 스스로 이름을 원하는 것으로, 부성의 부재를 메꾸려 했던 것이다.(S23, 94)

조이스의 아버지는 알코올 중독자였고, 조이스에게 아버지로서 관여한 적이 없었다. 조이스의 보로메오의 고리의 실패는, 그러한 부성의 부재에서 비롯된 것으로 보인다. 그래서 조이스는 자신의 예술을 '자신의 팔루스의 진정한 보증인le vrai répondant de son phallus'(S23, 15)으로 삼고, 스스로 제4의 고리를 만들어 보로메오의 매듭을 이어 붙인 것이다.

과연, 이러한 논의는 분명 도식적이고 이해하기 쉬운 것이다. 하지만 거기에는 큰 단점이 있다. 왜냐하면 여기서는 조이스 예술의 특이성=단독성은 거의 고려되지 않았기 때문이다. 그렇다면 조금이라도 정신병적 증상이 있고, 나중에 예술작품을 만든 예술가라면 누구에게라도 이 도식을 전용하여 바로 '라캉적 설명'이라는 것을 제출할 수 있을 것이다. 만약 그런 논의가 『생톰』의 전부라면 우리는 그것을 읽을 필요가 없다. 왜냐하면 모두 같은 것의 반복이기 때문이다. 토가와가 비판한 것은 바로 그것이다.

증상의 기쁨 — 특이성=단독성의 중시

보로메오의 매듭이 『생톰』의 전부는 아니다. 『생톰』에는 '보로메오의 매듭'과는 다른 논점이 흐르고 있다. 예를 들어, 라캉은 아리스토텔레스의 논리학을 자신의 '모든 것이 아닌pas-tout'과 대립시키면서 다음과 같이 말하고 있다.

아리스토텔레스는 특이적=단독적인 것le singulier이 그의 논리학에서 역할을 하는 것을 원하지 않았다. 소크라테스는 폴리스가 살아남기 위해 죽는 것을 받아들였기 때문에 해당 논리학 안에서 아리스토텔레스가 인정하고 있는 것과는 반대로 소크라테스는 사람이 아니라고 말해야 한다. 그가 받아들인 것은, 하나의 사실이다. 게다가, 그 상황에서 소크라테스는 아내의 말을 들으려 하지 않았다. 그러므로 말하자면, 나의 여성에 대한 식은 — 나는 그것을 당신[=분석가]이 사용하기 위해 원점에서 재검토하고 있는 것이다 — 결국 내가 『오르가논』에서 추출한 '모두가 아닌mè pantes'은 아리스토텔레스에 의해 퇴출되어 있으며, 모든pan의 보편적인 것 l'universel과 대립하고 있는 것이다.(S23, 14)

아리스토텔레스의 연역법에서는 '인간은 죽는다', '소크라테스는 인간이다', '그러므로 소크라테스는 죽는다'라는 삼단논법으로 소크라테스의 죽음을 이해한다. 이 논리에서는 보편적 존재로서의 인간이라는 존재가 가진 '죽는다'라는 특징이 개별적 존재인 소크라테스에게 그대로 수육화受肉化되어 있다고 생각된다. 그러나 소크라테스는 실제로는 '인간은 죽는다'는 보편적 명제에 따라 죽은 것이 아니라, 폴리스의 법률이라는 또 다른 보편에 의해 자결을 선택했다. 게다가 소크라테스는 여성(아내)의 논리에 귀를 기울이지 않았고, 그의 죽음에는 여성의 논리 정식에서 '모든 것이 아닌pas-tout'이 반영되지 않은 것이 된다. 정신분석가는 아리스토텔레스의 연역법과 같은 논리의 방식과는 반대로, 오히려 보편에서 벗어난 것, 특이적=단독적인 것을 이용해야 한다. 라캉은 그렇게 말하고 있는 것이다.

그리고 라캉은 예술가로서의 조이스 역시 특이적=단독적이었다고 말한다.

『예술가의 초상Un portrait de l'artiste』. 예술가L'artiste, 이것에 대해서는 정관사 le를 강조해야 한다. The[라는 영어의 정관사는], 이것은 물론 우리에게 정해진 우리의[프랑스어의] 관사가 전혀 아니다. 하지만 조이스는 신뢰할 수 있다. 조이스가 the라고 말했다면, 그것은 그가, 예술가라는 것은 그가 그 유일한 인물이고, 그는 특이적=단독적singulier인 존재라고 생각했기 때문이다.(S23, 17)

조이스의 예술은 확실히 '부성의 부재에 대한 벌충'으로 정리할 수 있다. 그러한 정리는 '부성이 부재한 예술가는 모두 작품 속에서 그 부재를 메꾼다'라는 보편적 명제를 바로 도출해낸다. 그러나 라캉이 여기서 말하는 것은 그 반대. 밀레르가 지적하듯이, 조이스 같은 주체가 보로메오의 고리의 해체를 막기 위해 만들어내는 생톰은 '주체의 진정한 고유명'이며, 거기에는 각 주체에 있어서 다른, 특이적=단독적인 향락의 모드가 새겨져 있다고 생각해야 하는 것이다(Miller, 2009a: 2009. 3. 4 강의).*

라캉은 '조이스는 정신분석의 종결에 기대할 수 있는 최선의 것에 직접 도달했다'(AE11)고 말한다. 즉, 조이스는 문학작품의 창조를 통해 분석적 체험에 호소하지 않고 정신분석의 종결에 도달했다고 라캉은 말하고 있는 것이다(AE570). 이 논의를 할 때 라캉은 조이스의 작품 중에서도 특히『피네건의 경야』를 염두에 두고 있다.『피네건의 경야』에서는 언어가 극단적으로 해체되고 온갖 외국어가 동원된다. 거기에서 통상의 의미를 읽어내는 것은 더 이상 불가능하며, 더 이상 우리는 그 작

---

* 이런 의미에서 증상symptôme이 언어의 차원을 내포하는 상징적 증상이라면, 생톰sinthome은 향락의 측면을 내포하는 현실적 증상이라고 할 수 있다.

품을 '이해하려고 노력하지 않고' 읽어야 한다. 그러나 그것은 지루한 고행과 같은 독서가 전혀 아니다. 바로 '이해하려고 애쓰지 않고' 읽음으로써 우리는 『피네건의 경야』에서 그것을 쓴 조이스의 향락이 제시되어 있음을 느낄 수 있기 때문이다(S23, 165).

여기서 우리는 라캉이 72-75년에 걸쳐 만들어낸 '증상의 일반이론'을 떠올릴 필요가 있다. 증상의 일반이론에 따르면, 정신분석은 무의식적 지知(S_2)를 대상으로 하는 것이 아니라 그 지의 모든 원천에 있는 물질적 언어인 라랑그(S_1)를 다루지 않으면 안 되었다. 왜냐하면 그 라랑그야말로 언어가 처음 신체에 도입될 때의 트라우마적 충격이 그 자체로 성애적 향락으로 새겨져 있기 때문이다. 조이스를 포함한 모든 주체에 있어서 가장 특이적=단독적인 것은 그들에게 고유한 향락 모드이며, 그것이 새겨진 라랑그인 것이다.

라캉에 따르면, 조이스는 창조 행위를 통해 '무의식의 구독 정지désabonnement'를 행했다고 한다(S23, 166). 즉 조이스는 상징적 무의식(S_2)에 관여하는 것을 그만두고 '일자'의 시니피앙, 특이적=단독적 향락에 분리적으로 결부된 라랑그(S_1)에 관여하는 체제로 이행한 것이다. 조이스가 『피네건의 경야』에서 제시하는 향락은 라랑그의 수준에서 나타나는 향락이며, '자폐적 향락jouissance autistique'(Miller, 1987b)이라고 불려야 할 향락이다. 밀레르는 그 향락 표출의 효과를 다음과 같이 표현하고 있다.

『피네건의 경야』는 해석도 번역도 되지 않는다. 왜냐하면 『피네건의 경야』는 그 자체가 해석이 아니기 때문이며, 독자라는 주체를 라랑그에서 주체의 요소 현상phénomène élémentaire으로서의 당혹 감으로 멋지게 데려오기 때문이다.(Miller, 1996b)

증상의 일반이론 도입 이후의 라캉은 정신분석의 종결을 의미의 원천인 시니피앙의 수준이 아니라 그 자체로 성애적 향락이 새겨진 라랑그의 수준에서 찾는다. 조이스가 '정신분석의 종결에 기대할 수 있는 최선의 것에 직접 도달했다'(AE11)는 라캉의 기술은, 조이스가 분석 주체와 마찬가지로 이 라랑그에 도달했음을 보여주고 있다. 라캉의 조이스론은 '라캉에 의한 새로운 정신병론'으로 종종 소개되지만, 실제로는 라캉이 조이스론을 통해 정신분석의 재정의를 시도한 것이다.

정신분석적 해석의 재정의로서의 '역방향 해석'

정신분석으로의 도입은 어떤 인물이 자신의 증상에 시달리면서 '이 증상에 어떤 의미가 있지 않을까'라고 가정할 때부터 준비된다. 분석가를 찾아간 그는 몇 차례의 예비 면접을 통해 자신이 알지 못하는 무의식의 지知가 존재한다는 것을 알게 되고, 나아가 자신의 증상 속에 무의식의 주체가 나타나고 있음을 깨닫는다. 이렇게, 지와 주체의 존재가 상정되었을 때 전이가 성립한다('지가 상정된 주체'로서의 전이). 그리고 그는 분석 주체가 되어 카우치에 누워 있을 것이다. 그는 자유연상을 개시하고, 그 연상 속에서 다시 한 번 무의식의 지와 무의식의 주체의 존재를 발견하게 될 것이다.

문제는 그 이후다. 일반적으로 정신분석에서 분석가는 분석

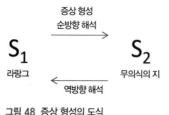

증상 형성
순방향 해석

S_1
라랑그

S_2
무의식의 지

역방향 해석

그림 48 증상 형성의 도식

주체에게 해석을 주는 것으로 믿어져왔다. 물론, 그 자체는 틀린 말은 아니다. 분석가는, 라캉파에서는 다른 학파보다 극단적으로 그 횟수가 적기는 하지만,

해석을 수행한다. 그러나 그 해석은 증상과 어떤 관계를 맺고, 증상을 어떻게 변화시킬까?

증상과 해석의 관계를 다시 한 번 생각해 보자. 해석은 증상에 의미를 부여한다. 환자는 해석을 통해 증상에 이전에는 몰랐던 무의식적인 의미가 있다는 것을 알게 된다. 그것은 증상의 일반이론으로 말하자면, 라랑그(S_1)에 무의식의 지(S_2)가 연쇄되어 있다는 것이다. 그 구조는 그림 48처럼 도식화할 수 있다.

프로이트가 했던 것과 같은 고전적 해석은 의미의 해석이다. 분석가는 분석 주체의 증상의 의미를 분석 주체에게 전달한다. 그것은 기존의 무의식의 지(S_2)에 새로운 지(S_3)를 추가하는 해석이다. 이러한 해석을 '순방향 해석'이라고 부를 수 있다. 그러나 라캉이 『정신분석의 네 가지 기본 개념』에서 지적했듯이, 증상을 비롯한 무의식적 형성물이 형성되는 것은 무의식 자체가 평소에 기존의 시니피앙을 마음대로 해석하고, 거기에 의미를 덧붙이고 있기 때문이다(S11, 118). 그러면 의미의 해석(순방향 해석)은 '$S_1 \rightarrow S_2 \cdots\cdots$'라는 방향으로 진행되는 것인 이상, 증상을 해소시키는 것이 아니라 오히려 증상 형성의 원리에 손을 대게 될 위험성을 내포하게 된다. 최악의 경

우, 이 긍정적 의미의 증식은 의미의 파라노이아인 '해석 망상병délire d'interprétation'에 가까운 수준까지 갈 수 있다. 라캉의 고전적 해석 기법인 '구두점을 찍는 것ponctuation'(E252) 또한 분석 주체가 아무렇지도 않게 발화하는 서사를 구분함으로써 그 서사에 새로운 의미를 부여한다는 점에서 동일한 위험성을 내포하고 있다고 할 수 있다. 그러나 증상의 일반이론 도입 이후 라캉은 무의식적 지(S_2)가 아니라 라랑그(S_1)를 지향하고 있었다. 그렇다면 '순방향 해석'과는 정반대의 해석 기법이 요구될 것이다. 이를 위해 밀레르(1996b)가 도입한 것이 '역방향 해석interprétation à l'envers'이다. 역방향 해석은 증상의 의미(S_2)를 깎아내어 라랑그(S_1)를 발굴하는 것을 목표로 하는 것이다. 이러한 해석 기법은 64년 라캉이 '해석이란 주체의 무의미의 핵을 꺼내는 것이다'(S11, 226)라고 말했을 때 처음으로 라캉 이론에 배태되었고, 나중에 디스쿠르의 이론 속에서 분석가의 디스쿠르의 하단이 '$S_2//S_1$'이라고 표기되었을 때 형식화되었다. 또한 라캉은 '정신분석적 해석에서, 자기 나름의 향락과의 관계와 만난 것이다, 라는 명제를 보여주기 위한 것이 아닌 것은 없다'고 71년에 언급했고, 해석이 지향해야 할 'S_1'에는 '자기 나름의 향락과의 관계'가 내포되어 있음을 지적했다(Lacan, 2011, p. 64). 라캉은 증상에 대한 일반이론의 구축을 통해 이러한 역방향의 해석이 자체성애적 향락이 새겨진 라랑그를, 시니피앙과 신체의 물질적 만남이 새겨진 시니피앙을 부각시키는 것이라는 결론에 이르렀다. 이러한 해석의 전경화前景化는 필연적으로 정신분석 세션의 양태를 갱신하게 될 것이다. 실제로 밀레르는 다음과 같이 말한다.

구두점을 찍는 것은 의미작용의 시스템에 속한다. 그것은 항상 의미론적인 것이며, 항상 누빔점point de capiton을 실현한다. 포스트-해석학 시대의 실천은…… 구두점을 찍는 것이 아니라, 절단하는 것으로 표시된다. 이 단절은 현재로서는 S_1과 S_2 사이의 분리로 상상할 수 있다. 이것은 그 자체로 '분석적 디스쿠르'의 마템 하단에 $S_2//S_1$이라고 적혀 있다. 세션이 길든 짧든, 침묵으로 채워져 있는지, 말로 채워져 있는지는 중요하지 않다. 세션이 의미론적 단위인지 또는 비의미적 단위인지가 문제인 것이다. 즉, 전자는 S_2가 정교하게 짜여진 것— '아버지의 이름'을 섬기는 망상 —에 구두점을 찍기 위해 오는 것이다. 많은 세션이 그런 것이다. 후자의 세션은, 주체를 그의 향락의 불투명함으로 되돌려 놓는 비-의미론적 단위이다. (Miller, 1996b)

이러한 역방향 해석을 통해 도출되는 것은 어떤 누구와도 다른, 각각의 주체에 고유한 향락의 방식, 즉 '오직 하나인 "일자"'라는 고립된 향락의 방식이다. 정신병의 술어를 사용한다면, 그것은 다른 시니피앙 S_2와 격리된 '단 하나의 시니피앙 S_1'으로서의 요소 현상phénomène élémentaire이며, 자폐증의 용어를 사용한다면 그것은 라랑그(S_1)를 다른 시니피앙(S_2)으로 대체하지 않고 라랑그(S_1)를 중독적으로 반복하는 것에 해당할 것이다. 어느 경우든, 거기서 추출된 것은 무의미한 시니피앙이며, 거기에 새겨진 각 주체에게 고유한 향락의 모드다. 밀레르(2011b)가 말하듯이, 현대 라캉파에게 '증상을 읽는다는 것'은 증상의 의미를 듣는 것이 아니라, 오히려 증상의 무의미를 읽는 것이다.

정신분석의 종결을 재정의하다 — '타협하는 것'과 잘 해나가는 것'

한때 라캉은 50년대에는 '미래와의 관계에서 주체에 의한 자신의 역사 실현'(E302)을 분석의 목표로 삼았다. 그것은 가족의 신화, 가계家系의 상징적 이야기 속에서 전승되어 온 위치를 분석 주체가 스스로 맡는 것과 같다. 60년대에 이르러 분석의 종결은 팡타즘의 횡단과 관련지을 수 있게 되었다. 그렇다면 증상의 일반이론을 도입한 후의 정신분석은 자체성애적 향락이 새겨진 라랑그를 드러내는 곳에서 종결되는 것일까?

그렇지 않다. 역방향의 해석은 분명 증상의 의미를 축소하고, 라랑그(S_1)를 드러낼 수 있다. 그러나 거기서 드러난 자체성애적 향락은 언젠가 다시 무의식의 지(S_2)와 결합하여 의미 있는 증상을 형성할지도 모른다. 그런 의미에서 라랑그는 증상의 치유 불가능성의 증거이며, 모든 분석이 '끝없는 분석'이라는 증거이기도 하다.

그러나 라캉은 증상의 치유불가능성을 부정적으로 보지 않고, 오히려 그 불치성이야말로 분석 종결의 긍정적인 조건이라고 생각하게 되었다. 그 논의는 『생톰』의 이듬해, 76-77년의 세미나 제24권 『L'insu que sait de l'une bévue, s'aile a mourre』에서 이루어지고 있다. 라캉은 증상의 치유 불가능성을 긍정하는 방향으로 키를 잡고, 그 각각의 분석 주체가 자신의 증상의 뿌리에 있는 고유한 향락의 모드(특이성=단독성)와 적절한 거리를 둘 수 있게 되었을 때, 정신분석은 종결된다고 생각하게 되었다. 라캉은 76년 11월 16일의 강의에서 이를 '자신의 증상과의 동일시'(S24, 11.16)라고 부르며, 곧바로 그것을 '자신의 증상과 잘 지내는 것savoir y faire avec son symptôme'(S24,

12A)이라고 고쳐 부르고 있다.

그렇다면, 분석의 종결 조건인 '자신의 증상과 잘 지내는 것'은 도대체 무엇을 의미하는 것일까? 여기서 우리는 앞서 살펴본 '라랑그와 화해하는 것savoir-faire avec lalangue'(S20, 127)과 '자신의 증상과 잘 지내는 것savoir y faire avec son symptôme' 사이의 미묘한 뉘앙스 차이에 주목할 필요가 있다.

밀레르(2002b)는 '타협하는 것(=노하우)savoir-faire'이 하나의 테크닉, 즉 어떤 매뉴얼에 따라 행동하는 것이라면, '잘 해내는 것savoir y faire'에는 예측 불가능한 것에 어떻게 대응할 것인가라는 논점이 함축되어 있다고 지적하고 있다. 다시 말해, 전자는 라랑그에 대해 상징적 무의식(이것은 사회적인 기술이나 매뉴얼로 통하는 것)에 의해 '타협하는 것'이며, 그것은 보편적인 것에 의존하고 있다. 사람이 신경증에 걸리는 것은 라랑그에 대해 오이디푸스 콤플렉스와 같은 보편적인 것을 연쇄시키기 때문이다. 반대로 후자는 상징적 무의식과 같은 보편적인 것에 의존하지 않고, 각각의 주체에서 다른, 특이적=단독적인 방식으로 라랑그와 '잘 지내는 것'이다. 이러한 시도는 역방향의 해석을 통해 드러난 라랑그로부터 대안적인 주체의 양태와 대안적인 사회적 유대를 만들어내는 것을 가능하게 할 것이다.

이러한 새로운 정신분석의 패러다임은 어딘가 자폐증 환자의 모습과 닮지 않았을까? 좀 더 직설적으로 말하자면, 여기서 논의한 것과 같은 정신분석의 종결에 도달한 인물의 모습은 다른 누구와도 닮지 않은 기발한 방법을 가지고, 트라우마적인 라랑그과 잘 지내는 자폐증 환자의 모습을 떠오르게 하지는 않을까? 증상에 포함된 고유한 향락의 모드를 '증상의 자폐적 측면'이라고 부른 밀레르와 로랑이라면 아마도 이 질문에 긍정적으로 답할 것이다(Miller & Laurent, 1997: 1997. 3. 21 강의). 다만 그 경우의 자폐증이란 불안과 당혹이 지배하는 자폐증의 원초적 상태를 의미하는 것이 아니며, 규범적인 타자(규칙이나 법)를 강제로 강요당해 공황에 빠져 있는 자폐증 환자의 모습을 말하는 것도 아니고, 오히려 다양한 대상이나 지식을 자유롭게 — 그러나 그들 자신의 논리에 따라 — 조합하고, 자신만의 대타자를 발명하고, 그것을 통해 타자와 다른 방식으로 연결될 수 있도록 하는 자폐증 환자의 모습이다.

현대 라캉파의 이론을 가장 도발적으로 전개한다면, 말기의 라캉은 정신분석을 말하자면 자폐증화하여, 세련된 자폐증을 지향하는 것을 분석의 종결로 삼음으로써 프로이트 정신분석의 '끝이 없는 분석'의 아포리아를 극복하는 데 성공했다고 할 수 있는 것이다.

제3부

○

감별 진단
'이후'의
사상

제1장
모든 인간은 망상한다—
후기 라캉과 들뢰즈=과타리

1. 서론

현재 라캉파의 지도자인 자크-알랭 밀레르가 '정치로의 회귀'를 단행해 좌파, 리버럴 계열의 지면을 장식하게 된 지 벌써 10년이 넘는 세월이 흘렀다. 올랑드 대통령의 선거공약이었던 '동성 간 결혼 및 입양 허용 법안', 일명 '모두를 위한 결혼marriage pour tous'에 대한 국민적 관심이 집중되었던 2003년 초 프랑스에서도, 지면에 적지 않은 화제를 제공한 정신분석가의 모습이 있었다. 동성 결혼 반대론자가 '남녀 간의 자연스러운 성의 모습'으로서의 이성애를 권장하는 근거로 정신분석을 언급하는 것에 대해 밀레르는 즉각적으로 항의한 것이다. 밀레르는 프로이트 대의파 동료 분석가들과 함께 '정신분석이 [동성결혼 반대파의] 도구로 이용되는 것에 대한 항의'라는 서명운동을 전개했다. 그들이 주장한 것은 다음과 같은 것이다. 아빠–엄마–나로 구성된 오이디푸스는 인류에게 불변의 것이 아니라는 것, 무의식 수준에서는 남녀 간의 이상적인 상보성 따위는 존재하지 않는다는 것(성관계는 없다!), 그리고 말(이야기)하는 존재는 각자 자기의 욕망을 찾아야 하며, 그 욕망은 특이적=단독적singulièr이라는 것, 등등. 즉, 현대의 오이디푸스는 규범으로서의 기능을 가지고 있지 않으며, 각 주체의 욕망의 특이성=단독성이 존중되어야 한다는 것이다.

후기 라캉, 혹은 라캉 이후의 정신분석의 동향에 밝지 않은 입장에서는 라캉파의 이러한 주장은 다소 의외로 비춰질 수 있을 것이다. 왜냐하면, 과거 정신분석은 각 사람들 사이에서 꿈틀거리는 욕망의 다양한 흐름을 오이디푸스라는 가부장적, 이성애적 규범으로 회수해 버리는 장치로 희화화되어 비판의 대상이 되어 왔다. 들뢰즈=과타리(1972)의 『앙티 오이디푸스』는 그러한 비판의 대표작이다. 그러나 라캉주의 정신분석의 범위는 그런 규범주의에 끼워 맞출 수 있는 것이 전혀 아니다.

『앙티 오이디푸스』와 동시대적으로 라캉 자신에게 일어난 이론적, 실천적 변화가 어떤 것이었는지, 또는 『앙티 오이디푸스』 이후의 라캉, 즉 이 책에 라캉이 어떻게 반응했는지, 그리고 그것이 어떻게 현대 라캉파에 계승되고 있는지에 대해 국내에서는 거의 소개된 바가 없다. 그래서 본 장에서는 들뢰즈=과타리의 정신분석적 비판의 지향점과 후기 라캉, 즉 『생톰』으로 대표되는 70년대 이후의 라캉 이론이 제시하는 오이디푸스 이후의 지평을 간략히 되짚어보고, 그 위에서 들뢰즈=과타리와 라캉파의 차이를 새롭게 묻고자 한다.

2. 과타리의 라캉에 대한 저항

들뢰즈와의 공동작업을 포함한 과타리의 일련의 작업은 적어도 현재로부터 회고적으로 본다면 1960년대 말부터 70년대에 걸쳐 이른바 프랑스 현대사상 속에서 공유되었던 라캉에 대한 저항이라는 분위기 속에서 이루어졌다고 할 수 있다. 우선 『앙티 오이디푸스』 간행 이전의 라캉 이론과 그에 대한 과타리의 저항을 확인해 보자.

신경증과 정신병의 탈구축

50년대부터 60년대까지의 라캉 이론에서 신경증과 정신병은 엄격한 대립항이었다. 양자는 그 중심이 되는 부정의 모드(억압/배제)에 따라 구분되었고, 양자에 대한 치료의 방향은 정반대라고 해도 좋을 정도로 달랐다. 신경증 환자가 분석을 시작할 때는, 자신에 대해 분석가가 어떤 '지'를 가지고 있다고 분석 주체(환자)가 가정하는 것이 거의 반드시 일어난다. 반면, 정신병에서는 같은 '지의 상정'이라는 상황이 위기가 된다. 정신병자에게는 '자신의 모든 것이 분석가에게 넘어간다'는 것은 매우 무서운 상황이기 때문이다. 일반적으로 정신분석에서 카우치를 사용하는 면접 전에 대면 예비 면접이 이루어지는 것은 분석 주체의 구조가 신경증과 정신병 중 어느 쪽인지 자유연상을 시작하기 전에 파악하기 위해서다. 예비 면접 시 분석 주체가 정신병의 구조를 가진 것으로 판명되면, 더 이상 정통적인 정신분석은 권장되지 않는다.

신경증과 정신병을 엄격하게 구분하는 이 시기의 라캉적 임상에는 몇 가지 한계를 지적할 수 있을 것이다. 실천적 한계로는 소수자로서의 정신병자들을 정신분석의 외곽에 두고, 정신분석을 부르주아지의 취향으로 왜소화시킬 우려가 있다. 과타리는 그 점을 이미 66년에 비판했다(Guattari, 1972, p. 89). 사실, 80년대에 밀레르가 정신병에서의 '주체의 생산'을 제창하게 되기까지, 라캉파에서는 정신병자에 대한 정신분석이 자주 이루어지지는 않았던 것이다(Miller, 1983b).

또 하나는 이론적 한계이다. 단적으로 말해서, 정신병(파라노이아) 전문가로서 그 경력을 시작한 라캉의 가능성의 핵심은 신경증을 중심으로 한 프로이트의 이론을 정신병의 측면에서 다시 읽은 것에 있다. 예를 들어, 라캉의 '무의식은 대타자의 디스쿠르이다'라는 테제는 주체의 지배를 넘어선 곳에서 말이 주체를 향해 공격해 오는 '정신자동증'의 모델로 프로이트의 무의식을 재해석한 것이기도 하다(Miller, 1977). 이처럼 라캉의 기본적인 생각은 프랑스의 정신병 연구 속에 깊이 뿌리를 내리고 있다(Matsumoto & Kato, 2011). 그러나 이 점에 대해 과타리는 '라캉에게는 자신의 스키조프레니성에 대한 어떤 방어가 있다'라고 비판한다(Guattari, 2012, p. 185). 라캉의 가능성의 중심이 정신병에 있다면, 그 이론과 실천은 필연적으로 정신병을 주축으로 하는 것이어야 한다. 그리고 라캉은 정신병에 의해 지향된 정신분석이라는 모티프를 알고 있었음에도 불구하고, 그것을 제대로 작동시키지 않았다. 그 점을 과타리가 고발하고 있는 것이다. 과타리가 정신분석에 대해 정신병의 한 형태인 스키조프레니*를 모델로 한 분석, 즉 '스키조 분석'을 주창하는 것은 이 때문이다. 과타리는 분석 이론의 중심을 신경증에서 정신병으로 옮겼다. 그 이동은 개인 개업의 정신분석에서 스키조프레니 환자들이 생활하는 정신병원으로 분석의 실천 장소를 이동시켰다. 단, 이 이동은 단순히 신경증과 정신병이라는 이항대립을 전복시키고 정신병을 신경증보다 우위에 두는 것이 아니다. 과타리의 전략은 오히려 '신경증을 스키조프레니화'하는 것이었다. 즉, 신경증과 정신병이라는 경직된 구분(감별 진단의 원리)을 신경증과 정신병 전체를 포괄하는 원-정신병이라고 부를 수 있는 더 큰 카테고리로 개방함으로써 탈구축한 것이다.

그러나 이 책에서 검토해온 대로, 신경증과 정신병의 감별 진단에 대한 라캉의 생각은 시대에 따라 변천해 왔다. 특히 70년대에는 과타리의 구상과 거의 동일하게 '모든 사람은 정신병이다'라고 간주되고, 신경증과 정신병은 포괄적으로 파악되어 간다.

구조와 그 외부

다시 한 번 확인하자면, 50년대의 라캉은 '무의식은 언어처럼 구조화되어 있다'는 테제로 요약되는 구조론의 입장을 취

---

* 본서에서는 schizophrénie를 문자 그대로 '스키조프레니'로 표기하고 있다. 그것은 이 용어가 정신의학과 정신분석에서는 의미가 다르기(예를 들어, 증례 슈레버는 정신분석에서는 파라노이아로 진단되지만, 정신의학에서는 통합실조증schizophrénie의 대표적인 예다) 때문에 이 용어에 '분열병', '분열증', '통합실조증'과 같은 오이겐 브로일러Eugen Broiler로부터 유래하는 정신의학 용어에 대응하는 번역어를 부여하는 것은 애초부터 부적절하다고 생각하기 때문이다.(한국어로 옮기는 과정에서 '스키조프레니'를 저자의 의도대로 전부 살리지는 않았다 – 역자)

했다. 그 이론에서는 어머니가 아이 앞에 나타나기도 하고 사라지기도 하는 현전/부재의 운동이 '+-+-++……'라는 급수級數를 만드는 게 상징계의 모체(원-상징계)가 된다고 했다. 아이는 이 어머니의 현전/부재의 운동이 왜 발생하는지 묻는다. 즉, 어머니를 현전/부재의 운동으로 몰아가고 있는 것은 무엇인가, 어머니라는 대타자에게 있어서의 대타자란 무엇인가, 라는 것이 질문되는 것이다. 그리고 이 물음에 대해 어머니가 욕망하는 것은 상상적 팔루스라는 대답이 일단 주어진다. 최종적으로 이 +-의 급수가 '아버지의 이름'의 시니피앙으로 치환됨으로써(은유화됨으로써) 상징계가 제어된다. 이 이론에서는 '아버지의 이름'에 의한 은유화가 성공한 사람은 정상인과 이어지는 신경증이며, 실패한 자는 정신병이라고 한다. 이 구조론적 모델에서 '아버지의 이름'은 인간을 신경증화하는 것으로서, 일종의 규범적=정상적인 것으로 나타나 있다고 할 수 있다.

60년대가 되면 라캉은 구조와 그것을 넘어서는 것의 얽힘을 이론의 중심에 두게 된다. 여기서 도입되는 것이 '소외와 분리'라는 새로운 모델이다. 소외와 분리는 주체의 원인 짓기 causation du sujet를 수행하는 것, 즉 인간의 인과성을 설명하는 모델이다. 소외란, 인간이 대타자라는 시니피앙의 보고寶庫에 점령당해 향락이 소실되는 것을 가리킨다. 그러나 결여를 안고 있는 것은 인간뿐만이 아니라 그를 소외시킨 대타자 자체도 결여를 안고 있다(Ⱥ). 이 사실이, 인간이 소외로부터 자유롭게 되는 것을 가능하게 한다. 그것은 대타자의 결여를 메꾸기 위해 주체가 자신의 상실을 대타자에게 내어놓음으로써 이루어진다(분리). 이 모델에서는 50년대에 '아버지의 이름'이라고 불렸던 것이 '분리의 원리'로 파악되고, 분리(대상 a의 추출)에 성공한 것이 신경증, 실패한 것이 정신병이라고 간주된다. 이렇게 '아버지의 이름' 이론에서 '소외와 분리'의 이론으로 전환하면서 시니피앙의 이론은 대상 a가 덧붙여져 다시 쓰여지게 된다.

69년에 과타리가 집필한 논문 「기계와 구조」는 이 50년대에서 60년대에 걸친 라캉의 이론적 변천에 있어 양면성을 지닌 논고이다. 왜냐하면 과타리는 한편으로는 '구조에 침입하는 기계(−대상 a)'라는 모티프를 내세움으로써 60년대 라캉을 독자적으로 정식화했다고 볼 수 있지만, 다른 한편으로 그는 60년대 라캉을 넘어서는 논점도 제출하고 있기 때문이다.

이해를 돕기 위해 여기서는 과타리의 「기계와 구조」를, 마찬가지로 밀레르가 60년대의 라캉에 대해 언급한 두 논고와 비교해 보자. 과타리는 「기계와 구조」에서 '역사를 무의미한 인식의 장으로 간주하고, 그것[역사]이 "언어처럼 구조화되어 있다"……라는 등으로 말해서는 안 된다'고 하며 언어와 구조를 중시하는 50년대 라캉을 분명하게 비판하고 있다(Guattari, 1972, p. 247). 한편 밀레르(1984)도 「또 하나의 라캉」이라는 논문에서 '무의식은 언어처럼 구조화되어 있다'라고 말하지 않은 라캉이라는 상정을 가지고서, 60년대의 라캉 이론이 언어나 구조에는 수합될 수 없는 것을 다루었음을 지적하고 있다. 그리고 두 사람 모두 구조를 넘어서는 것으로서의 '대상 a'에 주목하고 있다. 또한 '구조'를 다루는 데 있어서도 양자는 일치를 보이고 있다. 밀레르(1975)는 논문 「모체母体」에서 라캉의 논의를 다음과 같이 형식화하고 있다―어떤 전체가 있을 때, 그 전체 바깥에는 아무것도 없다. 아무것도 없다는 것은 무가 있다고 생각할 수 있다. 그러므로 이번에는 전체와 무를 포함하는 새로운 전체를 생각할 수 있다. 이 재-전체화의 과정은 무한히 반복될 수 있다. 그리고 어떤 구조 속에서 그때마다 '무'로서 출현하는 것이 라캉이 말하는 결여로서의 주체에 해당한다.* 한편, 과타리가 「기계와 구조」에서 '구조'라고 부르는 것은 시니피앙들 간의 상호 결정 원리에 의해 작동되는 전체이다. 그 구조 속에는 때로 구조 자체를 비-전체화하는 요소로서의 주체가 등장한다. 그러나 곧 그 주체를 구조의 내부로 회수할 수 있는 새로운 전체가 등장한다고 과타리는 말한다. 바로 알 수 있듯이 이것은 밀레르의 논의와 정확히 일치한다. 그러나 밀레르의 논의가 무로서의 주체와 사후성의 이론을 위치 짓는 것으로 끝났다면 이에 비해 과타리는 한 걸음 더 나아간다. 과타리는 구조라는 관념이 갖는 한계, 즉 구조라는 일반성을 수정된 일반성으로 약간만 바꿔 쓸 수 있다는 한계(구조의 베른슈타인주의!)를 극복하려고 한다. 다시 말해, 라캉파가 생각하는 '구조'에는 구조 자체를 근본적으로 변동시키는 계기, 즉 구조 변동(혁명)의 가능성이 존재하지 않는다.** 그래서

---

* 더 유명한 논고 「봉합」에서는 프레게의 논의를 참조하면서 거의 유사한 논의를 하고 있다(Miller, 1966).

** 60년대 후반 들뢰즈의 걸림돌도 여기에 있었다. 고쿠분 코이치로 國分功一郎(2013)에 따르면, 들뢰즈는 「구조주의는 왜 그렇게 불리는가?」에서 구조가 실천과 분리될 수 없음을 강조했다. 그러나 그는 시니피앙이나 시니피에가 사라지기를 기다린다는 소극적인 구조 변동의 이론만을 제시할 수 있었다. 이 소극성은 어떤 의미에서 60년대 라캉도 공유했던 것이다.

과타리는 '기계'라는 개념을 도입함으로써 구조의 이러한 비-혁명적 성격을 극복하려고 한다.

60년대 라캉 이론에서 대상 a는 자유의 기능을 담당하는 '분리'와 관련되어 있었지만, 거기서 얻어지는 자유는 '자유 아니면 죽음' 중 하나를 선택해야 할 때, 자신이 자유롭다는 것을 보여주기 위해 죽음을 선택하는 것과 같은 강제적 선택(소외)이라는 부자유성을 전제로 한 괄호 안의 자유였다. 말하자면 대상 a는, 인과성의 안전장치 역할을 담당하고 있었던 것이다. 반면 과타리의 기계-대상 a는, 인과성 속의 폭탄이며, 그러한 자유와는 전혀 다른 자유를 가져온다. 무슨 말일까. 과타리는 기계의 본질은 '인과상因果上의 절단coupure causale으로서 하나의 시니피앙이 이탈하는 것'이라고 말하고 있다. 즉, 과타리는 인과성을 절단하는 기능을 기계-대상 a 속에서 읽어내고 있는 것이다. 기계는 기존의 구조를 절단하고, 일반성 속에서 회수할 수 없는 사건을 도입하여, 다른 것으로 대체할 수 없는 특이성을 가져오는 것을 가능하게 한다. 이 시점의 과타리가 라캉이나 밀레르보다 더 나은 점이 있다면, 그것은 혁명의 가능성, 즉 우리가 지금 살아가고 행동할 때 발생하는 인과성을 바꾸는 것을 생각하려 했다는 점에 있을 것이다.* 기계란 들뢰즈

---

* 마오쩌둥주의자 그룹에 속했던 초기 밀레르는 혁명을 열망하는 정치인이었다. 푸코로부터 '혁명은 욕망될 수 있는 것임을 멈췄다'는 말을 접했을 때 밀레르는 '그럴 리가 없다, 혁명은 불가능하지만, 그렇기 때문에 더욱 욕망되는 것이다'라고 생각했다고 회고한다. 참고로 밀레르는 70년대 초에 분석에 들어갈 때 혁명투쟁에 참가하는 것을 모두 그만두었다(Miller, 2002c).

가 간결하게 표현한 것처럼 '시니피앙의 구조 속의 폭파 기계'
이다. 물론 과타리는 정치운동이나 임상에서의 제도론으로 그
혁명론을 전개했다. 하지만 이것은 분석을 통해 사람이 어떻게
변화하는가라는 임상적 물음과도 통한다.

　그리고 과타리는 이 구조 변동 이론의 모델을 정신병에서
찾았다. 기존의 제도 안에 새로운 장르의 대화를 도입하고, 그
제도에 변화를 가져오기 위해서는 횡단성이 필요하다고 과타
리는 말한다. 횡단성이란 관료제와 같은 강압적인 수직성이나,
표준으로부터의 변이를 억압하는 수평성의 어느 쪽도 아니고
오히려 그것들을 극복하고자 하는 차원이다. 이러한 횡단성의
도입을 설명할 때, 과타리는 '망상이나 병자가 그때까지 그 안
에 고립적으로 갇혀 있던 자기 표시 등이 하나의 집단적인 표
현 형식에 머물 수 있게 된다'는 사례를 들고 있다(Guattari,
1972, p. 82). 즉, 정신병의 망상처럼 평균에서 돌출된 것이 집
단 속에서 소외되지 않고 잘 기능할 수 있는 가능성을 유지하
는 것이 중요한 것이다. 이 논점은 후에 『카오스모스』에서 명
확히 드러난다. 이에 따르면, 라캉파의 정신병론에서 중시되는
현실적인 것은 '상징적 거세를 제거한 것에 대한 처벌'이 아니
라, 오히려 '잠복적이고 열린 참조축으로서…… 특이한 사건의
자생적 생산으로 출현한다.'(Guattari, 1992) 여기서 배제forclu-
sion는 부정적인 것으로 파악되지 않는다. 오히려 배제된 것이
회귀하는 현실계야말로 특이성이나 사건과 같은 근본적인 변
화를 낳는 계기가 된다고 과타리는 생각했던 것이다.

　그러나 여기서도 역시 과타리 대 라캉이라는 단순한 도식화
를 시도할 수는 없다. 53년의 로마 강연에서 정신병자에게 '파

롤의 음성陰性의 자유'만을 인정했던 라캉은 69년이 되면 정신
병자를 '자유로운 인간'으로 적극적으로 규정하고 있다. 또한
70년대의 라캉은 과타리가 중시한 특이성을, 정신분석의 종
결- 그것은 사람이 변화하는 것, 그리고 변화하면 변화할수록
변하지 않는 것에 관련된 -을 둘러싼 논의 속에서 전개하고 있
다. 이 점에 대해서는 나중에 다루기로 하겠다.

3. 『앙티 오이디푸스』 — 라캉에 대한 저항?

69년, 과타리는 들뢰즈와 공동 작업을 시작한다. 라캉은
54년부터 자신의 세미나에 참석하고 있던 제자 과타리가 철
학자 들뢰즈와 공동작업을 하고 있다는 소식을 듣고 과타리에
대해 높이 평가한다. 그리고 라캉은 과타리를 불러 그들이 준
비 중인 책의 큰 줄거리를 듣고 싶어 했다. 라캉은 과타리가 말
하는 『앙티 오이디푸스』의 대강을 매우 흥미롭게 들었고, '전
적으로 긍정적인 반응'을 보였다고 한다(Dosse, 2007).

라캉이 과타리에게 '전적으로 긍정적인 반응'을 보인 이유
는 무엇일까? 반라캉 분자가 되어 가고 있던 과타리를 다시 자
신의 진영으로 끌어들이려고 한 것은 아닐 것이다. 오히려 『앙
티 오이디푸스』의 구상에는 당시 라캉과 공명하는 부분이 있
었고, 라캉은 과타리가 말하는 구상을 긍정할 충분한 이유가
있었다. 과타리와 들뢰즈의 공동작업이 정신분석의 오이디푸
스주의를 공격할 준비를 하고 있을 때 라캉 역시 오이디푸스
의 상대화를 시도하고 있었다. 라캉은 『정신분석의 이면』 세미
나에서 오이디푸스 콤플렉스를 재구성하고, 그것을 어머니의
영맹獰猛한 향락이라는 위협으로부터 벗어나기 위해 신경증 환

자가 만들어내는 것으로 자리매김하고 있다. 따라서 정신분석가의 입장에서 오이디푸스 콤플렉스를 사용하는 것은 완전히 무익한 것으로 간주된다. 최종적으로 70년 3월 11일에는 '모든 사태를 오이디푸스라는 같은 접시에 담는 것은 완전히 불합리한 일이다'– 이 얼마나 과타리적인 문장인가! –라고 라캉은 말하고, '오이디푸스 콤플렉스를 프로이트의 하나의 꿈으로 분석할 것'을 제창하고 있다(S17, 135). 아마도 과타리는 이 라캉의 발언을 알고 있었을 것이다. 실제로 70년 4월 28일, 과타리는 들뢰즈에게 보내는 초고에 '라캉은 오이디푸스적 선입견이란 결국 프로이트의 꿈이라고 말하고 있다'고 적고 있다.(Guattari, 2012, p. 142) 『앙티 오이디푸스』에서 오이디푸스의 상대화는 라캉에 대한 저항이라기보다는 오히려 라캉과의 병주倂走이다. '『앙티 오이디푸스』는 라캉과 같은 일을 하고 있다'는 문장은 이러한 맥락에서 파악되어야 한다(Ibid., p. 128).

  이렇게 해서 72년 봄, 『앙티 오이디푸스』는 출간되었다. 프랑수아 도스François Dosse(2007)에 따르면, 라캉은 이 책의 출간에 화를 내고 자신의 학파 멤버들에게 이 책에 대해 침묵을 지키라고 지시했다고 한다. 반면 엘리자베트 루디네스코Elisabeth Roudinesco(1993)가 전하는 라캉의 반응은 이와는 조금 다르다. 『앙티 오이디푸스』가 출판되고 나서 몇 달 후, 라캉은 들뢰즈를 불러서 그의 앞에서 밀레르를 비롯한 제자들을 몰아세우며 '나에게는 당신과 같은 누군가가 절대적으로 필요하다'고 말했다고 한다. 또한 라캉은 『앙티 오이디푸스』는 자신의 세미나가 당시 이미 배태하고 있던 내용이라고 생각했다고 루디네스코는 전한다.

루디네스코는 이러한 라캉의 태도에서, 그의 삶에서 여러 번 등장하는 '표절당하는 것에 대한 두려움'이라는 주제의 반복을 읽어내고 있다. 그러나 70년대의 라캉 이론의 전개를 보면 양자의 어느 쪽에 우선순위가 있는가라는 저널리즘적 문제에 집착하는 것은 아마도 무익할 것이다. 안이하게 과타리 대 라캉이라는 구도를 세우는 것은 공평한 견해가 아니다. 오히려 라캉은 『앙티 오이디푸스』에 대해 빈정거림을 내포한 긍정을 하고 있다고 보는 것이 더 적절해 보인다. 실제로 밀레르는 한 인터뷰에서 70년대의 라캉에 대한 비판을 묻는 질문에 다음과 같이 답했다.

> 『앙티 오이디푸스』는 라캉의 주제에 의한 하나의 변주곡이며, 소박한 오이디푸스주의에 대한 비판이다. 그것을 장식하는 스키조프레니 찬양에 유머가 없는 것은 아니다. 게다가 라캉은 그 책을 망상적이라고 평하면서도 그의 자식이라고 인정했다.(Miller, 1989, 강조는 인용자)

들뢰즈의 말을 빌리자면, 『앙티 오이디푸스』는 들뢰즈=과타리가 라캉에게 남색질하여 얻은 아이인 것이다. 게다가 그 아이는 사생아지만 라캉이 인정한 아이였다. 그것은 대체 어떤 아이일까? 그것을 밝히기 위해서는 『생톰』을 중심으로 한 70년대 라캉의 정신분석의 새로운 패러다임에 대한 독해가 필요할 것이다.

4. 정신분석의 새로운 패러다임과 스키조 분석

다시 한 번 확인하지만, '들뢰즈=과타리 대 라캉'이라는 대립 구도는 옳지 않다. 라캉에 대한 저항이 70년대 프랑스의 지적 풍토에서 유행이었다면, 당시 강력하게 라캉에 저항했던 인물 중에는 다름 아닌 라캉 자신이 포함되어 있다(밀레르는 이를 '라캉 대 라캉'이라고 불렀다).

놀랍게도 밀레르는 최근 강연에서 '어떤 관점에서 보면『생톰』은『앙티 오이디푸스』의 양성화'라고 말했다(Miller, 2005: 2005. 1. 19 강의). 그렇다면 우리는 양자의 유사점을 파악한 후, 다시 한 번 양자의 차이점을 물어야 할 것이다. 여기서는 먼저 양자의 유사점을 표7로 정리하고, 각각에 관하여 차례로 살펴보겠다.

배제의 일반화

70년대 라캉은 모든 상징체계는 결여를 품고 있으며, 그것을 제어하는 '아버지의 이름'은 하나의 눈비음semblant에 불과한 것으로 생각한다. 그러면 신경증과 정신병의 감별 진단은 더 이상 이전과 같은 형태로 유지될 수 없다. 오히려 지금까지 정신병을 특징짓는 메커니즘이었던 '배제'는 모든 주체가 구조적으로 내포할 수밖에 없는 결여로 일반화(배제의 일반화)된다. 이와 연관하여 R, S, I의 세 개의 고리로 구성되는 보로메오의 매듭을 보는 관점도 달라진다. 이 세 개의 고리는 그중 어느 하나가 빠지면 뿔뿔이 흩어져 버리는 방식으로 묶여 있었다. 그러나 74년 이후, R, S, I의 세 개의 고리는 어떤 제4의 고리(생톰)에 의해 묶여지지 않으면 해체되어 버리는 것으로 이

50년대 라캉	들뢰즈＝과타리	70년대 라캉(밀레르의 정리)
신경증—정신병의 단절	신경증을 스키조프레니화 化	배제의 일반화, 모든 인간은 정신병
해석	탈 코드화	역방향의 해석
시니피앙의 우위	비시니피앙적 기호론	문자론 lettre
규범화＝정상화?	특이성	특이성＝단독성
끝이 있는 분석	끝이 없는 프로세스	끝이 있는 분석

표 7 라캉과 들뢰즈＝과타리의 비교

해되어 간다. 이 관점에서는 신경증과 정신병의 차이는 네 번째 고리가 다른 세 개의 고리를 연결하는 방법의 차이에 불과하다. 예를 들어, 상상계의 고리가 탈락할 위기에 처한 조이스는 어느 정도 정신병적 증상을 보였으나, I의 고리를 '에고'의 고리로 연결함으로써 보전했다고 여겨진다. 이러한 보전의 방식은 '증상'에 의해 R, S, I를 연결하는 신경증 환자와 병렬적으로 파악할 수 있는 것이다.

다만, 이 이론은 경계예(신경증과 정신병의 중간)의 존재를 전혀 인정하지 않는다. 신경증과 정신병은 고리의 매듭 방식이 다르고, 둘 사이에는 연속성이 없다. 그러나 둘 다 제4의 고리로 보로메오의 고리를 맺지 않으면 전체가 해체된다는 점에서, 근원적으로 '모든 사람은 정신병'이며, 이 의미에서 비로소 신경증과 정신병 사이에 상동성을 볼 수 있다. 즉, 신경증은 넓은 의미의 정신병(즉, 모든 인간)의 다양한 연결 방식 가운데서 오이디푸스 콤플렉스라는 하나의 단순한 매듭법을 채택한 것에 불과하다. 근년 라캉파에서 '신경증은 정신병의 서브세트(부분 집합)', '"아버지의 이름"의 은유는 사회적으로 공유된 망상성 은유에 불과하다'고 말하는 것은 그 때문이다. 여기에 과타리 의 신경증-정신병의 탈구축과의 친밀성을 엿볼 수 있을 것이 다.

현실계로 향하는 '역방향 해석'

모든 인간을 일종의 '일반화된 정신병'으로 보는 이러한 관 점은 필연적으로 정신분석의 임상적 관행의 변화를 수반한다. 『앙티 오이디푸스』는 기존의 코드를 철저하게 탈코드화함으로 써 잠재적인 것이 꿈틀거리는 현실계를 문제 삼는 길을 열었 지만, 70년대 라캉이 제시하는 정신분석의 새로운 패러다임에 서도 모든 주체에 존재하는 정신병적 핵(요소 현상)에 도달하 는 것이 중시된다. 그렇다면, 그것은 어떻게 실천되는 것일까.

『앙티 오이디푸스』에서 특히 비판받았던 것은 정신분석의 '해석'이었다. 그것은 정신분석의 세션에서 환자의 이야기는 항상 무언가 다른 것을 의미하는 것으로 파악되고, 다른 말로 번역되고, 그러한 작업이 끝없이 이어진다고 일반적으로 여겨 졌기 때문이다. 예를 들어, 분석가와의 관계 속에서 발생한 환 자의 무심코 내뱉은 말을 그와 어머니와의 관계를 말하는 것 으로 이해하는 전이 해석의 실천이 이에 해당할 것이다. 이러 한 의미의 해석은 단어에 의미작용을 차례로 덧붙이는 플러스 방향의 해석이라고 할 수 있다. 하지만 이것만으로는 분석의 세션은 의미작용의 무한 증식으로 끝나 버린다. 『앙티 오이디 푸스』가 지향하는 것은 그 반대 방향, 즉 의미작용을 삭감하는 방향으로 나아가, 무의식을 일종의 직접성으로 다루는 실천을 과타리는 구상한 것이다.

과타리는 의미작용을 생산해내는 긍정적인 방향의 해석과는 반대로, 수학에서 사용되는 무의미성을 특징으로 하는 기호를 중시한다. 즉, 환자의 서사의 의미작용을 지탱하고 있는 시니피앙을 깎아내어 '기호를 무덤에서 "발굴"하는 것'을 목표로 하는 것이다(Guattari, 2012, p. 270). 즉, 스키조 분석은 정신분석의 해석과는 반대로 의미작용을 마이너스 방향으로 향하게 한다. 이후 과타리는 이 방향을 비시니피앙적 기호론으로 명명하고, 현실계를 다룰 수 있는 이론으로 자리매김하고 있다.* 그 이론에서는, 의미작용을 생산하지 않는 기호는 탈영토화의 수단이 되고, 기호를 사용함으로써 '기호 기계와 물질적 흐름 사이의 생산 관계 및 그 상호적 창생의 관계를 근본적으로 재구성'하는 것이 가능하다고 여겨진다(Guattari, 1977, p. 37).

과연, 확실히 시니피앙을 삭감하는 방향으로 나아가는 실천은, 언어의 도입 시에 최초로 일어나는 시인Bejahung의 바깥에 있는 불가능한 것, 즉 현실계에 무한히 접근하는 것이, 적어도 이론적으로는 가능할 것이다. 그러나 라캉이 사용하는 해석은 원래 탈코드화를 지향하는 마이너스 방향이었다는 사실을 잊어서는 안 된다. 실제로 라캉은 50년대 후반에 이미 환자에게

---

* 과타리에 따르면, 비시니피앙적 기호론이란 '언어학적 의미에서 의미작용의 효과를 만들어내는 것은 없고, 도표적(다이어그램적) 상호작용의 틀 안에서 그 지시 대상과 직접적으로 접속 관계에 들어갈 수 있는 것'이다(Guattari, 2009, p. 290).

알기 쉽게 설명된 의미를 주는 것은 해석이 아니라고 말했다. 64년에 이르러서는 해석은 주체의 '무의미의 핵'을 꺼내는 것이라고 정식화된다(S11, 226). 또한 71년에는, 해석은 주체에게 의미 없는 신탁처럼 기능하며, 진리를 미쳐 날뛰게 하는=사슬에서 풀어내는déchaîner 것으로 정식화된다(S18, 13). 의미작용을 만들어내는 시니피앙의 사슬을 풀고 무의미의 핵에 접근하여 진리를 미쳐 날뛰게 하는 것. 이러한 해석은 의미작용을 마이너스의 방향으로 이끄는 탈코드화의 실천과 거의 같은 것이 아닐까.

밀레르는 이러한 정신분석의 새로운 해석을 '역방향의 해석interprétation à l'envers'이라고 명명했다(Miller, 1996b). 일반적으로 첫 번째 시니피앙 S_1은 항상 S_2(지知)를 구성하려고 한다. 일반적인 해석은 이러한 지의 구성과 동일하다. 그러나 이 플러스 방향의 의미 증식은 '해석 망상병délire d'interprétation'*에 도달할 수밖에 없다. 만약 정신분석의 해석이 S_2(환자의 말에 어떤 지=의미를 부여하는 것)에 해당되는 것이라면, 분석가

---

* 들뢰즈 등도 참조한 질환 개념이다. 또한, 기존 들뢰즈 등의 번역본에서는 이러한 프랑스 정신의학이나 정신분석학 용어가 올바르게 번역되지 않고 있어 그 함의가 충분히 드러나지 않는다. délire는 '산산조각 나는 것'을 함의하는 '착란'이 아니라, 오히려 통합을 통해 체계를 만들어내는 '망상, 망상병, 광기'를 말한다. 프랑스에서는 délire에 다양한 단어를 부가하여 망상성 질환을 분류하려 하고 있다. 해석 망상병délire d'interprétation은 망상 해석interprétation délirante이라는 중심적인 메커니즘을 통해 망상을 발전시킨다. 그 외에도 들뢰즈 등은 복권 망상병délire de revendication, 열정 망상병délire passionelle 등의 개념을 자주 언급하고 있다.

는 해석 따위는 말하지 않고 침묵하는 것이 좋다. 침묵보다 더 좋은 해석의 실천이 있다면 그것은 역방향 해석이다. 즉, $S_1 \rightarrow S_2 \cdots$로 의미의 증식을 끝없이 이어가는 해석과 반대로 'S_2를 억제하고, 아무것도 덧붙이지 않고 S_1을 포위하는 것', 이것이 해석의 새로운 패러다임이 될 것이다. 의미를 증식시키는 지知 S_2를 퇴각시키고, 모든 주체에 존재하는 원초적 무의미의 시니피앙('일자'의 시니피앙)으로 거슬러 올라가는 것, 즉 $S_2 \rightarrow S_1$이라는 역방향으로 분석을 진행하는 것이다. 이 역방향의 해석은 주체를 자신의 향락으로 되돌려 놓으며, 현실계에서의 신체의 사건événement de corps을 다루는 것을 그 최종 목표로 삼고 있다.

과타리의 비시니피앙적 기호론이 현실계를 탐색할 수 있게한 것처럼, 밀레르의 역방향 해석은 모든 의미의 외부에 있는 비합리적인 것의 장소에 도달하려고 한다. 양자에게 차이가 있다면, 과타리의 기호론이 기호 기계의 다중적 작동을 문제 삼고 그것을 집단의 문제로 가교架橋하고 있는 반면, 밀레르의 역방향 해석은 신체적 사건과 연결된 S_1이라는 단일한 시니피앙을 문제 삼고 있다는 점에서 그 차이를 찾을 수 있을 것이다. 그러나, 그럼에도 양자의 실천이 목표하는 지점에서 나타나는 것은 공통되어 있다. 그것은 특이성=단독성singularité이다.*

---

* 들뢰즈=과타리는 이러한 라캉파의 해석 가능성을 잘 알고 있었다. 사실 그들이 비판하는 것은 라캉파의 해석이 아니라, 오이디푸스적 순방향 해석이다(Deleuze & Guattari, 1972, pp.359, 392-3).

특이성을 지향하는 임상

『앙티 오이디푸스』에서 정신분석 비판의 또 다른 요점은 정신분석의 '주체화'에 대한 안티테제이다. 주체화란 '시니피앙은 다른 시니피앙에 대해 주체를 대리 표상한다'라는 라캉의 정식에서 알 수 있듯이, 정신분석이 시니피앙을 반드시 주체와 결부시켜 버리는 것을 말한다. 즉, 정신분석은 모든 언표言表 행위를 개인으로서의 주체에 귀속시키고, 그렇게 함으로써 '언표 행위의 주체'를 형성해 버리는 것이다.

반대로, 과타리의 입장에서는 언표 행위의 주체는 존재하지 않는다. 존재하는 것은 단지 언표를 생산하는 배열agencement(다양한 차원의 구성 요소로 이루어진 이질 혼성적인 편성)만이 존재할 뿐이다. 즉, 언표는 개인으로서의 주체에 귀속시켜야 할 행위가 아니라, 오히려 그 언표가 생산되는 현장을 사회의 집단과 권력 관계 속에서 파악하는 게 필요하다는 것이다. 이 입장에서는 주체가 아니라, 오히려 집단적 주체성이 요구된다. 그리고 그 실천 속에는 '공통 규범을 벗어나는 주체의 욕망적 특이성에 그에 상응하는 자리'가 부여된다. 즉, 집단적 배열agencement은 '특이성의 "소재"로 나타나는 모든 것과 연결될 수 있는 열린 시스템'이다(Guattari, 1977, p. 39). 인간은 항상 어떤 집단 안에 있지만, 그럼에도 집단의 규범을 일탈하는 특이성이 항상 꿈틀거리고 있다. 스키조 분석의 임무는 그 특이성을 억압으로부터 해방하고, '전인칭前人稱적 복수의 특이성을 개방하는 것'이다(Deleuze & Guattari, 1972, p.434).

그렇다면 정신분석에서 지향하는 특이성은 어떤 것이며, 그것은 어떻게 주체와 관련되어 있는 것일까? 라캉파에 본격적인 특이성 개념을 도입한 것은 분석가 세르주 르클레르다. 르클레르는 1960년 장 라플랑슈와 공동으로 발표한 강박신경증 환자들의 「일각수의 꿈」 분석을 통해 환자의 역사가 몇 가지 무의미한 시니피앙의 요소들의 집합으로 환원될 수 있다는 것을 발견했다(Leclaire, 1975). 이 경우에는 LILI - plage - SOIF - sable - peau - pied - CORNE라는 시니피앙의 요소를 꺼내어, 최종적으로 여기에서 'Poor(d)j'e-li'라는 수수께끼 같은 무의미한 시니피앙(S_1: 르클레르는 그것을 문자lettre라고 부른다)이 추출되었다. 그리고 이 시니피앙(S_1)을 구성하는 다양한 음소들이 여러 방향으로 발산함으로써, 환자의 삶의 다양한 국면과 무의식적 형성물이 도출되는 것이 밝혀졌다. 라캉 자신도 이 증례를 64년 『정신분석의 네 가지 기본 개념』의 세미나에서 다루었고, 이러한 원초적인 시니피앙(S_1)에 직면함으로써 환자의 '절대적 차이'가 추출될 수 있다고 언급했다. 또한 이듬해 『정신분석의 핵심 문제들』 세미나에서는 65년 1월 27일에 르클레르가 〈고유명에 대하여〉라는 발표를 통해 다시 한 번 이 증례를 다루고 있다. 이 발표에서는 앞서 말한 증례에서 무의미한 시니피앙의 요소가 주체의 고유명(이름)과 관계하고 있다는 것, 그리고 그것이 '특이성이나 주체의 내밀성의 본질 그 자체에 닿아 있다'고 지적되고 있다(S12, 118A, 강조는 인용자). 즉, 라캉파 정신분석에서는 역방향으로 향하여 S_1에 도달함으로써 비로소 그 분석 주체의 특이성, 즉 다른 누구와도 닮지 않은 각각의 사람들의 절대적 차이를 얻을 수 있다고 생각하는 것이다. 또한 르클레르는 65년 3월에 논문 「욕망의 현실」을 집필하고 「일각수의 꿈」의 증례도 언급하면서 주체의 욕망을 만들어내는 무의미하고 반복되는 시니피앙의 요소를 '순수한 제誌 특이성'이라고 부르고 있다(Leclaire, 1998). 이러한 특이성은 각각의 사이에 어떠한 유대도 가지지 않고, 다른 시니피앙으로 환원할 수 없는 것으로 여겨진다. 주지하다시피, 이 르클레르의 논문이야말로 '인칭 이전의 특이성의 다양체'에 대해 언급된 것으로 『앙티 오이디푸스』에서 여러 번 긍정적으로 참조된 논문이다. 그러나 지금까지의 논의에서 알 수 있듯이, 르클레르-라캉이 말하는 욕망의 특이성이나 절대적인 차이는 분명 어떤 동일성(≒인격성)으로 환원할 수 없는 차이지만, 그것은 무의미한 시니피앙처럼 주체의 고유명과 깊이 연관된 요소, 주체나 인격화를 위해 필요불가결한 요소의 추출을 통해 비로소 도래할 수 있는 것이다.*

　나중에 라캉은, 75년 『생톰』의 첫 강의에서 보편-개별의 축을 사용하는 아리스토텔레스의 논리에서 존재하지 않았던 특이적=단독적인 것le singulier을 중요시하게 된다. 거기서 정신분석가가 다루는 것은 보편으로는 환원 불가능한 특이적인 것임이 강조된다. 최근 밀레르는 이러한 후기 라캉의 정신분석적

---

* 르 클레르는 여기서 무의미의 시니피앙을 각각의 주체에 고유한 팡타즘과 거의 같은 것으로 파악하고 있다. 미와키 야스오三脇康生(2007)에 의하면, 라 보르드 병원에서 과타리와 활동을 같이한 장 우리Jean Oury는 자신과 과타리의 차이를 '집단의 팡타즘을 인정하느냐, 인정하지 않느냐'라는 점이었다고 한다. 라캉적 입장을 취하는 우리로서는 집단 팡타즘은 존재하지 않으며, 팡타즘은 각각의 주체에 고유한 것이다. 한편 과타리에게는 개인과 집단이라는 이항대립을 넘어선 곳에서 팡타즘을 취급하는 것이 문제였다.

임상을 특이성=단독성singularité의 임상으로 정식화하고 있다 (Miller, 2009a). 그 임상에서는 어떤 구조로도 환원될 수 없는, 각 주체가 가진 각각의 고유한 '향락의 모드'로서의 특이성=단독성이 중요해진다. 그 개략은 다음과 같다. 정신분석은 분석 주체의 증상을 변화시킬 수는 있지만, 아무리 작업을 해도 증상을 완전히 없앨 수는 없다. 그것은 증상이 만족(향락)의 측면을 포함하므로 항상 잔여를 남기기 때문이다. 그러나, 그렇다고 해서 정신분석은 '끝이 없는' 것도 아니고, 오히려 분석 작업의 마지막에 남은 향락의 찌꺼기(특이성)로서의 증상=생톰에 동일화하는 것, 혹은 그것과 '잘 어울리는savoir y faire' 것이 최종적인 라캉 분석의 종결 공식이 되었다.* 이 의미에서 생톰은 내가 바로 이 나라는 것을 보여주는, 주체의 참된 고유명인 것이다.

그렇다면 우리는 다음과 같이 결론을 내릴 수 있다. 들뢰즈=과타리에 있어서, 그리고 라캉에 있어서 특이성singularité은 모두 향락=에스Es의 꿈틀거림의 수준, 즉 현실계에 있다. 그러나 전자가 그 비인칭성을 중시한 반면, 라캉파에서는 그것은 근본적으로 주체의 고유명에 연결된 것이며, 나아가 최종적으로 주체 자신이 동일화해야 하는 것으로 파악되고 있다. 즉 라캉파

---

* 치바 마사야千葉雅也(2013)는 과타리의 기계 개념에 대한 상세한 독해를 통해 '라캉은 후기(70년대)에 이르러서는 잔여로서의 대상 a를 더욱 긍정적으로 보았고, 주체화에서 특이하게 구성된 증상, 『생톰』과『잘 해내기』를 위한 정신분석으로 향했다'고 적확하게 정리하고 있다. 또한 치바가 말하는 '비의미적 절단'은 현대 라캉파의 '역방향의 해석'과 몇 가지 공통점을 가지고 있다(Matsumoto, 2014c)

에서는 자신도 모르게 자신을 움직이고 있던 특이성(향락=에스의 꿈틀거림)을 꺼내면서도, 그것을 다수의 방향으로 해방시키는 것이 아니라, 오히려 '이것이 바로 나다'라는 단독성=단수성으로 변화시키는 것을 목표로 하고 있는 것이다.

끝이 있는 과정과 끝이 없는 과정

지금까지 들뢰즈=과타리와 후기 라캉의 비교를 통해 집단적 주체성-개인으로서의 주체, 복수-단수, 비인칭성-고유명이라는 양자의 대립이 부각되었다. 언표를 집단/개인의 어느 쪽에서 분석할 것인가, 그리고 특이성을 비인칭적인 복수의 흐름으로 해방할 것인가, 또는 단 하나의 특이성=잔여로서의 증상에 대한 동일화라는 형태로 고유명과 관련된 것으로 파악할 것인가라는 이 두 가지 관점은 특별히 실천적인 질문과 관련되어 있다.

미와키 야스오(2007)는 장 우리와 라캉을 대비시켜 분석에 끝이 있는가 아닌가라는 근본적인 질문을 검토하고 있다. 그에 따르면, 우리들의 제도 분석은 치료 현장에서 일어나는 늘 구체적인 소외 상황의 분석이며, 따라서 끝이 없다. 반대로 라캉은 그 이론적 변천을 통해 '분석은 끝난다'는 확신을 계속 가졌다. 이 대비는 들뢰즈=과타리와 라캉을 비교하는 우리의 작업에도 시사하는 바가 크다. 실제로 『안티 오이디푸스』에서는 '정신분석에 있어서 치료한다는 것은 무한의 대화나 무한의 포기……를 의미하기' 때문에 신경증은 치료할 수 없으며, 정신분석은 필연적으로 끝이 없는 것이 될 수밖에 없다고 언급했다(Deleuze & Guattari, 1972, p. 433). 그러나 치료로 제거할 수 없는 잔여라는 끝없는 막다른 골목에서 벗어나는 방법이야말로 라캉의 '(잔여로서의) 증상으로의 동일화'이며, 『생톰』의 모델이었다는 것을 우리는 이미 확인한 바 있다.

들뢰즈=과타리와 라캉에서의 끝이 없는 것/끝이 있는 것의 대비는 '과정processus'이라는 술어의 이해에서도 알 수 있다. 과정Prozess은 주지하다시피 통합실조증 주체의 역사 속에서 이해에 의해 파악 가능한 것의 피안彼岸을 규정하기 위해 카를 야스퍼스가 도입한 용어다. 즉, 통합실조증에서는 심인心因에 따라서는 어쩔 수 없이 파악 불가능한 인과성의 균열이 있으며, 거기에서 '지금까지의 생활 발전에 비해 전혀 새로운 것'이 출현하고 있다. 이러한 생활사에서의 굴곡점=사건을 야스퍼스는 과정이라고 불렀다(이 점에서 「기계와 구조」에서 인과성의 단절을 파악하려 했던 과타리가 그 모델을 정신병에서 찾은 것은 충분히 이해할 수 있다*). 그리고, 과정은 대부분의 경우 만성적이고 전진적으로 진행되는 질병의 과정으로 파악되었다. 그 과정이 도달하는 곳에 있는 것은 치매화(조발성 치매), 인격의 전반적 해체라는 하나의 끝이다.

한편, 과타리에게 과정은 끝이 없는 것이다. 과타리는 과정에 치매화라는 최종 상태를 상정하는 정신의학의 견해와 달리, '어떤 행위나 조작이 다른 행위나 조작을 연속적으로 생기生起시켜 가는 것', 즉, 결코 평형 상태에 이르지 못하는 산일散

---

* 실제로 과타리는 야스퍼스의 이해를 '범오이디푸스적 독해'와 동일한 것으로 간주하고, 그것을 '스스로의 부담으로' 작동되는 기계상機械狀의 독해와 대비하고 있다(Guattari, 2012, p. 265).

逸 구조를 취하는 것'이라는 의미를 과정으로 정의하고 있다 (Guattari, 2009, p. 296). 결국, 과타리에게 있어서 과정은 안정된 상태가 될 것 같으면 바로 거기서부터 단절이 이루어지고, 과정 자체를 끊임없이 갱신해 나가는 끝없는 운동인 것이다. 그리고 과타리 등이 '신경증과 정신병의 감별'을 강조하는 라캉파를 공격한 것은 야스퍼스가 통합실조증권圈에서만 상정했던 이 과정을 인간이 보편적으로 지니는 가능성으로서의 '과정으로서의 스키조프레니' '탈영토화의 순수한 스키조프레니적 과정'으로 파악하기 때문이기도 했다.

그러나 다음 사항을 꼭 짚고 넘어가야 한다. 프랑스에서 야스퍼스의 과정이라는 개념을 가장 먼저 수용한 것은 라캉 자신이었다. 그는 1932년 학위 논문에서 이 야스퍼스의 개념에 주목했고, 58년에는 '이[야스퍼스의] 과정을 시니피앙에 대한 주체의 가장 근본적인 관계의 결정인決定因에 의해 정의하는 것'을 목표로 삼았다. 라캉은 정신병에서 배제된 시니피앙이 현실계에 풀려나는 것을 과정으로 이해했다. 그리고 라캉에게 있어 그 과정은 어딘가에서 반드시 끝을 맞이한다. 예를 들면, 라캉에게 있어 슈레버의 여성화는 파라노이아의 궁극적인 도달점이며, 그 상태로의 이행을 나타내는 셰마 I는 '정신병의 최종 상태의 산물'이며, '정신병성 과정의 마지막에 있는 주체의 구조의 셰마'(E906, 강조는 인용자)이다. 반면, 『앙티 오이디푸스』에서는 슈레버의 여성화는 결코 과정의 최종 상태가 아니라 오히려 '준안정적 정지 상태'이며, 슈레버는 다양한 것으로 생성 변화하며 영겁회귀한다(Deleuze & Guattari, 1972, p. 26). 그렇다면 양자의 차이는 바로 과정의 끝이 있느냐 없느냐이다.

　과정의 종결을 둘러싼 차이는 예술작품의 창조 이론에서도 양자를 구분 짓고 있다. 『앙티 오이디푸스』에서는 목적 없는 과정이 중시되어, '진행되는 한 끊임없이 완성되는ne cesse d'être accompli en tant qu'il procède 순수한 과정'이 '"실험"으로서의 예술'로 칭송되고 있다(Ibid., p. 445). 혹은 그들이 죽음에 부여한 규정 '모든 생성 변화 속에서 도래하는 것을 멈추지 않고, 도래하는 것을 완료하지 않는 것ne cesse pas et ne finit pas d'arriver dans tout devenir'에도, 끝이 없는 것이라는 규정을 볼 수 있을 것이다(Ibid., p. 395). 그런데 여기서 들뢰즈=과타리가 과정의 '끝이 없음'을 나타내기 위해서도 사용하고 있는 '멈추지 않는ne cesse [pas]'이라는 표현은 라캉이 사용하는 독특한 양상 논리—필연: 쓰여지는 것을 멈추지 않는ne cesse pas de s'écrire, 우연: 쓰이지 않는 것을 멈추다cesse de ne pas s'écrire, 불가능: 쓰이지 않는 것을 멈추지 않는다ne cesse pas de ne pas s'écrire, 가능: 쓰이는 것을 멈추다cesse de s'écrire —를 떠올리게 하지 않을까? 한편, 라캉은 『생톰』의 첫 번째 강의에서 가능을 나타내는 '쓰여지는 것을 그만두다'에 쉼표를 찍어 '쓰여짐으로써, 멈추는cesse, [du fait] de s'écrire'이라고 고쳐 읽고 있다(S23, 13). 그것은 항상 잔여를 남기는 증상이 조이스가 수행한 것 같은 특이한 에크리튀르에 의해, 즉 생톰에 의해 종결될 가능성을 언급한 것이라 할 수 있다. 증상은 창작에 의해 종결된다. 이 입장은, 특이성의 끝없는 운동으로서의 과정이라는 들뢰즈=과타리의 창작론과는 대칭적이라고 할 수 있다.

5. 맺음말

결국, 들뢰즈=과타리와 라캉은 어디에서 갈라서게 되는 것일까? 우리에게는 두 사람의 불일치는 이론적인 것 이상으로, 실천적인, 그리고 기법론적인 것으로 보인다. 라캉에게 있어서, 특히 분석의 입구에서 보편적인 구조에 의거하는 감별 진단의 임상은 확실히 유용하다. 그러나 분석이 진행됨에 따라 증상 속의 제거 불가능한 잔여가 문제가 될 때, 즉 잔여로서의 증상=생톰이 문제가 될 때, 신경증과 정신병의 차이는 거의 중요하지 않게 된다. 그때, 분석 주체는 보편적 구조로는 결코 회수할 수 없는, 자기 자신에게 특이적인 정신분석을 살기 때문이다. 정신분석에서 분석의 출구는 언제나 특이적=단독적인 것이다. 이 지점에서 들뢰즈=과타리와 라캉의 실천은 교차한다.

모든 분석 체험은 보편성에서 벗어나 있다. 그러나 분석 체험이라는 근본적으로 특수한 체험으로부터, 그럼에도 보편성이 석출析出되는 일이 일어나기도 한다. 그때, 그 분석 체험은 타인에게 전달 가능한 것이 된다. 그 전달, 즉 특이성에서 보편성으로의 불가능한 변환이 가능하게 되었다는 증거를 나타내는 것이 바로 라캉파의 '경로passe'이다. 파스는 종종 비인간적인 것으로 비판받는다. 그러나 특이성은 그 특이성을 유지한 채 어떤 보편성을 개시하는 것이 아닌 한, 예술작품의 창조도 일어날 수 있는 게 아닐까. 라캉은 『앙티 오이디푸스』를 이어받아 '기성 디스쿠르로 파악되지 않는 것'을 스키조프레니의 본질적인 특징으로 간주했는데, 그것은 오히려 디스쿠르를 '스스로 발명해야 한다'는 윤리적 차원을 포함하고 있다(Miller,

2004). 만약 우리가 모두 정신병이라면, 보편성에서 벗어난 아웃사이더로서 망상 혹은 생톰을 '발명한다'라는 윤리가 우리에게는 부과되어 있다. 발명으로 프로세스를 멈출 것인가, 배열agencement을 쉬지 않고 수정하는 끝없는 과정의 작동을 살아갈 것인가. 그것은 앞으로의 실천에서 질문해야 할 것이다.

제2장

베리테vérité에서 바리테varité로 –
후기 라캉과 데리다의 진리론

1. 서론

　자크 라캉과 자크 데리다. 호사가들 사이에서 자주 회자되어 온 두 자크 사이의 '논쟁'에 지금 우리는 무엇을 덧붙일 수 있을까? 먼저 '논쟁'의 기본적인 선을 짚고 넘어가야 할 것이다. 먼저, 1950년대 라캉은 구조언어학에 의거하여 프로이트의 정신분석 이론을 다시 썼다. 이 재작업을 할 때 중심적인 역할을 한 것이 페르디낭 드 소쉬르의 '시니피앙'이다. 즉 언어의 청각적 이미지라는 개념이었다. 정신분석의 임상에서 분석 주체가 말하는 단어는 분석가가 그것을 의미심장하게 반복하여 발화하거나, 분석가가 그것을 단어로 구분하거나 하는 것(해석에 의한 반향)에 따라 다양한 의미를 발산할 수 있도록, 특히 그 음성(파롤)으로서의 측면이 중요하다고 라캉은 생각한 것이다. 한편으로 데리다는 1966년 강연 「프로이트와 에크리튀

440

르의 무대」에서 — 라캉의 이름을 명시하지 않고, 그러나 명백히 반라캉적인 방식으로 — 프로이트의 심적 장치는 시니피앙이나 파롤에 국한되는 것이 아니라, 오히려 문자의 쓰기, 흔적의 각인에 의해 구성되는 '에크리튀르의 무대'였다고 주장했다. 그리고 데리다는 단언한다. '정신분석이 협력해야 할 상대는 낡은 음성논리주의phonologisme가 지배하고 있는 언어학이 아니라, 다가올 기호학graphématique이다.'(Derrida, 1967, p. 326) 이 한 문장은 음성논리학을 구현하는 소쉬르의 구조언어학과 협동하는 라캉과 에크리튀르의 학문과의 협동으로 다가올 정신분석의 가능성을 보는 데리다와의 대립을 결정짓고 있다. 여기서 라캉과 데리다 사이의 '논쟁'이 시작된다.

적어도 이 단계에서, 데리다의 라캉 비판은 형이상학 비판(음성중심주의 비판, 팔루스-로고스중심주의 비판)이라는 그의 더 큰 프로젝트에 포섭되는 한 요소였다고 할 수 있다. 이 시기 데리다의 형이상학 비판의 개략을 파악하기 위해서 그 모티프가 명료하게 드러나 있는 「플라톤의 파르마케이아」(Derrida, 1993)를 살펴보자. 이 논문에서 데리다는 플라톤의 『파이드로스』에 나타난 음성중심주의를 탈구축하고 있다. 『파이드로스』에서 소크라테스는 남겨진 언어écriture는 말해진 언어parole보다 열등한 것이라고 말한다. 독자를 선택할 수 없고 어디든 갈 수 있어 항상 '오해'에 노출될 가능성이 있는 에크리튀르는 발화자에 의해 그 발언의 '진의'가 보장되는 파롤보다 가치가 낮으며, 파롤이 이용 가능하지 않을 때 마지못해 사용하는 것에 불과하다는 것이다. 그러나 소크라테스는 대화 속에서, 넘치는 파롤을 '영혼 속에 진정한 의미로 새겨진 말'이라고 무심코 표현하고 있다. 이처럼, 파롤은 어떤 글쓰기(원-에크리튀르)에 의해 항상 이미 오염되어 있다. 다시 말해, 음성중심주의는 자신이 기댄 파롤의 내부에 에크리튀르의 침입을 겪음으로써 자멸하고 있는 것이다. 데리다가 1960년대에 라캉에 주목한 것은 라캉이 이러한 형이상학의 전통을 정확히 이어받고 있었기 때문이다.[*]

1975년 「진리의 배달인」에서 데리다는 라캉의 팔루스-로고스중심주의에 대해 보다 명확한 라캉 비판을 전개해 나간다. 여기서 다루어지는 것은 라캉의 「도둑맞은 편지에 관한 세미나」이다. 이 세미나에서 라캉은 포의 소설 「도둑맞은 편지」를 정신분석적으로 해석하고 있다. 라캉에 따르면, 포의 소설에서 볼 수 있는, 내용을 알 수 없는 상태로 사람들 사이에서 순환하는 편지는 그 자리에 없다는 의미에서 팔루스의 시니피앙이다. 그리고 이 편지=팔루스는 사람들 사이를 순환함으로써 이야기에 등장하는 각 주체의 행동을 결정한다. 라캉에게 있어서 편지는 사람들 사이를 순환하지만, 결코 '오해'에 노출되지 않고, 오히려 순환할 때마다 하나의 진리 효과를 온전히 발휘하는 것이다. 이러한 라캉의 비전에 당연히 데리다는 동의할 수 없다. 오히려 편지=문자는, 모든 곳을 순환하는 가운데 끊임없

---

[*] 예를 들어 다음과 같은 라캉의 기술은 에크리튀르를 파롤화하는 것으로 원-에크리튀르에 의한 오염을 부인하는 몸짓으로 데리다의 눈에 비쳤을 것이다. '하나의 에크리튀르는 꿈 그 자체같이 상형(문자)적일 수 있다. 에크리튀르는 랑가주와 마찬가지로 상징적으로 분절화되어 있고, 음소音素적인 것도 마찬가지로, 실제로 그것이 읽혀지자마자 음소적인 것이 된다.'(E470, 강조 인용자)

는 '오해'에 노출될 가능성이나, 나아가서는 순환의 경로 속에서 사라지거나 흩어져 버릴 가능성을 항상 안고 있다고 데리다는 생각하기 때문이다. 이러한 예측 불가능한 잘못된 배달의 가능성으로 가득찬 편지=문자의 존재 방식을 데리다는 '산종dissémination'이라고 불렀다(Derrida, 1980, p. 472).

라캉과 데리다 사이의 '논쟁'은 이러한 일종의 명료성을 지니고 있다. 「진리의 배달인」에서 양자의 대립은 주로 결여(로서의 팔루스)와 산종 사이에 있지만, 이것은 앞서 말한 파롤과 에크리튀르를 둘러싼 대립의 변주이기도 하다. 그러나 만약 그렇다면, 논쟁은 언제나 같은 것의 반복이다. 이런 논쟁을 반복하는 것은, 이제는 옛 시절을 그리워하는 것 외의 의미는 없을 것이다.

안타깝게도 라캉과 데리다 두 사람도 서로의 대립을 항상 동일한 형태로 재생산하는 데 가담해 왔다. 데리다는 라캉을 음성중심주의와 팔루스-로고스중심주의에 의존하는 형이상학의 변형으로 간주하기 위해 라캉을 의도적으로 왜소하게 만들었을 것이다. 예를 들어, 데리다는 '"에크리"가 정리되고 제본된 시기, 즉 1966년, 하나의 디스쿠르의 견고하고 비교적 일관되고 안정적이었던 배치에 대해서만' 라캉을 비판한다(Derrida, 1996a, p. 67). 다시 말해, 데리다는 ― 신뢰할 만한 텍스트가 출판되지 않았다는 시대적 제약은 있었다 해도 ― 동시대를 살았던 말년의 라캉을 결코 읽지 않았다. 그것은 라캉을 하나의 견고한 체계로 간주하는 선입견을 강화할 뿐이다. 실제로는 자크-알랭 밀레르(2002a)가 지적했듯이, 라캉은 이론의 견고한 체계를 만든 것이 아니라 오히려 이론의 유연한 급

수série를 만들고 있었다. 즉, 체계화가 이루어지나 싶으면 바로 그것을 해체하고 또 다른 체계화를 향한 끊임없는 이론 개정 — '라캉 대 라캉'이라는 이름의 —을 라캉은 하고 있었던 것이다. 그러나 데리다는 그것을 의도적으로 무시하고 있다.* 이 무시의 체제 아래에서는, 라캉은 음성 중심주의와 팔루스=로고스중심주의라는 틀 안에 영원히 갇혀 있게 될 것이다.

그렇다면 라캉은 어떻게 데리다에 대응했을까? 오해를 두려워하지 않고 말하자면, 라캉의 대응은, 데리다에 대해 자신의 우선권을 주장하는 지적인 마운팅mounting에 불과하다. 1967년, 데리다와 두 번째 대면을 한 라캉은, 자신『그라마톨로지에 관하여』의 주제를 데리다보다 먼저 이야기하고 있었다고 데리다를 향해 말한다. 그러나 라캉이 시니피앙 이론을 대대적으로 도입한 논문이 「문자lettre의 심급」이라는 제목이었다는 것만으로는 데리다에 대한 반론으로는 공허하다고 말하지 않을 수 없다. 또한 라캉은 「문자의 심급」을 다시 쓴 것으로 알려진 71년의 논문 「리테라튀르litérature」에서도 데리다 비판을 하고 있다. 거기서 라캉은 데리다의 언설을 '혼란스러운 디스쿠르'라고 평한다. 데리다는 분명히 라캉을 수입했지만, 라캉을 대학의 디스쿠르 속에 수입해 버렸기 때문에 실패한 것이라고까지 라캉은 말한다. 그리고 '문자가 시니피앙의 여러

---

* 데리다는 라캉의 논문집 『에크리』의 제본에까지도 비판을 가하면서, '『에크리』의 편집=제본, 그것은 그것들[쓰여진 것]을 하나로 묶어 가장 견고한 체계적 구조, 가장 형식화된, 가능한 한 형식화된 구성 구조를 보증하는 것이다'라고 단언하기도 했다.(Derrida, 1996a, p.67).

효과들에 있어서 원초적인 것일 필요는 없다'(AE14)라고 말하면서 명확하게 데리다를 적대시한다. 75-76년의 세미나 『생톰』에서도 데리다에게 길을 제시한 것은 자신이라고 주장하는 라캉은 아마도 문자나 에크리튀르를 둘러싼 우선권을 두고 데리다와 심각하게 다투고 있었는지도 모른다(S23, 144).[*]

그러나 이러한 라캉의 제스처를 추적하는 것은 결국 말년의 라캉이 은밀하게 데리다에게 굴복했는지, 혹은 실제로 라캉이 데리다보다 앞서 있었는지를 운운하는 저널리즘적 논평으로 귀결될 수밖에 없을 것이다. 그렇다면, 지금까지 충분히 주목받지 못한 측면에서 라캉과 데리다 사이의 '논쟁'을 다시금 되짚어 보는 것이야말로 가치가 있을 것이다. 본고에서는 두 사람 사이의 '논쟁'을 파롤과 에크리튀르를 둘러싼 논쟁이 아니라, 진리에 대한 논쟁으로 재조명해 보고자 한다. 왜냐하면, 앞으로 살펴보듯이 라캉과 데리다 두 사람은 말년까지 진리에 대해 끊임없이 고민하고 있었기 때문이다.

2. 진리와 오이디푸스

데리다는 진리라는 개념이 가족주의(혈통의 정통성)와 공범 관계를 맺고 있는 것을 비판한다. 예를 들어, 어떤 정보가 진리(올바른 정보)라는 것은 그 정보가 정통적인 경로를 통해 전달

---

[*] 이 라캉의 의도는 현대 라캉파에도 계승되고 있다. 밀레르는 라캉의 매듭을 에크리튀르나 문자로서 파악한다(S23, 236). 혹은 솔레르 (2009)는 70년대 라캉의 문자론에서 '말의 물질성motérialité'이라는 키워드를 꺼내어 설명한다.

된다는 것을 그 조건으로 삼고 있다. 전언傳言 게임으로 돌아다니는 정보가 불확실한 선동인 경우가 많듯이, 정보가 비정통적인 경로를 통해 전달(산종)되었다면 그 정보는 더 이상 진리로서의 보증을 잃게 되기 때문이다. 이 진리의 조건을 가족관계에 적용한다면, 진리란 어떤 정보가 아버지에게서 아들에게, 아들에게서 손자에게로 적법한 계보를 통해 전달되는 것과 같을 것이다. 그러나 만약 진리의 세대 간 전달이 가족주의가 상정하는 것처럼 견고한 것이 아니라, 전언 게임처럼 각 세대의 전달 속에서 쉽게 재작성될 수 있는 가능성을 지닌 취약한 것이라면 어떨까? 만약 그렇다면, 지금까지 '진리'로 여겨져 왔던 것은 항상 다른 것일 수 있는 가능성을 가지게 된다. 데리다의 철학은 그 가능성, 세계를 다른 방식으로 읽을 수 있는 가능성에 베팅하고 있다.

이러한 데리다의 진리 비판은 50년대 중반의 라캉에게 두드러지게 나타나는 오이디푸스주의를 직격하는 것으로 생각된다. 라캉은 1953년 로마 강연에서, 사람에게는 진리가 새겨져 있다고 말했다. 진리는 주체가 의식하지 못하는 사이에, 어린 시절의 기억이나 가족 내부에서 이야기되는 전설, 나타나는 히스테리 증상 속에 이미 기입되어 있는 것이다(E259). 그리고 정신분석은 차서 넘치는 파롤을 사용함으로써 그 진실을 드러냄과 동시에, 주체가 과거에 체험한 우연한 사건들을 그 유일한 진리로부터 필연적으로 발생한 것으로서 질서를 부여하는 것으로 간주된다(E256).

오이디푸스의 이야기가 정신분석에 있어서 특권적인 위치를 차지하고 있는 것은 진리에 대한 이 같은 생각과 관련이 있다. 우선, 오이디푸스가 속한 라브다코스 가문에서는 아버지 라이오스로부터 오이디푸스를 거쳐 딸 안티고네에 이르기까지 하나의 진리='법'이 정확하게 전달되고 있다(적통嫡統으로 전승되고 있다)는 점을 지적할 필요가 있다. 예를 들어, 『오이디푸스 왕』은 국가를 덮친 가뭄, 즉 작물의 흉작에서 이야기가 시작되고, 『안티고네』는 아이를 낳지 못하고 죽는 것을 슬퍼하는 안티고네의 모습으로 끝난다. 이렇듯 오이디푸스 이야기에는 불모성=불임증stérilité이라는 시니피앙이 여러 번 반복적으로 등장한다. 이 불모성=불임증이라는 오이디푸스의 가계에 새겨진 '법'의 기원은 오이디푸스의 아버지 라이오스까지 거슬러 올라간다. 라이오스는 프리기아 왕 펠로프스의 아들 크리시포스에게 이륜마차 조종을 가르치다가 크리시포스와 사랑에 빠져 그를 강간하게 된다. 그 결과 크리시포스는 죽고 만다. 이에 분노한 펠로폰네소스 왕은 라이오스를 향해 그의 일족이 절멸될 것이라고 단죄하는 저주의 말을 내뱉는다. 이 저주─성적인 죄와, 죽음, 그리고 불임의 저주 ─가 라이오스부터 안티고네에 이르기까지 라브다코스 가문의 혈통을 통해 전달되고 있는 것이다(Raimbault & Eliacheff, 2001).

라브다코스 가문의 인물들은 항상 이 '법'의 영향을 받는다. 첫째, 이 '법'은 신탁의 파롤의 형태로 라이오스에게 다음과 같이 고지된다. '정당한 출생자, 적자가 아버지(라이오스)를 죽이고 어머니(이오카스테)와 동침할 것이다.' 라이오스와 이오카스테 부부는 이 '법'에서 벗어나기 위해 태어난 적자 오이디푸스를 산에 버린다. 그러나 오이디푸스는 이웃나라 코린토스 왕 부부가 데려와서 살아남는다. 그리고 오이디푸스에게도 라이오스에게 전해진 것과 같은 '오이디푸스는 아버지를 죽이고 어머니를 아내로 삼을 운명이다'라는 신탁이 전해진다. 오이디푸스는 그 '법'을 피하기 위해 자신이 태어나고 자란 코린토스 왕의 곁을 떠난다. 그러나 이 '법'은 바로 '법'으로부터의 도피 속에서 정확하게 실현된다. 코린토스 왕국을 떠난 오이디푸스는 도중에 라이오스를 만나 그가 친아버지라는 사실을 모르고 그를 살해한다. 이것이 『오이디푸스 왕』의 개략적인 줄거리다. 이어지는 『콜로노스의 오이디푸스』에서 묘사되는 것은 자신에게 새겨진 '법'을 알게 된 후, 거기에 기록된 자신의 운명으로 곧장 달려가는 주체로서의 오이디푸스다. 오이디푸스는 자신의 필멸의 운명을 알려주는 '법'에 따라 콜로노스의 신전 근처에 도착한다. 그의 두 아들은 오이디푸스를 탈환해 '법'의 완수를 방해하려 하지만, 오이디푸스는 '법'의 명령을 따르고 콜로노스의 땅에서 죽음을 맞이한다. 마지막 『안티고네』에서 그려지는 것은 아버지 오이디푸스의 뜻을 이어받아 공동체의 법보다, 쓰여지지 않은 '법'을 존중하는 주체로서의 안티고네다. 안티고네는 동생의 매장을 금지하는 크레온 왕에 대해 철저하게 맞서 싸우고, 라캉이 '두 개의 죽음 사이'라고 불렀던 죽음으로 향한다.

이처럼 『오이디푸스 왕』에서 『안티고네』에 이르는 라브다코스 가문의 이야기 속에서 등장인물들은 자신도 모르게 '법'=진리에 종속되어 있으며, 설령 그/그녀들이 '법'에 저항하려고 해도 '법'은 실현되어 각 주체의 증상으로 결실을 맺는다. 그리고 이 '법'은 궁극적으로는 아버지 라이오스의 죄로 귀착된다. 이런 의미에서 라캉이 말했듯이, '법은 "몰랐다"로 끝나지 않는다'(즉, 법을 몰랐다고 해서 무죄가 될 수는 없다)는 관용구가, '[정신분석이라는] 우리의 체험이 의존하고 있는 진리, 그리고 우리의 체험이 확인하게 되는 진리를 표현하고 있다'(E272, 강조는 인용자)고 할 수 있다. 라브다코스 가문의 이야기는 아버지에서 유래한 하나의 '법'=진리가 혈통 속에서 정확하게 전달되고 재생산되어 가는 모습을 그린 것이라고 말할 수 있다. 각 세대의 등장인물들 사이를 순환하며, 매번 오독되지 않고 진리의 효과를 발휘하는 이 '법'=진리는 라캉이 「도둑맞은 편지」에서 추출한 시니피앙의 편지와 같은 효과를 가지고 있다.

그렇다면 라브다코스 가문의 이야기와 「도둑맞은 편지」의 차이점은 무엇일까? 그것은 전자는 저주의 파롤과 그 세대 간 전승이 구체적으로 — 즉 라브다코스 가문이라는 특수한 증례 속에서 — 문제가 되고 있는 반면, 후자에서는 그 세대 간 전승의 구조 자체가 보편적인 구조로서 형식화되어 있다는 것이다. 이 형식화는 전승되는 아버지의 죄가 인류의 혈통을 유지한다고 하는 '거대한 부채'(라블레)나 '상징 제로'(레비-스트로스)로 환원되는 것에 의해 시작되고(E278-9), '그 자리에 결여되어 있는 것'이라는 자격으로 항상 그 자리에 존재하는 팔루스의 기능으로 환원됨으로써 완성된다(S4, 38). 이런 의미에서 라캉의 「도둑맞은 편지에 관한 세미나」는 진리의 전달에 있어서 통시적인 적통성을 단일한 팔루스에 의해 가능해지는 공시적 구조로 변환하고 있다고 말할 수 있을 것이다.*

라캉파 정신분석에 나타난 이 적자적/팔루스중심주의적 진리관의 근원에는, 진리란 항상 아버지로부터 정확하게 전달되는(적통으로 전승되는) 것이고, 그것은 주체가 이 세상에 태어났을 때 이미 주체 안에 새겨져 있다(라브다코스 가문의 경우). 혹은 진리는 항상 '그 자리에 결여되어 있는 것'으로서의 팔루스이기도 하다(「도둑맞은 편지」의 경우). 이런 의미에서, 데리다가 말했듯이, 라캉이 말하는 상징계, 주체를 상징적으로 질서짓는 심급은 '아버지에 귀착되는' 것이다. 당시 라캉과 정신분석의 임상적 일단一端은, 자신도 모르게 기록되어 있는 이러한 계보적인 '법'=진실을 폭로하고, 그것을 자신의 역사로서 분석주체에게 받아들이게 하는 것에 있었다.

데리다는 라캉의 적자적/팔루스중심주의적인 진리관에 대해 산종散種을 대치한다. 산종이란 '아버지에게 귀속되지 않는 것'을 표현하는 것이다(Derrida, 1972, p. 120). 즉 산종은 아버지로부터 정확하게 전달되는 것으로서의 진리를 위협하고, 진리를 최종심급의 자리에서 끌어내림으로써, 그 끝없는 치환을 긍정한다. 아버지에게 귀속되는 유일한 진리의 인수를 분석의 종결=목적으로 하는 라캉과, 진리의 고유한 장소가 될 수 없는 산종과 끝없는 해석을 긍정하는 데리다 사이에는, 나중에 우리도 검토하게 될 '끝이 있는 분석'과 '끝이 없는 분석'의 대립이라는 모티프가 이미 등장하고 있지만, 일단 그 부분은 접어두자.

---

* 데리다는 라캉이 하이데거적인 '은폐되지 않은 것으로서의 진리' 개념에 의거하고 있으면서도 그것과 다른 고전적인 '물物과 지성의 일치'라는 진리 개념도 언급하고 있는 것을 비판하고 있다(Derrida, 1972, pp.115-116). 그러나 라캉의 고전적 진리 개념의 사용은 '물rei'을 '피고reus'로 고쳐 읽는 것에 역점이 있고, 거기서는 역시 아버지의 죄의 개시開示가 문제가 되고 있다(E434).

우리에게 흥미로운 것은 다음과 같은 것이다. 1953년 로마 강연에서 라캉은 아버지에 의한 전달의 기능을 인간의 상징 기능을 지탱하는 '아버지의 이름'에서 찾고 있었다(E278). 그러나, 라캉은 아버지로부터의 진리 전승이라는 적자 출신적 모델에 안주하지 않았다. 56년 7월, 세미나 『정신병』에서, 라캉은 여성에 의한 단성생식에 대해 언급하며, 만약 단성생식이 가능해진다면 아버지의 존재는 불필요하게 된다고 말한다(S3, 357). 또한 이듬해 57년 6월, 세미나 『대상 관계』에서, 라캉은 냉동 보존된 정자로 인공수정이 실현될 경우 아버지로부터 자식에게 전달되는 파롤의 전달이 훼손되지 않을까 하는 우려를 표명하고 있다.

백 년 후, 여성들에게는, 우리가 지금 알고 있는 천재적인 남자들- 그들은 그때까지 작은 항아리[=정자은행과 같은 것]에 소중히 보존될 텐데 -의 자식이 주어지게 될 것이다. 그때에 아버지의 무언가가 철저하게 재단될 것이다. 그와 동시에, 파롤도 재단된다. 문제는 이때 어떻게, 어떤 방식으로, 어떤 양식으로, 조상의 파롤이 아이의 심성에 쓰여지게 될 것인가 하는 것이다. 여기서는 그 대리자, 운반차인 것은 이제 어머니밖에 없기 때문이다. 항아리에 들어간 조상에게, 어머니는 어떻게 이야기를 하게 만들까?(S4, 375-6)

인공수정의 도입은 재생산에서 아버지를 불필요하게 만든다. 그때, 아버지로부터 자식에게 진리를 전달하는 파롤은 단절되어 진리의 전달이 어려워진다. 이 라캉의 생각은 - 물론 데리다라면 어머니를 확실한 것으로 간주하는 이 생각을 대리

모의 가능성을 언급함으로써 다시 탈구축하겠지만(Derrida & D Caputo, 1997, pp. 26-27) - 진리/팔루스에 의한 결정론이 와해되어 버릴 가능성을 - 그것을, 아버지에게 귀착되지 않는 산종이라고 부를 수 있는지는 차치하고서라도 - 고려에 넣는 것으로 생각해도 좋을 것이다. 더 지적하자면, 라캉은 1959년 이후에 '아버지의 이름'을 상대화하고, '아버지의 이름'은 최종적으로는 보로메오의 고리를 묶는 복수의 방법 중 하나에 지나지 않는다고 생각하게 되었다는 것을 우리는 이미 알고 있다. 그렇다면 우리는 진리와 그것의 전달의 문제에 대해, 라캉과 데리다 사이에 일어나지 않았던 대화를 만들어내지 않으면 안 된다.

3. 정신분석은 알고리즘화가 가능한가?

정신분석이 말하는 진리는 정신분석의 실천 속에서 발견될 수밖에 없다. 그렇다면 그것은 어떤 방식으로 발견되는 것일까?

이 질문에 답하기 위해 우리는 루트비히 비트겐슈타인의 정신분석 비판을 참조할 수 있다. 비트겐슈타인은 정신분석의 실천적 기법 중 하나인 자유연상에 대해 의문을 제기했다. '이 자유연상 등등의 절차는 이상하다. 왜냐하면 우리가 어디서 [자유연상을] 멈추면 되는지 ― 어디에 올바른 해결책이 있는지를 프로이트는 보여주지 않기 때문이다.'(Wittgenstein, 2007, p. 42) 만약 정신분석에서 문제가 되는 심적 현상이 어떤 법칙에 맞는 것이라면, 그 심적 현상의 해명에 적합한 알고리즘을 사용함으로써 자유연상의 종결에까지 도달할 수 있을 것이다.

그렇다면, 자유연상이라는 기법 자체에 자유연상의 종결=분석의 종결의 조건이 제시되어 있어야 한다. 아마도 비트겐슈타인은 그렇게 생각했을 것이다.

과연, 모든 정신분석이 아버지로부터 전달된 진리를 주체의 역사로 받아들이는 것과 혹은 팔루스라는 특권적 시니피앙의 가면을 쓰는 것으로 형식화할 수 있는 것이라면, 확실히 정신분석을 알고리즘으로 환원하는 것도 가능할지도 모른다. 그러나 그것은 분석가를 컴퓨터 프로그램으로 대체해 버리는 것과 같다. 그런 정신분석이 존재할 수 있다면, 그것은 주체- 특히, 지知가 상정된 주체로서의 분석가 -를 배제한 채 이루어지는 계산에 불과하다. 거기에는 계산 가능한 것, 예측 가능한 것만이 문제가 된다. 그리고, 모든 정신분석은 하나의 정형화된 정신분석의 단순한 변주로 환원될 것이다.

그러나 정신분석은 그런 것이 아니다. 일찍이 르클레르(1975)가 명쾌하게 말했듯이, 정신분석가는 보편적인 이론을 가져야 하지만, 실천에 있어서는 그 이론을 거부해야 한다. 무슨 뜻일까? 보편적인 이론이 없다면, 우리는 분석을 시작하기 전 예비 면접에서 주체의 구조를 진단할 수도 없고, 분석의 방향을 잘 잡아가는 것도 불가능해진다. 그러나 보편적 이론을 분석 주체에 적용하면 보편적 이론에 포함된 요인(예를 들어, '아버지의 이름'이나 팔루스)을 분석 주체 안에서만 발견할 수 있게 된다. 그렇게 되면, 단순히 알고리즘을 따르는 것에 불과할 것이다. 따라서 분석가는 실천에 있어서는 기존의 이론을 거부하고 분석 주체의 특이성=단독성을 마주해야만 한다. 르클레르는 이렇게 묻는다, '피할 수 없는 질문이 제기된다. 어떻게 정신분석 이론을, 이론의 구성 자체에 의해 이론 적용의 기본적 가능성을 지워버리지 않는 것으로 생각할 수 있을까?' 이 물음은 정신분석이 보편적인 것(이론)에 의거하면서도 실천 속에서 끊임없이 나타나는 특이성=단독성을 존중해야 한다는 패러독스를 내포하고 있다. 비슷한 논의는 밀레르에 의해서도 이루어졌다. 그는 1978년 논문 「정신분석의 알고리즘」에서 '진리가 문제가 될 때 정보의 수학에서 무엇을 끌어낼 수 있을까?'라고 물었다(Miller, 1978). 여기서 그는 전달을 다루는 현대 과학, 특히 직관주의 수학에서 선열*의 이론을 원용함으로써 정신분석적 해석의 자리매김을 시도하고 있다. 논의의 자세한 내용은 생략하지만, 이 논의에서 밀레르는 '무의식을 해독하는 알고리즘[=계산 가능성]은 존재하지 않는다'는 것, 그리고 '해석의 효과는 계산 불가능하다'고 결론을 내리고 있다.

이러한 정신분석의 생각은 계산 가능한 것과 계산 불가능한 것의 관계를 둘러싼 데리다의 논의와 비슷하지 닮지 않았을까? 예를 들어, 데리다는 1954년 『법의 힘』에서 '정의'라고 부를 수 있는 행위가 가능하기 위한 조건을 다음과 같이 묘사하고 있다.

---

* 직관주의 수학에서 선열選列, choice sequence은 수열의 구성적인 공식화다. 직관주의 수학 학파는 L. E. J. 브로워가 공식화한 것처럼 완성된 무한이라는 개념을 거부하기 때문에 수열(고전 수학에서는 무한한 대상)을 사용하려면 수열과 같은 목적을 달성할 수 있는 유한하고 구성 가능한 대상의 공식이 있어야 한다. 따라서 브로워는 추상적이고 무한한 대상이 아닌, 구성으로 주어지는 선열을 공식화했다. – 역자

정의에 부합하는 것이 되기 위해서는, 예를 들어 판사의 결정은 어떤 법/권리의 규칙 또는 일반적인 규범에 따라야 할 뿐만 아니라, 재설정적인 현실적 해석 행위에 의해 그것을 받아들여, 시인하고, 그 가치를 확인해야 한다. 마치, 가만히 보면 법이란 것이 사전에 현실에서 존재하지 않는 것처럼. 마치 재판관이 스스로 각각의 소송에 대해 법을 발명하는 것처럼. (Derrida, 1994, pp. 50-51)

재판관은 개별 사건에 대한 판단을 내릴 때 보편적인 법을 따라야 한다. 그러나, 그 법을 따르는 것만으로는 단순히 증례를 알고리즘에 의해 처리하는 것에 지나지 않으며, 거기에 '정의'라고 부를 수 있는 것은 아무것도 없다. 법은 계산 가능한 것만 다룰 수 있기 때문이다. '정의'라고 부를 수 있는 행위를 하기 위해서는 사람은 알고리즘으로 환원할 수 없는 불가능한 것l'impossible에 관여해야 한다. '정의'는 '타자가, 항상 타자인 것으로서의 특이성=단독성으로 도래할' 가능성을 유지하는 것이어야 한다(Ibid., p. 55). 재판관에게 이러한 '정의'의 요청은, 정신분석가가 임상 실무 속에서 보편적인 이론을 일단 괄호 안에 넣은 후, 분석 주체가 가진 계산 불가능한 특이성=단독성을 다루지 않으면 안 되는 것과 같은 구조를 가지고 있다.

이러한 관점에서는 정신분석적 진리를 어떻게 자리매김할 수 있을까? 더 이상 진리를 아버지의 죄나 팔루스라는 상징적인 것의 틀 안에서만 다루는 것만으로는 충분하지 않다는 것은 분명하다. 왜냐하면 상징적인 것이 시니피앙의 연쇄인 이상, 시니피앙으로서의 아버지의 죄나 팔루스는 보편적 법칙에 의해 알고리즘화될 수 있기 때문이다. 여기서 우리는 라캉이

1968년 6월 19일에 제시한 새로운 진리 개념을 도입해야 할 것이다.

진리는 주체가 지savoir를 거절하는 지점에 숨어 있다. 상징계로부터 거절된 모든 것은 현실계에 재출현한다. 이것이 증상이라고 불리는 것의 핵심이다. 증상, 그것은 주체의 진리가 존재하는 곳의 현실적인 매듭인 것이다.(S15, 303A)

라캉은 여기서 — 이 방향성은 1905년 강연 「프로이트적 사건」에 이미 복류伏流하고 있었다고는 해도 — 증상의 진리를 상징적 지와 연관 짓는 것을 포기하고, 현실적인 것과 관계 지을 것을 선언하고 있다. 이 방향 전환의 영향을 이해하기 위해서는 초기 프로이트 역시 증상의 진리를 상징적 지로 자리매김하고 있었음을 확인할 필요가 있다. 프로이트는 히스테리 환자의 증상이 무엇을 의미한다(무엇을 말하려 한다)는 것을 알아차림으로써 정신분석을 발명했다. 즉, 증상의 진리는 주체가 깨닫지 못하는 어떤 지知에 있으며, 프로이트는 그 지=진리를 폭로함으로써 증상을 사라지게 할 수 있었던 것이다. 그러나 그러한 분석 실천을 계속하는 가운데, 프로이트는 증상이 지로 환원될 수 없는 차원을 가지고 있다는 것을 점차 깨닫게 되었다. 예를 들어, 증상의 의미를 지의 차원으로 해석을 계속해도, 전혀 증상이 사라지지 않는 경우가 이에 해당한다. 음성 치료 반응이나 반복강박이라는 프로이트의 개념은 이러한 증례의 체험에서 요청된 것이다.

프로이트에 의한 이 증상의 두 가지 측면(상징적인 것으로서의 증상과 현실적인 것으로서의 증상)은 각각『정신분석 입문강의』의 제17강「증상의 의미」와 제23강「증상 형성의 길」에서 상세히 논의된 바 있다.(밀레르(1998b)에 따르면, 모든 서양철학이 플라톤의 주석인 것과 같은 의미에서, 라캉의 모든 논의는 이 두 강의의 주석이다). 라캉은 증상의 후자의 측면, 즉 증상에서 지로 환원될 수 없는 진리를 현실계에 자리매김하고 있다. 여기서 말하는 현실계는 프로이트가 말하는 '증상에서의 만족'에 해당한다고 볼 수 있다. 이 증상에 대한 만족은 '성욕동性慾動에 처음으로 만족을 가져다준 자체성애'(GW11, 380)에서 유래한다. 어떤 의미를 갖는 상징적 증상은 그 자체성애적인 만족이 불가능해졌을 때 '새로운 형태의 리비도적 만족을 추구하기 위해 일어나는 갈등의 결과'(GW11, 373)로서 발생하는 것이다. 라캉이「텔레비지옹」에서 '주체는 항상 행복하다'(AE526)라고 말한 것은 증상에 시달리는 주체는 항상 증상으로부터 이 만족=향락을 얻고 있다고 생각되기 때문이다.

증상에서 향락의 존재 양태가 '성욕동에 처음으로 만족을 가져다준 자체성애'에서 유래하는 이상, 그 향락의 양태는 각각의 주체에 따라 다른 것, 즉 특이적=단독적인 것이라고 생각된다. 이 관점을 얻은 정신분석은 더 이상 증상의 상징적 구조의 진리를 상대하는 것이 아니라, 증상의 현실계에서의 진리, 즉 각 주체가 가진 특이적=단독적인 향락의 모드를 상대하게 될 것이다. '생톰' 개념에 의한 라캉의 이론적 변천이나 최근 밀레르(2009a)가「정신분석에서의 섬세한 것」이라는 제목의 강의에서 특이성=단독성의 중시는, 바로 정신분석의 이러한 패러다임의 전환을 명확히 하는 것이다. 이제 밀레르를 중심으로 한 현대 라캉파에서는 의미론적 차원에서의 증상은 이차적인 것이며, 모든 증상은 몸과 언어의 첫 만남이 새겨진 비의미론적이고 자체성애적인 '신체의 사건évènement de corps' (AE569)을 그 뿌리로 삼고 있다는 점이 공유된다.

그렇다면, 우리가 물어야 할 것은 한편으로는 증상의 만족이 현실계에 위치한다는 점에 특이성=단독성을 보는 라캉과, 다른 한편으로는 항상 타자의 도래를 가능케 한다는 의미의 특이성=단독성을 문제 삼는 데리다와의 차이점이다. 다음으로 이 문제를 정신분석의 종결과 전달이라는 관점에서 검토해 보자.

4. 정신분석의 종결과 그 전달

라캉과 데리다의 큰 차이점이 정신분석의 종결을 어떻게 생각하느냐에 있었다는 것은 잘 알려져 있다. 말년의 프로이트는 모든 정신분석이 거세 불안과 페니스 선망이라는 완고하고 흔들리지 않는 암반에 부딪혀 버린다는 것을 지적하고, 이 막다른 골목의 극복에 성공할 수 있을까? 라는 질문에 비관적으로 답했다. 즉, 모든 분석은 '끝없는 분석'으로서의 측면을 적지 않게 가지고 있는 것이다(GW16, 99). 이 프로이트의 논의를 어떻게 해석하느냐를 놓고, 라캉과 데리다는 서로 대립하게 된다.

라캉은 분석은 종결된다는 것을 분명히 확신하고 있었다. 그것은 앞 절에서 확인한 증상을 파악하는 방식의 변화와 관련이 있다. 확실히, 증상을 지의 차원으로 해석하는 것만으로는 증상은 사라지지 않는다. 그런 의미에서 정신분석은 결국 치유할 수 없는 것을 전경화前景化시켜 버리는 것이 된다. 그러나 라캉은 역설적이게도 증상의 이 치유 불가능한 부분, 각각의 주체에서 다른 특이성=단독성으로서 나타나는 부분을 긍정하고, 이것이야말로 분석의 종결을 가능하게 한다고 생각한다. 이 발상은 세미나 『정신분석의 네 가지 기본 개념』의 마지막 페이지에서 분석의 도달점이 각 주체의 '절대적 차이'(S_1)와 관련되어 있다고 언급되었을 때부터 라캉 이론에 내재되어 있었다고 할 수 있다(S11, 248). 정신분석이 종결되는 것은 이 절대적 차이로서의 특이성=단독성, 즉 증상에 있어서 각 주체 각각에 고유한 향락의 모드에 대해서 각 주체가 잘 해나갈savoir-y-faire 수 있게 되었을 때다(S24, 12A). 만년의 라캉은 그렇게 생각했다. '분석을 너무 멀리까지 밀어붙여서는 안 된다. 분석 주체가 자신은 살아 있어서 행복하다고 생각한다면, 그때 분석은 충분하다'라는 1975년의 라캉의 발언은 그렇게 읽혀야 한다(Lacan, 1975, p. 15).

이러한 분석의 종결 모델은 제임스 조이스에 의해 제시되고 있다. 라캉에 따르면, 조이스는 정신분석을 실천하는 일 없이 '정신분석의 종결에 기대할 수 있는 최선의 것에 직접 도달했다.'(AE11) 왜냐하면, 특히 『피네건의 경야』에서 두드러지게 나타나는 것처럼, 조이스의 실험적인 작품들은 더 이상 그 의미를 이해하거나 번역하는 것이 누구에게도 불가능하며, 오히려 그 작품에서 '그것을 쓴 사람의 향락이 제시되고 있음을 느낄 수 있기'(S23, 165) 때문이다. 즉, 조이스의 작품은, 작품의 의미를 드러내는 것이 아니라, 작자인 조이스의 특이적=단독적 향락의 모드를 드러내고 있다고 생각되는 것이다. 여기서 표현되는 특이적=단독적 향락은 다른 누구의 향락과도 공약共約할 수 없는 자폐적 향락*이지만, 그럼에도 불구하고 우리는 조이스의 작품을 읽음으로써 거기서 보편적인 문학이라고 부를 수 있는 것을 발견한다. 분석의 종결에서는 이러한 향락의 방식, 치유 불가능성의 긍정화가 실현된다고 라캉은 생각한 것이다.

반대로 논문 「저항」에서 분명하게 언급되어 있듯이, 데리다에게 있어서 분석은 항상 끝없는 분석이다(Derrida, 1996b, p. 49). 라캉이 말하는 것처럼, 각 주체마다 다른 절대적 차이(S_1)나 증상에 있어서의 특이적=단독적인 향락 방식은 상징적 지의 수준에서 형식화를 피하고 있지만, 그럼에도 불구하고 하나의 기원을 설정하는 사고라고 데리다라면 비판할 것이다. 그렇다, 데리다가 분석에 끝이 없다고 말하는 것은 '분할 불가능한 원소나 단순한 기원 따위는 없다'고 그가 생각하기 때문이다(Ibid., p. 48). 데리다는 이러한 분석의 끝이 없음을, 증상에 있어서의 '흔적'이라는 프로이트의 — 그리고 데리다 자신의 — 개념에서 발견하고 있다. 프로이트는 억압된 표상의 흔적에 대해 히스테리 환자의 주의를 환기시키려 할 때, 거기서 저항을 느꼈다. 이 저항은 증상을 만들어내는 원동력으로, 동시에 그 증상을 제거하려는 분석 작업에 대한 저항이 되기도 한다. 그러므로 흔적은 분석 불가능한 상태로 계속 남게 된다(Ibid., p. 45). 끝없는 분석이 요청되는 것은 그 때문이다.

---

* 밀레르의 표현이다(Miller, 1987b, p. 11).

앞서 만년의 라캉 이론을 확인했던 우리로서는, 여기서 데리다가 말하는 것에서, 증상이 가지는 상징적/현실적 측면이라는 이분법이 나타나고 있음을 쉽게 알아챌 수 있다. 증상의 상징적 측면을 다루는 것만으로는 분석이 종결되지 않는다. 이점은 라캉과 데리다 둘 다 동의하는 부분이다. 라캉과 데리다의 차이점은 전자가 증상의 현실적인 측면에서 주체의 특이성=단독성을 발견하고 그것을 분석 종결의 적극적 조건으로 생각하는 반면, 후자가 증상의 분석에서 불가피하게 만나는 저항과 그 저항을 만들어낸 흔적을 분석의 종결 불가능성의 이유로 생각하는 데 있다.

이처럼 분석의 종결을 둘러싼 양자의 차이는 분명하다. 그러나 놀랍게도 분석가의 공동체나 다가올 정신분석을 생각할 때, 라캉과 데리다의 의견은 다시 한 번 공명하기 시작한다.

라캉에게는, 분석 주체가 자기 자신에게 특이적=단독적 향락 모드에 대해 잘 해나갈 수 있게 되었을 때, 분석은 종결된다. 그리고 이 전적으로 특이적=단독적인 분석 체험이 그 분석 주체가 소속된 분석가 공동체 안에서 공유할 수 있는 것인지를 확인하는 장치가 '경로passe'라는 라캉파의 장치이다. 다시 말해, 파스에서는 원래 정의상 타인에게 전달할 수 없으며, 지금까지 보편적인 것으로 여겨져 왔던 분석 이론에서 벗어나는 것일 특이적=단독적인 분석 경험이 분석가의 공동체 안에서 새로운 보편으로 전달될 수 있는지 여부가 문제시되고 있는 것이다. 이 얼개는 분석가 공동체의 정신분석이라는 것이 항상 새로운 것으로 변화해 가는 것을 가능하게 하기 위해 마련되어 있다. 즉, 라캉파 분석가의 공동체는 라캉의 이론을 정형적으로 따르면서 정신분석을 하는 분석가 집단이 아니라, 라캉이 만든 경로라는 장치에 따라 정신분석을 끊임없이 재구성하는 집단인 것이다. 굳이 데리다적인 표현을 하자면, 파스란 타他라는 것(특이성=단독성)을 받아들임으로써 분석가의 공동체나 정신분석 자체를 다른 것으로 변화시킬 수 있다는 의미에서 하나의 환대의 원리인 것이다. 라캉파에서 분석의 '끝없음'이 존재한다면, 그것은 각 개인의 분석적 체험 속에 존재하는 것이 아니라, 오히려 분석가 공동체의 정신분석의 끊임없는 재작성, 즉 다가올 정신분석의 도래를 기다리는 정신분석의 영구혁명에 존재한다고 할 수 있을 것이다.

그렇다면 데리다에게 있어서 분석가 공동체란 어떤 것일 수 있을까. 데리다의 독해에 따르면 정신분석에서 '저항'의 개념은 통일된 의미를 갖지 않는다. 따라서 정신분석은 저항이라는 개념으로 하나의 정리된 통일체를 만들 수 없다. 그러나 이 불가능성은 정신분석에 있어 비극이 아니라 기회이기도 하다. 데리다는 다음과 같이 말한다.

분석에 대한 저항의 개념이…… 통일될 수 없다는 것이 사실이라면, 그 경우에는 분석 개념도, 정신분석적인 분석 개념도, 정신분석이라는 개념 자체도 같은 운명을 맞이하게 될 것이다…… 정신분석이 하나의 개념 혹은 하나의 사명 속에 결집되는 일은 결코 없을 것이다. 저항이 단일한 것이 아니라면, 단수 정관사가 붙은 정신분석 ― 여기서는 그것을, 이론적 규범의 체계로서, 혹은 제도적 실천의 헌장으로 이해해 주었으면 한다 ―도 없는 것이다. /사정이 이렇다 하더라도, 이 상황이 반드시 좌절을 의미하지는 않는다. 성공의 기회 또한 거기에 있는 것이며, 연극적으로 애도를 할 것까지는 없다.(Derrida, 1996b, p. 34)

데리다에게 있어서 저항이 분석의 끝없음으로 남아 있는 한, 정신분석은 ― 츠이키 코스케(2009)의 멋진 표현을 빌리자면 ― '저항의 함수'로 존재하게 된다. 그러므로 다양한 저항의 수만큼, 정신분석은 복수적으로 존재하게 될 것이다. 즉 정신분석은 저항의 개념과 함께 항상 다른 것에 열려 있는 것이다. 여기에 다가올 정신분석이 도래할 가능성이 확보된다.*

이제 우리는 라캉과 데리다의 차이점을 좀 더 명확하게 파악할 수 있다. 한편으로 라캉은 각 분석 주체의 분석 체험이라는 개인 레벨의 '정신분석이라는 것'을 정의해 분석가 공동체의 수준을 엄격히 구분하고 있다. 따라서 개인 레벨에서의 특이성=단독성이 공동체 수준에서 새로운 보편성으로 전달되는지 여부가 문제가 된다. 다른 한편, 데리다는 개별적 분석 체험에서의 저항의 복수성을 '정신분석이라는 것'의 복수성으로 직접 접속해 버린다. 여기서 데리다가 '저항'이라고 부르는 것이, 흔적이 차이를 포함한 반복을 통해 他라는 것의 도래를 가능케 한다는 의미에서의 데리다적 특이성=단독성의 사고로 육박하고 있는 것을 고려한다면, 양자의 최종적인 차이점은, 역시 특이성=단독성이라는 개념을 다루는 데 있다고 생각할

---

* 토가와 코지(2000)는 이러한 의미에서 데리다적 정신분석의 가능성을 명석하게 제시하고 있다.

수 있을 것이다.[*]

5. 베리테에서 바리테로

상징계에서의 전달을 보장하는 팔루스=로고스 중심적 진리에서, 증상의 현실계로서의 진리로 나아간 라캉의 사상은 최종적으로 각각의 분석 주체에서 특이적=단독적인 향락의 모드를 중시할 것을 현대 라캉파에게 요청하게 되었다. 그렇다면 만년의 라캉에 있어서도 진리라는 용어는 유지될 수 있을까.

라캉은 1977년 4월 19일 세미나에서 '진리vérité'라는 단어를 '바리테varité'라는 조어로 대체할 것을 제안하고 있다.

자유롭게 연상한다는 것은 무엇을 의미하는 것일까? 발언énonce하는 주체가 조금이라도 가치 있는 말을 한다는 것을 보증하는 것일까? 그러나 여러분이 잘 알듯이, 억지 이론ratiocination, 정신분석에서 억지 이론이라고 불리는 것은 추론raisonnement보다 훨씬 더 무겁다. 발언énoncé은 진정한 제안과 어떤 관계가 있을까. 프로이트가 말했듯이, 소모적으로 기능할 수밖에 없는 이 무언가가 무엇을 기반으로 하고 있는지를 보려고 노력해야 할 것이다. 그 무언가로부터 진리가 상정되는 것이다. 가변적인 것으로서의 진리vérité comme variable의 차원, 내가 바리테varité라고 부르려는 것, 다양

---

[*] 만년의 데리다는 메시아적인 정의正義가 '여러 단독성의 보편화가 가능한 문화'라고 논한다(Derrida, 2000, p. 31). 그는 특이적=단독적인 것과 보편적인 것을 하나의 표현으로 묶고 있는 것이다. 이 함의는 정신분석과의 관계에서 더 자세히 논의되어야 할 것이다.

성variété의 'é'를 억누른 것에 열려 있어야 한다.(S24, 115A)

  정신분석이 특이적=단독적인 것을 목표로 한다면, 자유연상 속에는 최종적으로, 타자와 공유할 수 없는 조어造語 같은 것만이 나오게 될 것이다. 그러나 라캉은 거기에서 진리의 출현을 본다. 다만 그 진리는 더 이상 보편적 진리 같은 것이 될 수 없고, 가변적인 것으로서의 진리이며, 다양성variété에 열린 바리테varité라고 라캉은 말한다. 그렇다면, 정신분석은 타인과 공유할 수 없는 것을 무제한적으로 긍정하는 것일까. 그렇지 않다. 라캉의 발언은 다음과 같이 이어진다.

  어떤 분석 중인 주체가 자신의 디스쿠르 속에서, 내가 방금 전에 만들었듯이[바리테] 조어에 빠져들었다고 해서, 그것이 현실적인 것이라고 자동적으로 믿을 이유가 되는 것은 아니다…… 요컨대, 정신분석이 이인조 자폐증autisme à deux*이 아닌지의 여부를 질문할 필요가 있다. /이 자폐증을 돌파할 수 있는 것이 있을까? 그것은 라랑그가 공통commune의 문제라는 것이다. 내가 존재하는 바로 이 자리에서 나는 여기 있는 여러분에게 나에 대해 이해시킬 수 있다. 그것이 바로 보증이다. 내가 정신분석의 전달을 [파리] 프로이트파의 의제로 한 것은 그 때문이다. 정신분석이 이인조 자폐증으로부터 환원 불가능한 형태로 발목을 잡히지 않았다는 것의 보증인 것이다.(S24, 115-6A)

---

* 이인조 자폐증이란 '이인조 정신병folie à deux'처럼 두 사람이 행하는 자폐증이라는 의미일 것이다.

분석 중의 주체는 종종 조어와 같은 새로운 시니피앙을 만들어 낸다. 그러나 그것이 곧바로 증상의 현실계로서의 진리인 것은 아니다. 그 새로운 시니피앙이 진리가 되기 위해서는 분석가 공동체 안에 그것이 전달되어야 한다. 만약 그것이 전달될 수 없는 것이라면, 그 정신분석은 타자에 대해 폐쇄적인 '자폐증'에 불과하다. 바로 알 수 있듯이, 라캉은 여기에서 경로passe와 거의 같은 원리를 이야기하고 있다. 라캉이 말하는 정신분석은 독창적인 것이었지만, 결코 자폐적인 것은 아니다. 왜냐하면 라캉의 말은 당시 파리 프로이트파 안에 전달되고 있었기 때문이다. 그 성패 여부는 차치하고라도 라캉은 적어도 그렇게 생각했던 것이다.

그러나 이 라캉의 발언은 분석가 공동체에 전달되지 않은 특이성=단독성이 자폐적이라는 것도 의미한다. 이미 밀레르(1987b)는 조이스의 작품에서 표현되고 있는 그의 특이적=단독적인 향락이 다른 누구의 향락과도 공약共約할 수 없다는 점에서 자폐적인 향락이라고 부를 수 있다고 했다. 그렇다면 정신분석의 종결이란 어떤 의미에서는 세련된 자폐증을 지향하는 것이 아닐까.

현대 라캉파의 기법은 각각의 분석 주체의 자폐적 향락이 새겨진 시니피앙(S_1)을 끄집어내는 것이라고 할 수 있다. 보통 정신분석 기법으로서의 해석이란 분석 주체의 이야기에 구두점을 찍고, 기존의 증상에 어떤 의미를 부여하는 것이다. 그러나 이러한 해석에서는 'S_1 → S_2'라는 마템으로 표현되는 시니피앙의 연쇄가 영원히 계속될 뿐이다. 그것은 의미의 증식을 유발하고, 결국 분석 주체를 의미의 파라노이아성 해석 망상병의 수준으로 이끌게 될 것이다. 반대로 현대 라캉파에서는 '$S_2 /\!/ S_1$'이라는 마템으로 나타나는 반대 방향의 해석을 가지고 있다. 이 역방향 해석은 분석의 세션을 의미적으로 풍부하게 만들어 주는 게 아니라, 반대로 '주체를 그의 향락의 불투명성으로 되돌려 놓는 비-의미적 단위'로 만드는 것에 의해 이루어진다. 분석 주체의 서사에 의미를 부여하기 위해 구두점을 찍는 것이 아니라, 서사를 비의미론적으로 절단하는 것. 그렇게 함으로써 S_2와 단절된, 특이적=단독적인 향락의 모드가 새겨진 시니피앙 S_1을 꺼낼 수 있게 된다. 이러한 S_1의 추출은 조이스처럼 문학작품을 창조하든 아니든과는 별개로, 자신의 인생을, 말하자면 다른 누구와도 닮지 않은 하나의 작품으로 창조하는 것을 가능하게 할 것이다.

여기서 우리는 다시 한 번 데리다를 참조할 수 있다. 분석 주체의 서술에 의미를 부여하는 S_2를 절단하여 단독의 S_1을 꺼내는 역방향 해석은, 데리다가 말하는 '콘텍스트[=S_2]를 절단하는 힘'으로서의 에크리튀르를 꺼내는 영위에 해당할 것이다(Derrida, 1990, p. 27). 또한, 2003년, 그가 죽기 전해에 이루어진 인터뷰 속에서 데리다는 전달 불가능한 진리에 의한 작품의 창조에 대해 다음과 같이 이야기했다.

전달 가능한 진리와는 유사하지 않은 어떤 것을 진리라고 불러야 할 때도 있지 않을까? 나 자신도 그런 것을 가리켜 진리라고 부르려고 한 적이 몇 번 있다. 이러한 진리의 개념에 대해서는 「누에」에서 다루었다. 하이데거가 말하는 의미의 계시로서의 진리, 은폐로서의 진리, 은폐를 폭로하는 것으로서의 진리에는 이제 지쳐버렸다. 그것은 사실이다. 그럼에도 불구하고 회의주의라는 이름으로 진리를 포기하는 것은 내 스타일이 아니다…… 진리와 유사한 무언가가 나를 끌어당긴다…… 이 무언가는 내게는 다가오는 것들의 체험 속에서 선물로 주어지는 것이다. 이 체험은 번역할 수 없고, 아마 전달도…… 불가능할 것이다…… 특이하고, 전달할 수 없는 진리야말로 문제인 것이다. 특이하고 전달할 수 없는 진리는 '있는 그대로' 현출現出하는 일조차 없을지 모른다. 무의식 ─ 정신분석적 의미라고 하기에는 막연하지만, 적어도 정신분석적 유형의 ─ 무의식 속에 잔존한 상태로 있기도 하는 것이다. 그럼에도 불구하고 어떤 작용을 가한다〔= 작품을 만든다〕. 그것은 진리의 한 양태이며, 이것이 사물을 변형시키고, 작용하고, 또 이것에 작용되어 사물을 변용해 나가는 것이다. 변화와 혁명이 생겨날 때는 항상 어떤 진리가 개입한다. 계시라기보다는 변화나 혁명에 대한 이야기이다…… 말하자면 진리의 욕동이라고 할 수 있는 하나의 요청이 있다. 진리의 욕동은 내 해석 작업의 자양분이 되고 있다. 그래서 또한, 궁극적인 의미로서의 진리와 일반적으로 그렇게 불리는 것에 대한 일종의 경계심이나 의구심과도 양립할 수 있는 것이다.(Derrida, 2004, pp. 19-20)

하이데거적인 진리나 궁극적인 진리 같은 것에 신뢰를 둘 수 없다 하더라도, 전달 불가능한 진리를 진리로 파악하는 것이 가능하다. 그리고 그 진리는 새로운 창조(작품을 만드는 것)를 가능하게 한다. 여기서 데리다가 말하는 것은 다른 누구와도 공약共約할 수 없는 전달 불가능한 향락을 스스로 작품으로 제시한 조이스와 같은 자폐적 향락의 모드에 의한 창조와 같은 것이 아닐까.

라캉은 세미나 『생톰』에서 조이스를 소재로 이러한 창조를
논했다. 한편, 데리다는 ─ 앞의 인터뷰 기사에서 언급된 것을
보면 ─ 엘레네 식수Hélène Cixous와의 공저 『베일』에 수록된
「누에」라는 글에서 누에의 번데기가 실을 뱉어내 고치를 만들
어내는 것으로 스스로를 외부 세계와 절단하는 것이 전달 불
가능한 진리에 의한 창조와 관련되어 있다고 생각하는 것 같
다. 『베일』의 역자인 코하라의 말을 빌리자면, 누에는 '자기 안
에 갇혀 있으면서 자기의 신체를 "소진"하거나, 무에 한없이
가까워질 때까지 "줄어듦"으로써 산출하는 것이며, 그와 동시
에 그렇게 함으로써 자기 자신이 생산물이 되는 것이다. 누에
는 말하자면, 이 행위 수행적 모순을 살고 있다…… 누에는 하
나의 작품을 산출하는 동시에 그 작품이 되는 노동자이며, 예
술가이며, 발명가이며, 창조자다.'(鄉原, 2014, p. 193) 역자가
적절하게도 이 텍스트를 '자폐적 텍스트'라고 표현한 것처럼,
여기에는 맥락에서 단절된 자폐적 행위가 작품을 이루는 모습
이 그려져 있다고 할 수 있다. 이러한 자폐적 창조와, 라캉이
조이스에게서 본 자폐적 향락에 의한 창조에 과연 어느 정도
의 거리가 있을까?

라캉은 정신분석을 과학화하려고 여러 차례 시도한 것으로
알려져 있다. 그러나 밀레르(2002b)는 라캉의 말년의 목표는
과학이 아니라 예술이었다고 말한다. 왜냐하면 과학이란 결국
현실계를 시니피앙으로 환원하는 것이며, 그것은 분석 체험에
서 나타나는 특이적=단독적인 것을 지워버리기 때문이다. 반
대로, 특이적=단독적인 것을 다루는 것, 혹은 데리다처럼 전달

불가능한 진리를 진리로 취급함으로써 정신분석은 결코 알고리즘으로 환원될 수 없는 신선한 임상인 동시에 예술이 될 수 있다. 아마도 이 두 영역에서 정신분석과 탈구축 사이의 끝나지 않는 대화가 계속될 것이다.

결론

이 책의 논의를 간단히 정리해 보자.

라캉은 프로이트의 다양한 감별 진단 이론을 체계화하여 신경증에는 오이디푸스 콤플렉스가 도입되어 있는 반면, 정신병에는 도입되지 않았음을 밝혔다. 이 감별 진단 이론은 1950년대 후반에 '아버지의 이름'과 팔루스를 둘러싼 구조론으로 정식화되었다. 거기에서는 '아버지의 이름'이 원-상징계(=어머니의 욕망)를 은유화하고, 그 결과 팔루스가 도입되는 것에 의해 상징계와 섹슈얼리티의 규범화=정상화가 달성된다고 생각했다. 신경증의 구조를 결정짓는 이 규범화는 부성 은유로 불렸다. 그리고 정신병(파라노이아)은 부성 은유에 의해 상징계와 섹슈얼리티를 규범화하는 대신 부성 은유의 변종인 망상성 은유(=회복의 시도로서의 망상)를 통해 대안적 규범화를 달성하는 것이라고 생각되었다.

대략 60년대에 이르러 라캉은 '아버지의 이름' 및 부성 은유가 규범적=정상적인 것임을 의심하기 시작한다. 그러자, '아버지의 이름'(=대타자의 대타자)은 더 이상 심적 구조를 규범화하는 단일한 원리가 아니라, 오히려 대타자를 일관된 것인 듯이 보이게 하는 허구라고 생각하게 되었다. 라캉은 '아버지의 이름'의 이러한 허구성을 적나라하게 드러내는 양태를 기존 질서 일체를 이로니를 가지고 부정하는 스키조프레니에서 찾았다. 70년대 전반이 되면, 디스쿠르 이론 속에서 지금까지 신경증과 정신병 사이를 엄격하게 구분했던 오이디푸스 콤플렉스는 '프로이트의 꿈'으로 상대화되고, 신경증 환자는 디스쿠르에 종속된 존재로, 정신병자는 디스쿠르의 외부에 있는 존재로 재정의되었다. 여기에서 '모든 인간은 망상한다', '모든 인간은 미치광이다'라고 하는, 모든 주체를 광의의 정신병자로 생각하는 관점이 열렸다.

70년대 후반이 되면, 라캉이 신경증과 정신병을 구분하여 논하는 일은 줄어든다. 그 대신 등장한 것이 증상의 일반이론이며, 이 이론은 신경증에서 무의식의 형성물로서의 증상과 정신병의 망상을 'S₁→S₂'라는 하나의 정식으로 통일적으로 파악하는 것을 가능하게 했다. 그리고 정신분석의 종결은 증상의 뿌리에 있는 향락, 각 주체에게 고유한 향락의 모드를 잘 다룰 수 있게 되는 것으로로 여겨지게 되었다. 오늘날에는, 이러한 분석의 종결 양태는 다른 누구와도 공약共約할 수 없는 자기만의 고유한 향락 모드를 바탕으로 다양한 대상이나 지식을 자기 나름대로 조합하여 기발한 발명품을 만들어내는 세련된 자폐증자의 모습에 해당한다고 생각되었다. 그리고 이 지점에서 나타나는 창조성이야말로 라캉과 들뢰즈=과타리 혹은 데리다간의 앞으로의 대화를 가능케 한다는 것을 우리는 제3부에서 논의했다.

이상의 이론적 변천을 회고적으로 본다면, 50년대, 60년대, 70년대를 통해 라캉은 이론의 중심을 (1) 신경증과 그 망상적 변종으로서의 파라노이아, (2) 스키조프레니, (3) 자폐증으로 순차적으로 옮겨가고 있으며, 그 속에서 감별 진단론이 끊임없이 개정되어 결국 감별 진단이라는 논점 자체가 탈구축되는 데까지 이르렀음을 알 수 있다.

다만, 그것은 라캉이 결국 신경증과 정신병의 감별 진단을 포기했다는 것은 결코 아니다. 밀레르의 증언에 따르면, 라캉은 말년에 이르기까지 생탄 병원의 젊은 정신과 의사들에게 '신경증인가 정신병인지 둘 중 하나로 결론을 내리라'고 말했다고 한다(Miller & Kitayama, 1991). 당시 파리에는 반정신의학의 바람이 불던 시대였다. 그러나 라캉은 그러한 시대에도 고전적 정신의학의 술어와 진단 카테고리를 계속해서 사용했다. 라캉의 주변에 있던 모드 마노니(Maud Mannoni, 1923-1998)를 비롯한 반정신의학적 정신분석가들이 라캉의 감별 진단주의를 아무리 비판해도 라캉의 태도는 변하지 않았다고 한다(Miller, 1998a). 이처럼 신경증과 정신병의 감별 진단론을 상대화하면서도 급진적인 방향으로 나아가는 것이 아니라, 고전적 진단 범주에 의한 감별 진단 이론을 사용한다는 절충적인 모습이야말로 라캉이 말년에 도달한 임상을 특징짓고 있다.

그렇다고 해서 라캉이 어느 한쪽으로도 입장을 정하지 못하고 양다리를 걸친 임상의학자였다는 것은 전혀 아니다. 역설적이게도, 라캉의 절충주의적인 모습은 오히려 현대 주류 정신의학 임상과 정신보건 정책에 대한 급진적 비판을 할 수 있는 베이스캠프가 될 수 있다고 우리는 생각한다. 마지막으로 이 논점에 대해 전망해 보자.

라캉은 1967년 생탄 병원의 정신과 의사들을 대상으로 한 강연에서 정신의학이 일반의학 속에 회수되어 버렸고, 그 일반의학은 약리학에 회수되고 있음을 지적한 바 있다(Lacan, 1967). 잘 알려진 대로, 세계 최초의 항정신병 약물인 클로르프로마진이 라캉과 거의 동시대 정신과 의사 장 들레Jean De-lay(1907-1987)에 의해 발견된 것은 1952년이다. 라캉이 말했듯이 '클로르프로마진의 발견 이후 정신의학은 다른 일반의학과 마찬가지로 생물학 및 약리학에 의해 기초를 두게 되었다. 또한, 증상을 기호로만 취급하는 DSM의 등장으로 질병의 미세한 종별 차이는 상쇄되어 버렸다. 그 결과 비정형 항정신병 약물이 통합실조증이나 기분장애(우울증과 조증), 자폐증 스펙트럼 장애 관련 정신 증상, 심지어 불안장애와 같은 거의 모든 질환에 투여되었다. 제대로 된 진단이 나오지 않더라도 일단 비정형 항정신병 약물을 투여하면 어떻게든 되겠지라는 배짱인 것이다. 이런 시대는, 결국은 정교한 감별 진단론 따위는 필요로 하지 않는 듯하다. 비정형 항정신병 약물이 무제한적으로 확산된 한 가지 원인은 약물의 효과를 입증하기 위한 임상시험이 DSM에 의한 '부정확한 진단'에 근거한 환자 집단을 대상으로 이루어졌기 때문이 아닐까(정신질환 환자들 중 상당수가 다른 질환의 환자군에 잘못 포함되었다면, 얼핏 보기에는 당연히 그 질환에서 비정형 항정신병 약물의 효과는 상승할 것이다). 이를 악용하는 것은 약물이 적용되는 증상의 확대를 늘 노리는 거대 제약회사의 자본의 논리이다. 우리는 임상 현장으로 주체를 재도입하여 감별 진단의 임상을 재부흥시킴으로써 이런 엉터리 임상과 자본의 횡포에 저항해 나가야 한다.

그렇다면, 포스트 감별 진단의 이론은 우리의 임상에 무엇을 가져다줄까.

한때 반정신의학은 정신의학이 사회적 일탈자에게 '정신병'이라는 딱지를 붙이고 정신병원에 가둬놓았다고 고발했다. 그 비난은 필연적으로 신경증과 정신병의 각각의 영토를 분할하는 원리로 기능하는 감별 진단론에 대한 비난이었을 것이다. 실제로 들뢰즈=과타리(1972)는 『앙티 오이디푸스』에서 반정신의학자인 로널드 랭Ronald D. Laing의 논의를 환골탈태시켜, 모든 인간이 '과정'을 가지고 있으며, 이 과정을 자유롭게 개방할 수 있다고 주장했다. 즉 그들은 신경증이나 정신병과 같은 구조의 차이와 상관없이 모든 인간이 정신병적 과정을 전개할 수 있다고 생각한 것이다.

반정신의학의 영향을 받은 논자들의 이러한 생각은 70년대 라캉의 '모든 인간은 망상한다'는 생각과 가까운 위치에 있다. 그러나, 그렇다고 해서 감별 진단 후의 임상이 반정신의학을 그대로 긍정하는 것은 아니다. 왜냐하면 어떤 의미에서 현대란 반정신의학적 이념이 우직愚直하게 실현된 시대라고도 할 수 있기 때문이다. 무슨 말일까. 과거에는 정신질환자는 정신병원에 수용되어 자신의 삶을 살 수 없었다. 그러나 현대에는 '마음의 장벽을 허물자', '입원 의료 중심에서 지역사회 생활 중심으로' 등의 탈병원화 슬로건 하에, 장기 수용의 시대는 이념적으로나 현실적으로나 – 아직 여러 가지 어려움이 있지만 – 서서히 종말을 맞이하고 있다. 그리고, '정신분열병'에서 '통합실조증'으로의 병명 변경이 상징하듯 정신병은 이제 비정형 항정신병약과 인지행동 요법으로 '치료할 수 있는' 질환이 되어, 예전의 불치병이라는 오명은 줄어들고 있다. 그들은 다양한 어려움을 이겨내고, 필요에 따라 다양한 지원을 받으면서 자신의 능력을 -과정을? - 충분히 발휘할 수 있는 가능성을 높이고 있다. 물론 그 자체로 반가운 일이다. 그러나 이 논리는 종종 '자신의 능력을 최대한 발휘하라!' '향락하라!Jouis!'라는, 결국은 자본의 논리로 회수될 수밖에 없는 초자아의 명령 그 자체로 기능하고 있는 것은 아닐까? 들뢰즈도 그 점을 간파하고 있었다. 그는 말년에 다음과 같이 지적했다. '감금 환경 그 자체라고도 할 수 있는 병원의 위기에서, 부서의 세분화나 데이케어나 재택 간호 등이 처음에는 새로운 자유를 가져왔지만, 결국은 가장 무자비한 감금에 필적할 수 있는 관리contrôle의 메커니즘에 관여하게 되었다는 것을 잊어서는 안 된다.' (Deleuze, 1990, pp. 241-2)

이러한 병의 관리화와 동시에 진행되고 있는 것은 모든 정신의 병을 포괄하고, 병에서 가장 날카로운 부분을 박탈하려는 듯한 병의 평준화가 진행되고 있는 것은 아닐까. 2011년, '정신보건mental health은 존재하는가?'를 주제로 한 〈라캉적 오리엔테이션에 의한 응용정신분석에 관한 연구의 국제 프로그램〉의 제5회 대회가 브뤼셀에서 개최되었다. 그 취지서에는 다음과 같은 내용이 있었다 — 정신보건이라는 개념은 모든 주체에 대한 건강, 복지의 증진과 정신질환을 예방하는 것을 목적으로 한다. 정신보건은 대중적 질서를 이롭게 하기 위한 것인데 반해, 정신분석은 어디까지나 개인적인 것이며, 게다가 개인 각각의 '광기'의 자리를 확보하려는 것이다. 따라서 정신보건과 정신분석은 이율배반antinomie이 된다. 현대 정신의학의 질병 분류는 정신장애의 고통과 인간이 본래부터 가지고 있는 상황의 어려움의 차이를 지워버리는 연속체를 채택하고 있다. 이 흐름은 향정신성 의약품 시장을 끌어들여 정신보건을 명분으로 제한 없는 적용이 이루어지고 있다(Caroz, 2011). 이러한 정신보건 정책은 질병을 보편으로 환원시킴으로써 질병의 특이성=단일성을 지워버리는 것이 아닐까? 보편에 의거하는 논리는 항상 예외를 필요로 한다. 모든 인간을 대상으로 하는 정신보건 정책은, 반드시 그 외부에, 정신보건 정책에 의해 포섭할 수 없는 악마적인 예외를 놓이게 할 것이다.

이런 시대에 우리가 의거해야 하는 것은 오히려 '모두인 것은 아닌' 임상, 각 주체의 신체의 특이성=단독성을 중시하는 포스트 감별 진단의 이론과 실천이다. 이런 의미에서, 우리의 기도企圖는 '모든 인간은 망상한다tout le monde délire'고 표현하는 것으로는 충분하지 않고, 오히려 '각자에게는 자신의 자폐증이 있다à chacun son autisme'고 표현해야 할지 모른다. 다만 이 방향은 험난한 길이 될 것이다. 왜냐하면 '모두인 것은 아니다', '개개인의 특이성= 단독성'이라는 논의는 그 자체로 보편적인, 모든 것에 대한 논의로 형식적으로 유통될 위험성을 내포하고 있기 때문이다. 그러한 어리석음을 피하기 위해서는 끊임없이 임상과의 대화 속에서 이론을 전개해 나갈 필요가 있을 것이다.

라캉은 일찍이 '인간이라는 존재는 광기 없이는 이해될 수 없을 뿐만 아니라, 만약 인간이 스스로의 자유의 한계로서 광기를 자신의 내면에 짊어지지 않는다면, 인간이라는 존재는 없어져 버린다'(E176)고 말했다. 정신의 병을 둘러싼 질문은 우리의 사회나 경제의 시스템, 그리고 '인간이란 무엇인가?'라는 근본적인 물음과 떼어놓을 수 없다. 문제의 범위는 어디까지나 넓다. 우리는 계속해서 신경증과 정신병에 대한 이해를, 그리고 우리 각자가 특이적=단독적인 방식으로 지닌 향락에 대한 이해를 더욱 심화시켜 나가야 한다. 이 책은 그것을 위한 소박한 전제다.

후기

이 책은 지치自治의과대학 정신의학교실 전 주임 교수인 가토 사토시加藤 敏 선생과 정신분석가 무카이 마사아키向井雅明 선생과의 사이에서 쓰여졌다. '사이에서'라고 표현한 것은 이 책의 문제 설정 자체가 두 분 은사 사이에 있음으로써 비로소 태어날 수 있었기 때문이다.

십대 후반부터 라캉 정신분석에 강하게 매료되었지만 정신분석을 전공하는 길이 아니라, 국내 정신병리학의 거점인 지치의대에서 임상과 연구를 수행하는 길을 택한 나에게 정신분석을 연구한다는 것은 정신병리학과의 접점에서 정신분석을 연구한다는 것과 같은 것이었다. 필연적으로 나는 정신분석과 정신병리학이 서로 주목하는 문제에 몰두하게 되었다. 바로 '감별 진단'이라는 문제였다. 이 책이 두 분 사이에서 쓰여졌다는 것은 이를 의미하는 것이다. 그리고 감별 진단이라는 테마에 주목하면서 프로이트나 라캉의 텍스트, 나아가 라캉파의 고전에서 현대에 이르는 여러 잡지들을 나름대로 망라하여 탐색하는 작업은, 어느새 들뢰즈=과타리나 데리다를 위시하여, 이른바 '프랑스 현대 사상'에서 라캉이 차지하는 위상을 재고하는 일을 가능하게 해주었다.

가토 선생은, 문하에 들어간 이래로, 나에게 정신병리학을 지도해주었고, 세미나를 통해서 라캉이 사용하는 프랑스어에 대해 가르침을 주었다. 라캉의 이론과 실천을 정신병리학이라는 필드에서 전개하는 수법은, 전부 가토 선생한테서 배운 것이다. 또한 가토 선생은 본서와 병행하며 썼던 나의 박사 논문의 지도교수를 맡아주었다. 선생은 그해 3월 지치의대를 정년퇴임했는데, 정신병리학의 대가인 선생의 지도 아래서 박사과정을 수료한 마지막 학생이었다는 사실은 나의 자랑이기도 하다.

무카이 선생은 타카마츠에 있는 정신분석상담실을 연락 없이 방문한 학부생(당시)이었던 나를 따듯하게 맞아주었다. 그후 선생이 주최하는 도쿄정신분석서클에서 수행한 작업이 현재 나의 라캉 독해에 커다란 자양분이 되었다.

도쿄대학의 하라 카즈유키原和之 선생과 고단샤의 타가이 모리오互盛夫 씨에게도 각별한 사의를 표시하고 싶다. 하라 선생은 2011년 본서 1부에 해당하는 부분에 대하여 강연을 할 수 있도록 주선해준 것에 더해, 그 원고를 당시 《사상》지의 편집장이었던 타가이 씨에게 연결시켜 주었다. 그리고 타가이 씨는, 설익은 나의 원고를 정성스럽게 첨삭해 주었고, 그때까지 정신의학의 교과서를 베끼는 수준이었던 나에게 제대로 된 논문을 쓰는 걸 문자 그대로 가능하게 해주었다. 결과적으로 그 논문은 나의 인문계 잡지의 데뷔작이 되었다. 두 분이 없었다면 이 책과 같은 작업은 이루어질 기회조차 갖지 못했을 것이다.

이 책은 나의 처녀작이다. 지금까지의 긴 도움닫기 시간에 헤아릴 수 없는 많은 분들로부터 영향과 자극을 받았다. 지면 관계상 모든 분의 이름을 거명하지 못하는 것이 송구스럽지만 여기서 거명한 분들이 '모두인 것은 아니다'라는 것으로 용서를 구하고 싶다.

먼저, 온라인독서회에서 라캉을 강독해 주신 츠쿠바대학의 사토 요시유키佐藤嘉幸 선생, 교토부립京都府立 라쿠난洛南 병원의 우에노 센케이植野仙經 선생. 나의 라캉 독해의 기초는 이 독서회가 만들어 준 것이다.

일본정신병리학회를 필두로 다양한 기회가 있을 때마다 조언을 주신 신구 카즈시게新宮一成, 스즈키 쿠니후미鈴木國文, 우츠미 타케시內海健, 가네모토 코스게兼本浩祐 선생, 그리고 정신의학교실의 대선배인 토가와 코지十川幸司 선생. 이 책이 여러 선생들로부터 받은 귀중한 비판에 부응할 수 있을지 염려되지만 현시점에서 내가 할 수 있는 잠정적인 회답으로 받아주신다면 기쁠 것이다.

라캉을 주제로 한 여러 연구회 등에서 많은 자극을 주신 나카노 마사미中野正美 선생, 고바야시 요시키小林芳樹 선생, 마키세 히데모토牧瀨英幹 선생, 우에오 마사미치上尾眞道 씨, 고나가노 코타小長野航太 씨, 츠이키 코스케立木康介 선생, 아카사카 카즈야赤坂

和也 선생을 비롯한 일본라캉협회의 여러분들.

현대 사상에 관하여 문외한인 나를 상대해주시고, 라캉과 현대 사상 사이의 대화의 회로를 열어주신 고쿠분 코이치로國分功一郎 선생과 치바 마사야千葉 雅也 선생.

라캉 텍스트의 난해한 부분에 대하여 조언을 해주신 노부토모 겐지信友健志 선생과 프랑스어의 독해에 대하여 설명해주신 가키나미 료스케柿立良佑 선생. 이 책의 초고를 읽고 성실하게 의견을 주신 고노 카즈노리河野一紀 선생. 야마모토 케이山本圭 선생, 시키시마 케이志紀島啓 선생. 이 책이 어느 정도라도 읽을 수 있게 되었다면, 그것은 이분들 덕분이다.

지치의대 정신의학교실에 들어간 이후 정신병리학에 대하여 다양한 측면을 알게 해준 아베 타카아키阿部隆明 선생, 고바야시 토시유키小林總幸 선생, 오츠카 코이치大塚公一 선생을 비롯한 선배들, 또한 일상의 임상을 함께하며 절차탁마한 동료들. 여러 증례를 나와 함께 진단해준 임상심리사 나가오 유키코永尾有樹子 선생은 정신병에 흥미를 가지고 있던 나에게 신경증의 방향으로 관심을 갖게 해주었다. 그 덕분에 어느 정도 균형을 잡을 수 있었다고 생각한다.

집필 기간 막바지에 기분전환으로 함께 술잔을 기울일 수 있었던 도서신문의 스도 이사오須藤功 편집장, 코분샤光文社의 야마카와 에미山川江美 씨, 호리노우치출판堀之內出版의 고바야시 에미小林えみ 씨, 아시아여성자료센터의 하마다 스미레濱田すみれ 씨께도 감사의 인사를 드리고 싶다.

이 책의 편집을 담당해준 것은 세이토샤青土社의 히시누마 타츠야菱沼達也 씨다. 원고의 완성이 당초 예상에서 반년 이상

늦어졌지만 참고 기다려주시고 인문서로서 팔릴 수 있도록 적확한 조언도 해주었다. 바라건대 히시누마 씨의 예상대로 이 책이 임상가만이 아니라 인문과학계의 독자에게도 널리 다가가기를 빌어본다.

마지막으로, 우리 — 현재 나와 공동작업을 하고 있는 도쿄 정신분석서클을 중심으로 하는 라캉파Lacannien 여러분 — 의 목표는 당면한 곤란과 여러 가지 의미를 내포한 어려운 시대에 이 땅에서 라캉파 정신분석을 뿌리내리게 하는 것이다. 분석을 뿌리내리게 한다는 것은 결국, 분석을 필요하다고 생각하는 사람들이 분석에 접근할 수 있도록 하는 것, 라캉의 텍스트와 2차 문헌을 가능한 한 정확히 파악할 수 있는 기반을 만드는 것, 그 위에 다양한 논점에 대한 치열한 토론이 활성화되어 다른 여러 인문과학이나 정신의학과의 사이에서 내실 있는 대화의 가능성을 여는 것이다. 나중에 뒤돌아볼 때, 이 책이 그러한 목표에 나가는 길목에서 작은 한 걸음이 되었다는 평가를 받을 수 있기를 바라지만, 우선 이러한 성패에 대한 평가는 독자제현에게 맡기겠다. 질타와 격려를 바란다.

2015년 3월
마츠모토 타쿠야

참고문헌

• 프로이트 『전집』

Freud, S. (1894). Die Abwehr-Neuropsychosen. In *Gesammelte Werke* (Vol 1, pp 57 – 74) Fischer Verlag.

—— (1895). Studien über Hysterie. In *Gesammelte Werke* (Vol 1, pp 75 – 312) Fischer Verlag.

—— (1896). Weitere Bemerkungen über die Abwehr-Neuropsychosen. In *Gesammelte Werke* (Vol 1, pp 379 – 403) Fischer Verlag.

—— (1896). L'Hérédité et l'Étiologie des Névroses. In *Gesammelte Werke* (Vol. 1, pp. 407 – 422). Fischer Verlag.

—— (1900). Die Traumdeutung (Mit Zusätzen bis 1935). In *Gesammelte Werke* (Vol 2/3) Fischer Verlag .

—— (1901). Zur Psychopathologie des Alltagslebens.. In *Gesammelte Werke* (Vol. 4, pp. 1 – 310). Fischer Verlag.

—— (1905). Bruchstück einer Hysterie-Analyse. In *Gesammelte Werke* (Vol 5, pp 161 – 286) Fischer Verlag.

—— (1908). Über infantile Sexualtheorien. In *Gesammelte Werke* (Vol 7, pp 171 – 188) Fischer Verlag.

—— (1908). Hysterische Phantasien und ihre Beziehung zur Bisexualität. In *Gesammelte Werke* (Vol 7, pp 191 – 199) Fischer Verlag.

—— (1909). Bemerkungen über einen Fall von Zwangsneurose. In *Gesammelte Werke* (Vol 7, pp 379 – 463) Fischer Verlag.

—— (1910). Über einen besonderen Typus der Objektwahl beim Manne. In *Gesammelte Werke* (Vol 8, pp 66 – 77) Fischer Verlag.

—— (1911). Psychoanalytische Bemerkungen über einen autobiographisch beschriebenen Fall von Paranoia (Dementia Paranoides). In *Gesammelte Werke* (Vol 8, pp 239 – 320) Fischer Verlag.

—— (1913). Totem und Tabu. In *Gesammelte Werke* (Vol 9, pp 1 – 194) Fischer Verlag.

—— (1914). Erinnern, Wiederholen und Durcharbeiten. In *Gesammelte Werke* (Vol 10, pp 126 – 136) Fischer Verlag.

—— (1914). Zur Einführung des Narzißmus. In *Gesammelte Werke* (Vol 10, pp 137 – 170) Fischer Verlag.

—— (1915). Triebe und Triebschicksale. In *Gesammelte Werke* (Vol 10, pp 210 – 232) Fischer Verlag.

—— (1915). Mitteilung Eines der Psychoanalytischen Theorie Widersprechenden Falles von Paranoia. In *Gesammelte Werke* (Vol 10, pp 234 – 246) Fischer Verlag.

—— (1915). Die Verdrängung. In *Gesammelte Werke* (Vol 10, pp 248 – 261) Fischer Verlag.

—— (1915). Das Unbewusste. In *Gesammelte Werke* (Vol 10, pp 264 – 303) Fischer Verlag.

—— (1915). Bemerkungen Über die Übertragungsliebe. In *Gesammelte Werke* (Vol 10, pp 306 – 321) Fischer Verlag.

—— (1915). Trauer und Melancholie. In *Gesammelte Werke* (Vol 10, pp 428 – 446) Fischer Verlag.

—— (1917). Vorlesungen zur Einführung in die Psychoanalyse 1916-1917. In *Gesammelte Werke* (Vol 11) Fischer Verlag

—— (1918). Aus der Geschichte einer infantilen Neurose. In *Gesammelte Werke* (Vol 12, pp 27 – 157) Fischer Verlag.

—— (1920). Über die Psychogenese Eines Falles von Weiblicher Homosexualität. In *Gesammelte Werke* (Vol 12, pp 271–302) Fischer Verlag.

—— (1920). Jenseits des Lustprinzips. In *Gesammelte Werke* (Vol 13, pp 1–69) Fischer Verlag.

—— (1924). Der Realitätsverlust bei Neurose und Psychose. In *Gesammelte Werke* (Vol 13, pp 363–368) Fischer Verlag.

—— (1924). Neurose und Psychose. In *Gesammelte Werke* (Vol 13, pp 387–391) Fischer Verlag.

—— (1925). Die Verneinung. In *Gesammelte Werke* (Vol 14, pp 11–15) Fischer Verlag.

—— (1925). Einige psychische Folgen des Anatomischen Geschlechtsunterschieds. In *Gesammelte Werke* (Vol 14, pp 19–30) Fischer Verlag.

—— (1925). ≫Selbstdarstellung≪. In *Gesammelte Werke* (Vol 14, pp 31–96) Fischer Verlag.

—— (1927). Fetischismus. In *Gesammelte Werke* (Vol 14, pp 311–317) Fischer Verlag.

—— (1931). Über die Weibliche Sexualität. In *Gesammelte Werke* (Vol 14, pp 517–537) Fischer Verlag.

—— (1933). Neue Folge der Vorlesungen zur Einführung in die Psychoanalyse. In *Gesammelte Werke* (Vol 15, pp 1–197) Fischer Verlag.

—— (1937). Die endliche und die unendliche Analyse. In *Gesammelte Werke* (Vol 16, pp 59–99) Fischer Verlag.

—— (1940). Abriss der Psychoanalyse. In *Gesammelte Werke* (Vol 17, pp 63–138) Fischer Verlag.

Breuer, J. (1895). Studien über Hysterie. In *Gesammelte Werke* (Vol Nachtragsb, pp 196–310) Fischer Verlag.

Freud, S. (1895). Entwurf einer Psychologie. In *Gesammelte Werke* (Vol Nachtragsb, pp 375–486) Fischer Verlag.

• 그 밖의 프로이트의 문헌

Freud, S. (1950). *Aus den Anfängen der Psychoanalyse, Briefe an Wilhelm Fließ, Abhandlungen und Notizen aus den Jahren 1887-1902.* London: Imago.

Freud, S., & Jung, C. G. (1974). *Briefwechsel.* Frankfurt am Main: S. Fischer.

• 라캉의 저작(초판 간행순)

Lacan, J. (1975). *De la psychose paranoïaque dans ses rapports avec la personnalité.* Paris: Seuil.

—— (1966). *Écrits.* Paris: Seuil.

—— (2001). *Autres Écrits.* Paris: Seuil.

• 라캉의 「세미나」(강의 연도순)

Lacan, J. (1975). *Les écrits techniques de Freud. Le Séminaire Livre I(1953-1954).* (J.-A. Miller, Ed.). Paris: Seuil.

—— (1978). *Le moi dans la théorie de Freud et dans la technique de la psychanalyse. Le Séminaire Livre II(1954-1955).* (J.-A. Miller, Ed.). Paris: Seuil.

—— (1981). *Les psychoses. Le Séminaire Livre III(1955-1956).* (J.-A. Miller, Ed.). Paris: Seuil.

—— (1998). *La relation d'objet. Le Séminaire Livre IV(1956-1957).* (J.-A. Miller, Ed.). Paris: Seuil.

—— (1998). *Les formations de l'inconscient. Le Séminaire Livre V(1957-1958).* (J.-A. Miller, Ed.). Paris: Seuil.

—— (2013). *Le désir et son interprétation. Le Séminaire Livre VI(1958-1959).* (J.-A. Miller, Ed.). Paris: Seuil.

—— (1986). *L'éthique de la psychanalyse. Le Séminaire Livre VII(1959-1960).* (J.-A. Miller, Ed.). Paris: Seuil.

—— (2001). *Le transfert. Le Séminaire Livre VIII(1960-1961).* (J.-A. Miller, Ed.). Paris: Seuil.

—— (2000). *L'identification. Le Séminaire Livre IX(1961-1962).* Paris: Association lacanienne internationale.

—— (2004). *L'angoisse. Le Séminaire Livre X(1962-1963).* (J.-A. Miller, Ed.). Paris: Seuil.

—— (1973). *Les quatre concepts fondamentaux de la psychanalyse. Le Séminaire Livre XI(1964).* (J.-A. Miller, Ed.). Paris: Seuil.

—— (2000). *Problèmes cruciaux pour la psychanalyse . Le Séminaire Livre XII(1964-1965).* Paris: Association lacanienne internationale.

—— (1999). *L'objet de la psychanalyse. Le Séminaire Livre XIII(1965-1966).* Paris: Association lacanienne internationale.

—— (2004). *La logique du fantasme. Le Séminaire Livre XIV (1966-1967).* Paris: Association lacanienne internationale.

—— (1997). *L'acte psychanalytique. Le Séminaire Livre XV (1698-1968).* Paris: Association lacanienne internationale.

—— (2006). *D'un Autre à l'autre. Le Séminaire Livre XVI(1968-1969).* (J.-A. Miller, Ed.). Paris: Seuil.

—— (1998). *L'envers de la psychanalyse. Le Séminaire Livre XVII(1969-1970).* (J.-A. Miller, Ed.). Paris: Seuil.

—— (2007). *D'un discours qui ne serait pas du semblent. Le Séminaire Livre XVIII(1970-1971).* (J.-A. Miller, Ed.). Paris: Seuil.

—— (2011). *Ou pire....Le Séminaire Livre XIX(1971-1972).* (J.-A. Miller, Ed.). Paris: Seuil.

—— (1975). *Encore. Le Séminaire Livre XX(1972-1973).* (J.-A. Miller, Ed.). Paris: Seuil.

—— (2001). *Les non-dupes errent. Le Séminaire Livre XXI(1973-1974).* Paris: Association lacanienne internationale.

—— (1999). *R.S.I.Le Séminaire Livre XXII (1974-1975).* Paris: Association lacanienne internationale.

—— (2005). *Le sinthome. Le Séminaire Livre XXIII(1975-1976).* (J.-A. Miller, Ed.). Paris: Seuil.

—— (1998). *L'insu que sait de l'une-bévue s'aile àmourre. Le Séminaire Livre XXIV(1976-1977)*. Paris: Association lacanienne internationale.

• 그 밖의 라캉 문헌

Lacan, J. (1933). Le problème du style et la conception psychiatrique des formes paranoïaques de l'expérience. *Le Minotaure*, 1, 68 – 69.

—— (1966). Interview au Figaro Littéraire par Gilles Lapouge. *Figaro Littéraire*, 1080.

—— (1967). *Petit discours aux psychiatres de Sainte-Anne*. Inédit.

—— (1975). Yale University, Kanzer Seminar. *Scilicet*, 6/7, 7 – 31.

—— (1977). Ouverture de la Section Clinique. *Ornicar?*, 9, 7 – 14.

—— (1979). LACAN pour Vincennes! *Ornicar?*, 17/18, 278.

—— (1985). Conférence à Genève sur 《Le symptôme》, 4 octobre 1975. *Bloc Note de La Psychanalyse*, 5, 5 – 23.

—— (2005). Introduction aux Noms-du-Père. In Des Noms-du-Père (pp. 67 – 104). Paris: Seuil.

—— (2011). *Je parle aux murs*. Paris: Seuil.

• 그 밖의 문헌

André, S. (1995). *Que veut une femme?* Paris: Seuil.

—— (2012). *La structure psychotique et l'écrit*. Paris: Le Bord de l'eau.

Bataille, G. (1957). *L'érotisme*. Paris: Minuit.

Brousse, M.-H. (2002). Le pousse-à-la-femme, un universel dans la psychose? *Quarto*, 77, 84 – 91.

—— (2009). La psychose ordinaire àla lumière de la théorie lacanienne du discours. *Quarto*, 94-95, 10 – 15.

Brunswick, R. M. (1928). A Supplement to Freud's 'History of an Infantile Neurosis'. *International Journal of Psychoanalysis*, 9, 439 – 476.

Caroz, G. (2011). La santé mentale existe-t-elle ? *Mental*, 25, 179 – 181.

Castanet, H. (2013). *La perversion* (2nd ed.). Paris: Editions Economica.

Chiesa, L. (2007). *Subjectivity and otherness: a philosophical reading of Lacan*. Cambridge, Mass: MIT Press.

Ciaccia, A. Di. (1985). Le symptôme, du signe au signifiant. *Actes de l'Ecole de La Cause Freudienne*, 9, 52 – 54.

Collectif. (1985). Clinique des psychoses: Approches et repères dans la clinique psychanalytique des psychoses. *Ornicar?*, 34, 79 – 89.

Crosali Corvi, C. (2011). *La depression - Affect central de la modernité*. Rennes: Presses Universitaires de Rennes.

Dali, S. (1930). L'Âne pourri. *Le Surréalisme Au Service de La Révolution*, 1, 9 – 12.

Damourette, J., & Pichon, E. (1987). *Des mots à la pensée : essai de grammaire de la langue française. Tome 1. 1911-1927*. Paris: Editons d'Artrey.

Deleuze, G. (1990). *Pourparlers. 1972-1990*. Paris: Minuit.

Deleuze, G., & Guattari, F. (1972). *L'Anti-œdipe: Capitalisme et schizophrénie, 1*. Paris: Minuit.

—— (1980). *Mille plateaux: Capitalisme et schizophrénie, 2*. Paris: Minuit.

Derrida, J. (1967). Freud et la scène de l'écriture. In *L'écriture et la difference* (pp. 293 – 340). Paris: Seuil.

—— (1972). *Positions*. Paris: Minuit.

—— (1980). Le facteur de la vérité. In *La carte postale : de Socrate à Freud et au-delà* (pp. 441 – 524). Paris: Flammarion.

—— (1990). *Limited Inc*. Paris: Editions Galilée.

—— (1993). La pharmacie de Platon. In *La dissémination* (pp. 79 – 213). Paris: Seuil.

—— (1994). *Force de loi*. Paris: Galilée.

—— (1996a). Pour l'amour de Lacan. In *Résistances : De la psychanalyse* (pp. 57 – 88). Paris: Galilée.

—— (1996b). Résistances. In *Résistances : De la psychanalyse* (pp. 13 – 53). Paris: Galilée.

—— (2000). *Foi et savoir*. Paris: Seuil.

—— (2004). *La vérité blessante*. Europe, 901, 8 – 28.

Derrida, J., & D Caputo, J. (1997). *Deconstruction in a Nutshell: A Conversation with Jacques Derrida*. New York: Fordham University Press.

Deutsch, H. (1965). Some Forms of Emotional Disturbance and Their Relationship to Schizophrenia. In *Neuroses and Character Types* (pp. 262 – 281). New York: International Universities Press.

Dosse, F. (2007). *Gilles Deleuze et Félix Guattari: Biographie croisée*. Paris: La Découverte.

Eisler, M. J. (1921). A Man's Unconscious Phantasy of Pregnancy in the Guise of Traumatic Hysteria—A Clinical Contribution to Anal Erotism. *International Journal of Psychoanalysis*, 2, 255 – 286.

Fink, B. (1999). *A Clinical Introduction to Lacanian Psychoanalysis: Theory and Technique*. Cambridge: Harvard University Press.

—— (2004). *Lacan to the Letter: Reading Ecrits Closely*. Minneapolis: University of Minnesota Press.

—— (2007). *Fundamentals of Psychoanalytic Technique - A Lacanian Approach for Practitioners*. New York: W. W. Norton & Co.

Guattari, F. (1972). *Psychanalyse et transversalité : essais d'analyse institutionnelle*. Paris: F. Maspero.

—— (1977). La place du signifiant dans l'institution. In *Politique et psychanalyse* (pp. 34 – 42). Paris: Des Mots Perdus.

—— (1992). *Chaosmose*. Paris: Editions Galilée.

—— (2009). *Les années d'hiver, 1980-1985*. Paris: Les Prairies Ordinaires.

—— (2012). *Écrits pour l'Anti-Œdipe*. Paris: Nouvelles Editions Lignes.

Herbert, P. (1999). Un phénomène élémentaire du président Schreber.

In *Savoir de la psychose*. Paris: De Boeck & Larcier.

Jakobson, R. (1971). Shifters, verbal categories and the Russian verb. In *Selected writings II: Word and Language* (pp. 130 – 147). The Hague: Mouton.

Jaspers, K. (1922). *Strindberg und van Gogh* (1st ed.). Leipzig: Ernst Bircher.

—— (1928). *Psychopathologie générale*. Paris: Alcan.

Jung, C. G. (1913). *Versuch einer Darstellung der psychoanalytischen Theorie*. Leipzig/Wien: Franz Deuticke.

Kernberg, O. (1984). *Severe personality disorders : psychotherapeutic strategies*. New Haven: Yale University Press.

Klein, M. (1952). Some theoretical conclusions regarding the emotional life of the infant. In *Developments in Psycho-Analysis* (pp. 198 – 236). London: Hogarth Press.

Kris, E. (1951). Ego Psychology and Interpretation in Psychoanalytic Therapy. *Psychoanalytic Quarterly*, 20, 15 –

Laplanche, J., & Pontalis, J.-B. (2004). *Vocabulaire de la psychanalyse*. Paris: Presses Universitaires de France.

Laurent, E. (1995). Alienation and Separation (I). In *Reading Seminar XI: Lacan's Four Fundamental Concepts of Psychoanalysis* (pp. 19 – 44). New York: SUNY Press.

—— (2012). *La bataille de l'autisme : De la clinique à la politique*. Paris: Navarin.

Leclaire, S. (1958). À propos de l'épisode psychotique que présenta 《l'homme aux loups》. *La Psychanalyse*, 4, 83 – 110.

—— (1975). *Le psychanalyser*. Paris: Seuil.

—— (1998). La réalité du désir. In *Ecrits pour la psychanalyse* (Vol. 1, pp. 139 – 159). Paris: Seuil.

—— (2003). Jérôme ou la mort dans la vie de l'obsédé. In *Démasquer le réel* (pp. 121 – 146). Paris: Seuil.

Lefort, R., & Lefort, R. (1988). *Les structures de la psychose. l'enfant au* loup et le président. Paris: Seuil.

Liart, M. (2012). Psychanalyse et Psychosomatique le Corps et l'Écrit. Paris: L'Harmattan.

Maleval, J.-C. (1981). Folies hystériques et psychoses dissociatives. Paris: Payot.

—— (2000). La forclusion du Nom-du-père - Le concept et sa clinique. Paris: Seuil.

—— (2003). Eléments pour une appréhension clinique de la psychose ordinaire. Retrieved from http://w3.erc.univ-tlse2.fr/pdf/elements_psychose_ordinaire.pdf

—— (2009). Autiste et sa voix. Paris: Seuil.

—— (2011). Logique du délire. Rennes: Press Universitaire du Rennes.

Melman, C. (1968). Introduction critique à l'étude de l'Hallucination. Scilicet, 1, 120-134.

Miller, J.-A. (1966). La Suture: Éléments de la logique du signifiant. Cahier Pour l'Analyse, 1, 37-49.

—— (1975). Matrice. Ornicar?, 4, 3-8.

—— (1977). Enseignements de la présentation de malades. Ornicar?, 10, 13-24.

—— (1978). Algorithmes de la psychanalyse. Ornicar?, 16, 15-24.

—— (1979). Supplément topologique à la "Question préliminaire." Lettres de l'école, 27, 127-137.

—— (1980). La topologie dans l'ensemble de l'enseignement de Lacan. Quarto, 2, 13-29.

—— (1982). La clinique lacanienne. Cours de 1981-1982 (inédit).

—— (1983a). Du symptôme au fantasme, et retour. Cours de 1982-1983 (inédit).

—— (1983b). Produire le sujet? Actes de l'Ecole de La Cause Freudienne, 4, 50-54.

—— (1984). D'un autre Lacan. Ornicar?, 28, 49-58.

—— (1985a). *1,2,3,4. Cours du 1984-1985 (inédit).*

—— (1985b). H2O. *Actes de l'Ecole de La Cause Freudienne*, 8, 38 – 42.

—— (1987a). *Ce qui fait insigne. Cours de 1986-1987 (inédit).*

—— (1987b). Préface. In Collectif (Ed.), *Joyce avec Lacan* (pp. 9 – 12). Paris: Navarin.

—— (1987c). Sur la leçon des psychoses. *Actes de l'Ecole de La Cause Freudienne*, 13, 142 – 147.

—— (1988). *Cause et consentement. Cours de 1987-1988 (inédit).*

—— (1989). Une histoire de la psychanalyse: un entretien avec Jacques-Alain Miller. *Magazine Littéraire*, 271, 20 – 26.

—— (1992). Des semblants dans la relation entre les sexes. *La Cause Freudienne*, 36, 7 – 16.

—— (1993a). Clinique ironique. *La Cause Freudienne*, 23, 7 – 13.

—— (1993b). Schizophrénie et paranoïa. *Quarto*, 10, 18 – 38.

—— (1994). *Donc. Cours du 1993-1994 (inédit).*

—— (1996a). An Introduction To Lacan's Clinical Perspective. In *Reading Seminars I and II* (pp. 241 – 247). New York: State Univ of New York Pr.

—— (1996b). L'interprétation à l'envers. *La Cause Freudienne*, 32, 7 – 14.

—— (1996c)「ラカン理論と精神病をめぐる諸問題」,『意味の彼方へ』수록, 東京: 金剛出版.

—— (1996d)「総論」,『意味の彼方へ』수록, 東京: 金剛出版.

—— (1997). *La Conversation d'Arcachon.* (J.-A. Miller, Ed.). Paris: Agalma/Seuil.

—— (1998a). *Introducción al método psicoanalítico.* Barcelona: Ediciones Paidós Iberica.

—— (1998b). Le Séminaire de Barcelone sur Die Wege der Symptombildung. In Champ Freudien (Ed.), *Le Symptôme-charlatan* (pp. 11 – 52). Paris: Seuil.

—— (1998c). Le symptôme: savoir, sens et réel. In Champ Freudien (Ed.), *Le Symptôme-Charlatan* (pp. 53 – 60). Paris: Seuil.

—— (Ed.). (1999a). *La convention d'antibes - La psychose ordinaire. La convention d'antibes - La psychose ordinaire*. Paris: Agalma/Seuil.

—— (1999b). Les six paradigmes de la jouissance. *La Cause Freudienne*, 43, 7 – 29.

—— (1999c). Psychose ordinaire et clinique floue. In J.-A. Miller (Ed.), *La convention d'antibes - La psychose ordinaire* (pp. 229 – 234). Paris: Agalma/Seuil.

—— (2002a). La " formation " de l'analyste. *La Cause Freudienne*, 52, 7 –45.

—— (2002b). La théorie du partenaire. *Quarto*, 77, 4 – 35.

—— (2002c). *Lettres à l'opinion éclairée*. Paris: Seuil.

—— (2004). L'invention psychotique. *Quarto*, 80/81, 6 – 13.

—— (2005). *Pièces détachées. Cours du 2004-2005 (inédit)*.

—— (2008a). L'invention du délire. *La Cause Freudienne*, 70, 81 – 93.

—— (2008b). *Nullibiété–Tout le monde est fou. Cours de 2007-2008 (inédit)*.

—— (2009a). *Choses de finesse en psychanalyse. Cours du 2008-2009 (inédit)*.

—— (2009b). Effet retour sur la psychose ordinaire. *Quarto*, 94-95, 42 – 47.

—— (2009c). L'homme aux loups(1ère partie). *La Cause Freudienne*, 72, 79 – 132.

—— (2010). L'homme aux loups(suite et fin). *La Cause Freudienne*, 73, 64 – 117.

—— (2011a). *L'Un tout seul. Cours du 2010-2011 (inédit)*.

—— (2011b). Lire un symptôme. *Mental*, 26, 49 – 58.

—— (2013a). Everyone Is Mad. *Culture/Clinic*, 1, 17 – 42.

—— (2013b). L'Autre sans Autre. *Mental*, 30, 157 – 171.

Miller, J.-A., & Laurent, E. (1997). *L'Autre qui n'existe pas et ses comités d'éthique. Cours du 1996-1997 (inédit)*.

Miller, J.-A., 北山修 (1991)「精神分析は言語の壁を超えられるか」『中央公論』, 106(6), 182‐194.

Monribot, P. (2013). "There is no sexual relation" What does it mean? Clinical Consequences of Lacan's formulae of Sexuation. *Hurly-Burly*, 10, 148‐164.

Moulinier, D. (1999). *Dictionnaire de la jouissance*. Paris: L'Harmattan.

Naveau, P. (1988). Sur le déclenchement des psychoses. *Ornicar?*, 44, 77‐87.

Neisser, C. (1892). Erörterungen über die Paranoia vom klinischen Standpunkte. *Centralblatt Für Nervenheilkunde Und Psychiatrie*, 15, 1‐20.

Raimbault, G., & Eliacheff, C. (2001). *Les indomptables - figures de l'anorexie*. Paris: Odile Jacob.

Razavet, J.-C. (2008). *De Freud à Lacan: Du roc de la castration au roc de la structure*. Paris: De Boeck.

Recalcati, M. (2001). Les deux ≪riens≫ de l'anorexie. *La Cause Freudienne*, 48, 145‐151.

Rey-Debove, J. (1971). Notes sur une interprétation autonymique de la littérarité : le mode du "comme je dis." *Littérature*, 4(4), 90‐95.

Riviere, J. (1929). Womanliness as a Masquerade. *International Journal of Psychoanalysis*, 10, 303‐313.

Roudinesco, E. (1993). *Jacques Lacan. Esquisse d'une vie, histoire d'un système de pensée*. Paris: Fayard.

Sartre, J.-P. (1943). *L'Être et le Néant*. Paris: Gallimard.

—— (1966). Jean-Paul Sartre répond. *L'Arc*, 30, 87‐96.

Sauvagnat, F. (1988). Histoire des phénomènes élémentaires: A propos de la signification personnelle. *Ornicar?*, 44, 19‐27.

—— (1991). De quoi les phénomènes élémentaires psychotiques ont-ils l'indice? In H. Grivois (Ed.), *Psychose naissante, psychose unique* (pp. 69 – 83). Paris: Masson.

Schneider, K. (2007). *Klinische Psychopathologie - mit einem aktualisierten und erweiterten Kommentar von Gerd Huber und Gisela Gross* (15 Auflage.). Stuttgart: Thieme.

Sechehaye, M. (1950). *Journal d'une schizophrène: auto-observation d'une schizophrène pendant le traitement psychothérapique.* Paris: Presses universitaires de France.

Sérieux, P., & Capgras, J. (1909). *Les folies raisonnantes.* Paris: Alcan.

Skriabine, P. (1993). Clinique et topologie. *La Cause Freudienne, 23,* 117 – 133.

—— (1997). La dépression: bon heur du sujet? *La Cause Freudienne, 35,* 16 – 20.

—— (2006). La clinique différentielle du sinthome. *Quarto, 86,* 58 – 64.

Soler, C. (1995). The Subject and the Other (II). In *Reading Seminar XI: Lacan's Four Fundamental Concepts of Psychoanalysis* (pp. 45 – 53). New York: SUNY Press.

Soler, C. (2008). *L'inconscient àciel ouvert de la psychose.* Toullouse: Presses Universitaires du Mirail.

—— (2009). *Lacan, l'inconscient réinventé.* Paris: Presses Universitaires de France.

Stevens, A. (1987). L'holophrase entre psychose et psychosomatique. *Ornicar?, 42,* 45 – 79.

—— (1990). Délire et suppléance. *Quarto, 42,* 33 – 37.

Svolos, T. (2008). Ordinary Psychosis. *Psychoanalytical Notebook, 19,* 79 – 82.

Targowla, R.-J., & Dublineau, J. (1931). *L'intuition délirante.* Paris: Médicals Norbert Malvoine.

Trichet, Y. (2011). *L'entrée dans la psychose.* Rennes: Presses Universitaires Rennes.

Van Haute, P. (2002). *Against adaptation: Lacan's "subversion of the subject.* New York: Other Press.

Winnicott, D. W. (1953). Transitional Objects and Transitional Phenomena—A Study of the First Not-Me Possession. *International Journal of Psychoanalysis*, 34, 89–97.

Wittgenstein, L. (2007). Conversations on Freud. In *Lectures and Conversations on Aesthetics, Psychology and Religious Belief* (pp. 41–52). Berkeley: University of California Press.

Žižek, S., & Daly, G. (2004). *Conversations with Zizek*. Cambridge: Polity.

赤坂和哉 (2011)『ラカン派精神分析の治療論 —— 理論と実践の交点』, 東京: 誠信書房.

浅田彰 (1983)『構造と力 —— 記号論を超えて』, 東京: 勁草書房.

東浩紀 (1998)『存在論的, 郵便的 —— ジャック・デリダについて』, 東京: 新潮社.

小川豊昭, 笠原嘉 (1986)「構造としての対人恐怖パラノイア」,『分裂病の精神病理』수록, 東京: 東京大学出版会.

笠原嘉 (1984)「内因性精神病の発病に直接前駆する「心的要因」について」『神経症と精神病 I』수록, 東京: みすず書房.

小出浩之 (1997)「破瓜型(解体型) 分裂病」,『臨床精神医学講座3』수록, 東京: 中山書店.

河野一紀 (2014)『ことばと知に基づいた臨床実践: ラカン派精神分析の展望』, 大阪: 創元社.

郷原佳以(2014),「訳者解説 :「蚕」, あるいは, 脱構築の告白」,ジャック・デリダ, エレーヌ・シクスー (著)『ヴェール』수록, 東京: みすず書房.

國分功一郎 (2013)『ドゥルーズの哲学原理』, 東京: 岩波書店.

小林芳樹 (2014)『ラカン 患者との対話: 症例ジェラール, エディプスを超えて』, 東京: 人文書院.

千葉雅也(2013)『動きすぎてはいけない: ジル・ドゥルーズと生成変化の哲学』, 東京: 河出書房新社.

立木康介 (2007)『精神分析と現実界 —— フロイト / ラカンの根本問題』, 京都: 人文書院.

—— (2009)「結び目と振り子 (上)」,『思想』1017号, pp. 24–40.

── (2013)『露出せよ，と現代文明は言う：「心の闇」の喪失と精神分析』，東京：河出書房新社.

塚本嘉寿, 高垣忠一郎, 山上雅子 (1973)「対人恐怖症について」,『精神医学』15巻, pp. 237-242.

十川幸司 (2000)『精神分析への抵抗 ── ジャック・ラカンの経験と論理』，東京：青土社.

── (2012)「ジークムント・フロイト論：第一章 方法と問い」,『思想』1060号, pp. 8-24.

中山道規,柏瀬宏隆 (1982)「一級症状(Schneider, K.) の「幻聴」に関する解釈をめぐって」,『精神神経学雑誌』84巻, pp. 706-709.

濱田秀伯 (1998)「一級症状(Schneider, K.) の幻聴に関する一考察」,『精神医学』40巻, pp. 381-387.

松本卓也 (2012a)「疎外と分離」からみた精神病」,『臨床精神病理』33巻, pp. 27-44.

── (2012b)「要素現象(基礎的現象) ── ヤスパースからラカンへの隠された道」,『I.R.S. ── ジャック・ラカン研究』9/10巻, pp. 334-356°

── (2013)「身体型対人恐怖の構造 ── 存在の確信をめぐるラカン的パラドクス」,『臨床精神病理』, 34巻, pp. 185-198.

── (2014a)「レイシズム2.0？ 現代ラカン派の集団心理学」,『atプラス』21号, pp. 92-109.

── (2014b)「宮廷愛から神の愛へ キルケゴールとラカン」,『現代思想』42巻2号, pp. 106-119.

── (2014c)「現代ラカン派の諸論点 ── ジャック゠アラン・ミレールの議論を中心に」,『atプラス』19号, pp. 98-116.

── (2015)「ラカン：労働と「うつ」── 4つのディスクールと資本主義」, 市野川容孝,渋谷望(編)『労働と思想』수록, 東京：堀之内出版.

松本卓也, Delphine, H.(2012)「自閉症をめぐるフランス的問題：「壁-自閉症について試される精神分析」を中心に」,『精神医学』54巻9号, pp. 931-937.

松本卓也, 加藤敏(2011)「フランスの精神病研究におけるベルクソンの哲学 ── セグラからラカンへ」,『精神医学史研究』15巻1・2号, pp. 113-123.

三脇康生(2007)「精神科医ジャン・ウリの仕事 —— 制度分析とは何か」，『思想』998号, pp. 43 –60.

向井雅明 (1988)『ラカン対ラカン』, 東京: 金剛出版.

—— (2008)「ジャック・ラカンの理論的変遷(一)」,『思想』1013号, pp. 7 –26.

—— (2012)『考える足 ——「脳の時代」の精神分析』, 東京: 岩波書店.

어느 라캉 〈세미나〉 독해

'모든 인간은 망상한다'라는 제목은 라캉이 그의 학위논문부터 시작된 신경증과 정신병의 의미론적 차이에 대한 탐구의 궤적에서 말년에 다다른 결론을 정식화한 것이다. 수많은 난해한 개념들을 통해 프로이트의 이론을 계승하면서도 자신만의 언어로 정신분석의 방법론을 제시한 라캉은 1952년부터 1980년까지 매년 행한 강연 〈세미나〉를 통해 그 사유를 개진했다. 포스트 구조주의, 비판이론, 페미니즘 이론, 영화 이론, 그리고 정신분석 자체에 큰 영향을 끼친 라캉의 사유에는 '프로이트로의 회귀'라는 선언이 저류에 흐르고 있다. 〈세미나〉는 제도로 현대 사회에 편입된 정신분석의 일반적인 경향과 임상심리학의 흐름에 대한 라캉의 안티테제로 볼 수 있으며 신경증과 정신병의 감별 진단을 둘러싼 라캉의 사유는 곧바로 그의 사상의 핵심적 요소라고 저자 마츠모토는 판단한다.

라캉의 〈세미나〉는 이론의 주창과 증명, 강화, 개념의 체계화라는 일반적인 이론의 성립 과정을 보여주지 않는다. 〈세미나〉에 나타나는 신경증과 정신병의 감별 진단 변천은 구축, 재구축, 탈구축, 해체, 전복 등의 즉흥적이고 논리적이지 않은 과정의 혼란스러운 전개이며, 위상학을 도입한 수많은 개념화는 성공과 실패를 거듭하면서 라캉의 사상을 날것 그대로 보여준다. 이론화가 불가능하다고 평가받는 라캉의 사상은 그만큼 수많은 독창성을 내재하고 있어 인문학 전반에 걸쳐 사유를 자극하고 있고 현대 라캉파 연구자들은 라캉의 난해한 표현들을 정리해서 체계화해 나가고 있다. 저자는 프로이트와 라캉 텍스트의 정밀한 독해, 그리고 라캉파의 최신 연구 성과들을 망라해 라캉 〈세미나〉 이해에 빛을 던져주고 있다.

저자 마츠모토 타쿠야는 정신병리학의 임상의를 거쳐 현재는 교토대학에서 정신분석학과 관련된 현대사상의 다양한 분야를 연구하는 독특한 이력을 지닌 학자다. 그는 통칭 DSM Diagnostic and Statistical Manual of Mental Disorders이라고 불리는 분류 매뉴얼로 인간의 정신 질환을 객관식 문답지로 점수화하고 통계화해 치료 방법을 제시하는 '맥도날드화'의 논리가 현대 정신 질환 의료 체계에 만연해 있으며 그러한 흐름이 프로이트와 그를 계승한 라캉의 정신분석과는 동떨어져 있음을 비판한다. 이제 정신병은 과거의 구빈원이나 정신병원 같은 시설을 통해 사회적으로 격리해야 하는 질환이 아니라 사회 속에서 항정신성 약물치료를 통해 관리를 받는 질환이 되었다. 즉 현대는 정신병의 일상화, 지역사회화로 규정될 수 있는 시대이다. 이러한 변화는 정신분석이라는 분석 주체와 정신분석가의 독특한 대화의 과정을 여론조사 같은 설문으로 대체함으로써 자신의 트라우마를 직시하고 자신을 알 수 있게 하는 대화의 회로를 차단시켜버리게 되었다. 여기에 DSM을 중심으로 한 거대 제약회사들의 자본의 논리도 작동하고 있다는 것은 쉽게 추측할 수 있다.

슈레버, 안나, 도라 증례 등과는 달리 현대는 보통 정신병이라고 불리는 증상을 주위에서 쉽게 볼 수 있는 시대가 되었다. 이런 변화한 환경 속에서 '모든 인간은 망상한다'라는 정식으로 요약되는 인간성에 내재한 광기, 정신의 병을 둘러싼 여러 가지 질문, 그리고 '인간이란 무엇인가?'라는 근본적인 질문을 탐구하기 위한 '소박한 전제'가 이 책은 될 수 있지 않을까 생각한다.

옮긴이 | 임창석

1959년 전주에서 태어났다. 프랑스 랭스Reims 대학에서 불문학을 공부했으며(DEA, 1989) 라캉 정신분석에 관심을 갖고 교육분석을 받았다. 무카이 마사아키의 『라캉 대 라캉』(2017), 가타오카 이치타케의 『라캉은 정신분석에 대해 이렇게 말했습니다』(2019), 마츠모토 타쿠야의 『창조와 광기의 역사』(2022), 니콜라 플뢰리의 『상식을 넘어선 현실계』(2022)를 우리말로 옮겼다.

모든 인간은 망상한다

초판 1쇄 발행 2023년 7월 20일

지은이 마츠모토 타쿠야
옮긴이 임창석

펴낸곳 서커스출판상회
주소 경기도 파주시 광인사길 68 202-1호(문발동)
전화번호 031-946-1666
전자우편 rigolo@hanmail.net
출판등록 2015년 1월 2일(제2015-000002호)

ⓒ 서커스, 2023

ISBN 979-11-87295-71-6 03160